Jürgen Grässlin

Wie Lichter in der Nacht

Menschen, die
die Welt verändern

EIN MUTMACHBUCH

HEYNE

FSC
www.fsc.org
MIX
Papier | Fördert
gute Waldnutzung
FSC® C083411

Penguin Random House Verlagsgruppe FSC® N001967

Originalausgabe 2024

Redaktion: Caroline Kaum MACHT PROGRAMM
Umschlaggestaltung: wilhelm typo grafisch, Zürich
unter Verwendung eines Fotos von Shutterstock.com (katatonia82)
Satz: Satzwerk Huber, Germering
Druck und Bindung: CPI books GmbH, Leck
Printed in the EU
ISBN: 978-3-453-21891-8

www.heyne.de

Gewidmet meinem Freund und Friedensfreund Martin Hank in Tübingen, dem ich mit diesem Mutmachbuch die Kraft spenden möchte, weiterhin ein erfülltes und glückliches Leben zu führen.

Inhalt

VORWORT

Warum Mut machende Menschen mit ihren Visionen so viel verändern können

Liebe Leserin, lieber Leser,
Wie Lichter in der Nacht – was für wunderbare Worte voller Poesie. Die Nacht ist gekennzeichnet von der Destruktion unserer Zeit und den drohenden Dystopien unserer Zukunft. Doch Lichter leuchten in der Nacht: *Menschen, die die Welt verändern.* Weil sie als Mut machende Aktivistinnen und Aktivisten so viel Positives bewirken, weil sie Gutes und Grandioses tun. Weil sie ihre Visionen definieren und diese Schritt für Schritt in die Tat umsetzen und damit anderen Menschen Hoffnung spenden.

Ein Mutmachbuch also, das belegt, wie sich einzelne Lichter zu Lichterketten vernetzen können. Wie in unserer vermeintlich aussichtslosen Lage trotz alledem Grund zur Hoffnung besteht auf eine bessere Welt. In der eine jede und ein jeder von uns ihren und seinen Teil dazu beitragen kann, sie ein bisschen gesünder, ein bisschen freundlicher zu machen. Mit den Mitteln der Gewaltfreiheit und der Liebe.

*

Was so positiv klingt und in der Sache wahrlich auch ist, steht den Ansichten der allermeisten Bürgerinnen und Bürger scheinbar diametral entgegen. Die da meinen, der Mensch sei seinem Wesen nach egoistisch, im Grunde gemein und böse. Dieser weit verbreiteten

Ansicht ist Anfang der 2020er-Jahre ein niederländischer Journalist mit einer fundiert belegten Erkenntnis entgegengetreten.

Mit seinem internationalen Bestsellerbuch *Im Grunde gut. Eine neue Geschichte der Menschheit* ist es Rutger Bregman gelungen, eine Revolution der besonderen Art zu entfesseln. Bregmans Grundthese widerspricht der in der öffentlichen Diskussion vertretenen Meinung – der Mensch sei seinem Wesen nach schlecht – grundlegend. Vielmehr belegt der Historiker in seinen differenzierten Untersuchungen das Gegenteil.

Dabei beruft sich der Autor der Nachrichtenplattform *De Correspondent* unter anderem auf Tom Postmes, Professor für Sozialpsychologie in Groningen. Dessen Planetenmodell führt zu einer höchst aufschlussreichen Erkenntnis. Man stelle sich den Planeten A vor, auf dem die Bewohner einander helfen. Sogar bereit sind, ihr Leben für Fremde zu opfern. Und Planet B, auf dem jeder für sich alleine kämpft. »Auf welchem Planeten leben wir?«, so Postmes Schlüsselfrage. Seine Antwort: Ungefähr 97 Prozent tippen auf Planet B. Die Fakten aber sprächen eine ganz andere Sprache: Tatsächlich »leben wir auf Planet A«.[1] Rutger Bregman verweist auf Augenzeugenberichte vom Untergang der Titanic, die die wechselseitige Hilfsbereitschaft der Menschen an Bord sichtbar werden lassen – obwohl sich dort alle in Lebensgefahr befanden. Gleiches gilt für die Katastrophe von 9/11 in jüngerer Vergangenheit.

Eine Analyse, die mich persönlich wenig überrascht, vielmehr in meiner Ansicht bestätigt. Denn als Vater und Großvater, vor allem aber als 40 Lebensjahre mit vollem Deputat tätiger Pädagoge habe ich schon immer die Meinung vertreten, dass der Mensch in seinem Wesen gut sei. Allein diese Erfahrungen wären ein weiteres Buch wert.

Erfahrungen, an denen auch die Tatsache nichts ändert, dass sich die Einflüsse der sogenannten »sozialen« Medien heutzutage auf Kinder und Jugendliche nicht immer positiv auswirken. Das Faktum als solches bleibt: Der Mensch ist im Grunde gut, wie wir alle in unzähligen Situationen in unserem Umfeld erleben durften und dürfen. Denn der Mensch will Gutes tun, will helfen, will verbessern.

Dieser Umstand hat sich auf dieses Buch und den dahinterstehenden Vernetzungsgedanken von Anfang an belebend ausgewirkt. In der Recherche- und Schreibzeit bin ich immer wieder Menschen begegnet, bekannten und bis dato unbekannten, die ihrem Wesen nach weltoffen, solidarisch, gut sind. Die auf Planet A leben und dort vorbildhaft wirken.

Aber sind sie auch in der Mehrheit? Können diese Mut machenden Menschen tatsächlich unsere Lebenswelt im 21. Jahrhundert positiv beeinflussen? Sind da nicht massive Zweifel angebracht angesichts der Gewalt der Gegenkräfte?

Planet A oder Planet B: Wo leben wir? Wo wollen wir leben?

Betrachten wir den momentanen Zustand unserer Erde, dann scheint Planet B mit seinen menschenfeindlichen Misanthropen, seinen profitgierigen Machtmenschen und den kriegstreiberischen Bellizisten immer weitere Wirkkraft zu entfalten. Entscheidend prägen die Katastrophen des 21. Jahrhunderts – der rapide voranschreitende Klimawandel, die Kriege und Bürgerkriege, globale Pandemien und vieles mehr – die öffentliche Wahrnehmung. Erst recht die Berichterstattung in den Nachrichtenportalen.

In der Sache kann man dem Ernst der Lage nicht widersprechen, allenfalls der Form der medialen Präsentation. Denn zweifelsfrei ist die Lage dramatisch, wie zwei von so vielen Beispielen nachdrücklich veranschaulichen. Zum einen mahnt UN-Generalsekretär António Guterres bei aktuellen Umweltkonferenzen vor dem Kommenden: »Wir sind auf dem Highway zur Klimahölle«. Und: »Wir kämpfen den Kampf unseres Lebens – und sind dabei ihn zu verlieren.«[2] Zum anderen steht die »Doomsday Clock«, die »Weltuntergangsuhr« mittlerweile auf gerade mal noch 90 Sekunden vor zwölf Uhr, wie das *Bulletin of the Atomic Scientists* mitteilt. Die *Frankfurter Allgemeine* urteilt entsprechend: »Führende Wissenschaftler sehen eine anhaltend große Gefahr dafür, dass sich die Menschheit mit Atomwaffen oder dem Klimawandel selber auslöscht.«[3]

Kein Wunder also, dass sich das Denken in Negativszenarien zu Beginn des dritten Jahrtausends wie ein hochansteckender mentaler und emotionaler Virus ausbreitet – selbst im vermeintlich wohlhabenden und vergleichsweise sicheren Deutschland. Hierzulande sind die Gedanken und Gefühle der Entscheidungsträgerinnen und Entscheidungsträger in Politik, Wirtschaft und Militär von schlimmsten Angstszenarien okkupiert. Seit dem russischen Angriffskrieg auf die Ukraine frönt eine Superkoalition von Sozialdemokraten, Grünen, Liberalen und Christdemokraten im Deutschen Bundestag einer nie gekannten militärischen »Zeitenwende«. Finanziert mit in der Geschichte der Bundesrepublik unglaublich hohen monetären Mitteln.

Um den mit dieser Destruktionspolitik einhergehenden Abbau im Sozial-, Pflege-, Bildungs- und Kulturbereich ohne wütende Widerstände in der Bevölkerung durchsetzen zu können, wird gezielt von den fatalen Folgen dieser Hunderte Milliarden Euro teuren Hochrüstungspolitik abgelenkt. Werden alte und neue Feindbilder beschworen: Von Abertausenden arbeitsunwilligen Schmarotzern im Land, die unseren Sozialstaat ruinieren würden. Über ein vermeintliches Millionenheer krimineller Flüchtlinge, die uns unseres Wohlstands berauben wollen. Bis hin zum imperialistisch agierenden Wladimir Putin, der nach der völkerrechtswidrigen Intervention in der Ukraine alsbald auch Deutschland, Europa und die ganze Welt erobern werde.

Wie ein Licht in der Nacht agiert stattdessen Heribert Prantl, sachkundiger Kolumnist der *Süddeutschen Zeitung*. Dessen konstruktiv-kritischer Journalismus sucht nach friedlichen Konfliktlösungen gemäß dem Motto: »Wer den Frieden will, muss den Frieden vorbereiten.« Als Buchautor postuliert er in seinem im Frühjahr 2024 publizierten Werk *Den Frieden gewinnen. Die Gewalt verlernen*, dass wir »eine neue Friedensbewegung, eine neue Entspannungspolitik« brauchen.

Für Prantl ist das Lebensgefühl unserer Zeit »ein Lebensunsicherheitsgefühl, und der zu ihm gehörige Begriff heißt ›Zeitenwende‹«. Selbiger tritt der gelernte Richter und Staatsanwalt kenntnisreich entgegen: »Es gab keine Zeitenwende, und es gibt sie nicht.« Dieser Begriff sei allenfalls »der Versuch, Grausamkeit zu beschreiben und dem Entsetzen darüber Ausdruck zu geben«. In diesem Sinne sei »dies das Schlüsselwort für die Rückkehr der Politik ins Militärische« – was nicht sein dürfe.

Für den Münchener Journalisten bestehe eine »echte Zeitenwende« in der Tradition von Christi Geburt, in der Verheißung des großen Friedens: »in terra pax«.[4]

*

Der Wunsch, dieser vom »Lebensunsicherheitsgefühl« und der negativen »Zeitenwende« beeinflussten Phase ein hoffnungsfroh stimmendes, ein zukunftsweisendes, ein Mut machendes Buch entgegenzusetzen, ist mit der Renaissance des Militärischen massiv in mir geweckt worden.

Den letzten Anstoß dazu gaben einige Freundinnen und Freunde aus meinem politischen Umfeld. Sinngemäß erzählten mir gleich mehrere von ihnen: Ich verzweifle! Nein, ich sehe keine liebens- und lebenswerte Zukunft für mich, für die Menschheit! Entsprechend deren Conclusio: Entschuldige, aber ich ziehe mich ins Privatleben zurück. Ich kümmere mich ab jetzt um mich selbst, um *mein* Wohlergehen. In einem Fall wurde mir gar mitgeteilt: Ich fliege erst einmal auf die Malediven, solange es die Inselgruppe noch gibt.

Dieses Lebensunsicherheitsgefühl, die abgrundtiefe Verzweiflung und der für viele prägende Pessimismus sind mir gänzlich fremd. Was ich mir durch die von Liebe und Zuwendung geprägte Erziehung im Elternhaus und meine intakte Familie mit den Kindern und Kindeskindern erkläre. Auch mit einem der schönsten Berufe weltweit: dem eines Kindern und Jugendlichen zugewandten Pädagogen. Und zu guter Letzt mit meinem Freundeskreis, der uns gerade auch in den schweren Zeiten gestützt hat. Man denke nur an die Jahre währenden gerichtlichen Auseinandersetzungen mit dem Daimler-Konzern und Heckler & Koch. Alle drei Prozesse, auch den gegen SIG Sauer, konnten final am Bundesgerichtshof gewonnen werden. Maßgeblich dank meines Friedens- und Juristenfreundes Holger Rothbauer.[5]

All das hat mich zu einem hoffnungsfroh gestimmten, einem optimistisch gesonnenen Philanthropen werden lassen. Der in dieser Welt – jeglicher Widerstände zum Trotz – zuallererst das Positive in seinem Gegenüber sieht. Der auf das Prinzip Hoffnung setzt, der an das Gute im Menschen glaubt, der die Wende zum Besseren anstrebt.

Menschen, die die Welt verändern!

Mit dieser Einstellung, mit diesem Lebensgefühl, mit dieser inneren Sicherheit habe ich mich auf die Suche nach Mut machenden Menschen begeben. Menschen, die in ihren jeweiligen Themenbereichen Herausragendes geleistet haben, vielfach bis heute leisten. Die mit ihrem aufrichtigen, standhaften und zukunftsgerichteten Handeln Vorbildliches schaffen. Sei es in Deutschland, in einem der Nachbarländer oder auf einem anderen Kontinent. Am Ende habe ich 24 von ihnen interviewt. Manche kannte ich durch meine Jahrzehnte währende Friedens- und Menschenrechtsarbeit, andere sind mir von Freunden oder Bekannten empfohlen worden.

Über viele Monate hinweg und teilweise seit Jahren konnte ich die Höhen und auch Tiefen dieser Aktivistinnen und Aktivisten miterleben, deren Glücksgefühle und Enttäuschungen mitempfinden. Sie alle setzen sich mehr als nur karitativ helfend ein. Sie alle engagieren sich in ihrem Bereich und ihrem Netzwerk für die Änderung unzureichender oder verfehlter gesellschaftlicher, staatlicher oder wirtschaftlicher Strukturen. Sie alle widersetzen sich der Zerstörung der natürlichen Lebensgrundlagen. Was sie alle eint, ist ihre unbändige Hoffnung auf eine bessere Welt – allen Widerständen trotzend.

*

Kraftvoll positionieren sich Peter Ohlendorf, Thomas Kuban und Sven Kaseler gegen Rechtsextreme. Jeder auf seine Weise sind sie alle drei Mutmachmenschen, die sich den rechten Rattenfängern wachsam entgegenstellen. Peter und Sven wurden vielfach bedroht. Thomas, so sein Pseudonym, musste und muss unerkannt bleiben. Nach seinen Undercover-Filmen über Rechtsrockkonzerte fürchtet er um sein Leben, würde seine Identität auffliegen. Hier habe ich bewusst keinerlei Spuren gelegt. Und wie mutig sind Svens kreative Aktivitäten mit seinem Verein »Augen auf« gegen Neonazis. In seinem Heimatland Sachsen, einer Hochburg der »Alternative für Deutschland«, AfD, setzt er sich für Toleranz und Weltoffenheit ein – und damit auch für Geflüchtete.

Die ehemalige EKD-Vorsitzende Margot Käßmann ist mir längst eine liebe Wegbegleiterin geworden. Offiziell Rentnerin, befindet sie sich heute in einem beachtenswerten Unruhestand. Zum einen bekennt auch sie klar Farbe gegen Rechtsaußen: »Meines Erachtens kann ein Christ, kann eine Christin nicht Mitglied der AfD sein.« Zum anderen befürwortet die gläubige Christin, entgegen allen Anfeindungen, eindeutig pazifistische Konfliktlösungen. Unverrückbar, auch zur Zeit des Krieges in der Ukraine und anderswo. Mit ihrer Standhaftigkeit ist sie Abertausenden von Christinnen und Christen ein Vorbild. Auf zahlreichen Kundgebungen und Demonstrationen steht sie ihre Frau, wie ich persönlich miterleben durfte und immer wieder darf.

Seit dem russischen Angriffskrieg im Februar 2022 regiert die Gewalt auch in der Ukraine. Unterstützt von der »Unabhängigen Pazifistischen Bewegung« verweigern Yurii Sheliazhenko und seine Mitstreiter den Dienst an der Waffe. Auch in Russland und in Weißrussland wehren sich Abertausende Menschen dagegen, an der Front töten zu müssen. Sie alle stellen sich wagemutig der Maschinerie des Krieges entgegen und nehmen dafür harte Strafen in Kauf. Während Yurii eine oder mehrere Gefängnisstrafen drohen, werden Kriegsdienstverweigerer in Russland jahrelang in Lagern interniert, deren Zustände lebensbedrohlich sind.

Eine weitere, nicht minder entscheidende Konfrontation wird an der Klimafront ausgefochten. Es geht um nichts Geringeres als um die Zukunft unseres Planeten. Im Umweltbereich schaffen es die Fridays for Future, weltweit Millionen meist junger Menschen zu Kundgebungen und lautstarkem Protest zu motivieren. Antonia Messerschmitt und Ludwig Essig stehen als Basisaktivisten Pars pro Toto für Hunderttausende ihrer Mitstreiterinnen und Mitstreiter rund um den Globus. Die auf allen gesellschaftlichen Ebenen einen immensen Druck für einen wesentlich engagierteren Einsatz der Politik und Wirtschaft gegen den Klimawandel, für die Klimagerechtigkeit entwickeln. Druck, der nicht nur aufrechterhalten, sondern massiv verstärkt werden muss.

Lina Johnsen gehört zu denjenigen, die nicht nur demonstrieren und protestieren wollen. Die Pressesprecherin der Letzten Generation geht angesichts der rasant voranschreitenden Klimakatastrophe in ihren Taten wesentlich weiter. Die 25-Jährige setzt auf den jüngst erfolgten Strategiewechsel der Aktionsgruppen der Letzten Generation. Statt Klebeaktionen durchzuführen, müssten mehr und mehr Menschen gewonnen werden, die an symbolträchtigen Orten mit gewaltfreiem, zivilem Ungehorsam die Brisanz des Klimawandels mitten im Alltag der Menschen augenscheinlich werden lassen.

Der renommierte Fernsehjournalist Franz Alt und der Geschäftsführer der Energiewerke Schönau EWS, Sebastian Sladek, weisen uns den Weg in eine Zukunft ohne Atomkraft und ohne Atomwaffen. Mit seinem Sonnenwende-Projekt zeigt der vielfach preisgekrönte Baden-Badener Franz Alt, wie das Zeitalter der fossilen Brennstoffe beendet und in aller Welt Frieden durch Sonnenkraft geschaffen werden kann.

Nachdrücklich mahnt Sebastian Sladek, dass noch immer viele der klassischen Stromanbieter direkt oder indirekt in Geschäfte mit Atomstrom verwickelt sind. Die Schönauer Energiewerke sind ein Musterbeispiel, wie aus der Anti-Atom-Bewegung ein Netzwerk von Hundertausenden neuer Ökostromkunden entstanden ist. Empfohlen sei der Wechsel hin zu einem Anbieter von Ökostrom – falls nicht schon längst geschehen.

Bewundernswert Vandana Shiva, die mit ihrer erfolgreichen Kampagne für natürliches Saatgut in Indien immens viele Erfolge aufweisen kann. Ihr ist gelungen, was kaum jemand für möglich gehalten hätte. Die Umweltaktivistin hat sich mit aller Kraft dem Konzern Monsanto und dessen Mutterkonzern Bayer AG entgegengestellt. Damit konnte die massenhafte Verbreitung gentechnisch manipulierten Saatgutes in ihrem Heimatland teilweise verhindert werden, wie sie mir am Rande eines Umweltkongresses in der Schweiz verraten hat. Hundertausende von Bäuerinnen und Bauern kehrten auf dem indischen Subkontinent zum natürlichen Saatgut zurück.

Sarah Heiligtag stellt mit ihrem Lebenshof-Konzept althergebrachte Prämissen der strukturkonservativen Schweizer Landwirtschaft in Frage – und immer mehr auf den Kopf. Sie zeigt, wie eine tierethische Landwirtschaft im Praxismodell funktionieren kann. Schon jetzt konnte Sarah mehr als 150 Bäuerinnen und Bauern in der Schweiz überzeugen, auf das naturnahe Konzept der Lebenshöfe umzustellen. Und das ist nur der Anfang. Denn mit ihrer Tierethik will sie auch mit Berufskollegen in Nachbarländern kooperieren, so auch in Österreich und in Deutschland.

Helfen ist auch ein Lebensmotto des Franziskanerbruders Jürgen Neitzert. Völlig uneigennützig unterstützt der Franziskaner mit seinen Brüdern Bedürftige in der Suppenküche von Düsseldorf – der Stadt so vieler Multimillionäre. An kaum einem anderen Ort prallen Armut und Reichtum derart hart aufeinander. Arme wertzuschätzen, statt sie auszugrenzen. So Bruder Jürgens Einstellung, der selbst besitzlos nach dem Vorbild des Franz von Assisi lebt.

In Wien unterstützt derweil Theresa Krämer inklusive Lebens- und Betreuungsformen. Im Kern geht es der Heilerziehungspflegerin bei ihren beruflichen Aktivitäten um die Frage einer gelingenden Inklusion. Um die Wertschätzung für alle Mitmenschen, ob mit oder ohne Behinderung. Eine Wertschätzung, die sie als Grundhaltung für die gesamte Gesellschaft anstrebt.

Obdachlose benötigen humanitäre Hilfe, auch medizinische Betreuung. Mein Freund und RIB-Büroleiter Stephan Möhrle und ich haben den bundesweit bekannten Straßen-Doc Gerhard Trabert in Mainz besucht. Haben uns davon überzeugen lassen, wie dringend notwendig die Strukturen im Gesundheitsbereich geändert werden müssen. Damit die Ärmsten der Armen nicht länger durch das soziale Netz fallen. Dr. Traberts Geheimnis, das er aus Indien mitgebracht hat: Die Ärztin, der Arzt geht zum Patienten, damit allen Notleidenden geholfen werden kann.

Seenotretter Martin Kolek kennt die andere Seite des Mittelmeers. Jede freie Woche nutzt er, um in See zu stechen, um Menschen auf der Flucht vor dem Ertrinken zu retten. Kommen er und sein Team zu spät, holen sie notgedrungen die Leichen an Bord. Das Wort »aufgeben« aber kennt der Paderborner Psychotherapeut nicht. Dass er mit anderen Aktivistinnen und Aktivisten zusammen ein Denkmal und einen Friedhof in Kalabrien errichtet hat, ehrt ihn. Noch mehr, dass er so einigen der Ertrunkenen ihre Identität wiedergegeben hat. Ein Zeichen des Lichts in tiefdunkler Nacht.

Was ich kaum zu hoffen wagte: Das Interview mit Aung Myo Min, dem amtierenden Menschenrechtsminister der demokratischen Gegenregierung in Myanmar, konnte dank der Vermittlung von »Terre des Hommes Deutschland« stattfinden. Hier gilt völlige Vertraulichkeit zu Ort und Zeitpunkt. Minister Myo Min muss – wie auch seine Regierungskollegen – im Untergrund agieren. Das Ziel ist der Aufbau einer demokratischen Gesellschaftsordnung für die Zeit nach dem Sturz der Militärregierung. Seine Vision ist ein Land, in dem nach der Militärherrschaft die Freiheit einzieht. Das Besondere: Myo Min gehört der Bewegung der LGBTQIA+ an. Damit ist er der erste bekennende schwule Minister in der Historie des südostasiatischen Landes.

Viele Schritte auf seinem Weg ist Innocent Opwonya gegangen, den ich bereits mehrfach getroffen habe. Dem früheren zwangsrekrutierten Kindersoldaten der Rebellengruppe »Lord Resistance Army« ist nach einem schweren Schicksal die Flucht aus Uganda nach Deutschland gelungen. Er hat hier eine Ausbildung absolviert, ist längst ein glücklicher Vater. Seine bessere Welt setzt voraus, dass kein Kind mehr zum Dienst an der Waffe gezwungen werden darf – nicht in Uganda, nirgendwo sonst. Und dass Kriege ein für alle Mal überwunden werden.

Ein Ziel, das Christa Lörcher von ganzem Herzen teilt. Die frühere Bundestagsabgeordnete aus dem badischen Villingen hat – als Einzige in ihrer Regierungsfraktion – dem Druck von Bundeskanzler Gerhard Schröder widerstanden und gegen den Militäreinsatz der Bundeswehr in Afghanistan votiert. Aufrecht hat sie die SPD-Fraktion verlassen und setzt sich mit all ihrer Kraft weiterhin für Frieden und Gerechtigkeit für Geflüchtete ein.

Malalai Joya lebte in dem Land, in das Lörcher keine Soldaten schicken wollte. Mit ihrem unglaublich mutigen Einsatz hat sie als Abgeordnete in der Wolesi Dschirga, dem Parlament in Kabul, die Rechte afghanischer Mädchen und Frauen gestärkt und damit national wie international für immenses Aufsehen gesorgt. Mehrere Attentate hat sie überlebt, ist gerade noch rechtzeitig geflüchtet. Wir haben uns in Spanien getroffen. Vertraulich, damit sie vor der Gewalt der Taliban sicher ist.

Wie mutig ist auch der Weg, den der Palästinenser Osama Eliwat und der Jude Rotem Levin im Nahen Osten gewählt haben. Beide haben sie einst in einem Gewaltapparat gedient – der eine in der PLO, der andere bei den Israeli Defence Forces. Der Krieg hat beide zu friedliebenden Menschen werden lassen. Während im Gaza-Streifen ein Krieg mit Zehntausenden Toten und Verletzten wütet, umarmen sie sich verständnisvoll bei unserem Interview. Ihre bessere Welt soll in ihrer Heimat erblühen, in der Juden und Palästinenser zukünftig in Freundschaft zusammenleben.

Dass die Vision der Freundschaft unter Todfeinden Wirklichkeit werden kann, erzählen uns Till und Felix Neumann von der Hip-Hop-Band Zweierpasch. Sie besingen in deutsch-französischen Liedern die Völkerverständigung zwischen zwei Nationen, die sich über Jahrhunderte hinweg als Erbfeinde unerbittlich beschossen, bekämpft und bekriegt haben. Behaupte niemand, Grenzen seien für die Ewigkeit gemacht, Visionen und Utopien seien unerreichbar. Das Gegenteil kann der Fall sein, und zwar viel schneller als gedacht.

Und last but not least: Das Portrait des Mutmachmenschen Franz Alt ist gleich von doppelter Impulskraft. Neben dem zukunftsweisenden Plädoyer für erneuerbare Ressourcen weist es auch den Weg von der visionären Bergpredigt Jesu hin zu realer Weltpolitik. Eindrücklich erzählte Franz mir bei unserem Treffen, wie der damalige Generalsekretär des russischen Zentralkomitees, Michail Gorbatschow, Alts Buch über die Bergpredigt gelesen habe. Tief beeindruckt ließ er ihm daraufhin ausrichten: »Wir werden im Geiste Jesu mit dem Wettrüsten aufhören, egal was der Westen tut.« Ein Politikwechsel, der schlussendlich die Blockkonfrontation mit beendet hat. Und so ist eine weitere wichtige Botschaft in diesem Mutmachbuch: Der einzige sinnvolle Weg zu einer friedlicheren Welt ist ein gewaltfreier. Pure Utopie, halten uns die Militaristen entgegen. Längst Realität geworden, halten wir ihnen entgegen. Und denken besonders in unserem Land an den gewaltfreien Fall der Berliner Mauer.

Was bleibt für mich nach all diesen Gesprächen, nach dem Schreiben dieses Buches? Auch wenn es pathetisch klingen mag: Ich habe das Feuer in den Augen der engagierten Menschen gesehen, die es porträtiert. Ich konnte fühlen, wie sie für die Ziele ihrer Arbeit und ihrer Projekte brennen. Wie sie sich nicht im Mindesten mit den sozialen, ökologischen, politischen oder wirtschaftlichen Fehlsteuerungen abfinden wollen. Wie sie mit aller Kraft verkrustete Strukturen aufbrechen, wie sie sich mutig den Repressionen von Regierenden, Militärs und Konzernchefs entgegenstellen.

Die Kraft, die von ihnen ausgeht für uns alle, ist immens. Denn die 24 Mutmachmenschen in diesem Buch stehen exemplarisch für so viele Menschen, die sich für ihre Vision einer intakten und gesunden, einer demokratischen und gerechten, friedlichen und solidarischen Welt stark machen. Die ihren Weg dorthin Schritt für Schritt beschreiten und dabei den Wandel von unten erfolgreich meistern. Die die Welt verändern mit ihrer Kompetenz und ihrem Können, mit ihrem Optimismus und ihrer Euphorie, mit ihrer Lebenslust und ihrem Lachen.

Ja, sie sind wie Lichter in der Nacht, die unsere Welt erhellen.

***

KAPITEL 1

Ohlendorf, Kuban und Kaseler. Mit Rückgrat gegen Rechtsextremismus, entschlossen für Toleranz

Eigentlich möchte man meinen: Diesen Mann bringt nichts, aber auch gar nichts aus der Fassung. Über 2000 Filmvorführungen, unzählige Podiumsdiskussionen, immens viele Schulbesuche, um über die Problematik des Rechtsextremismus aufzuklären. Das alles müsste ihn längst abgehärtet haben. Und doch treiben ihm die steigende Anzahl an Vorfällen von Rechtsaußen und die wachsenden Wahlergebnisse der Partei »Alternative für Deutschland« die Zornesröte ins Gesicht.

Was ihn so wütend macht: Manche Menschen wollten den voranschreitenden Rechtsrutsch lange Zeit nicht wahrhaben. »Jetzt lass das Thema doch endlich mal ruhen«, musste sich der Regisseur und Filmemacher Peter Ohlendorf anhören. »Dabei war mir mit jedem Tag klarer: Wegschauen, schweigen, die Klappe halten, das ist nicht richtig.« Ihm sei es ein Herzensanliegen, »mit aller Kraft gegen die rechte Radikalisierung vorzugehen. Das muss sein, wenn wir die Braunen noch stoppen wollen!«

Heute stünden wir in Deutschland an einem Punkt, den man – in Anlehnung an den dramatisch voranschreitenden Klimawandel – »als rechtsradikalen Kipp-Punkt bezeichnen müsse. Falls wir nicht doch noch die Umkehr packen. Ansonsten wird uns der Strudel in die Tiefe ziehen.«

Undercover die Rechtsrockszene entlarvt

Peter Ohlendorf ist schon vor Jahren aktiv geworden. Hat den im Geheimen agierenden Journalisten Thomas Kuban – so dessen Pseudonym – filmisch portraitiert. Herausgekommen ist 2012 Ohlendorfs megabrisanter Dokumentarfilm *Blut muss fließen – Undercover unter Nazis*, der den Protagonisten in einer Doppelrolle zeigt:

Zum einen als vermeintlichen Neonazi und Rechtsrockfan, der sich getarnt mit Sonnenbrille und Wollmütze Zugang zu Musikevents der ultrarechten Szene verschaffte. Zu geheimen Konzerten in Hinterhöfen, Scheunen, Festzelten, in Nebensälen von Gaststätten. Wohlgemerkt ausgerüstet mit einer schier unsichtbaren Kamera, deren Objektiv gerade einmal die Größe eines Stecknadelkopfes hat.

Zum anderen macht der Film deutlich, wie der Investigativjournalist Kuban die deutsche Regierungspolitik in Berlin und München mit den Fakten über die widerrechtlich agierende Rechtsrockszene in Kenntnis setzt. Und dabei an erschreckend desinteressierten und hochgradig ignoranten Politikern – vom damaligen Bundesinnenminister Wolfgang Schäuble, CDU, bis hin zum Bayerischen Ministerpräsidenten Günther Beckstein, CSU – schier verzweifelte.

Um bei seinen öffentlichen Auftritten unerkannt zu bleiben, muss sich Kuban auch bei TV-Interviews oder Pressekonferenzen tarnen. Schließlich hat er neun Jahre lang unter beträchtlichem persönlichem Risiko gewagt, die rechtsextreme Rockszene live zu filmen. Rund 50 Undercover-Aufnahmen sind so entstanden – in Deutschland, Frankreich, Österreich, der Schweiz, Italien, Ungarn, Polen, Belgien und England.

Rocker und Skinheads nahmen und nehmen ihm dieses Aufdecken der teilweise kriminellen Machenschaften schwerst übel. Würde er auffliegen, wäre sein Leben bedroht. Aus diesem Grund hat Thomas Kuban auch sein gleichnamiges Buch *Blut muss fließen*, das damals im gleichen Jahr wie der Film publiziert wurde, unter seinem Decknamen veröffentlicht.

Buch- und Filmtitel verweisen auf eine langwährende Liedtradition. Sie gehen auf ein Zitat aus dem »Heckerlied« zurück, dem Revolutionslied der Badischen Revolution von 1848 und 1849. In dem es heißt: »Fürstenblut muß fließen knüppelhageldick.«

Nach dem Ersten Weltkrieg wurde es zum Schlachtlied der SA-Truppen der NSDAP umgedichtet. Die Mannheimer Skinhead-Gruppe »Tonstörung« vertonte es in den 90ern des letzten Jahrhunderts. Kaum ein Konzert, auf dem es nicht aus den Kehlen aufgepeitschter Rechtsrockfans heißt: »Blut muss fließen knüppelhageldick, wir scheißen auf die Freiheit dieser Judenrepublik.«

Thomas Kuban versteht sein Buch als einen »Abschlussbericht einer rund 15-jährigen Recherche in der Neonazi-Szene«. Abschlussbericht deshalb, weil die Ergebnisse seiner aufschlussreichen Recherchen auf »mangelndes Medieninteresse« gestoßen sind. Was ihn finanziell fast in den Ruin getrieben hätte.

Kaum zu glauben, aber Kuban scheiterte oft mit seinen Bemühungen, seine Konzertmitschnitte im öffentlich-rechtlichen Fernsehen unterzubringen. Stellvertretend sei hier eine einzige Reaktion genannt: »Wir erhalten von unseren Zuschauern täglich sehr viele Themenvorschläge«, so die Antwort einer Chefin vom Dienst eines *ARD*-Politikmagazins auf sein Angebot, undercover bei einem neuerlichen Neonazi-Konzert zu filmen. »Wir bitten um Verständnis, dass wir das von Ihnen vorgeschlagene Thema leider nicht realisieren können.«

Letztlich hat ihn auch die breite Ablehnung bei ARD und ZDF dazu veranlasst, »aus finanziellen Gründen aufzuhören«. Genauso erschreckend wie dieses Desinteresse der bürgerlichen Medien ist auch eine zweite Tatsache: Die Thematik der bis heute andauernden Rechtsrockkonzerte wurde und wird in unserer Gesellschaft zuweilen schlichtweg ignoriert.[6]

Was mich völlig überrascht. Schließlich hat sich Kuban mit seiner getarnten Bodycam direkt in die Höhle des Löwen begeben: an zahlreiche düstere Orte, an denen sich Nationalisten und Rassisten des Black-Metal-, Rocker- und Hooliganmilieus tummeln. Orte, an denen Musikbands lautstark rechtsradikale Lieder spielten, es bis heute tun. Kubans Aufnahmen zeigen, wie Hunderte von Konzertbesuchern, die allermeisten von ihnen Männer jüngeren und mittleren Alters, zur Musik rechter Szenebands tanzen und grölen, wie sie immer wieder ihre Arme zum Hitlergruß in die Höhe recken. Wie sie nicht nur »Blut muss fließen knüppelhageldick« singen, sondern hammerhart weitere verbotene Nazilieder. Lieder, die juristisch gesehen den Tatbestand der Volksverhetzung erfüllen.

Das Skinhead-Konzert in Hinsbourg in den nördlichen Vogesen ging noch weiter: Während die Band »Race War« judenfeindliche Lieder skandierte, erfreuten sich 800 Ultrarechte der Tatsache, dass am 11. September 2001 die Twin Towers des World Trade Centers in New York von islamistischen Kriegern zum Einsturz gebracht wurden. »Bumsfallera, das World Trade Center ist nicht mehr da«, war da zu hören. Und bezogen auf Israel intonierten sie stimmgewaltig die antisemitische Parole: »Ach, bombt doch all die Scheiße weg.« Für Kuban keine Überraschung, der in seinem Buch *Blut muss fließen* auf eine explizite Terrorankündigung von »Race War« verweist: »The 4th Reich is what we are fighting for. Our terrorist attacks will change the world.«

Als Zuschauerin, als Zuschauer des Ohlendorf-Films findet man sich ungefiltert inmitten solcher Konzertauftritte wieder. Erlebt Skinheads, Rechtsradikale, Faschisten, die teilweise mit bloßen Oberkörpern mit Nazi-Tattoos darauf aggressiv Pogo tanzen. Dabei kann und muss es einem eiskalt den Rücken herunterlaufen, wenn man sich vorstellt, dass die noch halbwegs kanalisierte Gewalt im Rahmen eines Musikkonzerts an anderer Stelle unkontrolliert und ungezügelt gegen Migrantinnen und Migranten, gegen Antifaschistinnen und Antifaschisten oder gegen Punks auf die Straßen kommt, wie in den vergangenen Jahren realiter oft passiert.

*

»Wenn bei den Rechtsrockkonzerten derart offen verbotene Naziparolen geschrien werden – was man in deinem Film ja mehrfach hautnah als Teilnehmer miterlebt –, warum greifen dann die staatlichen Sicherheitskräfte nicht ein?«, werfe ich eine Frage auf, die mich beschäftigt. »Schwer in Kürze zu sagen. Auf jeden Fall hat die Polizei über lange Strecken einfach weggeschaut, was mir völlig unerklärlich ist«, antwortet Peter Ohlendorf. Schließlich seien Polizisten oft direkt vor Ort gewesen, was Kuban selbstverständlich bezeugen könne. »Thomas hat es gesehen, manchmal waren sie sogar drin im Konzertsaal. Dann haben sie doch all die faschistischen Lieder mit eigenen Ohren gehört.« Dass es auch anders geht, hat die Berliner Polizei bewiesen, die schon früh konsequent gegen Rechtsrock-Konzerte vorgegangen ist und ihre Praxis im Film anschaulich darlegt.

Immerhin entschied ein Staatsanwalt bei einem Rechtsaußenkonzert in Bayern, gegen die Veranstalter vorzugehen. Was jedoch an den Polizeibeamten im Zelt scheiterte, die behaupteten, sie seien nicht in der Lage gewesen, die Bedeutung der Texte zu erkennen. »Da sieht man, welche Ungeheuerlichkeiten mittlerweile um sich gegriffen haben. Was mich wirklich sprachlos macht. Weil diese Texte so klar und unmissverständlich rechtsextrem sind. Davon abgesehen gab es immer wieder verbotene Hitlergrüße«, kommentiert der Filmemacher.

FilmFaktum macht, was klassische Medien schmählich vermeiden

Im Februar 2012 wurde Ohlendorfs Film *Blut muss fließen* auf der Berlinale präsentiert, noch im gleichen Jahr erschien auch Kubans Buch. Aber auch der Filmemacher Ohlendorf biss sich – wie Kuban häufig zuvor – an den bürgerlichen Sendern die Zähne aus. Bis zum heutigen Tag ist der Film nicht ein einziges Mal im öffentlich-rechtlichen Fernsehen gesendet worden. Zumeist signalisierte man Desinteresse, bei den Ablehnungen flüchteten sich TV-Sender in hanebüchene Floskeln.

Ohlendorf ließ sich nicht abschrecken, nahm seinen Mut zusammen, ging dauerhaft auf Tour – national wie international. Organisiert über seine Netzplattform »FilmFaktum« lief der Dokufilm bei immens vielen Veranstaltungen, in Kooperationen mit allen möglichen Organisationen, Verbänden und Gruppierungen aus dem kirchlichen, dem gewerkschaftlichen, dem zivilgesellschaftlichen Bereich. Zuweilen zeigten und zeigen auch Landtagsfraktionen und zivilcouragierte Orts- oder Kreisverbände den Film. »Bemerkenswert ist dabei, dass CDU, CSU und FDP so gut wie nie die Initiative für Filmvorführungen ergriffen.« Ohlendorf ist die Enttäuschung darüber anzumerken.

»Warum ziehst du mit deinem Werk seit weit mehr als zehn Jahren durch den deutschen Sprachraum?«, frage ich den Filmemacher, der in Freiburg zu Hause ist. »Mit FilmFaktum nutze ich die Methode des alten Wanderkinos mit moderner Technik. Wir gehen direkt zu den Menschen hin«, erklärt Ohlendorf. Ein ganz zentrales Anliegen ist ihm dabei das Gespräch nach dem Film. »Das ist immer obligatorisch und heute ganz besonders wichtig. Denn Neonazi-Musik bekommt jenseits der Konzerte breiteres Interesse und mehr Akzeptanz, besonders bei Jugendlichen, zum Beispiel über Social-Media-Kanäle.«

Ohlendorf sieht den anhaltenden Erfolg seines Vorgehens, selbst wenn oder gerade weil es sich jenseits der klassischen Vermittlungswege bewegt. »Ja, FilmFaktum macht etwas, was für viele Filmschaffende eine Ermutigung sein sollte«, zeigt er sich zufrieden. »Wir haben uns von den Strukturen im öffentlich-rechtlichen Fernsehen, im Privatfernsehen und bei den Filmförderungen gelöst.« Seither gelte es, »den eigenen Weg zu gehen, die Freiheit zu nutzen«. Und er schiebt hinterher: »Reich wird man mit diesem autonomen System auch nicht werden«, wenigstens nicht im monetären Sinne. »Aber richtig reich bin ich geworden durch die Fülle an persönlichen Begegnungen. Reich in meiner Freiheit, in meinen Schaffensmöglichkeiten, in meiner Unabhängigkeit.« Schließlich sei die Filmförderung zuweilen »sehr restriktiv«. Ohne sie besitze er »ein Bündel schöner Möglichkeiten«. Er könne alle Kolleginnen und Kollegen in diesem Sinne »nur ermutigen«.

»Schule ohne Rassismus – Schule mit Courage«: Die Jugend muss mit im Boot sein

Mittlerweile hätten unzählige Zuschauerinnen und Zuschauer *Blut muss fließen* gesehen, was zu den zahlreichen erfreulichen Erfahrungen der Filmtouren zähle. Erfreulich sei auch, »dass ich so viele Menschen kennenlernen konnte, die sich für ein demokratisches, weltoffenes und ökologisch orientiertes Deutschland engagieren«, erklärt Ohlendorf. Gepaart mit der abendlichen Präsentation der 87-minütigen Langfassung seien oftmals auch morgendliche Schulvorführungen gewünscht. Mit einer auf 65 Minuten gekürzten Version, bei einer Altersfreigabe ab 12 Jahren. So bleiben bei einer Doppelstunde noch knapp 30 Minuten für ein Gespräch nach dem Film.

Bei seinen Schulbesuchen lernt der Filmemacher immer wieder »wunderbare Schülerinnen und Schüler mit ihren nicht minder wunderbaren Lehrerinnen und Lehrern kennen«. So könne es wieder und wieder gelingen, »zumindest punktuell positive Impulse zu setzen«.

Beispiel 1. Der Vorführung an der Humpis-Schule in Ravensburg gingen intensive Vorbereitungen voraus. Mit Erfolg: Als Ohlendorf seinen Film zeigte, »war da schon ein wirklicher Wissenskorridor, der sich geöffnet hat«. So sei es für ihn »eine Freude gewesen, mit den Jugendlichen zu diskutieren«.

Was dem Filmemacher wichtig ist: »Das Thema muss längerfristig an der Schule behandelt werden. Denn an allen Schulen ist rechtsextremes Gedankengut mal mehr, mal weniger vorhanden.« Sei es »durch Hakenkreuze, Hitlergrüße, Nazimusik – die Insignien rechten Gedankentums sind weit verbreitet«. Dringend erforderlich sei Nachhaltigkeit – wie in der Ökologie so auch beim Antifaschismus.

Beispiel 2: Am Ottheinrich-Gymnasium im baden-württembergischen Wiesloch hätten Schülerinnen und Schüler ein tolles Projekt gegen Rechtsextremismus an ihrer Schule auf die Beine gestellt. »Der Schülersprecher Henrik Wieditz und seine Mitstreiter*innen besitzen eine Energie und eine Zielstrebigkeit, die ich sehr bewundere.« Sie hätten sich auch für Fridays for Future stark engagiert, deshalb seien sie »richtige Helden«. Peter freut sich über alle Maßen, wenn er aktiven Schülerinnen und Schülern wie ihnen begegnet.

Beispiel 3: Da es keine Schule ohne rassistische Vorfälle gebe, freue er sich über jeden, der sich bemühe, »diesen Rassismus zu bändigen, der in den Menschen wohnt«. Sofort kommt ihm Axel Loyens, Lehrer am Emmy-Noether-Gymnasium Erlangen, in den Sinn – »auch so ein Held!«. Als junger Mann sei er in der subkulturellen Szene unterwegs gewesen, heute unterrichte er katholische Religion, Geschichte, Politik und Gesellschaft sowie Deutsch. »Der ist authentisch, kennt sich aus in Jugendkultur, weiß, um was es geht, ist ein toller Ansprechpartner für die Schüler*innen.« Er habe das bundesweite Projekt »Schule ohne Rassismus – Schule mit Courage«, kurz SOR-SMC, vor Ort gestartet. »So intensiv, wie ich es nirgendwo anders in Deutschland bis jetzt gesehen habe. Unglaublich! In der SOR-SMC-Arbeitsgruppe waren zeitweise bis zu 25 Schülerinnen und Schüler aktiv, zusammen haben sie richtig kreative Aktionen organisiert.«

Peter lässt das Thema nicht mehr los. Er zeigt sich schwer beeindruckt, seitdem er bei seinen Filmtouren »dieses Wollen verspürt, dieses nicht Aufgeben-Wollen, diesen unbändigen Optimismus, diese wirklich positive Energie, die in jungen Menschen wohnt«. Und das bei diesem wahrlich harten Thema. Für ihn selbst seien Schulbesuche mit Filmvorführungen und anschließenden Diskussionsrunden oft eine tiefgehende Erfahrung, ein echter emotionaler Mehrwert. »Wie das Aufladen an einer E-Tankstelle.«

*

2024 geht der Freiburger Filmemacher mit *Blut muss fließen* verstärkt in den neuen Bundesländern auf Tour, so auch in sächsischen Städten und Gemeinden. »Mich zieht es bewusst dorthin, wo manche Menschen anfangen, sich wegzuducken. Wo viele überhaupt nicht mehr bereit sind, äußere Haltung zu zeigen.« Was früher reine Bequemlichkeit gewesen sein mochte, »ist heute vielfach Angst. Die Angst, offen für demokratische Werte einzustehen, Position zu beziehen«. Denn wer ganz im Osten Deutschlands Farbe für Toleranz und Weltoffenheit bekenne, der bekomme die Folgen zu spüren. Der fühle sich bedroht, der werde direkt angegangen.

»Als wir den Film in Bautzen in der Lausitz gezeigt haben, musste ein massives Polizeiaufgebot die Veranstaltung absichern.« Das gebe ihm eine intensivere Ahnung, »wie es Menschen ergeht, die sich politisch im Sinne demokratischer Freiheiten und damit gegen faschistische Tendenzen positionieren«.

Bereits bei der Bundestagswahl 2021 rückte die AfD sowohl bei den Erst- als auch bei den Zweitstimmen im Bundesland Sachsen als stärkste Partei auf Platz 1, noch vor der CDU oder der SPD. »Wie erklärst du dir diese erdrutschartigen Verschiebungen nach ganz rechts außen?«, frage ich meinen Freund. »Bei meiner zwölfjährigen Filmtour konnte ich erkennen, wohin sich die gesamtgesellschaftliche Strömung entwickelt.« Immer mehr seien die Menschen dort »mit dem Gedankengut von Rechtsaußen in Verbindung gekommen«.

Das beginne bereits im Jugendalter. Die Jugendlichen seien durch Musik ansprechbar. »Abgestumpft durch Rapper, auch durch den Gangsterrap mit Sexismus und Rassismus und zum Teil auch Nationalismus«. Hier herrsche die berühmte Grauzone, und dann sei der Weg zur richtigen Nazimusik nicht mehr weit. »Das ist krass, was da abgeht. Mordaufrufe gegen Minderheiten gehören dazu.«

In den sozialen Medien verstärkt sich dieser Trend, hier sind radikale rechte Strömungen besonders präsent, nicht aber die demokratischen Parteien. Die hätten sich auch physisch aus manchen Regionen in den neuen Bundesländern zurückgezogen, weil sie hier sowieso schon schlecht aufgestellt waren. So wurde der Raum für rechtspopulistische und rechtsextreme Einstellungen geöffnet und so konnte sich dieses Gedankengut gut weiterverbreiten. Orchestriert durch die AfD seien viele junge Leute auf einem Trip, der immer weiter nach Rechtsaußen führe.

»Wen habe ich über all die Jahre nicht erreicht?«, fragt sich der Filmemacher selbstreflektierend. »Das ist das nationalkonservative Spektrum, das mir wirklich Sorgen bereitet. Keine Vorführung bei einer freiwilligen Feuerwehr, bei einem Trachtenverein, bei einem Schützenverein. Nicht einmal bei einem Gesangsverein.« Und das trotz teilweise intensiver Bemühungen über alle möglichen Kanäle, von Institutionen vor Ort bis hin zu persönlichen Kontakten.

»Wenn wir auch in Zukunft nicht reinkommen in diese nationalkonservative Blase, dann wird es richtig gefährlich. In Deutschland existieren viele solcher Blasen, keinesfalls im Osten allein.« Die Wahlergebnisse pro AfD sprächen für sich. »Unsere Aufgabe muss jetzt erst recht heißen: Ran an diese Personengruppen, mit ihnen ins Gespräch kommen.« Dabei gelte es klarzumachen, »was das für Folgen hat, wenn sie sich in einen nationalkonservativen Nukleus zurückziehen«.

*

Um mir über die Situation in den neuen Bundesländern, vor allem aber über die in Sachsen, aus erster Hand berichten zu lassen, ziehe ich meinen Freund zu Rate. »Du hast Erfahrung – mit wem soll ich mich persönlich treffen, um hautnah zu erfahren, was in Teilen Ostdeutschlands wirklich abgeht? Und um mir erzählen zu lassen, wie sich die dortigen Aktivistinnen und Aktivisten zur Wehr setzen, wofür sie sich engagieren?«, frage ich Peter.

»Da gibt es nahe der polnisch-tschechischen Grenze eine kleine Gruppe nimmermüder Antifaschisten, die kenne ich.« Diese würden »mit viel Einfallsreichtum und vor allem mit unglaublichem Mut all denen entgegentreten, die sich offen als Nazis outen oder eng mit ihnen kooperieren«. Der Dokumentarfilmer weiß, wovon er spricht – er war selbst wiederholt vor Ort und hat sein Werk über die Rechtsrockkonzerte der Neonazis dort präsentiert.

Nur wenige Wochen danach sitze ich einem Mann mittleren Alters gegenüber, dessen Glatze auf den ersten Blick falsche Assoziationen wecken könnte. »Hallo, ich bin der Sven«, sagt er mit einem Lächeln auf den Lippen. »Keine Angst, *wir* machen die Augen auf!«

Augen auf und Hands on für die Demokratie in Sachsen

»Ja, ich möchte die Menschen dazu bewegen, genau hinzuschauen. Nachzudenken und mitzufühlen«, sagt der Sachse Sven Kaseler, dem das Thema Empathie »sehr wichtig ist«. Der 52-Jährige hat den brennenden Wunsch, »dass das Zusammenleben auf unserer Erde anders funktioniert als im Moment«. Im Großen wie im Kleinen bestünden immens viele Probleme. »Aber es gibt auch Millionen Menschen auf dieser Welt, die ganz viel Mut aufbringen.« Von daher sei diese Kraft schon da, er wolle sie »mit seinem Handeln einfach nur bestärken«.

Was so selbstverständlich klingt, bekommt in einer Region wie der Oberlausitz einen besonderen Stellenwert. Denn hier drohen viele Menschen ihren Mut zu verlieren, ihre Hoffnung aufzugeben. Manche würden sogar abwandern, sagt Sven. Natürlich gebe es in seiner Heimat »auch viele Bürger, die aktiv für die Demokratie, für die Vielfalt einstehen«. Aber gerade hier im östlichen Teil Sachsens werde versucht, genau gegen diese Menschen vorzugehen, die sich in der Öffentlichkeit für Toleranz und Weltoffenheit einsetzen. »Die Feinde der Demokratie bedrängen sie oft auf der persönlichen Schiene, um sie massiv einzuschüchtern.«

Kaseler beobachtete diese Entwicklung bereits vor mehr als 20 Jahren und beschloss, sich mit Gleichgesinnten zu verbünden. So gehört er zu den Gründungsmitgliedern des Vereins »Augen auf

e. V.« mit Sitz in Zittau, einer Stadt mit rund 25 000 Einwohnern, direkt im Dreiländereck, Deutschland, Polen, Tschechien.

»Wir sind über Sachsen hinaus bekannt als eine eher unkonventionelle Organisation, die sich nicht trocken theoretisch, sondern charmant provokant mit gesellschaftlichen Zuständen und der Kritik daran auseinandersetzt.« Ihr Ziel: Toleranz und Zivilcourage in Ostdeutschland zu fördern. Der Verein möchte sowohl das Demokratiebewusstsein als auch den europäischen Gedanken stärken. Und zugleich »Entwicklungen hin zum Chauvinismus und Rechtsextremismus entgegenwirken«.

Dazu gehöre die Stärkung der Bürgerbeteiligung sowie des Ehrenamtes. Und zwar »in der Bekämpfung von Vorurteilen, im Ausbau sozialer Netzwerkarbeit und in der Durchführung von Jugend- und Kulturprojekten mit bildungspolitischem Anspruch«. Gegründet wurde der Verein im November 2000, weil die Zeit gekommen war, »aufzustehen für Artikel 1 des Grundgesetzes: ›Die Würde des Menschen ist unantastbar‹«.

Die Aktivistinnen und Aktivisten von »Augen auf« suchen dabei die Zusammenarbeit mit den verschiedenen Vereinen und Organisationen. »Wir wollen unsere Augen nicht verschließen vor Diskriminierung, Alltagsrassismus und Menschenverachtung«, heißt es auf der vereinseigenen Website.

Ein Engagement dieser Art, das in weiten Teilen Deutschlands als rundum positiv angesehen wird, kann im Osten Sachsens zu heftigen Gegenreaktionen führen. Sven spricht aus Erfahrung. »Was würdest du fühlen, wenn Fotos von dir veröffentlicht werden, wie es uns passiert ist, wie du in deinem privaten Garten zu sehen bist? Oder wenn deine Privatadresse in einschlägigen Foren der rechten Szene auftaucht? Wie würde es dir gehen, wenn du auf Listen stehst, die erklärtermaßen angelegt werden für die Zeit nach der ›Machtergreifung‹?« – gemeint durch die Rechtsextremen. Man werde auch direkt angesprochen, »dass man bald ins Lager kommt, dass man dran glauben muss«. Solche Methoden der Verunsicherung würden bewusst eingesetzt. Sie seien keine unbedarfte Dummheit, sondern gezielte Strategie.

»Wer kann helfen, wer kann euch schützen?«, hake ich nach. »Wenn wir Anzeigen bei der Polizei erstatten, was ja der rechtlich richtige Weg ist, dann werden diese meist eingestellt.« Die Begründung: Die Anzeige werde als Nichtigkeit eingestuft, deshalb werde in der Regel nicht einmal ermittelt. Sven Kaselers Stirn liegt in Falten. »Dabei sind die Täter bekannt, sie sind vor Ort und sie werden hier freundlich behandelt.« Demokratieaktivisten werde dagegen »durchaus abweisend begegnet«. Das alles seien Vorgänge, die sie schon mitgemacht hätten. Natürlich gebe es »ein strukturelles Problem bei der Polizei«. Aber man dürfe niemals pauschalisieren. »Je nachdem erleben wir bei der Polizei auch positive Beispiele konstruktiver Zusammenarbeit.«

»Wie kommt es, dass die Rechtsradikalen bei euch in Sachsen so aggressiv gegen dich und deine Mitstreiter vorgehen?«, frage ich Sven. Der mir erklärt, was sie in den letzten Jahren bereits alles auf die Beine gestellt hätten: Diskussionen und Workshops, Festivals und Musikevents, Ausstellungen und Vorlesungen, Sportveranstaltungen und Theatervorstellungen und vieles weitere mehr.

»Wir wollen mit den Menschen hier eine Ebene des kommunikativen Miteinanders herstellen.« Denn der weitverbreitete Begriff des Alltagsrassismus zeige nicht nur im Osten Deutschlands, aber gerade hier immer hemmungsloser sein Gesicht. Das Gegenmodell von »Augen auf«: Wir wollen gemeinsam mit vielen anderen Menschen »Alternativen für ein friedliches Nebeneinander verschiedener Kulturen« leben.[7]

Das Besondere daran sei ihr Credo: »Das Engagement muss auch Spaß machen. Das«, bilanziert ein durchaus zufriedener Sven Kaseler, »haben wir jahrelang vielen Menschen vermitteln können.« Und auf diesem Weg sei es ihnen gelungen, bei vergleichsweise trockenen politischen Themen einfach Freude reinzubringen. Einen besonders erfolgreichen Ansatz dazu böten Sportveranstaltungen.

Zum Beispiel ein Fußballturnier der besonderen Art: »Fußball grenzenlos«. Die Initialzündung sei ihnen bei der Antirassistischen

Weltmeisterschaft 2003 in Italien gekommen. Wo sich ausgewiesene linke Teams spaßeshalber gegenüberstanden. »Daraus entwickelte sich für viele Jahre die größte antirassistische Veranstaltung in Ostsachsen mit bis zu 400 Leuten das ganze Wochenende über.«

Durchgeführt unter Beteiligung von Bekannten aus Tschechien und Polen, Spätaussiedlern aus Russland und Migranten verschiedenster Herkunftsländer. »Und das in einer Region, wo es eine starke rechte Kameradschaft gibt«, weist Sven Kaseler nachdrücklich auf die besondere politische Konstellation in der Oberlausitz hin. »Ja, dieses Turnier war sehr schön. Das bedeutete unseren Leuten hier sehr viel.«

Intensiv sei auch die Zusammenarbeit beim Grenzgang-Festival 2009 in Neugersdorf an der deutsch-tschechischen Grenze gewesen, das unter der Schirmherrschaft von Vaclav Havel stattfand, dem früheren Staatspräsidenten Tschechiens. »Das war ein großer Erfolg in einer Zeit, wo wir uns weniger mit Rechtsextremismus, dafür mit dem zunehmenden Nationalismus beschäftigen mussten«, meint Sven, dem die intensive Zusammenarbeit der drei Grenzstaaten in bester Erinnerung ist. »So haben wir einen vormaligen Ort der Trennung zu einem Ort der Begegnung umgewandelt.« Die teilnehmenden Bands »waren bunt gemischt, das war einfach wunderschön. Bei solchen Festen treffen Menschen aus verschiedenen Ländern zusammen, man bekommt ganz andere Sichtweisen mitgeteilt«, sagt der Vorstand von »Augen auf«.

Ein herausragendes Ereignis sei auch das Friedensfest im sächsischen Ostritz, ursprünglich ins Leben gerufen als Gegenveranstaltung zu einem Rechtsaußen-Konzert. Dabei zeigen die Stadt und die Region, dass sie für »Weltoffenheit und Toleranz« stehen, so das Selbstverständnis aller Beteiligten. Im September 2023 konnte die Veranstaltung ihr zehnjähriges Jubiläum begehen. Immer mit dabei: »Augen auf« und seine Aktivistinnen und Aktivisten. Sven bringt es noch einmal auf den Punkt: »Dabei wollen wir zeigen, dass wir keinen Unterschied machen zwischen verschiedenen Menschen.« Geflüchtete, die oft auch Opfer seien von menschenfeindlichen Einstellungen und Diskriminierungen, »sollen sich bei uns sicher fühlen. Wir haben keinen Platz für Täter oder deren Sympathisanten«.

Und er erzählt mir noch von weiteren sportlichen, kulturellen und politischen Veranstaltungen, die sich gegen den Rassismus der NPD (seit 2023 der »Heimat«), gegen den der AfD sowie anderer Organisationen jenseits dieser Parteien richten. Längst ist mir klar, warum er und seine Freunde auf den Listen der Rechtsradikalen ganz weit oben stehen. Denn ihre Erfolge sind beachtlich, ihr Wirken ist unübersehbar.

Im Einsatz gegen die Verfassungsfeinde Sachsens

»Als wir uns vor fast einem Vierteljahrhundert gegründet hatten, lebten wir in einer Region, die als ›national befreite Zone‹ galt«, ein Kampfbegriff der Rechtsextremen für Gebiete oder Milieus, in denen sie das Alltagsleben und Straßenbild prägen. Seither hätte »Augen auf« bei jeder sich bietenden Gelegenheit versucht, die »Gegenkultur zu stärken und den Menschen Energie und Mut und Hoffnung gegeben«.

Sven fällt es nicht leicht, so kritisch über seine Heimat zu sprechen, mit der ihn so viel verbindet. Geboren Anfang der 70er-Jahre in Löbau, hatte er unbekümmerte Jahre seiner Kindheit und Schulzeit hier im Osten der Lausitz verbracht. Er erzählt von der Gaststätte seiner Oma, den vielen Urlaubsreisen mit den Eltern, der Schulzeit als wissensdurstiger Junge in der DDR. Nach dem zehnjährigen Besuch der Polytechnischen Oberschule konnte er ohne Abitur ein Sonderstudium zum Techniker absolvieren. Seine Heimat verließ er lediglich für die Arbeit bei der Deutschen Bahn in München und Berlin. »Ich bin immer noch bei der Deutschen Bahn, mittlerweile als Produktmanager. Aber ich lebe ganz bewusst wieder in der Lausitz.« Auch aus familiären Gründen. Denn was folgte, war und ist eine privat erfreuliche Zeit seit der Geburt der beiden Töchter. Um die er sich damals wie heute sehr intensiv kümmert. »Wir haben einfach ein schönes Miteinander. Wir erleben viel. Wir gehen gerne gemeinsam in Urlaub.« Ihre Offenheit sei ihm wichtig, ihre Zukunft liege ihm am Herzen.

Alles wäre bestens geregelt, wäre da nicht dieses gesellschaftliche Umfeld. »Ja, das ist ein Fiasko. Heute bestätigt sich vieles, was wir vor Jahrzehnten schon vorausgesagt haben«. Frühzeitig hätten sie vor einem strukturellen Rassismus gewarnt. Und dass dieser stärker werden würde ohne eine harte Gegenpositionierung, ohne ein bewusstes Zurückdrängen des Rechtsextremismus, auch der betreffenden Parteien.

Ein Ergebnis der Entwicklung in Svens Heimatland präsentierte Dirk-Martin Christian, Präsident des Landesamtes für Verfassungsschutz, im Dezember 2023 der Öffentlichkeit: »An der rechtsextremistischen Ausrichtung der AfD Sachsen bestehen keine Zweifel mehr.« Der hiesige Landesverband verfolge »verfassungsfeindliche Ziele«.[8]

Mit Blick auf diesen Bericht »erklärt sich vieles in dieser Gesellschaft«, so Kaseler. Unter anderem, dass die AfD staatliche Gelder empfange, die ihr nicht zustünden. Für den gebürtigen Sachsen stellt sich die Sachlage so dar: »Der Extremismus der Rechten ist bei uns kein Phänomen, sondern eine lange vorhersehbare Entwicklung.« Jahrelang hätten sie in seinem Bundesland den Kampf gegen die NPD, heute »Die Heimat«, geführt, seien gegen Wände angerannt. »Jetzt müssen die Leute erkennen, dass die Hälfte der früheren NPD-Leute im Dunstkreis der AfD drinsteckt.« Einer immer stärker werdenden AfD, einer deren Köpfe genau von hier kommt.

*

Bekanntester AfD-Repräsentant des hiesigen Bundestagswahlkreises Görlitz, nördlich von Zittau gelegen, ist Tino Chrupalla. Geboren in Weißwasser, führte ihn seine Karriere über die Junge Union der CDU in die AfD. Wo er heute Vorsitzender der Bundestagsfraktion und zugleich Bundessprecher ist. Damit formal der mächtigste Mann in der Rechtsaußenpartei.

Bei der Bundestagswahl 2021 errang Chrupalla im Wahlkreis Görlitz mehr als 35 Prozent der Stimmen. Deutlich mehr als sein Konkurrent aus den Reihen der Christdemokraten. Das Bundesamt für Verfassungsschutz führte ihn namentlich in seinem Gutachten auf, welches die AfD als Prüffall begründete. Zusammen mit Alice Weidel zählt er zu den Repräsentanten des rechtsextremen Flügels in der Partei. *Der Spiegel* analysierte, er spreche »wie ein Reichsbürger«.[9]

Sven Kaselers Kritik kann Chrupallas Aktivitäten als MdB nichts abgewinnen. »Für uns in der Region bringt er nichts wirklich fertig.« Stattdessen sei er bundesweit in seiner Funktion »als Parteipolitiker unterwegs«. Das lachende Auge dabei: In der Sache sei das »kein Verlust«. Bedenklich findet der Zittauer vor allem auch Chrupallas Position beim Thema Russland und der Intervention in der Ukraine. »Der kuschelt mit Putin, das geht gar nicht.«

Mit Mut für Zivilcourage, für Demokratie, für Toleranz

Kaseler hält viel von gemeinsamen Schulbesuchen, wie denen mit Peter Ohlendorf. Auch wenn es in einem Fall richtig danebengegangen sei. Eine Erfahrung bei einer Filmvorführung, die ihm am liebsten erspart geblieben wäre – und das auch noch in Chrupallas Geburtsstadt. In der Turnhalle einer Schule in Weißwasser sei die Diskussion mit Schülern »ganz gruselig« verlaufen. Hier hätten ultrarechts gesinnte Jugendliche »so eine Art Führerschaft übernommen«.

Klassisches Stilmittel der Rechtsextremen sei »die bewusste Provokation, die willentliche Grenzüberschreitung«. Den Störern sei es darum gegangen, die Aufklärungsveranstaltung zu torpedieren. Sven führt die krassen Meinungen gegen Geflüchtete und Minderheiten auf ihre Sozialisation in rechtsoffenen Jugendgruppen hin.

Aber auch auf den elterlichen Abendbrottisch in der Familie. »Bei uns in der Region sind wir mittlerweile bei Generation 2 des Neofaschismus angelangt. Generation 1 waren die der 90er, jetzt sind die Kinder dieser Leute so weit.«

Kaseler und Ohlendorf lassen sich dennoch nicht von ihrem Kurs abbringen. Einzelner Misserfolge zum Trotz seien öffentliche Veranstaltungen, Infoabende und gemeinsame Filmvorführungen extrem wichtig. Jahrelang hätten sie intensiv zusammengearbeitet. Kaseler weiß warum: »›Blut muss fließen‹ passiert ja auch bei uns in der Nähe. In Bautzen gibt es eine Szene für Nazikonzerte.«

Erfreulicherweise erleben die beiden immer wieder gelungene Aktivitäten. Beispielsweise an freien Schulen im Dreiländereck. »Wir haben ein Diskussionskonzept bei uns in der Region, das wir mit Tschechien und Polen zusammen machen. Da erleben wir immer eine sehr offene Gesprächskultur mit sehr interessierten Schülerinnen und Schülern.« Die im Übrigen oft ein richtig gutes Vorwissen einbringen würden.

Auch kann Kaseler dem bundesweiten Projekt »Schule ohne Rassismus – Schule mit Courage« einiges abgewinnen. »Mit der Zertifizierung hast du den Stempel der Mitgliedschaft.« Dann könne die jeweilige Schule loslegen mit einem Antirassismus-Projekt ihrer Wahl. Wichtig allerdings sei, »dass man tatsächlich immer wieder am Thema dranbleibt«. Im Großen und Ganzen sei das »eine tolle Sache mit engagierten Jugendlichen«, was ihm Mut mache.

Selbst in der Politik sieht Kaseler Mut machende Lichtpersonen. In Sachsen gebe es Landräte und Bürgermeister, »die sich mit Rückgrat für Pluralismus und Toleranz und damit gegen die AfD positionieren«. Beispielsweise Thomas Zenker, Oberbürgermeister der Großen Kreisstadt Zittau mit seinem Motto »Zittau kann mehr«. Oder Dirk Neubauer, Landrat des Kreises Mittelsachsen. Der parteilose Neubauer allerdings kündigte im Juli 2024 wegen Bedrohungen seinen vorzeitigen Rücktritt an. Seine Begründung: »Wir leben in Zeiten, wo Mandatsträger quasi zum Freiwild erklärt worden sind.«[10]

Summa summarum gibt es – bei all diesen dramatischen Fehlentwicklungen – auch etwas Positives in der Oberlausitz zu bilanzieren. »Über die Zeit haben wir es geschafft, kontinuierlich am Thema zu arbeiten.« Zu den größten Erfolgen gehöre, »dass so viele Leute so lange bei uns dabei sind. Dass wir kontinuierlich aktiv sind und intensiv zusammenarbeiten.« Das schaffe Referenzen, das schaffe Vertrauen.

Eines der vielversprechenden Projekte sei das arabische Kaffeezelt von »Augen auf e. V.«, das durch Sachsen tourt. Die zumeist deutschen Gäste sind eingeladen, Platz zu nehmen, sie bekommen arabischen Kaffee in kleinen Mokkatässchen serviert und können mit den Gastgebern aus anderen Ländern ins Gespräch eintauchen, freut sich Kaseler über das gelungene Angebot. Nicht umsonst ist das Zeltprojekt 2022 mit dem Sächsischen Integrationspreis gewürdigt worden.

Die Begründung der Jury: Es führe »Menschen zusammen. Menschen mit Migrationshintergrund planen und betreuen das Zelt. Sie sind nicht mehr Objekte der Integration, sondern wechseln in die Rolle der Gastgeber.« Integration sei keine Einbahnstraße. »Augen auf e. V.« leiste »seit mehreren Jahren wertvolle und kontinuierliche Arbeit«.[11] Eines von so vielen zukunftsweisenden Projekten der Aktivistinnen und Aktivisten aus Zittau, Löbau und weiteren Städten – die alle weitermachen wollen.

Umso wichtiger, als die politisch-gesellschaftliche Situation kritisch ist. Das beweist nicht zuletzt auch das Attentat auf den SPD-Europaabgeordneten Matthias Ecke in der sächsischen Landeshauptstadt Dresden. Er wurde am 3. Mai 2024 schwer verletzt, als er beim Aufhängen von Wahlplakaten mithalf. Ein 17-Jähriger stellte sich der Polizei.[12]

*

Weitermachen will auch Peter Ohlendorf. Anerkennung und auch Rückenwind erhält er dabei nicht zuletzt durch Preise und Auszeichnungen für sein unermüdliches Medienschaffen. So wurde der Freiburger mit dem Integrationspreis der Europäischen Gesellschaft Diaphania e. V., dem Alternativen Medienpreis, dem Georg-Elser-Preis, dem Helga-und-Werner-Sprenger-Friedenspreis geehrt. »Peter Ohlendorf geht es um eine demokratische weltoffene Kultur, und er richtet seinen Blick auf Themen, die nicht im Fokus der konventionellen Berichterstattung liegen«, würdigte die Jury des Sprenger-Preises sein Engagement.[13]

Peter bedauert, dass Thomas Kuban bei all den Preisverleihungen aus Sicherheitsgründen nicht dabei sein kann. »Diese Preise gelten Thomas ganz genauso, wenn nicht noch mehr. Schließlich hat er, unbeeindruckt von zahlreichen Morddrohungen, mit seiner Undercover-Recherche die Grundlage für den Dokumentarfilm und die Tour gelegt«. Ohlendorf will weiterhin die Chance nutzen, mit diesem Film Aufklärungsarbeit zu leisten über die Gefahren des fortschreitenden Rechtsrutsches. »Wer daran Interesse hat, muss mich nur anmailen.«

Wie vielseitig der Freiburger ist, zeigt sich in seinem letzten Werk »Utopisches vom Himmelreich? Inklusion im irdischen Arbeitsleben«, das er zusammen mit Stefan Ganter und dessen Filmstudio realisiert hat. Neun jüngere Menschen mit kognitiven Beeinträchtigungen sollten an der Akademie Himmelreich mit angeschlossenem Hotel und Gastronomie für ihre spätere Tätigkeit im regulären Arbeitsmarkt vorbereitet werden. »Hier arbeiten schon länger Menschen mit Downsyndrom und bekommen einzelne Arbeitsbereiche zugewiesen.« Eine Dekade nach dem Start der Akademie Himmelreich wollten Ohlendorf und Ganter wissen: »Kann dieses Experiment über das Gasthaus Himmelreich hinaus bestehen?«

Der Zusammenhang zu Rechtsaußen, zur AfD? »Diese Partei will keine Inklusion. Sie will diese Menschen wegsperren aus dem öffentlichen Leben.« Ganz bewusst plant Ohlendorf, diesen Film auch im Thüringer Landtag zu zeigen – aufgrund der dortigen Stärke der AfD-Fraktion.[14]

Zweifelsfrei werden Kaseler, Kuban und Ohlendorf weiterhin mutig und standhaft für mehr Zivilcourage, für mehr Demokratie, für mehr Toleranz eintreten, jeder auf seine Weise. Ein Engagement, das nicht nur in der Lausitz dringend der Unterstützung bedarf.

***

Weitere Informationen:

- FilmFaktum, Website von Peter Ohlendorf, mit Informationen zu Begleitmaterial für Aktionstage, Links zu anderen wichtigen Websites gegen Rechtsextremismus, weiteren Filmen von Peter Ohlendorf und aktuellen Terminen, siehe www.filmfaktum.de
- »Er ist wieder da!«, Neues zu Thomas Kuban und dem Film *Blut muss fließen*, siehe www.filmfaktum.de/projekte/zur-rechten-zeit-er-ist-wieder-da
- Augen auf, Zivilcourage zeigen, siehe www.augenauf.net
- Schule ohne Rassismus – Schule mit Courage, Bundeskoordination, siehe www.schule-ohne-rassismus.org

***

KAPITEL 2

Margot Käßmann. Eine standhafte Christin zeigt klare Kante

In ihrer Wohnung in Hannover sticht der Kunstdruck vom »Blumenwerfer« des britischen Streetart-Künstlers Banksy ins Auge. Das Werk gilt gemeinhin als beeindruckendes Zeugnis für gewaltlosen Widerstand. Schleudert der vermummte Demonstrant doch statt eines möglichen Molotowcocktails besagten Strauß an Blumen kraftvoll und dynamisch in Richtung seines unsichtbaren Gegners.

Nicht minder auffallend ist eine beeindruckende Statue von Martin Luther. Immerhin einen halben Meter hoch, entworfen hat sie der Künstler Ottmar Hörl. Forsch geschmückt mit dem berühmten »lila Tuch« des Kirchentages von 1983, das Prof. Dr. Margot Käßmann der Statue des Reformators kurzerhand umgehängt hat. »Martin Luther hat die Bibel in die deutsche Sprache übersetzt und ihre Lektüre für alle Jungen und Mädchen an Schulen gefordert«, erklärt mir die gläubige Christin. Seither können alle selbst nachlesen, was in der Heiligen Schrift geschrieben steht. »›Selber denken!‹ ist mir wichtig«, sagt die bundesweit bekannte und beliebte Protestantin. Und dann sei da noch ein weiterer entscheidender Punkt: »Vor dem Reichstag zu Worms hat Luther erstmals das ›Gewissen‹ ins Spiel gebracht.« Dies gelte es zu schärfen und dann seinen Mann oder seine Frau zu stehen.

Ich sehe schon, es geht gleich in medias res, doch ehe wir an der Stelle weitermachen, interessiert mich noch eine andere Sache: »Wie kommt es, dass du deine Wohnung in der niedersächsischen Landeshauptstadt behalten hast?« Margot lächelt. Nach dem Rücktritt als

EKD-Ratsvorsitzende habe sie acht Jahre in Berlin gelebt. »Eigentlich wollte ich mit dem Ruhestand ganz nach Usedom ziehen. Da aber die vier Enkelsöhne in der Region Hannover leben und die drei Enkeltöchter in der Region Mainz, bin ich wieder hierhergezogen.« Von Hannover aus seien die Familien der sieben Enkel gut erreichbar. Außerdem sei alles Wichtige für die Kinder hier, »vom Hochstuhl bis zu Bilderbüchern«. Und nicht zuletzt: Von hier aus ist Margot Käßmann schnell an allen möglichen Orten der Republik. Denn sie befindet sich zwar im Ruhestand, doch davon ist wenig zu spüren. Ihre Aktivitäten sind vielfältig, als Buchautorin, Podcasterin, Speakerin und immer wieder auch als Predigerin.

»Usedom hast du aber dennoch nicht aufgegeben, richtig?«, frage ich sie. »Ja, seit 2011 haben wir als Familie dort ein kleines Häuschen.« Margot gerät ins Schwärmen. »Von meinem Schreibtisch schaue ich direkt in den Garten und auf den Wald. Das ist wunderbar entspannend.« Und sie liebe es, mit ihrem Partner Andreas lange Spaziergänge zu machen. Anders als ich es als Süddeutscher vermute, sei es »auch im Winter an der Ostsee schön«. Aber natürlich genieße sie »im Sommer runter zum Strand zu radeln und ins Wasser zu springen«. Und auch hier sei alles auf die Enkelkinder ausgerichtet: vom Wickeltisch über die Spielküche bis hin zum kleinen Maltisch und die Legosteine.

Margot Käßmann ist in diesem Moment die Zufriedenheit in Person. Seit nunmehr zehn Jahren sei sie wieder mit Andreas zusammen, ihrer Jugendliebe. Sie hätten sich Anfang der 70er-Jahre in Stadtallendorf kennengelernt. »Wir waren zusammen im Posaunenchor, haben Kindergottesdienstfreizeiten mitgestaltet. Es war die erste Liebe, der erste Kuss. Wir haben uns per Zufall 2014 wieder getroffen.« Zu diesem Zeitpunkt »waren wir beide schon lange geschieden«. Andreas sei auch ein Familienmensch, habe seinerseits vier Kinder und zwei Enkel. »Familienleben spielt eine große Rolle bei uns.«

Ihre positive Lebenseinstellung erklärt sich sicherlich durch ihr frohgemut stimmendes privates Umfeld mit Kindern und Kindeskindern. Durch ihr lebendiges öffentliches Engagement. Und nicht minder, als Basis all dessen, durch ihren tiefen christlichen Glauben, über den wir miteinander sprechen wollen.

Starke Prägung – starker Weg

»Woher schöpfst du deine Hoffnung, deinen Glauben, deinen Mut?«, frage ich sie. Sicherlich auch aus der Erfahrung ihrer Eltern, antwortet sie. Diese hätten als junge Menschen den Krieg miterlebt. Ihr Vater war gerade mal 18 Jahre alt, als der Zweite Weltkrieg begann. Er wurde sofort eingezogen und blieb Soldat, bis er mit 25 aus der amerikanischen Kriegsgefangenschaft entlassen wurde. »Vater war in der Armee ein Täter, aber er war auch ein Opfer«, der eine tiefe Emotion mit nach Hause brachte: »Er hasste den Krieg.«

Margots Mutter war eine junge Krankenschwester, »in Berlin, als die Bomben fielen«. Sie wurde mit ihrer Abteilung nach Rügen evakuiert, floh von dort aus, lebte für zwei Jahre in einem Lager in Dänemark. Geprägt von den Geschehnissen dieser Jahre, blieb ihr die lebenslange Erkenntnis: »Nie wieder Krieg!«

Die Entbehrungen und die Schrecken des Krieges haben nicht nur die Eltern geprägt, sondern auch ihre Tochter – und deren Glauben. »Die Kirchen der Welt haben 1948«, sprich drei Jahre nach Kriegsende »proklamiert: ›Krieg soll nach Gottes Willen nicht sein.‹« Darin sieht sie bis heute »einen Auftrag« für sich.

Geprägt durch den Glauben ihrer Eltern, wandte sie sich von Anfang an einer kirchlichen Laufbahn zu. Dem Abitur 1977 in ihrer Geburtsstadt Marburg folgte das Studium, das sie mit dem ersten Theologischen Examen abschloss.

In den 80er-Jahren dann Vikariat, zweites Examen mit der Ordination zur Pfarrerin und die erste Stelle. 1989 promovierte sie an der Ruhr-Universität in Bochum. Auch die 90er-Jahre waren geprägt von beruflichen Erfolgen. Sie wurde Beauftragte im Kirchlichen Entwicklungsdienst, erhielt mehrere Lehraufträge für Ökumene an der Kirchlichen Hochschule Leipzig und an der Evangelischen Fakultät der Philipps-Universität Marburg, war Studienleiterin der Evangelischen Akademie Hofgeismar, von 1994 bis 1999 Generalsekretärin des Deutschen Evangelischen Kirchentags in Fulda. 1999 wurde sie schließlich Landesbischöfin der Ev.-luth. Landeskirche Hannover.

»Ein hohes Amt mit hohen Anforderungen, das du beachtliche elf Jahre ausgeübt hast. Welche Chancen bietet es?«, frage ich sie.

Ihr fallen viele Aktivitäten ein, die weit über das klassische Betätigungsfeld einer Bischöfin hinausgehen. Und die sie am liebsten alle noch ausführlicher schildern würde, weil sie ihr am Herzen liegen. Als Landesbischöfin hatte sie die Möglichkeit, Projekten den Weg zu bahnen, »die in der Umsetzung aber schwerpunktmäßig von anderen getragen wurden«.

Zum Ersten nennt sie die Hospizbewegung, die dank des Engagements Ehrenamtlicher in Gang gesetzt worden sei. »Immer wieder konnte ich bei Gottesdiensten, mit Einweihungen und Spendenkampagnen unterstützen.« Ein humorvoller Aspekt: Das Uhlhornhospiz in Hannover bezeichnet sie seit seiner Gründung als »Patentante« – was sie natürlich freut.

Zum Zweiten kommt ihr *Asphalt* in den Sinn. Mit der niedersächsischen Straßenzeitung ist sie seit Jahrzehnten verbunden, war sogar eine Zeit lang deren Herausgeberin.

Und zum Dritten nennt sie die persönliche Begegnung mit Menschen in prekären Situationen. Wohlgemerkt »auf Augenhöhe«, das ist ihr wichtig. »Wir haben das ›Netzwerk Miriam‹ gegründet, das Frauen im Schwangerschaftskonflikt unterstützt inklusive eines Babykörbchens.« Und dann nennt sie auch das Projekt »Zukunftsgestalten«, das das Engagement gegen Kinderarmut fördert.

Eine Bischöfin mit Basisanbindung und zugleich beachtlichen Erfolgen. Nein, Erfolge ihrerseits würde sie das nicht nennen, weil sie das jeweils nicht selbst initiiert habe. Aber durch ihre Rolle hätten sich Bilder verändert: Wie sieht ein Bischof aus? Was erwartet man von ihr, von ihm? Ist es ein älterer gesetzter Herr oder jemand wie du und ich, mit Familie, mit Kindern?

Der Wandel ist voll im Gange. Mittlerweile seien Frauen in allen leitenden Ämtern der Evangelischen Kirche Deutschlands eine Selbstverständlichkeit. Homosexuelle Paare dürften heiraten, sogar im Pfarrhaus zusammenleben.

»Zu diesen Fortschritten konnte ich beitragen, das freut mich«, sagt eine zufriedene Margot Käßmann. Tatsächlich gebe es »viele positive Veränderungen«. Auch wenn diese nicht immer leicht realisierbar waren und sind.

Mich interessiert: »Was stand der Modernisierung, der Öffnung der protestantischen Kirche lange Zeit entgegen?« Käßmann spricht aus Erfahrung. »Die Widerstände lagen bei denen, die keine Veränderung wollten.« Entsprechend ertrug sie unliebsame Unterstellungen. Eine Mutter von drei Kleinkindern als Gemeindepfarrerin? Das ist doch eine Überforderung! Eine 35-Jährige als Generalsekretärin des Kirchentages? Das geht gar nicht! Eine 41-jährige Mutter von vier Schulkindern als Landesbischöfin? Völlig unmöglich!

Festgefahrene Bilder, starre Strukturen hätten es ihr oft schwer gemacht. Zum Glück gab es aber »auch immer viele Menschen, die mich ermutigt und mich gestützt haben«.

*

2009 wurde Margot Käßmann Ratsvorsitzende der Evangelischen Kirche Deutschlands. Millionen von Christinnen und Christen freuten sich mit ihr. Eine einfühlsame Mutter, eine sozial denkende und handelnde Frau, eine Pazifistin an der Kirchenspitze – das weckte große Hoffnungen. Leider währte ihre Amtszeit als EKD-Vorsitzende nur bis Sommer 2010. Nach einer Autofahrt unter Alkoholeinfluss, bei der sie eine rote Ampel überfuhr, trat sie zurück.

Anfang 2011 wechselte sie als Professorin an die Ruhr-Universität in Bochum, wo sie in den Bereichen Ökumene und Sozialethik forschte. Zudem erhielt sie einen Lehrauftrag an der Emory University, Atlanta. Bis 2018 war sie Botschafterin des Rates der Evangelischen Kirche in Deutschland für das Reformationsjubiläum, ehe sie in den Ruhestand eintrat.

Wer sie kennt, der weiß, dass diese Zeit seither eher – im positivsten Sinne – als Un-Ruhestand bezeichnet werden darf. Sie nutzt die neue Lebensphase für sich, für ihre Familie, als Buchautorin, für ihren enormen gesellschaftlichen Einsatz. Was sie auszeichnet, ist ihr unermüdliches Engagement für eine friedlichere, eine bessere Welt.

Ostern bringt die Hoffnung mit sich

Zu der Zeit unseres Interviews wüten mehr als 40 kriegerische Auseinandersetzungen auf dem Globus. Russland-Ukraine, Israel-Palästina und viele weitere mehr. Wir kommen nicht umhin, nach Wegen aus dem weltweiten Desaster der Gewalteskalation zu suchen.

Bei ihrer Antwort hat die vierfache Mutter und siebenfache Großmutter sowohl Erziehung und Bildung als auch die weite Weltbühne im Blick. »Gewaltfreier Widerstand und zivile Konfliktlösung müssen eingeübt und gefördert werden.« Denn »am Ende wollen alle Menschen in Frieden leben«. Gegen die voranschreitende Militarisierung »braucht es Widerstand«.

In den Jahren, in denen wir bei der Kampagne »Aktion Aufschrei – Stoppt den Waffenhandel!« eng zusammengearbeitet haben – sie als Schirmherrin, ich als Mitbegründer und Sprecher – habe ich ihr Eintreten für Frieden persönlich miterlebt. Bei Kundgebungsreden, in Podiumsdiskussionen.

»Waffen sind ein Geschäft, an dem sehr gut verdient wird«, analysiert Margot Käßmann die Lage im Wissen um die zahlreichen Rüstungslieferungen deutscher Unternehmen auf die Schlachtfelder der Welt. Was sie ganz besonders ärgert: »Die Aktie von Rheinmetall beispielsweise ist seit Beginn des Krieges in der Ukraine stetig gestiegen.«

Entsprechend scharf verurteilt sie, dass rüstungsexportierende Unternehmen »auch noch Gewinne erzeugen, indem sie Waffen in

Krisen- und Kriegsgebiete liefern«. Konsequent geht Käßmann noch einen entscheidenden Schritt weiter: »Ich bin ohnehin gegen die Produktion von Waffen.«

Ihre zentrale Forderung ist prägnant: »Keine Waffen in Krisen- und Kriegsgebiete!« Ihre Begründung einleuchtend: Ansonsten müsste die Bundesregierung auch Waffenexporte an Kurden, Uiguren, Rohingya, den iranischen Widerstand und an alle anderen Bewegungen genehmigen, die für eine gute Sache kämpfen. Das aber führe nicht zu Frieden, sondern nur zu weiterer Eskalation.

*

Worte wie diese werden von der Gegenseite – bei der Bundesregierung, der Rüstungsindustrie, der Bundeswehr, in den Medien – weithin wahrgenommen. Ich erinnere mich an ihren Satz, der in der Zeit des Afghanistan-Krieges riesige Wellen schlug. Formuliert bei der Neujahrspredigt vom 1. Januar 2010 in der Dresdner Frauenkirche, hatte sie als Ratsvorsitzende der Evangelischen Kirche Deutschland den Bundeswehreinsatz am Hindukusch massiv kritisiert: »Nichts ist gut in Afghanistan.« 14 Jahre danach frage ich sie: »Ist heute irgendetwas gut im Russland-Ukraine-Krieg? Schaffen Waffen Frieden?«

Nein, dem sei keinesfalls so. »Diese permanente Forderung nach noch mehr Waffen macht doch nichts gut oder gar besser«, sagt sie. Vielmehr würden noch mehr Waffen »zu noch mehr Zerstörung, zu noch mehr Toten« führen. Insofern stellt sie auch die Rüstungsexporte an die Ukraine in Frage. Hier müsse und könne es andere Lösungen geben.

Ihre Hoffnung liegt im christlichen Glauben begründet. Entsprechend äußert sich Margot Käßmann in ihrem lesenswerten Gastbeitrag »Stoppt das Töten in der Ukraine – Mein Engagement für den Frieden« in Hermann Theisens und Helmut Donats Buch *Bedrohter Diskurs. Deutsche Stimmen zum Ukrainekrieg*. »Ostern bringt die Hoffnung mit sich, dass Gewalt und Tod nicht das letzte Wort haben. Deshalb werden wir gewaltfrei für

Frieden und Abrüstung eintreten. Gerade heute ist das mehr als nötig!«[15]

»Was aber macht dir als Kriegskritikerin Mut, dass der Krieg Russlands gegen die Ukraine gewaltfrei beendet werden kann?«, so meine finale Frage zu diesem Kriegsgeschehen. Die Zivilgesellschaften seien des Krieges doch längst überdrüssig, sagt sie, »sowohl in Russland als auch in der Ukraine«. Um den Wandel zum Guten zu befördern, »sollten wir die Beziehungen zur russischen Zivilgesellschaft nicht kappen«. Stattdessen gelte es, »die extrem Mutigen, die sich dem Terrorregime Putins entgegensetzen, so gut es geht zu unterstützen«.

Wie Versöhnung im Nahen Osten klappen könnte

Während wir uns tiefgreifende Gedanken über die Lage auf der Welt machen, wütet einmal mehr auch eine todbringende Auseinandersetzung zwischen Israel und Palästina. Der Konflikt tobt seit Jahrzehnten und ist ein vielschichtiges Geflecht aus bislang unvereinbaren territorialen, ethno-nationalistischen, religiösen und geopolitischen Ansprüchen und Interessen, die mit Waffengewalt, Krieg und terroristischen Anschlägen bestritten werden. Verhandlungen führten bis dato noch nicht zum Erfolg. Derzeit scheint eine Einigung erst recht in weiter Ferne. Direkter Auslöser des aktuellen Krieges war der Angriff der radikalislamischen Terrorgruppe Hamas am 7. Oktober 2023. Nach Raketenbeschuss von Zielen in Israel verübte sie brutale Massaker an der dortigen Zivilbevölkerung, dabei wurden fast 1200 Menschen getötet, rund 240 als Geiseln entführt. Seither schlägt die Armee Israels mit unerbittlicher Härte zurück, mit aktuell rund 38 000 Toten auf palästinensischer Seite (Stand Statista, Juni 24).

Wie denn der Hass zwischen Palästinensern und Israelis überwunden werden könne?, frage ich. Eine schwere Frage in einem entsetzlich tiefen Konflikt, grübelt sie. Ihres Erachtens »können nur persönliche Begegnungen und mühsame Versöhnungsarbeit helfen«. Bei denen die Opfer gehört werden und die Täter Schuld bekennen müssten. Vorbilder gebe es beispielsweise in Ruanda.

Nach dem Völkermord dort mit bis zu einer Millionen Getöteten, bei dem Angehörige der Hutu-Mehrheit drei Viertel der Tutsi-Minderheit ermordeten, konnte ein Versöhnungsprozess in Gang gesetzt werden. Neben der politischen Annäherung und der juristischen Aufarbeitung steht die Versöhnungsarbeit in den Dörfern und Städten im Mittelpunkt.[16]

Wie aber soll so ein wohlklingendes Modell eines Friedens von unten im Nahen Osten funktionieren? Die aktuelle Situation würde doch durch religiösen oder politischen Fundamentalismus auf muslimischer und auf israelischer Seite dramatisch verschärft. Besteht womöglich die Chance, dass Christentum, Judentum und Islam eine Brücke bauen, um zu einer dauerhaften friedlichen Lösung beizutragen?

Margot Käßmann antwortet, wie ich es mir von führenden Vertretern der drei monotheistischen Weltreligionen wünschen würde. Im Kern gehe »es darum, ob ich sagen kann, ich habe für mich in meiner Religion den Zugang zu Gott gefunden«. Oder ob man auf der »einen Wahrheit eines Glaubens« bestehe und alles andere als Irrglaube ansehe.

Letzteres sei Fundamentalismus, der andere Menschen abwerte nach dem Motto: »Du glaubst falsch. Du lebst falsch. Du bist weniger wert als ich.« Das aus dieser Erkenntnis resultierende Problem: »Fundamentalisten können nicht miteinander ins Gespräch kommen, in keiner Religion.« Die Folgen waren und sind fatal: »Religionen haben allzu oft Öl in das Feuer nationaler oder wirtschaftlicher Konflikte gegossen oder sich dazu benutzen lassen.«

»Inwiefern besteht Hoffnung, im Nahen Osten zu einem dauerhaften Frieden zu kommen?«, brennt mir die entscheidende Frage unter den Nägeln. Margot Käßmann hat die Hoffnung bis heute nicht aufgegeben, dass Palästinenser und Israelis in einem Land friedlich und demokratisch miteinander leben. Auch wenn es womöglich naiv erscheine, angesichts der derzeitigen Lage »will ich die Hoffnung nicht aufgeben, dass sich Hass und Feindbilder überwinden lassen«.

Schließlich, so ihr starkes Argument, gebe es Beispiele aus der Geschichte, die ihr Mut machen. »Wie etwa die jahrhundertelange Feindschaft zwischen Deutschland und Frankreich, die heute einem friedlichen, manchmal konflikthaften, aber oft sehr zugewandten Miteinander gewichen ist«, sagt sie.

Als Sohn eines mit 16 Jahren von den Nazis eingezogenen Vaters und eines in Verdun kämpfenden Großvaters – beide wider Willen – will ich ihr gerne beipflichten. Wahrlich, heute herrscht Freundschaft zwischen Franzosen und Deutschen.

Pazifismus in Zeiten der Kriege

Als langjähriger Bundessprecher der »Deutschen Friedensgesellschaft – Vereinigte KriegsdienstgegnerInnen, DFG-VK«, hatte ich mich riesig gefreut, als Margot Käßmann Mitglied des größten pazifistischen Verbandes in Deutschland wurde.

Der Anlass bot sich bei ihrer Gedenkrede zum 100. Todestag der österreichischen Friedensnobelpreisträgerin und DFG-VK-Gründerin Bertha von Suttner in Gotha. Mit großem Interesse hatte sie deren Memoiren und ihr Werk *Die Waffen nieder!* gelesen, das 1889 erschienen war und in mehr als 15 Sprachen übersetzt wurde.

Margot fackelte nicht lange. Als langjährige Präsidentin der Zentralstelle KDV war der Weg nicht weit vom Thema Kriegsdienstverweigerung zur Deutschen Friedensgesellschaft. »Die DFK-VK ist ein guter Ort, mein pazifistisches Engagement mit anderen zu verbinden«, so ihre Erkenntnis.

In Zeiten der Hochrüstung und Militarisierung weht Pazifistinnen und Pazifisten ein kalter Wind entgegen. Wie sie die biblische Bergpredigt in diesen Zeiten verinnerlicht, frage ich sie. Für sie als Christin sei »entscheidend, dass es in den Evangelien keinerlei Grundlage für die Legitimation von Gewalt« gebe. Jesus, so ihre Begründung, sei »kein Revolutionär mit der Waffe in der Hand gewesen, kein Krieger, der auf dem hohen Ross daherkam«. Vielmehr sei Gottes Sohn barfuß auf einem Esel nach Jerusalem eingezogen. »Stecke das Schwert an seinen Ort«, habe er gesagt, als einer ihn mit Gewalt verteidigen wollte.

Dabei ist die Feindesliebe der Bergpredigt gerade in diesen kriegerischen Zeiten für viele Menschen, auch für gläubige Christen, eine ganz besondere Herausforderung. Oder, wie Käßmann sagt: Jesus Gebot der Feindesliebe »ist eine Provokation, die hochaktuell bleibt, wenn wir die aktuellen Feindbilder sehen«. Zugleich ist sie »eine permanente Mahnung, uns nicht blenden zu lassen«. Denn die anderen seien »nicht Feinde, sondern erst einmal Menschen wie du und ich«.

Käßmanns klares Statement gegen Rechtsextreme

Zum Schluss unseres Interviews komme ich auf ein weiteres brisantes Problem unserer Zeit zu sprechen. »Dank der Recherchen des Journalistenverbands CORRECTIV konnte im Januar 2024 ein geheimes Treffen von AfD-Politikern, Neonazis, Mitgliedern der CDU, ÖVP, des Vereins Werteunion und der Identitären Bewegung in der sogenannten Villa Adlon in Potsdam aufgedeckt werden«, steige ich in meine Fragen zum Rechtsextremismus ein. »Wie sollen wir als Demokratinnen und Demokraten mit dem dort besprochenen Plan umgehen, wonach Millionen von Menschen aus Deutschland vertrieben werden sollen?«

Käßmann muss nicht lange überlegen, beruft sich auf ihre Kundgebungsrede vom Februar in Hameln, bei der sie sich als evangelische Pfarrerin zum Umgang mit Menschen in Not – durchaus kirchenkritisch – geäußert hat.

Allzu oft hätten Christinnen und Christen in der Vergangenheit versagt. »Unsere Kirchen haben Kriege gesegnet, Judenhass gesät und Kindesmissbrauch vertuscht.« Und sie hätten versagt, »als die Kirchen sich in der Zeit des Nationalsozialismus nicht schützend vor Jüdinnen und Juden gestellt haben«. Damals hätten sie auch »Sinti und Roma, Kommunisten, Sozialisten und Homosexuellen keinen Schutz angeboten«.

Heute sei die Botschaft glasklar: »Jeder Mensch ist Gottes Ebenbild!« Käßmann sieht uns alle als eine »Gemeinschaft gleichberechtigter und gleich wertvoller Menschen über nationale Grenzen hinweg«. Ziel sei es, in Frieden zu leben mit Menschen anderer Religion, auch ohne Religion. Und das in einer Welt der Vielfalt und des Miteinanders.

Ihre Schlussfolgerung: Jetzt sei es an der Zeit, »dass die Kirchen aufstehen und allen die Hand reichen – und wo nötig Schutz bieten –, die hier in diesem Land in Frieden leben wollen«.[17]

*

Bereits im Dezember 2023 hatte das sächsische Landesamt für Verfassungsschutz den Landesverband Sachsen der Partei Alternative für Deutschland, AfD, als »gesichert rechtsextremistisch« eingestuft. Seither ist die sächsische AfD, nach der in Thüringen und in Sachsen-Anhalt, der dritte Landesverband mit einer solchen Bewertung in der Bundesrepublik.

Zahlreiche inhaltliche Positionen widersprächen der freiheitlich demokratischen Grundordnung. Beispielsweise in der Migrationsfrage, wo sich die AfD Sachsen gegen die grundgesetzlich verbriefte Garantie der Menschenwürde stelle. Die Analyse des Landesamts: Die Partei propagiere »typische völkisch-nationalistische Positionen«. Sie bediene sich zudem gängiger antisemitischer, vielfach verschwörungsideologischer Positionen.[18]

Auch im Fall der AfD zeigt Margot Käßmann klare Kante. Rechtsextremistische Positionen würden sie zwar nicht ängstigen, ihr aber Sorgen bereiten. Nein, sie könne »nicht verstehen, dass Menschen eine Partei wählen, die andere ausgrenzt und diffamiert – sei es als vermeintliche ›Kopftuchmädchen‹ oder ›Messermänner‹«.

Die AfD wolle »den Ariernachweis der Nazis wieder salonfähig machen«, wonach ausschließlich Menschen Deutsche seien, die zwei deutsche Eltern und vier deutsche Großeltern besäßen. In solch einem Land zu leben, »wäre für mich beklemmend«. Käßmann liebt die heutige Vielfalt in Deutschland. Sie hält es mit der Berliner Politikwissenschaftlerin Naika Foroutan, der Leiterin des Deutschen Zentrums für Integrations- und Migrationsforschung, die sagt: »Wir müssen eine postmigrantische Definition von Deutschland entwickeln.«

»Schließt die rechtsextremistische Einstufung der AfD in den drei Ost-Landesverbänden nicht die Mitgliedschaft in einer christlichen Kirche aus?«, hake ich nach. Wieder bekennt Käßmann Farbe. Das Christsein definiere sich nicht entlang nationaler Grenzen. Christinnen und Christen seien »Geschwister im Glauben, über Grenzen hinweg«. Wo immer »wir Fremden Schutz und Beheimatung geben, begegnen wir Christus selbst, heißt es im Gleichnis vom Weltgericht«. All das stehe »doch im Widerspruch zur Ideologie der AfD«. Schlüssig ihre Folgerung: »Meines Erachtens kann ein Christ, kann eine Christin nicht Mitglied der AfD sein.«

Margot Käßmann – immer in Kontakt mit der Welt, mit dem Leben

Wie ergeht es einer überzeugten Christin in Zeiten wie diesen? Margot Käßmann schöpft Kraft aus der Bibel, verweist auf den 2. Timotheusbrief, in dem geschrieben steht: »Gott hat uns nicht gegeben den Geist der Furcht, sondern der Kraft der Liebe und der Besonnenheit.«[19]

Dieser Satz erscheint ihr »wie eine Einweisung in die richtige Balance zwischen Panik auf der einen und Sorglosigkeit auf der anderen Seite«. Besonnenheit finde den richtigen Weg zwischen beiden. Und »mit Besonnenheit, Kraft und Liebe lassen sich Krisen bestehen und Lösungen finden«.

Um den richtigen Weg zu beschreiten, müssten »die Menschen aufstehen, sich aufrütteln lassen, zusammenstehen, ja sich gegenseitig begeistern, dass sie etwas bewirken können«. Anders, als vielfach behauptet, »sind wir nicht machtlos«.

Ihr Positivbeispiel?, frage ich nach. »Die friedliche Revolution in der DDR sollte für uns Deutsche ein einprägsames Vorbild sein.«

*

Käßmanns Un-Ruhestand birgt schier unendlich viele Möglichkeiten. Nach Jahrzehnten permanenter beruflicher Inanspruchnahme darf die Familie in ihrem Leben endlich reichlich Raum einnehmen. Sie teile sich die Zeit in dieser Lebensphase gut ein, was »gut möglich« sei. Ihr neuer Lebensmittelpunkt: »Mir ist gerade die Zeit mit den sieben Enkelkindern ungeheuer wichtig«, sagt Oma Margot, die die Kleinen aufwachsen sehen, sie begleiten und ihnen eine Vertraute sein möchte. »Schließlich bereichern sie mich durch Spielen, Gespräche, Lachen.« Ihr Dankeschön: »Und ich bereichere sie durch Präsenz, Erzählen, Zeit. Doch ohne gesellschaftliches Engagement würde mir etwas fehlen.«

Mehr noch: »Wir Alten, die wir uns nicht mehr in der Rushhour des Lebens befinden, haben geradezu die Pflicht, etwas zurückzugeben.« Vor allem in Europa, wo »wir das Privileg hatten, in einer Zeit ohne Krieg ziemlich gesichert aufzuwachsen. Uns zu entwickeln und zu leben«.

Ihre Art, »etwas zurückzugeben«, ist erstaunlich vielfältig. Regelmäßig predigt sie in Kirchengemeinden. Und sie engagiert sich noch immer beim Dialog der Religionen. Ein Arbeitsbereich, den sie gut kennt aus der Zeit ihrer Tätigkeit mit den »World Religions for Peace«. Einer internationalen Koalition der Weltreligionen, die sich der Förderung des Weltfriedens widmet. Außerdem ist sie bei zahlreichen öffentlichen Veranstaltungen präsent. So beim Forum der *Südwest Presse*, wo sie sich im Ulmer Stadthaus gesellschaftlich spannenden Fragen zweier Redakteure stellt. Beispielsweise über die

Rolle des Christentums in einer stark polarisierten Welt. Gerade erst hat sie sich an einer Veranstaltung mit Konstantin Wecker bei der Gesellschaft »Kultur des Friedens« in Stuttgart beteiligt. Dass es dafür »sehr viel Applaus« gegeben hat, freut sie sehr. So betätigt sie sich als eine echte Friedensbotschafterin, die »in letzter Zeit viele neue Mitglieder für die ›Deutsche Friedensgesellschaft‹, die DFG-VK, geworben hat«. Damit führt sie all diejenigen Menschen zum größten pazifistischen Verband Deutschlands, »die einen Ort suchen, sich mit anderen gegen Rüstung und Krieg zu engagieren«.

Und noch etwas beglückt ihr Herz: Endlich findet sie die Zeit für Lesereisen zur Präsentation ihrer eigenen Bücher. »Das sagt mir sehr zu, die Bücher direkt vor Menschen zu präsentieren« – wie immer bei bester Publikumsresonanz. In ihren Podcasts, wie »Was mich bewegt« oder »Mensch Margot! – Lass uns reden!« des *NDR*, gewährt sie Einblicke in ihre Gedanken und Gefühle. Lesungs- und Veranstaltungstermine und -orte sowie die Podcasts findet man jederzeit aktuell auf ihrer persönlichen Homepage (www.margotkaessmann.de).

In diesem vielseitigen Mix geht es auch weiter, wie ihr Veranstaltungskalender verrät. So stehen eine Reihe von Ansprachen und Predigten, Lesungen und Gesprächsabende an. Auch hält sie eine Demorede für Demokratie in Hameln. Und eine Kundgebungsrede in der Lüneburger Heide, wo sie sich gegen die Sonnenwendfeiern der dortigen Neonaziszene richtet.

Das alles klingt nach einem rundum erfüllten Leben. »Aber«, so frage ich sie, »bleibt da überhaupt noch Zeit zum Lachen und zum Leben?« Margot lacht. »Spazierengehen und Joggen sind täglich dran.« Auch gehe sie gerne mit Andreas ins Kino. Dort habe sie eben erst »The Zone of Interest« mit Sandra Hüller und »Sterben« mit Lars Eidinger angeschaut. Und sie »lese gerne«, zuletzt Isabel Allendes *Der Wind kennt meinen Namen.*

Ob meiner abschließenden Frage trifft mich ein etwas vorwurfsvoller Blick, ja klar gehöre das Lachen weiterhin zu ihrem Leben.

»Aber ja, ich lache gern«, bestätigt sie. Was sich auch in ihrem privaten Bücherregal niederschlägt. Da findet sich »gefühlt ein ganzer Regalmeter mit Büchern zu Humor, auch zum christlichen und jüdischen. Und Karikaturen.« Mit ihr zieht auch in den Kirchen Fröhlichkeit ein. »Ich bemühe mich darum, dass in jeder meiner Predigten einmal Heiterkeit erzeugt wird.«

Im letzten Jahr hat die Unruheständlerin ihren Geburtstag mit allen Töchtern, Schwiegersöhnen und Enkeln an der Ostsee gefeiert. Am 3. Juni 2024 in kleinem Kreis mit Andreas und den Usedomern Nachbarn. Udo Jürgens hätte seine helle Freude an ihr, wenn er passenderweise sänge: »Mit sechsundsechzig Jahren, da fängt das Leben an. Mit sechsundsechzig Jahren, da hat man Spaß daran. Mit sechsundsechzig Jahren, da kommt man erst in Schuss. Mit sechsundsechzig ist noch lange nicht Schluss.«

***

Weitere Informationen:

- Website Margot Käßmann, www.margotkaessmann.de
- allgemeine Kontaktanfragen über das Büro Dr. Margot Käßmann: Postfach 690 338 in 30612 Hannover; E-Mail: buerokaessmann@gmail.com

***

KAPITEL 3

Yurii Sheliazhenko. Widerstand ohne Waffen im Kriegsland Ukraine

Anfang Juni 2024 befindet sich Yurii Sheliazhenko in einer angespannten Lage. Für den 11. des Monats ist sein Prozess vor dem Landgericht Kiew angesetzt. Dem Geschäftsführer der »Ukrainischen Pazifistischen Bewegung« droht eine Haftstrafe von bis zu fünf Jahren. Der ihm zur Last gelegte Vorwurf lautet, er habe in der Erklärung »Peace Agenda for Ukraine and the World« im September 2022 »die russische Aggression« gerechtfertigt. Was schlichtweg falsch ist. Hat er doch im Namen der pazifistischen Organisation besagte Friedenserklärung abgegeben, in der die Intervention Russlands mit keinem Wort gutgeheißen wird und stattdessen alle Kriege abgelehnt werden.[20]

Bis zu diesem Zeitpunkt hat Sheliazhenko bereits eine harte Zeit hinter sich. Am 3. August des Vorjahres ist seine Wohnung in Kiew durchsucht, sind sein Smartphone und sein Computer beschlagnahmt worden. Die elektronischen Geräte hat er bis dato nicht zurückerhalten. Seit Monaten steht er unter Hausarrest, der immer wieder verlängert worden ist. Zurzeit ermittelt der Sicherheitsdienst des Landes gegen ihn. In einer Pressemitteilung wird der 43-Jährige als »feindlicher Agitator« bezeichnet, was die Ausgangslage für den anstehenden Prozess weiter verschärft.

Was macht den renommierten Kiewer Pazifisten aus Sicht des Staates so gefährlich? Im Kern geht es seitens der staatlichen Sicherheitsbehörden beim anstehenden Prozess darum, Yuriis standhaftes Eintreten für das international verbürgte Recht auf Kriegsdienstverweigerung und sein Engagement für andere

Kriegsdienstverweigerer in der Ukraine massiv zu sanktionieren.

Just in dieser angespannten Lage führen Yurii und ich einen intensiven Dialog via Mail und soziale Medien. Zwischen uns entwickelt sich ein intensiver Gedankenaustausch, bei dem uns beiden bewusst ist, dass er von einem Moment zum anderen unterbrochen sein kann, und das für lange Zeit. Fürchtet Yurii doch jeden Tag, in der nächsten Minute verhaftet zu werden.

Die immense Aufmerksamkeit des Sicherheitsdienstes kommt nicht von ungefähr. Denn Yurii Sheliazhenko ist nicht irgendein unbekannter Friedensaktivist. Er gilt als einer der – wenn nicht als *der* – bekannteste Pazifist in der Ukraine. Als Mitglied und teilweise auch Vorstandsmitglied in führenden Friedensorganisationen hat seine Stimme sowohl auf nationaler wie auf internationaler Ebene Gewicht.

Ein einziger Vorteil begleitet uns bei all den Nachteilen: Da der Kriegsdienstverweigerer aus Kiew, wie wir Ende Juni bilanzieren können, zumindest während der Schreibzeit dieses Kapitels nicht in Haft gekommen ist, haben wir die sich bietenden Gelegenheiten zum ausgiebigen Informationsaustausch genutzt: über seine Motivation, die harte Realität des russischen Angriffskriegs, seinen unermüdlichen Einsatz für Kriegsdienstverweigerung sowie Frieden, Abrüstung und Entmilitarisierung. Und über die notwendigen Schritte zur Umsetzung seiner Vision einer friedlicheren Welt.

*

Nicht jeder wäre in einer als derart unsicher und bedrohlich empfundenen Lebenslage psychisch derart stabil wie Yurii. Den Grund dafür lerne ich dank seiner Offenheit kennen. Im virtuellen Gedankenaustausch erzählt er, wie er nach einer langen intensiven Suche zum Glauben gefunden hat. Auf leise Art und Weise eindrucksvoll ist seine Erzählung, wie George Fox im 17. Jahrhundert durch England reiste, bevor er die Glaubensgemeinschaft der Quäker begründete. »Auf der Suche nach der Wahrheit. Gefunden aber hat er sie in seiner eigenen Seele«, beschreibt Yurii die Sinnsuche in der Religion.

Als er selbst die Mitgliedschaft bei den Quäkern beantragt, verfasst er einen Brief. Darin schreibt er: »Die Entscheidung, Mitglied der Quäker zu werden, ist das Ergebnis einer langen spirituellen Reise. Das Gemeinsame, das mir lieb und teuer ist und das ich auf allen religiösen und säkularen Stationen meines spirituellen Wegs gefunden habe, ist ein vielschichtiges Verständnis des Wertes der menschlichen Würde.«

Die Verleihung des Friedensnobelpreises 1947 an die Quäker sieht Yurii als ein Signal von zeitlich unbegrenzter Bedeutung an. »Ihre Rolle bei der Entwicklung von Brüderlichkeit unter den Menschen hat mich dazu inspiriert, ihrer Gemeinschaft beizutreten.« In diesem Sinne ist auch sein Wunsch zu verstehen, »mehr zu tun, um die Arbeit zur Förderung der Friedensbewegung, der internationalen Institutionen und der humanitären Hilfe heute fortzusetzen«. Der Friedenspreis aus Oslo sei »Zeugnis für die Ablehnung von Gewalt und für den Widerstand gegen Kriege. Auch für den Aufbau einer besseren Welt, oder, um es mit biblischen Worten zu sagen, des Reiches Gottes unter uns.«

Besonders wichtig ist für ihn die Erkenntnis, »dass nicht nur Christen, sondern auch Atheisten, Juden, Muslime und Menschen anderer Weltansichten Quäker werden können«. In diesem Universalismus und dieser Offenheit sieht er »ein untrügliches Zeichen von Wahrheit. Der Universalismus ist einfach und offenherzig. Ich liebe ihn, er vereint alle durch die Kraft der Liebe.«

Yurii plant, ein akademisches Labor für Frieden und Menschenrechte einzurichten. Dort will er »grundlegende Dinge tun, die mit dem Engagement der Quäker für den Frieden übereinstimmen: Frieden lernen und lehren, für das Recht auf Verweigerung des Tötens eintreten, den Frieden mit friedlichen Mitteln fördern und so viele Menschen wie möglich für eine friedliche Kommunikation gewinnen«. Es gelte, Kriege und Hass zu überwinden und eine Gesellschaft aufzubauen, die erfolgreich ohne Gewalt regiert wird.

»Ist deine pazifistische Haltung also primär religiös begründet?«, interessiert mich seine Motivation. »Mein Pazifismus stützt sich auf verschiedene Arten von Wissen. Er schließt nicht nur Religion, sondern auch Philosophie und Wissenschaft ein.« Als Universalist lehne er die Vorstellung ab, dass sich diese Wissensformen gegenseitig negieren könnten.

Aus religiöser Sicht glaubt Yurii, »dass alles miteinander verbunden ist. Und dass es unmöglich sei, Gutes zu erreichen, indem man Schaden anrichtet«. Yurii verweist darauf, dass das göttliche Gebot »Du sollst nicht töten« in allen entwickelten Religionen existiere.

Yurii Sheliazhenkos Weg – und wie er andere inspiriert

»Wie hat sich deine Ablehnung der Gewalt und des Tötens entwickelt?«, erkundige ich mich bei dem im Februar 1981 geborenen Ukrainer. »Meine pazifistische Weltanschauung entstammt der philosophischen und belletristischen Literatur, die ich schon als Jugendlicher gelesen habe.« Damals habe er Science-Fiction-Erzählungen von Ray Bradbury, Harry Harrison und Isaac Asimov verschlungen, die häufig die Absurditäten des Krieges aufdeckten. Dies gilt auch für den Roman *Der letzte Krieg* des russischen SF-Autors Kir Bulychev und *Gefangene der Macht* von Arkadi und Boris Strugatsky, die er in ukrainischer Übersetzung gelesen hat. Auch George Orwells Dystopie des endlosen Krieges und der Tyrannei, *1984*, hat ihn tief beeindruckt.

»Nach solch Gedanken anregender Lektüre beschloss ich, mich für eine Zukunft ohne Kriege einzusetzen.« Dann aber habe er als junger Erwachsener eine große Enttäuschung erlebt »mit den sich aufblähenden Absurditäten des Militarismus und der aggressiven Förderung des Kriegsunsinns«.

Als der 17-Jährige zwangsweise zur Wehrpflicht eingezogen werden sollte, bestand er darauf, »als ein Zeichen des Protests seine eigene Antikriegslyrik in die Personalakte beim Militärkommissariat aufnehmen zu lassen«. Sein Widerstand zeitigte Folgen. Er habe von seinem Recht Gebrauch gemacht, den Militärdienst aus Gewissensgründen zu verweigern, habe also nie in der Armee gedient.

Ende der 90er-Jahre studiert Yurii Mathematik an der Taras Shevchenko National University Kiew. In dieser Lebensphase erhält er eine Einladung für eine Ausbildung zum Offizier. Sheliazhenko verweigert auch dieses Angebot, indem er seine Ablehnung aus Gewissensgründen auf die Rückseite eines psychologischen Tests notiert. Eine der Fragen lautete, ob er bereit sei, eine Atombombe abzuwerfen. Sein Statement spricht für sich: Weltweit sollten alle Atomwaffen abgeschafft werden.

Mit Beginn des neuen Jahrtausends positioniert Yurii sich eigeninitiativ. Er wird aktiv und schreibt einen Brief an den damaligen ukrainischen Präsidenten Leonid Kutschma. Sein Vorschlag: Die Ukraine solle die Armee abschaffen, »um das massenhafte Töten von Menschen in Kriegen zu verhindern«. Die Reaktion aus dem Verteidigungsministerium sei voller Hohn und Spott gewesen.

Yurii engagiert sich in der ukrainischen Friedensbewegung, kritisiert den Militarismus öffentlich und drängt auf die Abschaffung der Wehrpflicht. Dabei setzt er sich ganz grundsätzlich für gewaltfreie und demokratische Veränderungen in der Gesellschaft ein. »Viele meiner journalistischen Texte gegen den Militarismus und gegen die imperialistische und demütigende Behandlung der Ukraine richteten sich an die russische Seite«, so Yurii. Der sich unterschiedlichen Reaktionen ausgesetzt sieht, mal wohlwollend, mal hasserfüllt.

Dem Bachelor in Mathematik lässt Yurii von 2010 bis 2014 ein Studium der Rechtswissenschaften an der KROK, Universität für Wirtschaft und Recht, in Kiew folgen. Sein Ziel: Er möchte das Rechtssystem in der Ukraine genau kennenlernen, möchte auch seinen vielfach angeklagten Friedensfreundinnen und Friedensfreunden mit juristischem Rat beistehen können. 2014 schickt er seine zweisprachige Kurzgeschichte *Don't Make War* an alle russischen und ukrainischen Abgeordneten sowie an mehrere Bibliotheken. Viele der Empfänger bedanken sich bei ihm. Zwei Jahre danach macht er seinen Master.

2018 folgt seiner akademischen Laufbahn ein erster sichtbarer juristischer Erfolg: Yurii gewinnt einen Prozess gegen das Ministerkabinett in der Ukraine. Dieses hatte seine Anti-Kriegs-Petition gegen die Anbringung nationalistischer Graffiti mit der Aufschrift »Unser ganzes Leben ist Krieg« im öffentlichen Raum zensiert. Zu Unrecht, wie das Gericht befand.

In den Jahren 2018 bis 2022 unterrichtet er Staats- und Rechtsgeschichte. Sein ganz persönliches Anliegen: Er will den Studierenden »den Zusammenhang zwischen der Rechtswissenschaft und den Werten und Normen des Friedens im Sinne der Erklärung der UN-Generalversammlung zur Kultur des Friedens« vermitteln. In diesem Zusammenhang sind ihm Aufklärung und Bildung zu Menschenrechtsfragen ganz besonders wichtig.

Seit 2019 engagiert sich Sheliazhenko in der wissenschaftlichen Forschung und auch im Bildungsbereich zu Fragen des Pazifismus und der Gewaltfreiheit. In seiner Dissertation entwickelt er rechtswissenschaftliche Ableitungen aus den Ideen von Autonomie und ewigem Frieden des deutschen Philosophen der Aufklärung, Immanuel Kant.

Als er 2019 »einen Blog über die skandalöse Jagd auf Wehrpflichtige auf den Straßen« schreibt, lernt er Ihor Skrypnik kennen. Er ist Administrator einer Anti-Wehrpflicht-Gruppe auf Facebook. Yurii schlägt vor, die pazifistische Bewegung in der Ukraine zu organisieren und vor dem Parlament und dem Präsidialamt zu protestieren. Sie vernetzen ihre neue NGO mit mehreren bekannten internationalen Organisationen.

Dabei bildet Yurii sich stetig fort und bleibt der KROK-Universität verbunden. 2021 absolviert er seinen Master in Mediation und Conflict Management an der dort angeschlossenen Business

School. Bis 2022 arbeitet er als Dozent und wissenschaftlicher Mitarbeiter an der Juristischen Fakultät und ist Mitglied des Akademischen Rates.

Entsprechend meine Frage: »Lieber Yurii, du bist ausgebildeter Jurist. Wie kannst du dich auf der rechtlichen Ebene für deine Mitstreiter in der Ukraine starkmachen?«

»Indem ich mich mit juristischen Mitteln für ihr Menschenrecht auf Kriegsdienstverweigerung aus Gewissensgründen einsetze. Denn dieses wird von der ukrainischen Armee nicht anerkannt.«

Gemeinsam mit der »Ukrainischen Pazifistischen Bewegung«, die er leitet, engagiert er sich »für die volle rechtliche Anerkennung der Kriegsdienstverweigerer«. Aktiv leistet seine Organisation hierbei Rechtshilfe. Das sagt eben der Mann, der heute selbst verfolgt wird und an seiner eigenen rechtlichen Verteidigung arbeiten muss.

Offen gesteht er ein, dass ihm die gesamte Situation zu schaffen macht. »Die militaristische Kultur ist fest in den Medien, der Wirtschaft, der Akademie und der Religion verankert.« Das gesamte politische und juristische System stehe hinter der »legitimen Anwendung von Gewalt«. Darüber hinaus gebe es immer wieder »Hasser, Agents Provocateurs, Opportunisten sowie den Sicherheitsdienst der Ukraine«, die ihm das Leben spürbar erschweren würden. Die persönliche Unsicherheit durch die Verfolgung seitens der ukrainischen Sicherheitsbehörden, die Prozesse gegen Kriegsdienstverweigerer und natürlich auch die Angriffe der russischen Armee auf seine Heimatstadt – all das zehrt an seinen Nerven.

*

In den vergangenen zweieinhalb Jahren ist Kiew vielfach von russischen Aggressoren bombardiert worden. Yurii berichtet von den immer wiederkehrenden Stromengpässen in Folge der Luftangriffe. In seiner Wohnung werde der Strom zuweilen ganz abgestellt. Dann meditiere er mit Freunden, aktuell über den Römerbrief.

Als die Angriffe am Abend beendet sind und wieder Ruhe einkehrt, begeht er am 15. Mai 2024 gemeinsam mit weiteren Friedensaktivistinnen und Friedensaktivisten den Internationalen Tag der Kriegsdienstverweigerung. Symbolisch verbrennt Yurii seine Einberufungskarte. Die Begründung: »Weil ich entschlossen bin, das Böse der Invasion nicht durch das Böse des Tötens zu überwinden. Sondern durch das Gute der gewaltfreien Aktion.«

Der Jurist, Mediations- und Konfliktforscher hat sich auf einen Weg begeben, auf dem er anderen Menschen Hoffnung und Mut machen will. »Indem ich sie dazu inspiriere, Frieden zu studieren und zu praktizieren. Indem ich ihre Vorstellungskraft und Kreativität fördere, um Frieden zu verwirklichen.«

Mit seiner Zielvorgabe, anderen Menschen Mut zu machen, hat Yurii bereits viel erreicht. So habe die von ihm initiierte Gründung der pazifistischen Bewegung in der Ukraine und die Arbeit zur Verteidigung der Menschenrechte »viele Menschen veranlasst, sich ihnen anzuschließen und mitzumachen«. Was keine Selbstverständlichkeit sei, angesichts der militarisierten Lage im Land.

Gewalt durch Gewaltfreiheit stoppen

Yurii Sheliazhenko lässt keine Zweifel aufkommen an seiner Einschätzung des Überfalls russischer Militäreinheiten vom Februar 2022 auf sein Heimatland. »Dies war ein brutaler, krimineller, völkermörderischer und international verurteilter Akt der Aggression. Tödlich und zerstörerisch.« Nichts könne die Bombardierungen und die Eroberungen ukrainischer Städte rechtfertigen. An die Adresse Putins gerichtet, verlangt er: »Jede Versöhnung muss das Eingeständnis der Schuld an der Aggression und die Wiedergutmachung der durch die Aggression verursachten Schäden beinhalten.«

Dann positioniert er sich ganz grundsätzlich: »Wir brauchen von allen Seiten mehr Gesprächsbereitschaft und ein konsequenteres Bekenntnis zu gewaltfreien Prinzipien.« In diesem Sinne wird der Friedensaktivist selbst aktiv. Auf dem Maidan-Platz in Kiew habe er ein Video aufgenommen, das mit den Worten beginnt: »Liebe Freunde! Ich leite den Online-Kurs ›Unbewaffnete zivile Verteidigung statt Krieg‹.« Darin werden konkrete Handlungsansätze angesprochen.

Der Ort ist bewusst gewählt: Der symbolträchtige Platz mitten in der Hauptstadt heiße zu Recht ›Unabhängigkeitsplatz‹, Maidan Nezalezhnosti: »Hier gaben vom 2. bis 17. Oktober 1990 Massenproteste friedlich demonstrierender Studentinnen und Studenten, von denen einige auch in den Hungerstreik traten, einen zentralen Anstoß, das autoritäre Regime des kommunistischen Imperiums durch zivilen Ungehorsam zu überwinden.«

Sie forderten unter anderem die Verweigerung der Unterzeichnung des Neuen Unionsvertrags, der ein Fortbestehen der Sowjetunion hätte sichern sollen. Außerdem kurzfristig angesetzte Neuwahlen mit dem Ziel eines Mehrparteiensystems, den Rücktritt des amtierenden Vorsitzenden des Ministerrates, die Verstaatlichung des Eigentums der Kommunistischen Partei im Land sowie die Abschaffung des Militärdienstes in der Sowjetischen Armee außerhalb des ukrainischen Gebietes.

2004 versammelten sich während der Orangenen Revolution Tausende von Menschen am Maidan, um Wahlfälschungen während der Präsidentschaftswahl zu stoppen. Mit Erfolg, denn das oberste Gericht der Ukraine erklärte den ersten Wahlgang für ungültig. Bei der Wiederholung der Stichwahl setzte sich Wiktor Juschtschenko gegen den von Moskau unterstützten Wiktor Janukowytsch durch. Bis heute erinnere der Unabhängigkeitsplatz »an die Kraft der Menschen, sich gewaltlos gegen Tyrannen, Imperialismus und Aggression zu wehren«. Hier hätten sich unbewaffnete Menschen in Solidarität versammelt und seien gemeinsam der Polizeibrutalität begegnet.

»Wie können Ukrainerinnen und Ukrainer der russischen Aggression ohne Gewalt widerstehen?«, so meine Nachfrage. »Und wie kann die Zivilbevölkerung ohne Waffen im Geiste der Humanität geschützt werden?«, ergänzt Yurii meine Frage. »Um diese Fragen zu beantworten, lade ich dich und alle Interessenten zum Kurs ›Unbewaffnete Zivilverteidigung statt Krieg‹ von ›World BEYOND War‹ ein«, so das Angebot des Pazifisten aus Kiew.

Waffengewalt sei immer der falsche Weg. »Mit Waffen kann nur ein kurzfristiges Gefühl des Sieges vermittelt werden, aber sie bringen niemals Frieden«, wie auch der Kriegsverlauf in seinem Heimatland belege. Langfristig sei Frieden durch Wahrheit und Liebe und gegenseitige Fürsorge erreichbar. Das gelte für die Beziehungen zwischen Menschen und Völkern gleichermaßen. »Die politische Entsprechung von Wahrheit und Liebe sind Gerechtigkeit und Demokratie.«

Putin lasse von diesem Grundsatz rein gar nichts erkennen. Leider sei auch Präsident Selenskyj einseitig auf militärische Sicherheit ausgerichtet, bemerkt Yurii und fügt hinzu: »Im Gegensatz zum russischen Präsidenten betont er wenigstens das Bekenntnis zu Demokratie und Gerechtigkeit.«

Yurii denkt weit über die momentane Situation in seinem Heimatland hinaus. Sinnvoll sei »der Versuch eines weltweiten Dialogs« über derart tiefgreifende Fragen. Leider seien einige der amtierenden Staats- und Regierungschefs nicht im Mindesten bereit, sich auf einen Austausch dieser Art einzulassen. Vielmehr würden sie die Logik der geopolitischen Konfrontation bevorzugen. »Unter diesen Umständen müssen die Zivilgesellschaften diesen Dialog führen«, betont Yurii. Danach müssen sie die Staats- und Regierungschefs dazu bewegen, ihnen zu folgen. In der umfassenden und wechselseitigen friedlichen Auseinandersetzung aller Kriegsbeteiligten miteinander läge der Schlüssel zur Konfliktlösung.

*

Keine Frage, Yuriis Gedanken weisen in die richtige Richtung. De facto aber hat sich die Lage in seinem kriegsgeplagten Land in eine ganz andere Richtung entwickelt. »Die milliardenschweren Lieferungen von Waffen an die Kriegsparteien sprechen doch eine ganz andere Sprache!«, spiegle ich die harte Realität. Ja, das stimme. »Die westlichen Waffenlieferungen an die Ukraine und die östlichen Waffenlieferungen an Russland sind Werkzeuge des Massenmords.« Aus seiner Sicht seien sie allesamt scharf zu verurteilen.

Was ihm nicht in den Sinn will, ist die Tatsache, »dass Angehörige des Militärs auf beiden Seiten glauben, Waffen besäßen eine magische Kraft, die einen dauerhaften Sieg bringen«. Wenn man vorschlage, die Waffen niederzulegen, wird man ihrerseits sofort als Gegner tituliert und als Verräter eingestuft. Nur weil man sich weigere, »den Glauben an die dunkle Magie der Gewalt zu teilen«.

»Wie also könnte ein Lösungsansatz aussehen, angesichts dieser völlig verfahrenen Situation?«, frage ich ihn. »Wir müssen auf den friedlichen Fortschritt hinarbeiten.« Waffen seien »Teil der Kriegswirtschaft, die keine Alternativen duldet«. Schritt für Schritt gelte es »eine Ökonomie des Friedens« aufzubauen, die der Ökonomie des Krieges widerstehe. »Früher oder später wird die Kriegswirtschaft durch große Veränderungen in den Gesellschaften hin zu einer gewaltfreien Lebensweise überwunden werden.« So seine Vision.

*

Auch wenn die Frage des gewaltlosen Widerstandes gegen die russischen Invasoren nach dem zweijährigen Abnutzungskrieg hypothetisch klingt, interessiert sie mich: »Yurii, hättest du dir vorstellen können, dass der Widerstand in der Ukraine erfolgreicher verlaufen wäre und wesentlich weniger Opfer gefordert hätte, wenn man von Anfang an die russischen Besatzer ins Land gelassen hätte – um sich dann in aller Konsequenz mit allen verfügbaren Mittel der Gewaltfreiheit bis hin zu einem unbegrenzten Generalstreik im ganzen Land zu verteidigen?«

»Ja, das kann ich mir durchaus vorstellen. Und ich wünschte, wir würden die Ukraine ohne Gewalt verteidigen.« Die Erfahrungen der Vergangenheit seien durchaus Mut machend. »Die Ukraine hat ihre

Unabhängigkeit friedlich erlangt.« Und sie habe zwei Jahrzehnte lang gewaltlos allen russischen Machtansprüchen widerstanden.

Nachdrücklich verweist Yurii auch »auf das kraftvolle Buch« *Pacifism Today: A Dialogue about Alternatives to War in Ukraine* (*Pazifismus heute: Ein Dialog über Alternativen zum Krieg in der Ukraine*). Verfasst von der außerordentlichen Professorin für Sozialwissenschaften Majken Jul Sørensen vom norwegischen Østfold University College. Darin werde über zahlreiche Fälle des gewaltfreien Widerstands in der Ukraine gegen den russischen Angriffskrieg berichtet.[21]

»Es gab mehrere erfolgreiche gewaltfreie Aktionen, wie den friedlichen Protest gegen die russische Besatzung in Slawutytsch.« Dem habe sich fast die gesamte Bevölkerung der Stadt angeschlossen. »Und er habe zur Freilassung des entführten Bürgermeisters und zum Rückzug der Besatzungstruppen geführt.« Ein Beispiel von vielen.[22] Auf diese Tradition friedlicher Gegenwehr sei sowohl spontan als auch organisiert zurückgegriffen worden.

Die Frage, ob gewaltfreier Widerstand in der Ukraine hätte zum Erfolg führen können, ist von großer Brisanz für die friedenspolitische Diskussion in aller Welt. Ich weise Yurii auf die empirische Studie *Why Civil Resistance Works* von Erica Chenoweth und Maria Stephan hin. Darin belegten die beiden US-Forscherinnen 2011, dass im Laufe der Historie nichtmilitärischer, ziviler Widerstand wesentlich zielführender war als militärischer. So hatten Chenoweth und Stephan mehrere hundert Aufstände und Bürgerkriege in aller Welt im Zeitraum von 1900 bis 2006 analysiert und dabei den Beweis erbracht: Widerstand ohne Waffengewalt war mehr als doppelt so häufig von Erfolg gekrönt. Gerade mal 22 Prozent der gewaltsamen Aktionen brachten das gewünschte Ergebnis. Ganz anders die gewaltfreien, die in rund der Hälfte zum Erfolg führten. In den restlichen Fällen wurden Teilerfolge verbucht. Anders als gemeinhin angenommen, waren es also gewaltfreie Revolutionen in Europa, Afrika, Asien und Amerika, die wesentlich häufiger ihr Ziel erreichen konnten. Und noch ein entscheidendes Argument: Beim Widerstand ohne Waffengewalt sterben weitaus weniger Menschen.[23]

»Wie beurteilst du dieses Forschungsergebnis aus den Vereinigten Staaten?«, so meine Frage. Ja, er kenne die Studie, betont Yurii. »Sie hat ihren Ruhm verdient und stellt einen guten Denkansatz dar.« In ihr liege eine große Chance, die es zu nutzen gelte. Es seien »mehr Forschung und Praktiken dieser Art notwendig, um die Welt in Richtung eines nachhaltigen Friedens zu verändern«. Dies könnte das Streben nach Macht und Tyrannei mit gewaltsamen Mitteln behindern. »Der gewaltlose Widerstand gegen Aggression ist ein wesentlicher Bestandteil der Mission unserer ›Ukrainischen Pazifistischen Bewegung‹. Und auch Teil unserer programmatischen Erklärung ›Friedensagenda für die Ukraine und die Welt‹«, aus dem ersten Jahr nach der Invasion. Sie zeigt auf, dass Krieg ein »organisierter Massenmord« ist. Ebenso stellt sie die Dringlichkeit von Feuerpausen, Friedensverhandlungen und seriöser Konfliktbearbeitung heraus.[24]

Einmal mehr ist Yurii Sheliazhenko standhaft. Hat ihm doch eben diese Agenda das Gerichtsverfahren vor dem Landgericht Pecherskyi von Kiew eingebracht. »Wir müssen lernen und üben, wie wir der Gewalt gewaltlos widerstehen können, um die Hoffnung auf die Abschaffung aller Kriege in der Zukunft zu bewahren.«

Kriegsdienstverweigerung trotz drohender Haftstrafe

Eine weltweit äußerst effektive Methode, Krieg mit aller Macht entgegenzutreten, ist die massenhafte Verweigerung des Dienstes an der Waffe. 1987 hat die Vollversammlung der Vereinten Nationen das Recht auf Kriegsdienstverweigerung, KDV, als allgemeines Menschenrecht anerkannt. Der UN-Menschenrechtsrat bekräftigt sie regelmäßig als Bestandteil der Gewissensfreiheit, die auch in Kriegszeiten rechtsstaatlich geschützt werden müsse. Sie sei jedoch, so die nüchterne Erkenntnis, in vielen Mitgliedsstaaten der Vereinten Nationen noch nicht oder nicht ausreichend gewährleistet.

In der Ukraine beispielsweise werde KDV unter dem Kriegsrecht nicht anerkannt. »Das Hauptproblem in der Ukraine besteht darin, dass die Armee nicht bereit ist, internationale Menschenrechtsverpflichtungen zu erfüllen.« Stattdessen, so sagt er, »herrscht die militaristische Leitlinie: Jeder wird kämpfen, jeder muss kämpfen«.

Infolgedessen befinden sich Yurii und seine Freunde in einer äußerst misslichen Lage. »Meine Situation ist äußerst prekär, denn das Menschenrecht auf Kriegsdienstverweigerung wird mir von der Armee verweigert.« KDV-lern wie ihm droht tagtäglich die Gefahr, zwangsweise zu einer Militäreinheit abtransportiert zu werden. In dem Moment, da der Hausarrest zwischenzeitlich ausgesetzt werden sollte, »bin ich verpflichtet, die verfahrensrechtlichen Pflichten eines Angeklagten zu erfüllen«. So muss Yurii sich immer wieder bei den Behörden melden. Dabei empfindet es der Friedensaktivist als »geradezu absurd, einen Pazifisten wegen seiner Antikriegserklärungen und Interviews der Duldung des Krieges zu beschuldigen«.

Wenn sich der ausgebildete Jurist gegen ungerechtfertigte Verdächtigungen und Anschuldigungen verteidigt, sieht er sich »mit willkürlichen Entscheidungen von Gerichten konfrontiert, die negativ motiviert sind, nur um den Sicherheitsdienst unseres Landes zufriedenzustellen«. Sein Vorwurf an die ukrainische Justiz ist entsprechend harsch: »Wahrheit, Recht und gesunder Menschenverstand werden routinemäßig zum Zweck politischer Repression verbogen.« Und der Druck wächst immens: Der Justizminister hat jüngst beim Bezirksverwaltungsgericht Kiew das Verbot der »Ukrainischen Pazifistischen Bewegung« beantragt. Deren Generalsekretär ist Yurii Sheliazhenko. So droht dem Kiewer Friedensfreund im Moment neben einer Geldstrafe oder Gefängnishaft auch ein völliges Verbot der ihm wichtigsten Hilfsorganisation, was den aktuellen Schwerpunkt seiner Arbeit betrifft. Sheliazhenkos Einschätzung: Er empfinde die gesamte Situation als »kafkaesk«.

*

»Wie ergeht es dir in deinem persönlichen Umfeld als ein Mensch, der den Dienst an der Waffe konsequent verweigert?«, frage ich Yurii. Die Reaktionen seien sehr unterschiedlich, von Ablehnung über Verständnis bis hin zu Akzeptanz. »Ich bin allen Freunden und Verwandten dankbar, die in dieser schwierigen Zeit mit mir in Kontakt stehen.« Und auch den neuen Freunden, die er gewonnen habe. Besonders dankbar sei er seiner Mutter Liudmyla Holchanska »für ihre Liebe und Fürsorge«.

Von entscheidender Wichtigkeit sei auch die Unterstützung von Friedensfreundinnen und Friedensfreunden aus aller Welt. Ihre Solidarität »macht unser Leben sinnvoll und hilft uns bei der Durchführung unserer Mission«. In seiner psychisch angespannten Lage geben ihm »gleich mehrere Organisationen der internationalen Friedensbewegung Hoffnung«. Gemeint sind das »Europäische Büro für Kriegsdienstverweigerung«, EBCO, die »War Resisters' International«, WRI, und die globale gewaltfreie Bewegung »World BEYOND War« – allesamt Verbände mit denen er eng kooperiert.

Der deutsche Verein »Connection e. V.« vollbringe »Wunder mit der Kampagne ›ObjectWarCampaign‹ zur Unterstützung von Kriegsdienstverweigerern und Deserteuren«, lobt Yurii Sheliazhenko das Team um Rudi Friedrich in Offenbach. »Wir alle fühlen uns wie eine große Familie, unterstützen uns gegenseitig, um die Verweigerung des Tötens in der Welt sichtbar zu machen und um Menschenrechtsverletzungen entgegenzutreten.«

Rückenwind hat ihm im Sommer 2023 auch die Verleihung des Seán MacBride-Friedenspreises für die »Ukrainische Pazifistische Bewegung« durch das »International Peace Bureau, IPB« verschafft.

*

Vielen Menschen in der Ukraine, die den Kriegsdienst verweigern, geht es wie Yurii Sheliazhenko: Vitaliy Alexeienko, Mykhailo Yavorsky und Dmytro Zelinsky zum Beispiel. »Ihre Zahl wächst«, zeigt sich Yurii zuversichtlich.

Und wie ergeht es Soldaten, wenn sie in der ukrainischen Armee – beispielsweise aufgrund ihrer schrecklichen Erfahrungen an der Ostfront – den Kriegsdienst verweigern oder gar desertieren? »Zu desertieren ist ein schweres Verbrechen. Diese Menschen werden wie Kriminelle behandelt.« Einigen von ihnen sei es gelungen, dank der im Land weit verbreiteten Korruption zu fliehen. »Andere wurden gefasst und bestraft, wieder andere haben sich umgebracht. Das Ertrinken Geflüchteter im ukrainisch-ungarischen Grenzfluss Theiß bzw. Tisza ist allgemein bekannt.« Die ukrainischen Grenzschutzbeamten seien befugt, Schusswaffen gegen Flüchtlinge einzusetzen. Die allermeisten dieser Fälle würden erst gar nicht veröffentlicht.

Und wie ergeht es Kriegsdienstverweigerern in Russland und in Weißrussland? Eine Frage, die mich brennend interessiert. »In Russland wird der Zivildienst noch restriktiver und zynischer bekämpft.« Die KDV-ler aus Gewissensgründen würden zu »ausländischen Agenten« erklärt, was ein faires Gerichtsverfahren unmöglich mache. Zugleich werde die Mobilisierung für den Kriegseinsatz in Russland »immer härter vorangetrieben«. Hinzu komme die Bestrafung von Kritik an Krieg und Armee.

In Weißrussland sei der Zivildienst »erst vor Kurzem anerkannt worden und gelte vor allem für die Zeugen Jehovas«. Dieser kleine Fortschritt könne jederzeit wieder beendet werden. Denn die Beziehungen zwischen den autoritären Regimen Putins und Lukaschenkos würden weiter verstärkt. Was einen unguten Einfluss in Belarus ausübe, da Menschen mit einer antimilitaristischen Einstellung in Russland als »Extremisten« eingestuft würden.

Auch der neue Jahresbericht des »Europäischen Büros für Kriegsdienstverweigerung« zur Situation von Kriegsdienstverweigerern aus Gewissensgründen 2023/24 verheißt nichts Gutes. In seiner Kommentierung »Die Wolken des Krieges« analysiert Dr. Guido Grünewald, Mitglied im EBCO-Vorstand und internationaler Sprecher der »Deutschen Friedensgesellschaft – Vereinigte KriegsdienstgegnerInnen« (DFG-VK): Die Zahl der Männer, die sich dem Militärdienst entziehen, würden in der Ukraine auf 5000 geschätzt. In Russland sei die Zahl mit rund 250 000 deutlich höher. »Das verfassungsmäßige Recht auf Kriegsdienstverweigerung wird auch dort in der Praxis meist verweigert. Einzelnen gelingt bisweilen der Zugang zu einem Alternativdienst.«

Ein besonderes Kapitel des EBCO-Jahresberichts ist dem Thema KDV für Flüchtende gewidmet. Anders als Geflüchtete aus der Türkei oder aus Eritrea seien »ukrainische Wehrpflichtige auf Grundlage der ›Massenzustrom-Richtlinie‹ in der EU bis März 2025 sicher«. Dagegen sei »die Situation für russische Kriegsdienstflüchtlinge sehr schwierig«. Nur wenigen gelänge die Flucht in die EU, »wo die Gerichte hohe individuelle Beweisanforderungen stellen«. Vor allem die vielen Militärdienstentzieher aus Belarus und Russland, die vorbeugend vor einer Einberufung geflohen seien, »finden keinen sicheren Schutz«.

Ändern könne das nur eine politische Entscheidung. Hochrangige Politikerinnen und Politiker müssten »das vollmundige Schutzversprechen nach Kriegsbeginn gegenüber Verweigerern des völkerrechtswidrigen russischen Angriffskriegs« endlich umsetzen.[25]

Auf dem weiten Weg zum Weltbürger

Angesichts der Situation in seinem Heimatland und angesichts der in vielen Ländern voranschreitenden Militarisierung macht sich Yurii Sheliazhenko intensiv Gedanken, wie Kriege überwunden werden können. »Was wir brauchen, ist ein globales Bewusstsein für die destruktive Kraft von Militarismus und gewalttätigem Nationalismus«, so seine Forderung. Zudem bedürfe es der »Popularisierung von Visionen und praktischen Schritten in Richtung großer struktureller Veränderungen – hin zu gewaltfreiem Regieren und einer gewaltfreien Lebensweise«.

Mit seinen Organisationen im Rücken unterstütze er nach Kräften die Bemühungen der internationalen Zivilgesellschaft um ein weltweites System für friedliche Deeskalation und Konfliktlösung. Dabei müsse das volle Potenzial gewaltfreier Aktionen und des Schutzes unbewaffneter Zivilisten genutzt werden. Friedenskonzepte müssten im politischen, wirtschaftlichen, kulturellen und religiösen Leben zum Tragen kommen. In seinem Arbeitsbereich als Jurist will er den Fokus auf die sogenannte »Restorative Justice« im Strafrecht legen: Geschädigte und Beschuldigte kommen zusammen, um gemeinsam Lösungen für einen bestehenden Konflikt zu suchen, im Sinne einer Wiedergutmachung materieller und immaterieller Schäden. Hierbei gehe es um gewaltfreie Lösungen als Reaktion auf Verbrechen, um Strafen schrittweise zu ersetzen und Methoden der friedlichen Konfliktlösung in der Rechtswissenschaft voranzubringen.

Yuriis Vision einer friedlicheren Welt strebt die Auflösung von Armeen und die Verschrottung von Waffen jeglicher Art an. Allen voran der Atomwaffen, deren Bedrohungspotenzial er in der Ukraine unmittelbar wahrnimmt. Zu seinem Lebenswerk zählen »die Entwicklung der Friedenserziehung und des Friedensjournalismus«. Friedenserziehung müsse als universelle Notwendigkeit gelehrt und praktiziert werden, eingebettet in die traditionelle »obligatorische« Grundbildung. Ein neuer Friedensjournalismus werde zeigen, »dass der Frieden größer ist als der Krieg«. Er werde »alle Lügen und Ungerechtigkeiten des Kriegssystems entlarven«.

Auch wenn – oder gerade weil – die Realität dem diametral entgegensteht, setzt Yurii Sheliazhenko auf seine Vision einer ganz anderen Welt. Eine Welt ohne Wehrpflicht. Eine Welt, in der das Recht auf Kriegsdienstverweigerung aus Gewissensgründen immer und überall als Menschenrecht verwirklicht wird. Eine Welt, in der jegliche Kriege und Bürgerkriege gestoppt werden. Eine Welt, »in der sich jeder Mensch weigert, jemanden anderen zu töten«.

Es gebe so viele gute Inspirationen. »Ich weigere mich, meine Kindheitsträume von einer Welt aufzugeben, die frei von Gewalt ist.« Durch seine Arbeit würden viele Menschen um ihn herum »gerne etwas Neues lernen, Hoffnung auf universellen Frieden schöpfen«. Die Teilnahme am weltweiten Einsatz für Veränderungen helfe ihm, die geistigen Grenzen zu überwinden. Aus Feinden können Freunde werden. »All diese guten Gedanken geben mir die Möglichkeit, mich als Weltbürger zu fühlen und auch so zu handeln.«

*

Anlässlich des Strafprozesses vor dem Bezirksgericht Pecherskyi fordern am 7. Juni 2024 fast 30 Organisationen europaweit: Die Ukraine »müsse das Menschenrecht auf freie Meinungsäußerung respektieren«. Sie dürfe öffentliche Äußerungen für Frieden, für das Ende des bewaffneten Konflikts mit Russland und damit für ein Ende der Kriegsgräuel »nicht kriminalisieren, wie es im Fall von Yurii Sheliazhenko geschieht«.

Russland wird in der Erklärung aufgefordert, »unverzüglich und bedingungslos« Hunderte von Soldatinnen und Soldaten und mobilisierten Zivilistinnen und Zivilisten freizulassen, die sich weigern, am Krieg teilzunehmen. Berichten zufolge würden die russischen Behörden Drohungen, psychologischen Missbrauch und Folter einsetzen, »um die Inhaftierten zur Rückkehr an die Front zu zwingen«.[26]

Vier Tage danach meldet der EBCO-Beobachter Piet Dörflinger über den Prozesstermin gegen Yurii Sheliazhenko: Der Richter habe eine Erklärung abgegeben. Er habe sich für befangen erklärt, weil Yurii in der Vergangenheit als Geschworener an diesem Gericht tätig war. In der Ukraine sind Geschworene keine zufällig ausgewählten Mitglieder der Öffentlichkeit, sondern gleichgestellt mit Richtern, die von einem Stadtrat ernannt werden. Yurii saß einmal in einem Gremium mit Richter Bilotserkivets.

Dörflingers Kommentar: »Offenbar stehen die Leute unter enormem Druck.« Ein anderer Richter werde nun ausgewählt. Und die Vorverhandlungen werden erneut angesetzt, um festzustellen, ob die Anklage überhaupt ausreichend begründet ist. Die Hängepartie geht also weiter. Bleibt mir nur noch, Yurii viel Kraft zu wünschen. Und dem unermüdlichen Engagement der Pazifistinnen und Pazifisten in der Ukraine, in Russland und Weißrussland für das Menschenrecht auf Kriegsdienstverweigerung viel Rückenwind. Denn mit militärischen Mitteln ist dieser Krieg nicht zu beenden.

***

Weitere Informationen:

- »Justice for Yurii Sheliazhenko«, https://ipb.org/justice-for-yurii-sheliazhenko
- Verleihung des Seán MacBride Peace Prize 2023, https://ipb.org/sean-macbride-awarding-ceremony-2024
- »Peace Agenda for Ukraine and the World«, siehe International Peace Bureau IPB, https://ipb.org/peace-agenda-for-ukraine-and-the-world
- Ukrainian Pacifist Movement, Website in Englisch, https://pacifism.org.ua/en/about
- Website in Ukrainisch, https://pacifism.org.ua, mit mehreren Videos
- Informationen zum Schutz und Asyl für Deserteure und Verweigerer in Russland, Belarus und Ukraine, https://objectwarcampaign.org
- European Bureau for Conscientious Objection, EBCO-Jahresbericht, https://ebco-beoc.org/reports
- Internationale Arbeit zu Kriegsdienstverweigerung und Desertion, https://de.connection-ev.org/index.php Deutsche Friedensgesellschaft – Vereinigte KriegsdienstgegnerInnen, Kriegsdienstverweigerung in Deutschland, https://dfg-vk.de/verweigerung

***

KAPITEL 4

Lina Johnsen. Damit diese Generation nicht zur letzten wird

ARD Tagesthemen, 13. Juli 2023, nach 22:15 Uhr.

Caren Miosga: »Sie sind da irgendwie ganz gemütlich mit Fahrrädern durch. Da waren keine Kameras, keine Polizei. So sieht es zumindest aus.«
Lina Johnsen: »Genau. Sie sind auf das Rollfeld am Ende gekommen.«
Caren Miosga: »Wie bewerten Sie das: Sich auf einer öffentlichen Straße festzukleben, das ist das eine. Aber in einen Flughafen einzudringen, kann geahndet werden als Hausfriedensbruch. Ist also eine kriminelle Tat. Ist das noch friedlicher Protest?«
Lina Johnsen: »Also, kriminell ist ja erst einmal eine Bewertung. Das müssen am Ende die Gerichte entscheiden. Und da haben wir noch keinen Gerichtsbeschluss vorliegen. Aber wo wir einen Gerichtsbeschluss vorliegen haben, das ist vom Bundesverfassungsgericht. Und zwar, dass die Bundesregierung gerade die Klimaschutzgesetze bricht. Und damit wollten wir ganz klar aufmerksam machen, vor allem im Verkehrssektor werden gerade die Klimaschutzziele gebrochen.«[27]

Die Republik steht an diesem Donnerstag kopf. Der Grund: Aktivistinnen und Aktivisten der Letzten Generation, kurz LG, ist es am Morgen gelungen, auf das Gelände des Hamburger Flughafens vorzudringen. Sie legten an diesem ersten Tag der Sommerferien den Flugverkehr in der Hansestadt stundenlang lahm. Zum Ärger von Abertausenden Fluggästen.

Am Abend steht eine ihrer Pressesprecherinnen, die gebürtige Hamburgerin Lina Johnsen, den Fragen der TV-Moderatorin Caren Miosga Rede und Antwort. Diese nimmt die Klimaaktivistin hinsichtlich der Methoden der LG massiv in die Mangel, konfrontiert Johnsen mit schlechten Umfragewerten, die die Bewegung für ihre Aktionen kassiert. Auf die Argumente bezüglich des Rechtsbruchs der Bundesregierung geht sie dagegen nicht wirklich ein. Dass die damals 25-jährige dem Druck der professionellen Journalistin standhält, ihre Positionen noch dazu differenziert darlegt, erscheint mir bewundernswert.

Als wir uns ein Dreivierteljahr danach zum abendlichen Interview treffen, müsste Lina eigentlich todmüde sein. Denn hinter ihr liegen summa summarum vier Stunden einer anstrengenden Vortrags- und Diskussionsveranstaltung an der Freiburger Universität und einer nicht minder intensiven Workshoprunde in kleinerem Kreis. Umso erstaunlicher, wie munter sie loslegt.

Dann kommen wir auf die Flughafenaktion ihrer Mitstreiterinnen und Mitstreiter und das *Tagesthemen*-Interview zu sprechen, und sie bekennt offen: Sie sei an dem Tag gerade in Berlin gewesen, habe einen Anruf erhalten: »Lina, wir sind heute Abend in den *Tagesthemen*. Du bist doch in der Hauptstadt, kannst du übernehmen?« Spontan ist ihr ein »Okay« entfahren, obwohl sie den Morgen noch im Pyjama genießt. Sofort beginnt sie mit ihren Recherchen, telefoniert mit Freunden, klopft mit ihnen die Strategie für die abendliche *ARD*-Sendung ab.

Für die junge Klimaaktivistin keine Selbstverständlichkeit. »Ich bin tausend Tode gestorben, weil ich so aufgeregt gewesen bin«, gesteht sie noch heute ein. »Ich habe diesen Druck verspürt, dem krassen Protest, den unsere Leute bei der Flughafenaktion kurz zuvor ausgeübt haben, gerecht zu werden. Ich wollte unbedingt unsere Message rüberbringen.« Wohlwissend, dass sie nur ein paar Minuten Redezeit haben werde und vor einem Millionenpublikum sprechen würde.

Mit einem Mal mutiert die vergleichsweise noch unerfahrene Aktivistin zur versierten Pressefrau. »Das ist genau die Bühne, die wir brauchen. Wo richtig viele Leute mitbekommen, was wirklich los ist.« Und »wo wir unsere inhaltlichen Botschaften breit vermitteln können, ohne in absurde Kontexte gesetzt oder in einen inhaltslosen Zusammenhang geschnitten zu werden«.

»Stimmt, die Berichterstattung über eure Aktivitäten ist nicht gerade wohlwollend, manchmal extrem einseitig«, pflichte ich ihr bei. »Unsere Aktionen werden sehr oft von der Medienwelt verdreht. Aber die *Tagesthemen* sind live, da können sie nichts rausschneiden.« Miosgas erste Frage, wie ihre Mitstreiter auf den Flughafen gekommen seien, hat sie locker weggewischt.

Die Aktion selbst war an Wirkkraft kaum zu überbieten gewesen. Um 6:10 Uhr musste der Flugverkehr in der Hansestadt eingestellt werden. Denn gleich mehrere Aktivisten der Letzten Generation hatten den Außenzaun aufgeschnitten, sich so Zugang verschafft. Mit Fahrrädern waren sie schnurstracks zur Rollbahn gefahren. In direkter Nähe zur Start- und Landebahn klebten sich je zwei Akteure an vier Stellen fest. Das Ergebnis: 68 Flüge fielen aus, etwa 10 000 Passagiere mussten länger warten, starteten später oder gar nicht.

In der am Abend folgenden *Tagesthemen*-Sendung gelang es Lina überraschenderweise, den argumentativen Spieß umzudrehen. Statt sich auf Miosgas Vorwurf des Hausfriedensbruchs einzulassen, prangerte sie die rechtswidrige Umweltpolitik der Bundesregierung an. Zu Recht, denn im April 2021 hat das Bundesverfassungsgericht festgestellt, dass die derzeitige unzureichende Klimaschutzpolitik der Regierenden in Berlin die Freiheits- und Grundrechte der Bürgerinnen und Bürger von morgen beeinträchtige.

Die verfassungsrechtlich gebotene Reduktion der Treibhausgase dürfe, so die Rechtsprechung des höchsten deutschen Gerichts, nicht länger in die Zukunft und damit einseitig zu Lasten jetziger und kommender Generationen aufgeschoben werden. Damit werde das Bundesklimaschutzgesetz aus dem Jahr 2019 ausgehebelt. Was für ein juristischer Erfolg der jungen Klägerinnen und Kläger, die teilweise von Germanwatch, Greenpeace und Protect the Planet unterstützt worden waren![28]

Mit Straßenblockaden gegen den fossilen Wahnsinn

Lina Johnsen ist mit Haut und Haaren die Sorte Klimaaktivistin, die die Letzte Generation mit all ihren Kräften stärkt, würdigt, unterstützt. Deshalb frage ich sie noch zu Beginn unseres Treffens, wie sie zu dieser Bewegung gekommen ist. Lina grübelt. Nein, es sei keine Person gewesen, die den entsprechenden Impuls gegeben habe. Vielmehr seien hier mehrere Erfahrungen ihres Lebens zusammengekommen. Beginnend im Kindesalter, »als ich die Welt verbessern wollte. Als ich entweder den Menschen oder der Umwelt Gutes tun wollte.« Als zukünftigen Traumberuf habe sie sich damals ausgemalt: »Ich werde eine Weltretterin werden. Das ist doch ein toller Job, das will ich machen!«

Bereits in jungen Jahren fasste sie den Entschluss, selbst etwas zu tun, wandte sich deshalb erst einmal an Greenpeace. Allerdings habe sie damals keinen direkten Draht gefunden. »Ich wollte nicht einfach spenden, sondern selbst richtig aktiv werden.« Was sie weiter nach der für sie richtigen Organisation suchen ließ.

Als sie einen ersten Kontakt zur Letzten Generation bekommt, stellt sie viele Überschneidungen zu anderen Klimagerechtigkeitsbewegungen fest. So auch zur Aktionsgruppe »Ende Gelände«, mit der sie engagiert gegen Kohlekraftwerke demonstrieren, gegen Gasimporte angehen. Tatsächlich habe sie sich »in dem Moment selbstwirksam gefühlt«.

Positiv empfand sie auch, »wie man zusammen im Camp lebt. Und wie alle Mitstreiter*innen ihre Aufgabe übernehmen. Da lebt man gemeinsam seine Utopie einer ökologisch intakten sozialen Welt.« Ihr Resümee: »Ja, das war schon richtig klasse!« Allerdings fand sie den Ansatz der Letzten Generation sinnvoller, jedes Mal aufs

Neue Widerstand zu leisten und nicht nur wenige Mal im Jahr mit einem aufwendigen großen Camp.

Natürlich unterstützt Lina Johnsen im Herzen auch andere Initiativen, die sich für den Klimaschutz einsetzen. »Ich bin ein großer Fan von allen möglichen Klimagerechtigkeitsbewegungen. Weil ich das Gefühl habe, jede von ihnen erfüllt ihren Teil, spricht unterschiedliche Menschen an.« Sie alle hätten »superviel geleistet«.

Für Fridays for Future habe sie beim Global Strike Spenden gesammelt, dabei die Leute beobachtet. »Alles Friede, Freude, Eierkuchen – und dann wieder nach Hause gehen, ist mir aber zu wenig«, kritisiert sie die ihrer Ansicht nach weit verbreitete reine Mitlaufmentalität. Einfach nur im Demonstrationszug dabei sein, das ist der Hamburgerin, die mittlerweile in Leipzig lebt, angesichts der Katastrophe definitiv nicht genug. Was auch erklärt, warum sie letztlich nicht bei Fridays for Future gelandet ist, wo sie zwischenzeitlich durchaus öfters mitmarschiert ist. »Leider haben die Großkundgebungen das Ruder der Politik nicht herumreißen können.« Und das nicht einmal, »obwohl wir alle an einem Tag mit 1,4 Millionen Menschen auf die Straße gegangen sind«. Danach sei sie eher traurig gewesen. Es blieb das Gefühl, »dass das eine so große Sache ist, und dennoch verpufft alles einfach wieder«.

Lina schlussfolgert, »ich muss jetzt irgendwas machen, was Veränderungspotenzial hat«. Als ihr eine Freundin von einem Online-Vortrag der Letzten Generation erzählt, nimmt sie teil. »Nach nicht einmal fünf Minuten habe ich am Bildschirm geklebt, weil ich auf einmal gemerkt habe, da sind Leute, denen geht es wie mir.« Das Besondere daran: »Die haben einen Plan vorgelegt, der funktionieren kann. Der gesellschaftlich etwas Großes verändern kann.«

Was danach folgt, sind Dominoeffekte: hingehen, beim Training mitmachen, richtig aktiv werden. Was sie freut: »Da sind ganz unterschiedliche Leute. Aber alle teilen dieselben grundlegenden Werte von Solidarität und Menschenwürde, sowie ein starkes Bewusstsein für die Dringlichkeit der Klimakatastrophe.« Wenig später beteiligt sich Lina zum ersten Mal an einer Blockade der Letzten Generation – wohlgemerkt schon in der Funktion einer Deeskalationsperson. Mit der Aufgabe, die Situation für die Autofahrenden im Notfall gewaltfrei zu entschärfen.

*

Von da an nimmt alles seinen Lauf, Straßenaktion folgt auf Straßenaktion. Lina fallen eine Menge Aktivitäten ein, die sie als erfolgreich bewertet. »Weil es so viele Momente gibt, wo wir als Erste einen Schachzug geplant haben, wo mehr und mehr Menschen dazu gekommen sind.« Ihre Erfahrung: »Wo wir schnell reagiert haben, erfüllt uns dann immer das gute Gefühl, einen Schritt voraus zu sein.«

Als herausragendes Beispiel nennt sie eine Blockadeaktion in der Bundeshauptstadt. Dabei habe die Letzte Generation ihren Widerstand gegen das Versagen der Bundesregierung in der Bekämpfung der Klimakatastrophe »in das Herz von Berlin« getragen. Im Sommer 2022 setzen sie sich »friedlich auf sämtliche Spuren der zentralen Verkehrskreuzung am Frankfurter Tor«. Ihr Ziel: Bundeskanzler Scholz solle »ein Machtwort gegen neue Ölbohrungen in der Nordsee« sprechen. Zu den bewussten Störenfrieden gehören auch die 42-jährige Solvig Schinköthe und ihre 20-jährige Tochter Lina, die sich auf die Straße klebt. Derweil erklärt ihre Mutter bei der Blockadeaktion: »In der Nordsee nach Öl zu bohren ist ein Verbrechen, das unser aller Leben gefährdet! Neues Öl, Kohle oder Gas darf es nicht mehr geben!«, so Solvig. »Wir müssen den Klimatod von Hunderten Millionen Menschen und allen zukünftigen Generationen verhindern!« Die Klimaaktivisten fordern konkrete Taten von der Bundesregierung. So gebe es Abertausende sinnvoller Ideen, aber nahezu nichts davon werde umgesetzt, so Lina. »Wo ist das Tempolimit? Wo ist der kostenlose öffentliche Nahverkehr?« Fragen über Fragen.[29]

»Ihr nennt euch die Letzte Generation nach einer Aussage des US-Präsidenten Obama«, erinnere ich mich. Die Hamburgerin nickt zustimmend. Ja, Barack Obama habe bekundet: »Wir sind die erste Generation, die den Klimawandel zu spüren bekommt, aber wir sind die letzte, die etwas dagegen tun kann.«[30] Und der ehemalige Präsident habe Recht gehabt. »Wir *alle* sind die letzte Generation, die noch die Möglichkeit hat umzudenken und umzulenken– was wir mit dem Namen unserer Organisation auch aussagen wollen. Alle gemeinsam können wir noch Schlimmeres abwenden.«

Die Betonung auf dem Wort »alle« ist ihr wichtig. Gemeint sind »wir alle, die jetzt gerade leben, die noch was verändern können«. Jedoch würden sich die Handlungsfenster rapide schließen. Wenn man sich die wissenschaftlichen Erkenntnisse anschaue, wisse man, dass unverzügliches Handeln vonnöten sei. »Manche negative Erkenntnis gibt es seit Jahrzehnten, aber nichts Grundlegendes ist geschehen. Wir müssen jetzt endlich ins Handeln kommen. Damit die Menschheit nicht wirklich bald zur letzten Generation ihrer Art wird«, so Lina.

Was die Bundesregierung in eklatanter Art und Weise versäume, indem sie viel zu wenig gegen die voranschreitende Klimakatastrophe unternehme. Genau deshalb »haben wir diese riesige Blockade in Berlin durchgeführt. Wir haben die Zufahrten an allen Seiten dicht gemacht.« Danach sei ein zweiter Schwall von Aktivisten gekommen, die sich »in die Mitte der Kreuzung gesetzt haben«.

Wobei die Blockiererinnen und Blockierer an der Ampel nichts davon gewusst hätten, »dass wir in der Mitte noch kommen. Und wir in der Mitte haben nicht gewusst, dass die da draußen schon blockiert haben. Bei der ersten Massenblockade waren wir so viele, dass es schwer war, uns alle zu räumen.«

Zugleich sei, anders als in den Medien dargestellt, von den Blockierern darauf geachtet worden, dass Rettungswägen, Fahrradfahrende und Straßenbahnen jederzeit durchfahren konnten. Ein Schulbus stand im Stau. Die Straßenaktivisten erklärten den Kids, was sie hier mit welchem Ziel machen würden. »Eine Frau tanzte über die ganze Kreuzung und sagte: Endlich ist hier Platz für uns.« Selbst die Bürgermeisterin von Friedrichshain-Kreuzberg sei vorbeigekommen, habe sich mit ihnen solidarisiert. Lina Johnsen sagt: »Das war eine einzigartige Stille auf einer der größten Kreuzungen Berlins.« Sie habe diese ganze positive Spannung in der Gemeinschaft bemerkt. »Das ist für mich einfach der schönste Protest gewesen.«

*

Nicht immer verlaufen Aktionen der Letzten Generation in grandioser Stimmung, zumal Polizeibeamte völlig unterschiedlich reagieren, zuweilen auch richtig brutal. Als Aktivistinnen und Aktivisten einer U20-Gruppe in leuchtend gelber Farbe »H I L F E« auf eine Wand am Bundeskanzleramt pinseln, werden die unter 20-Jährigen mit Druck abgedrängt. Einige von ihnen werden mit dem Gesicht nach unten auf den Asphalt gepresst und mit harter Hand rücklings mit Handschellen gefesselt. Derweil beschwert sich eine jüngere Frau mit einem Megafon darüber, dass die Bundesregierung nicht auf die Hilferufe reagiere, sodass sie keine andere Wahl hätten, als gerade an diesem symbolträchtigen Ort zu stören. »Denn wir haben noch Hoffnung auf eine Zukunft.« Ihre Stimme klingt vorwurfsvoll, die ganze Aktion wirkt wie ein Akt der Verzweiflung.

Ein Aktivist des Medienteams filmt die Szene, stellt den Videoclip mit dem Titel »DIE WELT BRENNT! STOPPT DEN FOSSILEN WAHNSINN!« auf die Startseite der LG-Website. Unterlegt mit Musik und Gesang rufen die Protestler: »Das ist nicht mehr fünf vor zwölf! Das ist zwölf!« Und: »Vergesst niemals, wer hier spricht: die Jugend, das Jüngste Gericht.« Eine Aktion wie Hunderte andere, die deutlich macht, wie ernst den jungen Menschen die Frage des Überlebens, die Frage einer lebenswerten Zukunft ist.[31]

*

»Sind rüde Räumaktionen der Polizei ein Grund zum Verzweifeln?«, frage ich Lina. »Keinesfalls«, sagt die Hamburgerin, »zumal es durchaus verständnisvolle Polizisten gibt, mit denen man häufig sogar ganz gute Gespräche über das große Ganze führen kann.« Ihr Ziel sei es, ihren Mitmenschen Mut zu machen. »Indem ich ihnen sage, dass es sich schon immer gelohnt hat, für Gerechtigkeit zu kämpfen.«

Beispiele erfolgreicher Mutmachaktionen hat sie bereits bei ihrem Vortrag »Ziviler Widerstand ist effektiv«, der unserem Gespräch vorausging, zuhauf aufgezeigt: vom Wahlrecht für Frauen, erkämpft von Suffragetten, über die Erlangung der Unabhängigkeit in Indien mit Mahatma Gandhi, dem Widerstand der Bürgerrechtsbewegung in den USA mit Martin Luther King, der gewaltfreien Aktion zweier Heidelberger Studenten auf dem 1950 noch von englischen Truppen besetzten Helgoland bis hin zu den Erfolgen der Anti-Atomkraft-Bewegung und der friedlichen Wende in der DDR Ende der 80er-Jahre.

Derlei Vorbilder machen ihr selbst Mut. Hätten nicht andere Frauen für ihre Interessen gekämpft, so wäre »noch nicht einmal das Frauenwahlrecht durchgesetzt« worden, so ihre Befürchtung. Die Bürgerrechtsbewegung sei auch erst dadurch entstanden, dass Menschen richtig mutig gewesen seien – in den USA, aber auch in Unterdrückerregimen, in Diktaturen. »Also, ich würde sagen, ich mache anderen Mut, indem ich selbst mutig bin und andere Leute dazu bewege, auch mutig zu sein.«

Dabei ist sich die Wahl-Leipzigerin vollauf bewusst, dass es einen gewaltigen Unterschied macht, ob man in einem Land mit einer repressiven Regierung auf die dortigen Missstände aufmerksam machen möchte. Oder, ob man sich in einer Demokratie mit gewaltfreiem Widerstand zur Wehr setzt.

»In unserem Kontext bedeutet das einfach nur, dass wir uns aus der eigenen Bequemlichkeit heraus überlegen: Wie kann ich über meine eigene Komfortzone hinausgehen, um mehr Menschen zu erreichen? Wo ist meine Wirkmacht gerade am allergrößten?« Mut bedeute hierzulande, »etwas Unkonventionelles zu wagen«, so die inzwischen 26-Jährige.

Dabei haben sie und ihre Mitstreiterinnen mit den Blockaden sicherlich nicht den leichtesten Weg gewählt, um auf die voranschreitende Klimakatastrophe aufmerksam zu machen. »Ja, wir ecken bewusst an. Ja, wir konfrontieren unsere Gesellschaft mit richtig unangenehmen Fakten.« Ihr Ziel hat sie dabei klar definiert: »Wir möchten die Menschen in ihrem fossilen Alltagstrott zum Innehalten bringen, politische Verantwortlichkeiten aufzeigen und alle zum Reflektieren unseres selbstzerstörerischen Systems bewegen.« Der Grund: »Wir stehen als Menschheit erstmalig an dem Scheideweg: Wollen wir als Gesellschaft überleben – ja oder nein? Wollen wir resigniert dabei zusehen oder aktiv grundlegende Änderungen gestalten?« Laut Lina müsse sich ganz viel ändern. »Früher oder später werden wir unsere natürlichen Ressourcen, die Lebensmittel und das Wasser rationieren müssen. Da sollten wir jetzt über sozialgerechte Umverteilungen sprechen.«

Das Kunststück dabei sei, sich trotz der katastrophalen Geschehnisse unserer Zeit weder den Mut zum gewaltfreien zivilen Widerstand noch die Lust an entschlossenen Aktionen gegen den fossilen Wahnsinn nehmen zu lassen. Mehr noch: »Für mich ist auch die Gemeinschaft mit anderen Leuten ganz toll. Also mit Mitstreiterinnen und Mitstreitern zusammenkommen, die gesellschaftlich etwas verbessern wollen. Wir einigen uns auf gemeinsame Werte, auf ein gemeinsames größeres Ziel.« Mit einem Mal fühle man sich nicht mehr einsam, sondern wisse, dass es »noch ganz viele andere Menschen mehr gibt, die die Dringlichkeit der Sache sehen und die auch Bock haben, etwas zu bewegen«.

»Und dabei bleibt ihr jederzeit gewaltfrei?«, hake ich nach – wohlwissend, dass Organisationen in der Sozialen Bewegung die Frage des gewaltfreien Vorgehens für sich unterschiedlich definieren. »Uns Aktivistinnen und Aktivisten der Letzten Generation eint das Verständnis des völligen Verzichts auf Gewalt gegen Lebewesen. Wir wollen mit unserem friedlichen zivilen Widerstand etwas bewegen. Dabei lehnen wir jegliche Form der Menschenfeindlichkeit ab – das kriegen wir ziemlich gut hin.«

Weniger gut hingekriegt haben die Klimaaktivisten die Vermittlung ihrer Anliegen in der Öffentlichkeit. Im Sommer 2023 halten

85 Prozent der Befragten Straßenblockaden für »nicht gerechtfertigt«, lediglich 13 Prozent für »gerechtfertigt«.[32] Umfragen wie diese seien viel zu einseitig. Laut Lina unterstütze eine Mehrheit von 91 Prozent der Menschen einen umwelt- und klimafreundlichen Umbau der Wirtschaft, so die Umweltbewusstseinsstudie 2022 des Bundesumweltministeriums und des Umweltbundesamtes.[33]

*

Angesichts der harten Reaktionen in der Öffentlichkeit, der zumindest teilweise desaströsen Presse und der meist gestrengen Gerichtsurteile frage ich sie: »Wie steht denn deine Familie zu deinem konsequenten umweltpolitischen Aktionismus?«

»Zu Beginn sind sie durchaus skeptisch gewesen. Sie haben kritisch gefragt und kommentiert: ›Ist das nicht gefährlich? Achte auf deine Zukunft, damit du sie nicht ruinierst durch deine vielen Strafen!‹« Mit der Zeit aber haben ihre Eltern mehr und mehr Verständnis aufgebracht. »Natürlich habe ich mir auch megamäßig Mühe gegeben, ihnen alles zu erklären. Was mir relativ gut gelungen ist. Vor allem, als ich Pressesprecherin geworden bin und dadurch einen immer tieferen Einblick in die Theorie und Wirkung von zivilem Ungehorsam erhalten habe.«

Auch ihre Freunde seien »sehr, sehr unterstützend«. Und immerhin hätten ein paar von ihnen auch schon bei einem Protestmarsch mitgemacht, so die Klimaaktivistin. Auf ihre Familie ist Lina inzwischen »richtig stolz: Mein Papa ist unterstützenderweise zu einem Gerichtsprozess mitgekommen. Meine Mama und meine Schwester haben sich bei einem großen Protestmarsch mit allen anderen hingesetzt, als die Polizei uns nicht weitergelassen hat.« Derweil hätten ihre Eltern fleißig Unterschriften für die EU-Wahl gesammelt. Auch würden sie »immer wieder mal andere Aktivistinnen bei uns zu Hause aufnehmen«.

Der wohldurchdachte Strategiewechsel zeigt Wirkung

Ein halbes Jahr danach reagiert die Letzte Generation auf die bundesweit eher vernichtende Kritik, auch auf die weniger werdenden Teilnehmerinnen und Teilnehmer bei ihren Blockadeaktionen. »Natürlich bringt uns das auch dazu, dass wir uns überlegen müssen, wo finden wir andere Proteste«, so Carla Hinrichs, die eine Neuorientierung ankündigt. Laut Aussage der LG-Sprecherin müssten diese »wirklich nachhaltig, unterbrechend, störend, wachrüttelnd« sein. Aber am Ende dürften sie »nicht alle im Gefängnis sitzen. Weil – das bringt uns auch nicht weiter«.

Anfang 2024 verkündet die Führungsspitze den intern diskutierten und von vielen erhofften Wechsel ihrer Strategie. Ziel sei es, mehr Menschen dazu zu bewegen, bei ihren Aktionen mitzumachen. Mit dem geänderten Konzept werde ein »neues Kapitel beim Widerstand beginnen«, lautet die entsprechende Ankündigung der Klimaaktivisten auf der Website.

Anders als die bisherigen Klebeaktionen seien die neuen Protestformen »breiter aufgestellt, deutlich anschlussfähiger und dabei völlig friedlich«. Auch seien sie weniger provokativ in der Auseinandersetzung und Konfrontation mit einzelnen Bürgern.

Mittels massenhafter Versammlungsproteste und »künftig noch gezielteren Aktionen an Orten der fossilen Zerstörung« solle das totale Versagen der Bundesregierung aufgezeigt werden.[34] Damit sind die Farbaktionen in Museen oder an Außenwänden von Bibliotheken passé. Diese mussten bisher mangels eines direkten Zusammenhangs mit den Verursachern der Klimakatstrophe umständlich und zuweilen wenig nachvollziehbar erklärt werden.

Im Mittelpunkt der Aktionsformen stehen neuerdings »ungehorsame Versammlungen«. Wer mitmachen wolle, könne das entsprechende Protestlevel selbst bestimmen. Sich entscheiden, wie weit sie oder er gehen will. Protestlevel 1 bedeutet, sich erst einmal während der Versammlung auf dem Gehweg aufzuhalten. »Wenn die Versammlung von der Polizei anerkannt wird, kannst du auch auf die Straße kommen, ohne rechtliche Konsequenzen zu riskieren.« Protestlevel 2 sieht vor, vor der abschließenden Auflösung mittels der dritten Durchsage der Polizei die Möglichkeit zu nutzen, die Straße zu verlassen. »In der Regel solltest du keine rechtlichen Konsequenzen bekommen, wenn du den Ansagen folgst«, so der helfende Hinweis.

Wer sich dessen ungeachtet standhaft verhält, muss mit ernsteren Konsequenzen rechnen. »Viele werden auch auf der Straße bleiben, falls die Polizei uns auffordert, die Fahrbahn zu verlassen. Die Polizei wird diese Menschen dann wahrscheinlich wegtragen«, so die Prognose erfahrener Aktivisten und Aktivistinnen im Team. Wie auch immer: »Du entscheidest, wie weit du gehen magst.« Das Versprechen im Gegenzug lautet: »Und wir sind für dich da!«[35] Sei es mit solidarischen Unterstützungsaktionen. Sei es mit Spendenaufrufen zur Prozesskostenbeteiligung, die im Fall der Letzten Generation vielfach sehr erfolgreich sind.

Laut Lina sei dieser Strategiewechsel vollzogen worden, »weil wir gemerkt haben, okay, irgendwann sind nicht mehr Leute dazugekommen«. Jetzt müsse man etwas verändern, so die Erkenntnis. Ihre Hoffnung: Als Letzte Generation könnten sie den Menschen sagen: »Hey, wir machen was, das funktionieren kann. Wir zeigen dir, wie entschlossen wir sind!« Und: »Du kannst dazukommen.« Angesichts der rapide voranschreitenden Klimakatastrophe müssten »viele Leute auch mal den Arsch hochkriegen«!

Bei den ungehorsamen Versammlungen gehe es dennoch nicht darum, riesige Massendemonstrationen zu organisieren. Wichtiger ist ihr: »Wenn wir eine Handvoll Leute haben, die superentschlossen sind und immer wieder auf die Straße gehen, dann ist es mehr wert, als wenn hundert oder mehr einfach nur bedrückt am Rand herumstehen.«

Dabei seien die »Straßenblockaden auch weiterhin supereffektiv«. Mit vergleichsweise wenigen Leuten »kannst du eine Riesenstörung aufrechterhalten, auch ohne das Festkleben – und das über einen längeren Zeitraum«. Genau das mache »den zivilen Widerstand in Form von Blockaden auf der Straße so wirksam und mächtig – weil damit superviel Druck erzeugt werden kann«. Um den Protest in der Mitte der Gesellschaft zu platzieren, müssten sie weiterhin ausnahmslos mit dem Mittel der physischen Gewaltfreiheit eine wohldosierte Spannung erzeugen.

Zur Erklärung wählt Lina einen Vergleich. »Bei einer gespannten Gitarrensaite gibt es eine konstruktive Spannung. Ohne Spannung kann die Saite nicht bespielt werden. Wenn man aber die Gitarre zu heftig spannt, überspannt, dann reißt sie – denn dann ist Gewalt eingesetzt worden.«

Deshalb müssten die Teilnehmerinnen und Teilnehmer auch bei den ungehorsamen Versammlungen in Übungseinheiten auf das Kommende vorbereitet werden. »Wir trainieren unsere Leute bei der Anwendung der Gewaltfreiheit.« Mit diesem Mittel lasse sich die Spannung auch in brenzligen Situationen aufrechterhalten. »Wir bleiben auf der Straße, werden nicht weggehen, werden aber auch nicht gewalttätig.« Selbst dann nicht, »wenn gegen uns Gewalt ausgeübt wird«.

Lina Johnsen zeigt sich mit den ersten Erfahrungen zufrieden: »Mit unserem Strategiewechsel ziehen wir wirklich neue Leute an.« Anders als bei den früheren Klebeaktionen reagieren zumindest einzelne Medien diesmal positiv. Der Schritt bringe »den Klimaprotest aus der Defensive«, denn endlich gehe es wieder um die Sache, kommentiert beispielsweise *ZEIT ONLINE*. Dass die Letzte Generation die Strategie ihrer Protestaktionen und zugleich die Protestformen ändere, sei wirklich gut, weil »klug und umsichtig«. Mehr noch: »Ein durchaus respektabler Schritt, der demokratische Reife beweist.«[36]

*

Ich spanne zum Schluss unseres Gesprächs den Bogen noch einmal weiter. »Wie könnte denn deiner Meinung nach unsere ganze Gesellschaft an demokratischer Reife gewinnen?«, frage ich sie nach ihrer Vision einer besseren Welt von morgen.

»Indem Gesellschaftsräte einberufen werden. Darin engagieren sich Bürgerinnen und Bürger, erarbeiten gemeinsam Lösungen und bringen diese anschließend in die Politik ein.«

Entscheidungsprozesse von unten müssten endlich ernst genommen werden. Auch von den Medien, die über die Sitzungen der Gesellschaftsräte ebenso umfassend berichten sollten, wie über bedeutende Ereignisse im Sportbereich – so ihr Wunsch. »Dann bekommen alle Menschen mit, wie die Leute, mit denen sie sich identifizieren können, sich in den Gesellschaftsräten zu relevanten Themen austauschen und entsprechend positionieren«, entwickelt Lina ein Gesellschaftsmodel auf einer direktdemokratischeren Basis als bisher.

Und wenn die Bundesregierung dann sagt, wir machen das nicht mit, dann werde es gewaltige Empörungswellen geben, gerade unter jungen Bürgerinnen und Bürgern. Es dürften nicht länger »Entscheidungen im Interesse von fossilen Konzernen im Namen des großen Geldes getroffen werden, während unsere Hütte brennt«, so Lina wütend. Dann würden eben noch mehr Menschen massenhaft auf die Straßen strömen.

Die jeweiligen Erfolge dieses basisorientierten Demokratiemodells solle man im Nachhinein analysieren. Dann könne man auch erkennen, ob und wie man einer sozial gerechten Transformation nähergekommen sei. »Denn wir alle haben ein Recht auf ein gutes Leben.«

»Was macht denn dieses gute Leben deiner Ansicht nach aus?«, frage ich noch mal nach. Ihre Worte überraschen mich, hätte ich von einer Klimaaktivistin doch eine Antwort in Richtung einer intakteren Lebenswelt erwartet. »Einfach Vertrauen. Wie schön wäre es, wenn wir wüssten, dass all das, was wir in der Gesellschaft als Leistungen beziehen und an Konsumgütern erwerben, nicht mit Zerstörung einhergeht?« Wichtig ist ihr ein System, in dem Arbeitnehmerinnen und Arbeitnehmer angemessen entlohnt werden. »Und dass niemand mehr ausgebeutet wird.« Und wie entspannend wäre es, wenn man nicht länger abwägen müsse, zwischen einem Billigflug und einer überteuerten Bahnfahrt – wenn das Bahnfahren mit einem Mal kostengünstig und nachhaltig sei. Wenn im Supermarkt Fair Trade der Sieger hieße und dann auch wirklich Fair Trade wäre.

»Also wenn wir das Urvertrauen hätten, dass das gesellschaftliche Wohlsein unsere Maxime wäre. Und nicht länger der maximale Profit«, so ihr geistreicher Ansatz für eine demokratischere und gerechtere und damit gute Welt. »Denn dann würde man sich weniger verarscht vorkommen und wir wären viel weniger frustriert.« Dann, so ihre Vision, »wäre der größte Standard einfach das Wohlleben eines jeden im Einklang mit einer intakten Gesellschaft und der Umgebung. Aber ja, das ist mein allergrößter Traum.«

*

Vier Stunden Dauervortrag und -diskussionen in der Freiburger Universität, ein gemeinsames Abendessen, jetzt unser zweistündiges intensives Interview – ich vermute, Lina wird jetzt auf dem kürzesten Weg nach Hause fahren, sich todmüde zu Bette begeben, die Nacht durchschlafen. Schließlich wartet morgen früh Teil 2 des Umweltkongresses auf sie.

Weit gefehlt. »Jetzt radle ich zur Geburtstagsfeier einer lieben Freundin. Darauf freue ich mich schon die ganze Woche! Bin spät dran, tschüüüüs!«, entfernt sich ihre Stimme in rasantem Tempo. Sie rennt in Richtung Hauptbahnhof, wo ihr Fahrrad auf sie wartet.

***

Weitere Informationen:

- Website Letzte Generation, https://letztegeneration.org
- Interview mit Lina Johnsen in den *ARD Tagesthemen* am 13. Juli 2023, www.tagesschau.de/multimedia/video/video-1220752.html

***

KAPITEL 5

Ludwig Essig und Antonia Messerschmitt. Fridays for Future überlassen das Klima nicht mehr der Politik

21. Juni 2020: Dieser Mensch hat Weitblick und weiß, dass die kommenden Jahre die entscheidenden in der Geschichte der Menschheit sein werden. »Wie alt sind Sie in zehn Jahren? Wie alt werden Ihre Kinder oder Enkelkinder sein?«, fragt er wie ein Mann mit langjähriger Lebenserfahrung. Dann werde er selbst 28 sein, verrät der Weissacher Ludwig Essig. Er glaubt, dass »wir noch zehn Jahre haben, um die Klimakrise einigermaßen beherrschbar zu machen«. Das sei ein überschaubarer Zeitraum, in dem »das Spiel des Lebens in all seiner Dringlichkeit gespielt« werde. Oder wissenschaftlich ausgedrückt, in denen die meisten Klimakipppunkte irreversibel überschritten sein werden – falls der Katastrophe nicht endlich Einhalt geboten wird.

Verkündet hat der ehemalige Schüler des Johannes-Kepler-Gymnasiums in Leonberg seine weisen Worte anlässlich der Verleihung des diesjährigen Löwenherz Friedenspreises der Hilfsorganisation »Human Projects« an die Klimabewegung »Fridays for Future«, FFF. Ludwig hatte im Dezember 2018 zum ersten Mal an einem Klimastreik teilgenommen. Rückblickend erklärt er, als »langjährig interessierter und engagierter Mensch, war es für mich eine Selbstverständlichkeit, diese damals in Deutschland noch kleine aber spannende und dynamische Bewegung zu unterstützen«.

Die Organisatoren der örtlichen Fridays-Gruppe sind ursprünglich durch einen seiner Fachvorträge auf ihn aufmerksam geworden. Schnell ist er zu einer wichtigen Figur dort geworden und wurde zum Sprecher der Leonberger FFF-Ortsgruppe bestimmt. Aus diesem Grund hat man ihn auch auserkoren, am 21. Juni 2020 in deren Namen die Ehrung auf der Bühne der Nagolder Seminarturnhalle entgegenzunehmen. »Stellvertretend für die ganze Bewegung«, wie er sagt.

Dem am 30. Oktober 2001 im schwäbischen Mühlacker geborenen Ludwig Essig liegt am Herzen, dass die Fridays aktiv handeln. Er erinnert sich noch gut, jeden Freitag seien sie vom Schulunterricht aufgebrochen, um gemeinsam zum Klimastreik nach Stuttgart zu fahren. »Der Rücken richtet sich auf und ein angestrengter Gesichtsausdruck verwandelt sich zu einem breiten Grinsen.« Grund für diese so positive Grundstimmung sind seine persönlichen Eindrücke, die er dort sammelt. »Und auf einmal spüren wir, was es bedeutet in einer Demokratie zu leben, in der man sogar ein bisschen Utopie schnuppern kann.«

So hat Ludwig sich gefreut, als ihm am Abend nach deren erstem Streiktag eine Klassenkameradin geschrieben habe, »dass sie immer noch Gänsehaut hätte, wenn sie daran zurückdenkt, mit so vielen tollen Menschen gemeinsam für ihre Zukunft eingestanden zu sein«. Genau an diesem Punkt wird ein Bigpoint der Fridays for Future-Bewegung augenscheinlich: die Fähigkeit, so viele junge Menschen zu mobilisieren. Als Massenbewegung friedlich zu demonstrieren und dabei eine beachtliche Medienresonanz zu erzielen. Was wiederum bedeutet, eine breite Öffentlichkeit an zahlreichen Orten der Republik zu erreichen.

Ludwig Essig spricht Klartext

Ludwig zeigt sich begeistert: »Wir haben die größte, friedlichste und weiblichste Jugendbewegung erschaffen, die es je gegeben hat.« Nie zuvor seien »weltweit so viele Menschen gleichzeitig, friedlich und solidarisch auf die Straße gegangen, um für ihr eigenes Überleben zu demonstrieren«. Ja, die Fridays sind Anfang der 2020er-Jahre von einer unglaublichen Euphorie getragen.

Beim Globalen Klimastreik am 24. September 2021 wurden mehr als 1500 Aktionen in 99 Ländern gezählt. Laut Angaben der Veranstalter haben in Berlin mehr als 100 000, in Deutschland insgesamt mehr als 620 000 Menschen teilgenommen.[37]

Ludwig Essig fühlt sich als wirksamer Teil dieser For Future-Bewegung, die »etwas Schönes, Ermutigendes und Starkes« sei. Er sagt, »wenn alles schwarz ist, müssen wir bunt malen!«.

Soweit the Bright Side of Life, die helle Seite der Medaille. Ludwig spricht in der Nagolder Halle aber auch darüber, dass wir in Zeiten leben, »in denen es klimatisch immer heißer wird und trotzdem politisch eiskalt ist«. In seiner Preisrede nimmt er kein Blatt vor den Mund, berichtet von verwerflichen Steinkohleimporten aus Kolumbien und Sibirien. »Blutkohle«, so sein Vorwurf. Denn Menschen würden dort »brutal aus ihrer Heimat vertrieben, Natur- und Kulturlandschaften rücksichtslos geopfert«. Schlimmer noch, so der damals 18-Jährige: »In diesen Regionen werden Menschen erschossen, verschleppt und gefoltert, wenn sie im Weg stehen.« Ein Beispiel von vielen.

Der globale Norden emittiere die Schadstoffe, der globale Süden leide. »So werden die Ärmsten dieser Welt, die weitgehend unschuldig an der Klimaerwärmung sind, als Erste und am heftigsten von deren Folgen getroffen.« Sie müssten in eine ungewisse Zukunft fliehen. Die Verursacher würden »den Opfern ihres unverantwortlichen Treibens kaum humanitäre Hilfe zukommen« lassen. Sie schotten sich »vollkommen gegen Klimaflüchtlinge ab«.

Die Vorwürfe treffen hart, auch das Militär in Deutschland. »Wir beschließen militärische Interventionen, um die Demokratie zu verbreiten, und übersehen dabei unsere Geschichte.« Die würde »von ethnischer Säuberung, Völkermord und Plünderungen« nur so strotzen.

Ludwigs Schlussfolgerung: »Es wird Zeit, dass wir das Widerstehen wieder lernen.« Jetzt sei es »die Pflicht jedes Einzelnen, dies als Herausforderung anzunehmen und sich für die Zukunft zu entscheiden.« Seine Hoffnung: »Wäre es nicht wunderschön, wenn wir uns in zehn Jahren treffen und sagen könnten, wir haben es geschafft?« Entsprechend seine finale Aufforderung: »Lasst euch nicht alles gefallen.« Und: »Wir brauchen jeden Einzelnen von euch.«[38]

Der Laudator des Löwenherz Friedenspreises vom Sommer 2020 war kein Geringerer als Konstantin Wecker. Der Münchener Liedermacher und Literat begann seine würdigende Rede mit einem eindrücklichen Zitat von Greta Thunberg, der Impulsgeberin der internationalen Fridays for Future-Bewegung: »Wir können die Welt nicht retten, indem wir uns an die Spielregeln halten. Die Regeln müssen sich ändern. Alles muss sich ändern – und zwar heute.«

Thunberg hatte dieses Statement zwei Jahre zuvor auf einer Demonstration in Helsinki kundgetan. Weckers Kommentar: »Diese Sätze sind radikal und richtig. So einfach ist es und so schwer zugleich. Alles muss sich ändern, und zwar sofort. Denn Zeit haben wir keine mehr.«[39]

Der Preisverleihung hat der Liedermacher lobende Worte folgen lassen: Nach ihm habe der 18-jährige Ludwig Essig im Namen der Bewegung gesprochen, und er sei begeistert gewesen. »Was für eine kluge, warmherzige und sprachlich großartige Rede dieses 18-jährigen Schülers.« Und: »Diese engagierten und intelligenten jungen Menschen braucht die Welt so dringend.«

*

»Wie erklärt sich deine große Wirkung für die Fridays for Future?«, frage ich den Klimaaktivisten aus dem Schwäbischen. Lange Zeit habe er sich als Einzelkämpfer verstanden, antwortet Ludwig. Dann habe seine Oma mit ihm Vorträge von Greenpeace besucht, die anregend gewesen seien. Prägend auch die Entwicklungen, die seine Schule ihm geboten habe. Nach Absprache mit seinem Politiklehrer habe er in anderen Klassen Vorträge über die gefährlichen Auswirkungen sogenannter Freihandelsabkommen gehalten, wie dem Transatlantischen Freihandelsabkommen TTIP.

Ein vielfältiges Engagement, das letztlich überregional Beachtung findet. 2017 wird er für seinen Einsatz zum Thema ökologische Landwirtschaft gewürdigt. Die TV-Serie »Erde an Zukunft«, eine Gemeinschaftsproduktion der *ARD* und *ZDF* für das junge Publikum, zeichnete ihn neben anderen als »Zukunftsmacher« aus. Menschen also, die sich auf die Suche nach einer Antwort auf die Frage begeben, »was in der Zukunft anders, schöner oder neu sein sollte«. Kurze Zeit später habe er erstmals von Fridays for Future gehört. Was sich angesichts der vielen konkreten Handlungsansätze »wie ein Befreiungsschlag« angefühlt habe. In dieser Phase habe die Fridays-Bewegung enormen Zulauf erhalten. Letztlich »hüpfen und tanzen Zehntausende gut gelaunte, aber entschlossene Menschen durch die Stuttgarter Innenstadt und fordern einen entschiedenen Klimaschutz ein«, erinnert sich der Umweltaktivist.

Mit der Zeit erweitert Ludwig seinen Fokus, wie mir der junge Mann mit dem wachen Blick erzählt. Mit Freundinnen und Freunden hat er auf dem Weissacher Marktplatz eine Protestaktion gegen die Verbrennung von Braunkohle organisiert. Nachdem er in Köln eine Rede gegen Tiertransporte in der EU gehalten hat, fährt er anschließend in den Hambacher Wald. »Um die Menschen vor Ort mit neuer Ausrüstung und Verpflegung zu versorgen.« Die dortigen Umweltaktivisten versuchen, die Rodung durch den Stromriesen RWE zu verhindern, der an dieser Stelle Braunkohle im Tagebau fördern will. Dagegen wehrt sich Ludwig mit Tausenden von Mitstreiterinnen und Mitstreitern. »Bei den Aktionen ist mir immer wichtig, dass sie friedlich sind und einen nachhaltigen Eindruck hinterlassen.«

Ludwig Essig ist vielseitig, spricht auch auf Friedensdemos. »Welchen Zusammenhang siehst du zwischen der Umwelt- und der Friedensfrage?«, will ich wissen. In seiner Antwort zitiert er aus dem Stand Johann Wolfgang von Goethe. »In der lebendigen Natur geschieht nichts, was nicht in einer Verbindung mit dem Ganzen stehe.«[40] Die

Klimakrise heize die Konflikte um Ressourcen und sichere Orte dramatisch an. Sie radikalisiere Verteilungskämpfe, lasse Küstengebiete verschwinden und Wüsten wachsen. Gleichzeitig würden »dadurch die weltweit stattfindenden Kriege befeuert. Klimagerechtigkeit und Frieden kennen keine Grenzen!«, betont er vehement.

Trotz alledem sieht der heutige Student noch realistische Chancen für den Fortbestand der Menschheit. »Die Probleme sind bekannt, die Lösungen erkannt und benannt.« Jetzt komme es darauf an, »die Bremsen zu lösen, viel schneller zu werden und die Lösungen rasch umzusetzen«. Man dürfe dabei nicht lockerlassen. »Solidarisch und friedlich müssen wir die Regierungen dieser Welt, aber auch uns selbst immer wieder an unsere Verantwortung erinnern.« Was die Menschen bräuchten, sei »nicht weniger als eine tiefwurzlige Veränderung unseres Lebens und Wirtschaftens«.

Antonia Messerschmidt mischt München auf

Beruflich lebt Ludwig Essig zurzeit in drei Bundesländern – in Baden-Württemberg, in Bayern und Berlin. Nach dem Abitur 2020 beginnt er im Jahr darauf sein Studium der Sozialwissenschaften mit einem Schwerpunkt auf Politik und Internationalem Recht an der Universität Stuttgart. Parallel dazu übernimmt er die Koordination des »Netzwerks gerechter Welthandel«. Das Bündnis besteht aus mehr als 50 Verbänden, die eine neue Handelspolitik sowie soziale und ökologische Leitplanken für die Globalisierung fordern. Das Netzwerk versteht sich als Teil einer internationalen Bewegung und tritt für eine solidarische Welt ein.[41]

Seit 2022 ist Essig auch Referent für Handelspolitik am Umweltinstitut in München, wo er Antonia Messerschmitt kennenlernt. Sie hat dort vor ihm ein freiwilliges ökologisches Jahr absolviert. »Mittlerweile arbeiten wir beide dort. Ich bewundere, mit welcher Leidenschaft sie unermüdlich und kompromisslos für gesunde Wälder, eine vielfältige und demokratische Gesellschaft sowie echten Klimaschutz kämpft«, so Ludwigs anerkennende Worte. Was die beiden noch verbindet, ist ihr tatkräftiger Einsatz für Fridays for Future.

*

Antonia Messeschmitt ist eng mit der Münchener Fridays-Community verbunden. Als Versammlungsleiterin begrüßt sie die Kundgebungsteilnehmer Ende Mai in der bayerischen Landeshauptstadt. »Willkommen auf dem europäischen Klimastreik 2024. Ich eröffne hiermit den europaweiten Klimastreik in München!« Beifall.

»Vor genau sechs Jahren haben wir hier schon einmal kurz vor einer Europawahl für das Klima demonstriert«, erinnert sich die Münchnerin. Auch wenn heute weniger Menschen zum Streiktag auf den Münchener Königsplatz gekommen sind, ist Antonia voll motiviert. »Dass wir heute wieder hier stehen und dem Regen trotzen, zeigt: Wir haben noch nicht gewonnen.« Aber: »Wir sind nicht bereit aufzugeben!« Und während die Auswirkungen der Klimakrise weltweit immer dramatischer und tödlicher in Erscheinung träten, würden »rechte Kräfte versuchen, unsere Zukunft zu zerstören. Sie attackieren die Grundpfeiler unserer Demokratie und leugnen die Klimakrise.«

An dieser Stelle wird deutlich, dass die Fridays ihren Aktionsbereich erweitert haben – um den Zusammenhang zwischen Klima und Demokratie. Ein entscheidender Schritt, denn die Szene der Klimaleugner ist breit aufgestellt. Sie reicht von Lobbygruppen der Wirtschaft, die den Einsatz fossiler Brennstoffe verharmlosen oder seine Folgen ganz in Abrede stellen, über konservative Think Tanks bis hin zu rechten Parteien, allen voran der AfD. Letztere fordert im Bundestag die Aufkündigung aller Klimavereinbarungen.[42]

Was folgt sind Redebeiträge zur Umwelt- und Klimaproblematik, auch von Greenpeace, einem Klimacamp und befreundeten Organisationen. Am Bellevue di Monaco, einem Wohn- und Kulturzentrum für geflüchtete Menschen und Interessierte in München, kommt es zum »Release« von Bannerdrops. Bei dieser Art der Protestaktion werden Transparente mit einem aussagekräftigen Schriftzug zu den Botschaften des Tages aufgestellt oder aufgehängt oder abgeworfen.

Ronja, eine der Hauptrednerinnen, spricht im Namen von FFF Klartext. Scharf ihr verbaler Angriff auf die Mitverantwortlichen hierzulande: »673 Millionen Tonnen Treibhausgase hat Deutschland 2023 ausgestoßen, historisch betrachtet steht Deutschland an sechster Stelle der Länder, die am meisten Emissionen verursacht haben.« Zum Vergleich: In Deutschland würde »gerade einmal ein Prozent der Weltbevölkerung leben.« Wir seien mitverantwortlich dafür, »dass die Welt in Flammen steht«.

Zum Schluss dieses Klimastreiks dankt die 24-jährige Studentin Antonia Messerschmitt den Teilnehmerinnen und Teilnehmern für die gute Kooperation, für das Durchhalten bei Wind und Wetter. »Klimaschutz zu fordern ist nicht radikal, das ist überlebenswichtig!« Antonias mahnende Worte erinnern an den Greta Thunbergs Rede von Helsinki.

Mit ihren Forderungen nach konsequentem Handeln rennt Antonia bei ihrem Fridays-Mitstreiter Ludwig Essig offene Türen ein. Besonders die CSU in Bayern würde wichtige Klimaschutzmaßnahmen, wie ein Tempolimit auf Autobahnen, kritisch sehen. Deshalb seien »die Streiks gerade in München von immenser Wichtigkeit«. Ein letzter Applaus.

Zum Schluss des Aktionstages betont die Münchener Friday-Aktivistin noch die Botschaft dieses Tages: »Und wenn ihr heute von diesem Streik nach Hause geht: Seid die Veränderung! Geht nächste Woche wählen!« Jede Person, die nicht zur Wahl gehe, »stärkt die rechten Kräfte, die unsere Zukunft zerstören wollen«.

Eine Befürchtung, die sich als nicht unbegründet erweisen sollte. Nach der CDU, mit 17 Prozent der Stimmen, wählten die 16- bis 24-Jährigen die AfD mit 16 Prozent auf Platz zwei in dieser Altersgruppe – bei einem immensen Stimmenzuwachs von 11 Prozent. Derweil stürzten Bündnis 90/Die Grünen um unglaubliche 23 Prozent auf gerade mal noch 11 Prozent ab. Die Forderung von Svenja Appuhn von der Grünen Jugend: Die Bundesregierung müsse sich dafür einsetzen, »die materiellen Lebensbedingungen zu verbessern und Menschen damit die Zukunftsängste zu nehmen«. Dazu zähle ein »sozial gut ausgeglichener Klimaschutz«.

Und noch eine zweite Erkenntnis verkündeten Wahlforscher: Fast ein Drittel aller Stimmen der unter 24-Jährigen ging an Kleinstparteien. Für die Europapartei Volt votierten sieben Prozent. Eine derer Forderungen lautet: Die Energieversorgung der EU müsse bis 2035 vollständig auf Ökoenergie umgestellt werden.[43]

Wie sich die Fridays for Future weiterentwickeln

»Bekanntlich war die kontaktbegrenzte ›Corona-Zeit‹ von 2020 bis 2022 keine leichte,« wende ich mich mit einer letzten Frage an die beiden. »Was glaubt ihr: Werden die Fridays wieder zu alter Stärke zurückfinden?« Erst einmal müsse man eingestehen, dass die Pandemie der Bewegung wirklich »nicht gutgetan« habe. »Aber wir haben das Beste daraus gemacht.« Sagt Ludwig, der lieber voraus- als zurückblickt. Zusammen mit den anderen wolle er weiterhin »voller Aktivismus für eine klimagerechte Welt einstehen und dabei so viele Menschen wie möglich mitnehmen«. Gemeinsam könnten große Dinge bewegt werden, das habe bereits das bisherige Engagement gezeigt. »Dafür will ich informieren, diskutieren und Menschen befähigen, sich zu engagieren«, so der Schwabe in Bayern.

Ludwig Essig gehört zu dem Typ Mensch, der erst einmal die Erfolge sieht. »Der größte Erfolg der Fridays for Future-Bewegung ist die Schaffung eines Bewusstseins für die Krise.« Das sei richtig wichtig, denn es gebe kein Thema, kein Planungsvorhaben, das losgelöst von der Klimaproblematik behandelt werden dürfe.

Bei seinem Aktionismus beruft er sich gerne auf die britische Verhaltensforscherin Jane Goodall und deren Erkenntnis: »Es ist zu spät, um pessimistisch zu sein. Jetzt ist es an der Zeit zu handeln.« Gezielt will er all den engagierten und mutigen Menschen Mut zusprechen,

»die sich tagtäglich, unermüdlich und unbeirrt für eine gemeinsame Zukunft einsetzen«.

Auch die Münchenerin Antonia Messerschmitt sieht primär das Gelungene. Trotz des Dauerregens seien es »mehrere tausend Menschen gewesen, die mit Energie und Überzeugung für den Klimaschutz demonstriert« hätten, spricht sie die Versammlung vom 31. Mai 2024 an. Sie habe angesichts »der bunten, rufenden Menge immer wieder vergessen, wie nass die eigenen Füße eigentlich schon sind«.

»Dann ist dein Resümee für diese Aktion also positiv?«, frage ich Antonia. »Das war wieder ein unglaublich kraftvoller Tag, aus dem wir motiviert herausgegangen sind!« Besonders bei widrigem Wetter zeige sich, »dass wir standhaft sind. Und dass wir nicht im Mindesten bereit sind, aufzugeben.«

»Inwiefern befinden sich die Fridays for Future in einem Veränderungsprozess?«, interessiert mich noch am Ende unseres Gesprächs. »Wir sind sichtbar mit unseren Demonstrationen, aber wir werden inzwischen auch auf anderen Ebenen mit unserem Anliegen ernstgenommen.« Als Beispiele führt Antonia die vielen Diskussionsrunden mit Politikerinnen und Politikern sowie Industrieverbänden an. Auch würden sie Lobbygespräche führen und Bündnisse schmieden – auch mit Gewerkschafterinnen und Gewerkschaftern von ver.di in Deutschland, was ihr wichtig ist. »Wir gehen gleichzeitig viele Wege, um unserem Ziel näher zu kommen.« Die Bewegung habe sich in den vergangenen fünf Jahren stetig weiterentwickelt, auch durch Krisen hindurch. »Das ist gut so!«

***

Weitere Informationen:

- Website Fridays for Future, https://fridaysforfuture.de
- Website Fridays for Future, München, https://fff-muc.de
- Website von Ludwig Essig, https://ludwig-essig.de

- Videostreaming der Verleihung des Löwenherz Preises 2020 auf Youtube, www.youtube.com/watch?v=o5wRK4AG8xM&t=6482s
- Website der Dienstleistungsgewerkschaft ver.di, www.verdi.de, Suchbegriff »Fridays for Future«

***

KAPITEL 6

Franz Alt. Frieden durch Sonnenkraft statt Kriege um Öl

Ein sonniger Tag, ein lichthelles Wohnhaus in der Schwarzwälder Vorbergzone nahe Baden-Baden. Außen wie innen angenehm viel Grün, ein gläserner Pavillon mit Blick auf den Vorgarten. Ein richtig ansprechendes Ambiente, alles in Ökobauweise gestaltet.

Der Journalist, Publizist, Öko- und Friedensaktivist Franz Alt und ich kennen uns bestens. Von unserer langjährigen intensiven Zusammenarbeit bei der in Tübingen ansässigen Gesellschaft »Kultur des Friedens« mit Heike Hänsel und ihrem viel zu früh verstorbenen Freund Henning Zierock, dem Gründer der Gesellschaft. Von gemeinsamen Redebeiträgen, beispielsweise bei gewaltfreien Protestaktionen am NATO-Headquarter in Stuttgart-Vaihingen. Von gut besuchten Kundgebungen in Karlsruhe und anderswo in der Republik.

Franz Alt ist mittlerweile 86 Jahre alt, was man ihm in keiner Weise anmerkt. Irgendwo in seinem Garten muss ein magischer Jungbrunnen verborgen sein, in dem er allmorgendlich badet. So spritzig und dynamisch, kenntnisreich und humorvoll wie er zeitlebens war, ist er noch immer. Die gut drei Stunden unseres Interviews gehen wie im Flug vorbei.

*

Keine Frage, Franz Alt ist seit Jahrzehnten einer der renommiertesten Journalisten und Buchautoren der Republik. Seine Stimme zählt, wird wahrgenommen. Als wir uns zum Gedankenaustausch treffen, arbeitet er just an seinem 51. Buch. Viele seiner Werke sind längst zu Standardwerken avanciert. Einige seiner Bestseller wurden in bis zu 25 Sprachen übersetzt, verkauften sich summa summarum mehr als dreieinhalb Millionen Mal. Bereits in den 80er-Jahren war ich auf den noch jungen Autor Alt aufmerksam geworden. Zuallererst dank seines Buches *Frieden ist möglich. Die Politik der Bergpredigt.* Das mir als Junglehrer ein paar schlaflose Nächte bereitete und den Verfasser in eine heftige öffentliche Debatte führte. Kein Wunder, hatte er als damaliges CDU-Mitglied doch gewagt, die NATO-Nachrüstung unter Kanzler Kohl hart zu kritisieren, argumentativ zu zerpflücken.[44]

Unvergessen auch die bestens recherchierten TV-Berichte beim *ARD*-Politikmagazin *Report Baden-Baden* in Friedens- und Umweltfragen, die er als Moderator erst für den *SWF*, später für den *SWR* einem Millionenpublikum präsentierte. Wiederholt wurde er vom eigenen Sender juristisch attackiert, was ihn nicht im Mindesten davon abhielt, alle seine zehn Finger in nicht weniger Wunden einer fehlgesteuerten Politik zu legen. Er musste acht Arbeitsgerichtsprozesse gegen seinen Arbeitgeber führen, um so arbeiten und moderieren zu können, wie es ihm sein Gewissen vorgab.

Als Leiter der Zukunftsredaktion des *SWR* und bei *3sat* bearbeitete er Umweltthemen in einer zuvor nie gekannten Intensität. Drehte über 100 Sendungen, eine brisanter als die andere.

Alt hat seinen Beruf als Journalist und Autor immer als einen aufklärerischen verstanden. Anders als andere wollte er nicht nur Probleme ansprechen. »Mir ging es um etwas, womit wir Journalisten uns sehr schwertun: Lösungen aufzeigen. Deshalb schreibe ich meine Bücher.«

»Ein Beispiel, bitte?«, frage ich nach. Alt verweist auf die Zeit des Kalten Krieges mit der militärischen Blockkonfrontation. NATO gegen Warschauer Pakt. »In der Friedensfrage hat uns mein Freund Michail Gorbatschow vorgemacht, dass man es anders machen kann. Dass man die Aufrüstungsspirale durchbrechen kann. Dass man abrüsten kann und nicht ewig rüsten muss.« Ketzerisch klingende Worte zu einer Zeit, in der sich die beiden Militärblöcke bis an die Zähne konventionell wie atomar hochgerüstet gegenüberstanden. Wäre der Dritte Weltkrieg ausgebrochen, dann beginnend in Deutschland, das noch in zwei verfeindete Staaten gesplittet war.

Plädoyer für eine friedliche Zukunft mit Sonne, Wind und Wasser

Ein zweites Thema begleitet Franz Alt sein Leben lang. Den Wandel des Klimas habe er seit Jahrzehnten beobachtet. Habe versucht, Alternativen aufzuzeigen. »Doch leider nutzen wir Menschen unsere Erkenntnisse viel zu wenig. Das ist auch deshalb ein Problem, weil viele von uns Journalisten in den vergangenen Jahrzehnten nicht mit der gebotenen Konsequenz aufgeklärt haben.« Er wolle seinen Kolleginnen und Kollegen Mut machen, wirklich über Lösungen zu diskutieren, zu berichten, zu senden. Die Probleme kenne doch jeder.

Aus seinem Bücherberg vor mir lachen mich gleich mehrere seiner Werke an. »Dieses Bemühen nehme ich seit Langem in deinen Büchern wahr«, würdige ich sein langjähriges schriftstellerisches Wirken. Als Autor hat er nicht nur *Frieden ist möglich* verfasst. Sondern auch *Liebe ist möglich*, mit dem Untertitel *Die Bergpredigt im Atomzeitalter* sowie *Jesus – der erste neue Mann* und *Die Sonne schickt uns keine Rechnung – die Energiewende ist möglich*.

»Nicht lange ist es her«, so der Umweltjournalist mit seinem bekannt freundlichen Lächeln, da haben Ernst Ulrich von Weizsäcker und ich unser gemeinsames Buch *Der Planet ist geplündert. Was wir jetzt tun müssen* veröffentlicht.

»Und, *was* müssen wir tun?«, lautet meine logische Anschlussfrage. »Endlich aufhören zu jammern. Endlich handeln! Endlich die Alternativen nutzen, die längst auf dem Tisch liegen!« Damit das klappt, will Franz Alt all seinen Lesern, Zuhörern und Zuschauern Mut zusprechen. »Lasst uns als Mutmacher selbst aktiv werden – jede und jeder in ihrem, in seinem Bereich.«

*

Ein solcher Mutmacher sei ein ihm gut bekannter Wissenschaftler vom Freiburger Fraunhofer-Institut für Solare Energiesysteme, ISE. »Prof. Eike Weber ist einer der ganz großen Pioniere in der Solarwissenschaft. Seit Jahrzehnten zeigt er im Energiebereich sinnvolle Alternativen auf: Sonne, Wind, Bioenergie, Wasserkraft, Erdwärme – die gesamte Palette der erneuerbaren Energien.« Oder, wie Alt meint, »die ganze Symphonie der Erneuerbaren«.

Dabei gibt sich der Journalist keinen Illusionen über die verbleibenden Einflussmöglichkeiten hin. »Den Klimawandel als solchen können wir nicht mehr verhindern. Da ist die Menschheit zu spät dran.« Würden wir aber das Potenzial der regenerativen Energien in ihrer ganzen Kraft nutzen, dann wäre »das Schlimmste am Klimawandel noch zu beeinflussen, zumindest abzumildern«.

Dann könnte auch die drohende massenhafte Flucht von Hunderten Millionen Menschen in Afrika und anderswo hoffentlich noch verhindert werden. Menschen, die aufgrund der massiv voranschreitenden Erderwärmung gezwungen wären, ihre Heimat zu verlassen. Die dramatisch voranschreitende Erderwärmung müsste gemindert, sinnvollerweise gestoppt werden. »Wenn nicht, dann wird das für unsere Kinder und Enkelkinder ein weitaus unbequemeres Leben mit sich bringen.«

Franz Alt will den Kopf nicht in den Sand stecken. »All das ist noch vermeidbar. Wir sind in der Tat die letzte Generation, die dieses Drama noch verhindern kann.« Seine Schlussfolgerung: »Deshalb müssen wir viel mehr tun. Dazu will ich meinen Teil beitragen – in meinen Reden, in meinen Büchern, in meinen Filmen.«

*

»So wie die Letzte Generation?«, spreche ich ihn auf die aktionsorientierten Aktivistinnen und Aktivisten an. »Wie siehst du deren Form der Protestbewegung?«, frage ich. »Ich verstehe die junge Generation, auch die sogenannte ›Letzte Generation‹. Gerade als jemand, der schon vor mehr als 30 Jahren in der *ARD* die erste Sendung zum Klimawandel moderiert hat. Wir nannten sie *Fluchtweg aus dem Treibhaus*. Zur besten Sendezeit mit mehreren Millionen Zuschauern.«

Doch jetzt, so seine skeptische Erkenntnis, »vermisse ich, dass ausreichend Menschen die bedrohliche Entwicklung mit der gebotenen Ernsthaftigkeit betrachten«. Viele Menschen, so seine Wahrnehmung, wollen da nicht mitmachen. Er fürchte, das schade dem Anliegen des Klimaschutzes. Alt verweist auf repräsentative Umfragen, wonach sich mehr als zwei Drittel der Deutschen gegen die notwendigen Maßnahmen wende. »Wenn ich 18 Jahre alt wäre, wäre ich womöglich bei den Straßenblockierern auch dabei, auch wenn ich manche ihrer Aktionsformen eher skeptisch sehe«, reflektiert er kritisch.

Entscheidend sei, dass man – allen Widrigkeiten zum Trotz – mutig bleibe. Und bereit sei, sich zu wandeln. Nur wenn die Menschheit lernfähig sei, bestehe noch die Chance, ihre Probleme in den Griff zu bekommen, zu lösen.

Dabei blickt Franz Alt zuallererst auf sein eigenes Leben. »In den 80ern war ich als braves CDU-Mitglied pro NATO-Nachrüstung eingestellt. Ich war für die Stationierung atomar bestückter Pershing-II-Raketen in Deutschland.« Alt beginnt zu grübeln, sinniert über die Zeit politischer und persönlicher Krisen. »Mit einem Mal stellten sich mir existenzielle Fragen.« Seine Ängste gingen so weit, dass er sich einer Therapie unterziehen musste. »Dabei lernte ich, auf meine Gefühle, auf meine Träume zu achten.« Er habe eine Traumtherapie nach C. G. Jung gemacht, erst danach konnte er in wesentlichen Fragen umdenken und entsprechend handeln.

Von den Friedensbewegten habe er damals gelernt, dass der nukleare Waffeneinsatz die größte Katastrophe der Menschheit werden würde. Dass dies sogar zum Ende der Menschheit führen könne, wenn wir ewig atomar nachrüsten. »Ich werde der Friedensbewegung ewig dankbar sein dafür, dass sie mir die Augen geöffnet hat für die Gefahren eines real drohenden Atomkriegs.«

Auch die Augen geöffnet über die Partei, deren Mitglied er war. 1988 trat Alt aus der CDU aus. Seine Begründung: »Mein Intendant war der frühere Büroleiter von Bundeskanzler Helmut Kohl. Und der wollte, dass ich in den *Report*-Sendungen das sage, was er für richtig hielt. Das habe ich nicht mitgemacht. Meine Hauptbegründung für meinen Austritt aus der CDU aber war die fehlende ökologische Sensibilität.«

Abrüstung, Frieden und die Botschaft der Bergpredigt

In dieser Zeit fundamentaler Bedrohung und persönlicher Instabilität fand der Baden-Badener Zugang zum Matthäusevangelium, zur Bergpredigt. »Wenn dieser wunderbare junge Mann aus Nazareth uns Feindesliebe empfiehlt, was kann das konkret bedeuten in der Phase des atomaren Wettrüstens?«

Im Geiste fand er sich am See Genezareth wieder, dachte über Jesus nach. »Feindesliebe muss nicht heißen, dass du naiv jemandem gegenüber auftrittst, der dich umbringen will«, so Franz Alt in seinem Traum. »Feindesliebe kann aber sehr wohl heißen: Mach den ersten Schritt auf deinen Gegner zu. Sei klüger als dein Feind.«

Nicht anders in seinem Privatleben. Bislang hatte er von seiner Frau erwartet, dass sie sich ändern müsse. »In der Therapie ist mir klar geworden, dass das eigentliche Problem bei mir liegt. Alle Probleme, die ich auf meine Frau projizierte, waren meine eigenen.« Auf die Politik übertragen sagte er sich: »Wenn die damalige Sowjetunion atomar aufrüstet und SS-20-Raketen aufstellt und wir machen dasselbe mit den Pershing II, dann kann das in die Katastrophe führen.« Und sei es durch technisches Versagen.

In ihm reifte der Gedanke, dass christliche Politiker auf den Gegner zugehen und dabei den ersten Schritt machen müssten. »Dass einer anfangen muss, aufzuhören mit dem atomaren Wahnsinn.« Franz Alts Wunsch aus seinem Bestsellerbuch von 1983, *Frieden ist möglich. Die*

Politik der Bergpredigt, lautete: »Ronald Reagan, Helmut Kohl, Margaret Thatcher, François Mitterand, gehen Sie doch den ersten Schritt auf Michail Gorbatschow zu!« Schließlich verstanden sich all diese westlichen Regierungspolitiker selbst als Christen.

Wie auch immer, Alts Vorschlag erreichte sogar den Generalsekretär des Zentralkomitees, Michail Gorbatschow selbst. Bei einer Konferenz am Starnberger See trafen sich zur Osterzeit 1983 Militärs aus West und Ost. Geladen war auch Franz Alt. Das Erfreuliche: Gorbatschow schickte seinen Sicherheitsberater zu dem Autor.

»Ich darf Ihnen Grüße aus Moskau ausrichten von Herrn Gorbatschow. Der Generalsekretär hat Ihr Buch ins Russische übersetzen lassen und es gelesen.« Dann folgte die geradezu sensationelle Aussage: »Wir tun das, was Sie westlichen Politikern empfehlen. Wir werden den ersten Schritt auf den anderen zumachen.«

Franz Alts Freude kannte keine Grenzen. »Denn Gorbatschow ließ mir mitteilen: Wir hören auf, weiter hochzurüsten. Ganz im Sinne Ihrer Bergpredigt.« Welch Überraschung, »der kommunistische Führer berief sich auf die christliche Botschaft«. Und das mit einer gehörigen Prise Humor. Und dann habe der Sicherheitsberater auf Gorbatschows Weisung noch hinzugefügt: »Wir machen etwas ganz Schlimmes, wir nehmen euch euer Feindbild. *Wir* hören einfach mit dem Rüsten auf.« Mehr noch: »Jetzt könnt ihr nicht einmal mehr auf uns schimpfen«, schloss er süffisant.

Im Oktober 1986, mitten in der dunklen Nacht des Kalten Krieges, fanden sich US-Präsident Ronald Reagan und Generalsekretär Michail Gorbatschow zum Gipfeltreffen in Reykjavík ein. »Das war drei Jahre nach Erscheinen meines Buches, meines Vorschlags.« Schmunzelt Franz Alt, wenn er sich heute noch an seinen Erfolg erinnert sieht.

Im Laufe der Zeit entwickelte sich zwischen Michael Gorbatschow und Franz Alt ein wechselseitiger Austausch, eine Freundschaft. »Wie haben Sie denn das geschafft, diesen US-Präsidenten an den

Verhandlungstisch zu bringen?«, fragte der Deutsche den Russen. Immerhin war es Reagan gewesen, der die Sowjetunion wiederholt als »das Reich des Bösen« tituliert hatte.

Gorbatschows Antwort: »Alt, das war eigentlich ganz einfach. Wir haben uns in Reykjavik zwei Tage unter vier Augen unterhalten, einzig im Beisein unserer Dolmetscher.« Dort konnten sie Vertrauen aufbauen. »Vertrauen ist das Schlüsselwort für eine politische wie privat gelingende Partnerschaft.«

Was wie nach einem Märchen aus einer anderen Welt klingt, hat sich tatsächlich zugetragen. Gorbatschow schlug Reagan damals vor: Wir schaffen eine atomwaffenfreie Welt. Noch in der isländischen Hauptstadt antwortete der US-Präsident, gerne würde er dabei mitwirken. Das Problem: Bei seinen Hardlinern in Washington könne er sich mit dieser Vorgabe nicht durchsetzen. Gorbatschows Vorschlag daraufhin: Dann lassen Sie uns doch wenigstens 80 Prozent dieser Vernichtungswaffen in Europa abschaffen.

Was für ein Erfolg! Ende 1987 unterzeichneten die USA und die UdSSR das Abkommen der Intermediate Range Nuclear Forces, kurz INF. Darin wurde der Verzicht auf Atomraketen im Mittelstreckenbereich zwischen 500 und 5500 Kilometern festgeschrieben. Ein Meilenstein, der maßgeblich zum Ende des Kalten Krieges beitrug.

»Das war der größte Abrüstungsschritt der Geschichte«, so Franz Alts Einschätzung. Russen kontrollierten die US-amerikanische Abrüstung, Amerikaner kontrollierten die russische Abrüstung. »Das waren echte vertrauensbildende Maßnahmen, die Bundesaußenminister Hans-Dietrich Genscher aktiv begleitet hat.« Alt sieht in dem FDP-Politiker eine der weiteren Schlüsselfiguren des zukunftsorientierten Prozesses.

»Was lernen wir aus alledem?«, bitte ich Franz Alt um die Bewertung der Vorgänge. Michail Gorbatschow und Ronald Reagan waren diejenigen, »die den Finger am roten Knopf hatten und jederzeit einen Atomkrieg auslösen konnten«. Sie wussten, so Franz Alt, »wie gefährlich das atomare Wettrüsten wirklich war. Und dass nur das gegenseitige Vertrauen die globale Katastrophe verhindern konnte.« Aber, so die entscheidende Erkenntnis: »Wenn man wirklich Frieden will, dann klappt das. Gorbatschow, von dem der entscheidende Impuls ausgegangen ist, hat es uns doch vorgemacht.«

Im Nachhinein gibt sich der vielfach mit Ehrungen und Preisen überhäufte Journalist bescheiden. »Bei der Abrüstung unter Gorbatschow konnte ich ein bisschen was bewirken.«

Wie hilfreich wäre ein zweiter Friedensbotschafter aus Moskau in der heutigen Zeit. »Eine solche Gorbatschow-Politik ist die Voraussetzung zur Beendigung der aktuellen Kriege in der Ukraine, in Gaza und in Afrika«, weiß Franz Alt. »Frieden ist auch jetzt möglich. Das hat der Realpolitiker Gorbi für alle Zeit bewiesen.«

*

1990 wurde der sowjetische Staats- und Parteichef Michail Gorbatschow mit dem Friedensnobelpreis geehrt. Vielfach hat Franz Alt die Gelegenheit genutzt, Gorbatschow persönlich zu treffen. Auf seinen Reisen, in der russischen Hauptstadt. 2017 fungierte Alt als Herausgeber für den Friedensappell des Russen an die Welt: *Kommt endlich zur Vernunft – Nie wieder Krieg!*[45]

Beeindruckt hat den Baden-Badener aber auch die Liebe und die Wertschätzung, die Michail seiner Ehefrau Raissa entgegengebracht hat. »Herr Gorbatschow, woher nehmen Sie den Mut, Ihre konsequente Abrüstung gegenüber all den Hardlinern durchzusetzen, die es ja auch im Kreml zur Genüge gibt?« Gorbatschows Antwort: »Der Mut und die Kraft stehen hier hinter der Kamera.« Von dort winkte Raissa ihrem Michail zu. Alts Analyse: »Für mich waren Michail Gorbatschow und seine Frau Raissa *das* politische Liebespaar des 20. Jahrhunderts.«

»Was die beiden auszeichnete?«, will ich wissen. »Sie haben so toll zusammengearbeitet«, so die Beobachtung des Journalisten Franz Alt. »Da hat man gesehen, was passiert, wenn eine Beziehung in Balance ist. Sie haben einander zugehört, sie haben voneinander gelernt. Er ging in ihre Schule und sie in die seine. Das alles haben die Gorbatschows vorgelebt.«

Kurz vor Gorbatschows Tod im Sommer 2022 ergab sich für Franz Alt noch einmal die Gelegenheit, den Friedensnobelpreisträger persönlich zu treffen. »Gibt es für Sie so etwas wie ein Programm zum Überleben der Menschheit?«, fragte er den langjährigen Freund bei ihrer letzten Zusammenkunft in Moskau. »Die Bergpredigt. Die Bergpredigt Jesu ist das beste Überlebensprogramm, das ich kenne.« Antwortete der frühere Kommunist und spätere Sozialdemokrat dem Christen.

Der Richtungsentscheid für das Überleben der Menschheit

Beim Thema »Überleben« kommen wir unweigerlich zurück zur Klimafrage. Zu Recht macht der Journalist und Buchautor – neben dem drohenden Atomkrieg – den Klimawandel als zweite menschheitsgefährdende Bedrohungslage aus. Diese habe, so der Umweltexperte, mittlerweile längst auch Europa und Deutschland erreicht.

Ich frage den langjährigen *ARD*-Sendeleiter Franz Alt: »Stell dir vor, du wärst Redaktionschef bei der *Tagesschau*. Was würdest du tun, um auf den rasant voranschreitenden Klimawandel aufmerksam zu machen?« »Dann gäbe es so etwas wie eine ökologisch-realistische Tagesschau. Darin müssten Tag für Tag mehrere kommentierte Meldungen vorkommen, aus denen klare Konsequenzen zu ziehen seien.«

Der Umweltjournalist ist voll in seinem Element. Meldung eins: »Heute sind wieder rund 180 Tier- und Pflanzenarten ausgerottet worden. Kommentar: Wir pfuschen dem lieben Gott hemmungslos ins Handwerk.«

Franz Alt verkündet derweil die zweite Tagesmeldung seiner ökologisch-realistischen Tagesschau: »Auch heute haben wir in aller Welt wieder etwa 80 000 Hektar an fruchtbarem Boden verloren. Kommentar: Bereits jetzt hungern Abermillionen Menschen. Langfristig aber werden bislang unvorstellbare Hungersnöte vorausgesagt. In der Sahelzone und anderswo.«

Die dritte Tagesmeldung: »Heute hat die Menschheit wieder – wie an jedem Tag – etwa 180 Millionen Tonnen Treibhausgase in die Luft geblasen. Kommentar: Der Klimawandel nimmt äußerst dramatische Ausmaße an, solange wir alle so weitermachen wie bisher.«

Finale Meldung vier: »Heute sind die Wüsten weltweit um weitere 50 000 Hektar gewachsen. Die Sahara rückt den Anrainerstaaten des Mittelmeers näher und näher. Einige Maghrebstaaten drohen auszutrocknen, allen voran Tunesien. In Portugal haben wir Wasserprobleme. In Südspanien haben wir Wasserprobleme. Griechenland brennt im Sommer. Und selbst bei uns in Deutschland bekommen wir allmählich richtig heftige Wasserprobleme. Kommentar: Wir verwüsten die Erde mit unserer Energie- und Umweltpolitik – im wahrsten Sinne des Wortes.«

Die Wasserarmut ist im Übrigen eine Problematik, die der Münchener Filmemacher und Regisseur Daniel Harrich – mit dem ich aufgrund unserer langjährigen Zusammenarbeit bei Rüstungsexportrecherchen bestens bekannt bin – in seinem *ARD*-Themenabend *Bis zum letzten Tropfen* bereits filmisch umgesetzt hat (siehe #unserwasser). Mit mehr als 40 Millionen Kontakten konnte eine neue Rekordweite bei der *ARD* aufgestellt werden. Harrich wurde in Anerkennung seiner Leistungen mit dem Umweltmedienpreis 2022 ausgezeichnet.

*

Franz Alt starrt mich ziemlich aufgebracht an: »Mittlerweile haben die Vereinten Nationen 29 Weltklimakonferenzen ausgerichtet. Das bisher einzige Ergebnis ist: Dem Klima geht es immer schlechter. Die Summe der Treibhausgase steigt weiter an.« Selbstverständlich hätten die Aktivistinnen und Aktivisten von Fridays for Future und der Letzten Generation mit ihren Mahnungen Recht – ebenso führende Klimawissenschaftler auf der ganzen Welt. Die Durchschnittstemperatur habe längst das weltweite 1,5-Grad-Limit des Pariser Klimaabkommens überschritten.

In der Zwischenzeit würden mehr und mehr Regierungen erkennen, dass dieser Weg in die Klimakatastrophe führe. »Wir stehen vor der größten Herausforderung unserer Zeit«, so Franz Alt. »Das Problem sind die konkreten Umsetzungen der gebotenen Gegenmaßnahmen.«

»Und deshalb engagierst du dich nach all den Jahren nach Kräften?«, frage ich. »Ja, weil die beiden großen Überlebensfragen der Menschheit nach Antworten schreien: Wie kann die Gefahr eines alles vernichtenden Atomkriegskrieges gebannt werden? Und: Wie kann der viel zu weit vorangeschrittene Klimawandel noch abgemildert werden?«

*

In Asien macht sich die Klimaerwärmung besonders bemerkbar. »Für drei Milliarden Inder und Chinesen kann der akute Wassermangel zum Krieg führen. Schlimmstenfalls zum Atomkrieg«, befürchtet der Journalist. Sobald die Gletscher des Himalaya-Gebirges abgeschmolzen sind, hätten eineinhalb Milliarden Chinesen viel zu wenig Wasser.

»Die Kriege der Zukunft werden auch Kriege um Wasser sein«, prognostiziert er.

Er kenne einen Plan, der an der Universität in Peking ausgearbeitet wurde. Dieser sehe den Einsatz von 200 kleinen Atombomben für Sprengungen vor. Danach soll Himalaya-Wasser, das bis heute im Süden nach Indien, Bangladesch und Myanmar fließt, nach China im Norden umgeleitet werden. Dort würden Abermillionen Chinesen wohnen, die unter der Wassernot leiden. Der deutsche Journalist Claus Kleber habe den geplanten Einsatz von Atombomben bestätigt. Franz Alt verweist auch auf einen ihm sehr vertrauten Bekannten: »Der Dalai Lama sagt: Der Kampf um Wasser ist auf Generationen hinaus die größte Gefahr für die Menschheit.«

40-mal haben sich der »Papst des Ostens« und Franz Alt seit 1983 getroffen. Dabei entstand auch das gemeinsame Buch *Schützt unsere Umwelt*.[46]

Der Journalist bringt die Erkenntnisse auf den Punkt: »Wenn wir Menschen das Klima weiterhin so radikal verändern, dann steht die größte Herausforderung im Zusammenhang mit Krieg und Frieden in unmittelbarer Verbindung mit der Energiefrage.« Alts Antwort: »Die einhundertprozentige Energiewende ist das wichtigste Friedensprojekt und die Lösung für das größte Gesundheitsproblem der Menschheit. Denn wir leben von der unerschöpflichen Kraft der Sonne. Energie von ganz, ganz oben.«

*

Richtungsweisend für alle Menschen sei die Frage: »Wollen wir weiterhin Kriege um Öl oder Frieden durch die Sonne?«[47] Zumindest in Deutschland, so seine Analyse, seien wir inzwischen auf einem besseren Weg, was längst nicht immer so gewesen sei.

Als Franz Alt in den 90er-Jahren seine erste *ARD*-Sendung zum Thema *Wir können den Klimawandel noch aufhalten* moderierte, wurde er weithin verspottet. »Damals hatten wir allerdings auch erst einen Anteil von rund sechs Prozent der Stromgewinnung aus erneuerbaren Energien.«[48]

Erst vor Kurzem hat ein großer deutscher Energieversorger den Energieexperten Franz Alt zum Vortragsthema eingeladen: »Wie schaffen wir in Deutschland einen hundertprozentigen Umstieg?« »Anschließend sind zwei Vorstandsmitglieder zu mir gekommen und haben eingestanden: ›Herr Alt, wenn wir vor 30 Jahren auf Sie gehört hätten, dann hätten Milliardensummen eingespart und nutzbringender investiert werden können.‹«

Der Sinneswandel ist nachvollziehbar. Nach Berechnungen des Fraunhofer-Instituts ISE wurden 2023 in Deutschland insgesamt rund 515 Milliarden Kilowattstunden Strom erzeugt. Der Anteil der erneuerbaren Energien lag mit 268 Milliarden Kilowattstunden bei einem Anteil von 52,6 Prozent an der Stromerzeugung.

Während die letzten drei AKWs in Deutschland 2023 abgeschaltet wurden, konnte laut ISE die Erzeugung von Windenergie an Land gegenüber dem Vorjahr gesteigert werden. Im gleichen Zeitraum ging die Stromerzeugung aus Braun- und Steinkohle stark zurück – was laut Fraunhofer Institut »für die Klimabilanz erfreulich ist«.[49]

Die Energiewende entwickle sich hierzulande in die richtige Richtung, auch dank richtungsweisenden Entscheidungen der Ampelkoalition. »Es gibt immer Alternativen«, erinnert sich Franz Alt an die weisen Worte seines Moskauer Freundes.

»Inzwischen bauen sogar die alten Energieversorger Windräder in der Ostsee und in der Nordsee. Und sie setzen auf Solarstrom.« Die Begründung: »Weil sie wissen, das ist alles viel preiswerter als die alten Atomkraftwerke. Vor allem, wenn man die Folgekosten mitrechnet.« In Indien, Zentralafrika und Arabien könne man heute eine Kilowattstunde Solarstrom bereits für einen Cent produzieren. »Völlig klar, dass die Zukunft den erneuerbaren Energien gehört. Ihr unschlagbarer ökonomischer Vorteil: Sonne und Wind schicken uns keine Rechnung«, davon ist Franz Alt fest überzeugt.

Umdenken und handeln!

Der Journalist bleibt sich treu, sieht die Welt auch mit seinen 86 Jahren durch eine positive Brille. An den Universitäten in Freiburg und Heidelberg hat er einst sowohl Politikwissenschaft, Philosophie und Theologie als auch Geschichte studiert. Nach seiner Therapie hat er über den großen Schweizer Seelenforscher C. G. Jung fünfzehn Bücher herausgegeben. »Als Historiker und aus der Zukunftspsychologie weiß ich, dass es lohnt, sich zu engagieren, Widerstand zu leisten, zu kämpfen.«

Seine Beispiele sind mannigfaltig. »Wir hätten heute noch keine Demokratie, wenn nicht mutige Bauern beginnend mit ihren Aufständen im 16. Jahrhundert dafür gesorgt hätten, dass die Fürsten nicht ewig regieren. Wir hätten heute noch kein Frauenwahlrecht, wenn nicht mutige Suffragetten vor mehr als 100 Jahren in England den Kampf für ihr Recht geführt hätten.«

Und, so Franz Alt, »wir hätten womöglich heute noch die Sklaverei in Europa, wenn sie nicht Anfang des vorletzten Jahrhunderts von mutigen Menschen auf unserem Kontinent abgeschafft worden wäre«.

»Ohne die Friedensbewegung hätte es die atomare Abrüstung in den 80er- und 90er-Jahren nicht gegeben.« Das hatte ihm Michail Gorbatschow verraten, der meinte: »Die Hardliner in Moskau konnte ich überzeugen, weil ich sagte: Schaut auf die Friedensbewegung im Westen. Das ist eine ganz starke Bewegung, sie findet viel Zuspruch.« Und ein Vierteljahrhundert später können wir analysieren: »Dank Michail Gorbatschow durften wir die friedliche deutschdeutsche Wiedervereinigung erleben.«

Der frühere Bundesumweltminister Klaus Töpfer, ein Christdemokrat, habe ihm gesagt, »dass es sinnvoll und hilfreich ist in der Politik, wenn die Zivilgesellschaft sich bemerkbar macht. Wenn sie für eine bessere, eine gerechtere, eine umweltfreundlichere, eine friedlichere Welt demonstriere.«

Aus Sicht des Baden-Badeners hat sich die Ökobewegung in den letzten Jahren verstärkt zu Wort gemeldet. »Kein Wunder, denn die Mehrheit der Menschen will den Ausstieg aus den fossilen Brennstoffen. Sie will Sonne statt Erdöl oder Kohle.« Je mehr Menschen sich gemeinsam auf den Weg machen würden, desto leichter hätten es die Umweltministerinnen und -minister in den Ländern und im Bund, ihre Interessen im Kabinett durchzusetzen. Auch gegen den harten Lobbyismus der Automobil-, der Chemie-, der Pharmakonzerne.

Franz Alt freut sich riesig, dass es der schwedischen Aktivistin Greta Thunberg mit ihren Schulstreiks gelungen ist, eine weltweite Gegenbewegung ins Leben zu rufen. »Greta ist der lebende Beweis dafür, dass es – ganz in Gorbatschows Sinne – immer Alternativen gibt!«

»Was für ein toller Erfolg für ein 15-jähriges autistisches Mädchen, das sich mit einem selbst gemalten Pappschild vor den Reichstag in Stockholm gesetzt hat. Greta hat eine Weltbewegung in Gang gesetzt und Millionen Menschen für das Klima mobilisiert. Und sie macht vielen Politikern so richtig Dampf.«

In diesem Sinne schwärmt er von einer Jugend, die freitags in aller Welt für die Rettung des Klimas auf die Straße geht. Und dabei den eindrücklichen Slogan anstimmt: »Wir sind laut, weil ihr unsere Zukunft klaut!«

Unterstützung finden die Fridays for Future-Anhänger auch beim Dalai Lama. Effektiver Klimaschutz sei dringend vonnöten. Denn es gebe keinen anderen Planeten, auf dem wir leben könnten. »Wir müssen endlich ernsthafte Maßnahmen ergreifen, um unsere Umwelt zu schützen, und konstruktivere Lösungen gegen die Erderwärmung finden.«

Der Dalai Lama weiß, dass »die heute jungen Menschen wie Greta noch das Ende unseres Jahrhunderts erleben werden. Sie sind es, die dem Wandel dauerhaft entgegentreten müssen.«[50]

Franz Alt gibt den Jungen noch eine weitere wichtige Botschaft mit auf ihren Weg: Sie sollen ihren Kampf für eine gesündere Welt offensiv angehen. »Viele reden vom Verzicht. Warum?«, so seine Frage. »Die Sonne allein schickt uns 5000-mal mehr Energie, als alle Menschen auf der Welt verbrauchen.« Es gehe nicht um Verzicht, es gehe vielmehr um eine vernünftige und umweltfreundliche Energiepolitik.

Dabei hätte die Natur noch weitaus mehr zu bieten als die Sonne allein: »Mutter Erde schenkt uns auch Wind und Wasserkraft, Bioenergie und Erdwärme, Strömungen und Wellen und die Energie der Ozeane.« Sein Resümee: »Wir haben alles, was wir brauchen, und es reicht auch wirklich für alle um das Tausendfache. Wir müssen nur umdenken und entsprechend handeln.«

***

Weitere Informationen:

- Umfassende Hintergrundmaterialien zu den Aktivitäten von Franz Alt finden sich auf seiner Website: www.sonnenseite.com
- Topaktuelle Nachrichten publiziert er in seinem kostenfrei beziehbaren Newsletter »Sonnenseite, ökologische Kommunikation mit Franz Alt«, von Bigi und Franz Alt, siehe https://www.sonnenseite.com/de/?s=newsletter
- »Bis zum letzten Tropfen« von Daniel Harrich, siehe www.daserste.de/unterhaltung/film/unser-wasser/index.html und www.ardmediathek.de/suche/Bis%20zum%20letzten%20Tropfen

***

KAPITEL 7

Sebastian Sladek. Wie die Schönauer Stromrebellen die Republik von unten verändern

Der 46-jährige Sebastian Sladek empfängt meinen Freund Stephan Möhrle und mich hier in Schönau im Südschwarzwald mit der für ihn typischen Herzlichkeit und grundpositiven Ausstrahlung. Bereits auf dem Weg erzählt er eine erste Anekdote aus der wilden Historie des Widerstands gegen die Atomkonzerne. Zielstrebig führt er uns hinter das einstöckige Gebäude der früheren Unternehmenszentrale der Energiewerke Schönau, EWS, gegründet Mitte der 90er-Jahre. Heute residiert die EWS in einem neuen dreistöckigen Kastenbau, megamodern, natürlich in Ökobauweise.

Die Chemie zwischen uns stimmt vom ersten Moment an. Was nicht von ungefähr kommt, ist er doch der Sohn von Ursula und Michael Sladek, den weltweit bekannten Energierebellen aus dem Wiesental. In dem wir im Übrigen beide das Licht der Welt erblickt haben – Sebastian in Schopfheim, ich in Lörrach, kaum mehr als zehn Kilometer voneinander entfernt. Uns trennen allerdings 20 Lebensjahre.

Im Eingangsbereich der neuen EWS-Firmenzentrale führt uns der Vorstand sogleich zur Fotogalerie. Besonders angetan haben es ihm einige Bilder, auf denen seine Mutter US-Präsident Barack Obama 2011 die englischsprachige Printversion von *100 gute Gründe gegen Atomkraft* überreicht. Ursula Sladek hatte zwei Tage zuvor den »Goldman Environmental Prize« in San Francisco überreicht bekommen, verbunden mit einem würdigenden Empfang durch den US-Präsidenten im Weißen Haus.

Die Glasvitrine gegenüber ist prall gefüllt mit Urkunden und Preisen, die seinen Eltern als EWS-Begründern in den vergangenen Jahrzehnten auf nationaler wie internationaler Bühne verliehen worden sind. In Anerkennung ihrer Leistung, einen der renommiertesten Ökostromversorger Deutschlands aufgebaut zu haben.

Gerne hätte ich die beiden, die ich bereits Jahre zuvor in ihrer Schönauer Wohnung hier im Südschwarzwald besucht habe, heute wieder persönlich getroffen. Ursula kenne ich gut. Sie ist traditionell eine Laudatorin des Helga-und-Werner-Sprenger-Friedenspreises, mit dem viele Friedensaktivistinnen und Friedensaktivisten, so auch ich selbst, in den letzten Jahren in Freiburg geehrt worden sind.

Als EWS-Vorstand für Marketing und Kommunikation ist Sebastian auf unsere Zusammenkunft bestens vorbereitet. Er gehört außerdem zu den Menschen, die in der Lage sind, ein Treffen höchst unterhaltsam zu gestalten, lebhaft, intensiv, prall mit Informationen angereichert. Provokativ – auch das.

Sebastian ist, wie er grinsend eingesteht, schon immer der Revoluzzer unter den fünf Kindern der Sladeks gewesen. Auch politisch. Sein Vater ist dagegen derjenige, der den Menschen seine kritische Haltung der Atomkraft gegenüber und sein Engagement für die regenerativen Energiequellen argumentativ nahegebracht hat. In seiner bekannt sanften Art.

Dem Super-GAU von Tschernobyl folgt die Rebellion von Schönau

Die Initialzündung für den lebenslangen Kampf gegen die Atomindustrie war die Reaktorkatastrophe von Tschernobyl in der Ukraine am 26. April 1986. Geschätzt 4000 Menschen kamen damals ums Leben. Aufgrund der in diesen Tagen vorherrschenden Ostwinde wurden Hunderttausende Menschen, Tiere und Pflanzen in weiten Teilen Europas durch die freigesetzte Radioaktivität verstrahlt. Die Geschehnisse waren derart dramatisch, dass die Nuklearkatastrophe in der siebten und damit höchsten Kategorie der internationalen Bewertungsskala eingestuft wurde.

»Wie hast du diesen atomaren Super-GAU selbst erlebt?«, frage ich Sebastian, der sich weniger an die Fakten als an seine emotionale Lage erinnert. »Ich war neun Jahre alt. Ich kann dieses Gefühl sogar heute noch in mir verspüren, diese absolute Hilflosigkeit.«

Als Kind habe er ganz stark empfunden, wie es ist, wenn Erwachsene nicht wissen, was man tun kann. »Das hat mich als kleiner Junge sehr verunsichert.« Zuvor wären seine Eltern jederzeit Herr der Lage gewesen. Ursula und Michael reagierten wie viele andere Erwachsene. »Meine beiden jüngeren Brüder und ich hatten in unserem Garten eine sehr große Sandkiste. Darin haben wir Kinder immer mit sehr viel Freude gespielt.« Von nun an war das Spieleparadies für lange Zeit tabu. Die Mutter schärfte den Kindern ein, bloß keine Frischmilch zu trinken, keine Nüsse und Beeren zu essen. Dabei waren Sebastians Eltern bis zum Super-GAU von Tschernobyl »eher unpolitisch und auch ein Stück weit der Obrigkeit folgend« eingestellt. Nein, er plaudere keine Familienintimitäten aus, das sagen die beiden ja selbst über sich.

»Als wir im Herbst einfach nicht mehr an uns halten konnten und uns in einem Park mit Beeren die Backen vollstopften, wurden wir daheim richtig heftig ausgeschimpft.« Sebastian erinnert sich: »Ich konnte die ganze Nacht nicht schlafen, weil ich dachte, ich müsse jetzt sterben.«

Tatsächlich waren alle Vorsichtsmaßnahmen vollauf berechtigt. Aufgrund der Verschleierungspolitik der KPdSU wurde das wahre Ausmaß der Atomkatastrophe erst viel zu spät offenbar.

»Ich kann deine Erzählung nur zu gut nachvollziehen, Sebastian. Unsere beiden Kinder waren am Tag dieser Reaktorkatastrophe fast drei und vier Jahre alt, berichte ich ihm von unseren Erlebnissen.

Meine Frau Eva und ich können uns genau daran erinnern, wie auch die damalige Bundesregierung die fürchterlichen Folgen des Super-GAUs in unverantwortlicher Weise herabspielte.« Die Bevölkerung der DDR erfuhr wiederum überhaupt erst durch die Westmedien vom Unglück.

Drei Tage nach der Kernschmelze in Block 4 des AKW Tschernobyl gab Bundesinnenminister Friedrich Zimmermann sein Statement ab, eine Bedrohung der bundesdeutschen Bevölkerung sei völlig ausgeschlossen. Lediglich in einem Umkreis von maximal 50 Kilometern rund um den Reaktor bestehe eine Gefährdung, so der CSU-Politiker. Das Gegenteil war der Fall: Gerade bei uns im Süden der Republik kam aufgrund starker Regenfälle verstärkt radioaktive Strahlung an. Auch wir haben unseren Kindern wochenlang untersagt, im Freien zu spielen, erzähle ich dem heutigen EWS-Vorstand. Mit dem Hinweis darauf, dass sich all die Vorsichtsmaßnahme im Nachhinein als richtig und wichtig entpuppten.

*

Was danach in seinem familiären Umfeld geschah, beschreibt Sebastian Sladek als »eine Kernschmelze« der persönlichen Art. Die Reaktorkatastrophe in der Ukraine ließ seine Eltern zu gesellschaftlich äußerst aktiven Menschen werden.

Denn fortan waren die Zweifel geweckt an den Versprechungen von Sicherheit seitens der Atomkonzerne, auch an den entsprechenden Regierungsverlautbarungen. »Wir müssen generell viel kritischer hinschauen«, lautete die neue Devise im Hause Sladek.

Ab Mai 1987 engagierten sich Ursula und Michael bei der Bürgerinitiative EFAZ, »Eltern für eine atomfreie Zukunft«, die sie selbst mitbegründet hatten. Ihr Ziel: Die Bundesregierung zu einer Änderung des Energiewirtschaftsgesetzes zu bewegen. Jede Region der Republik sollte den Bezug atomaren Stroms verweigern können.

Michael Sladek erkannte, dass eine Wende hin zu den regenerativen Energiequellen Sonne, Wind und Wasser an der Basis angestoßen und letztlich umgesetzt werden müsse. Was er als die Geburtsstunde einer »Rebellion« bezeichnete. Eine Namensschöpfung, die die Bezeichnung »Schönauer Stromrebellen« mitprägte.

Was folgte, waren wahrlich rebellische Jahre. Beginnend mit den ersten Schönauer Energietagen, einer konsequenten Stromsparkampagne in Form von Wettbewerben in Kombination mit vielen weiteren Anti-Atomaktionen. Was damals dringend notwendig war. Schließlich bestand der bundesdeutsche Strommix zu einem Anteil von rund 40 Prozent aus Atomstrom.

Unsere Überlegung war, so Sebastian: »Wenn es jedem von uns gelingt, 40 Prozent des Stromverbrauchs einzusparen, können die AKWs kurzerhand abgeschaltet werden.« Der große Zuspruch zu diesen ersten Aktivitäten beflügelte die Schönauer Umweltfreunde, Jahr für Jahr weitere Stromsparwettbewerbe ins Leben zu rufen.

Der knallharte Kampf um die Konzession

Das zu diesem Zeitpunkt entscheidende Problem befand sich direkt vor der eigenen Haustür. Der in Schönau angestammte Strommonopolist Kraftübertragungswerke Rheinfelden, KWR, zeigte keinerlei Interesse daran, den von den Sladeks und ihren Mitstreitern eingeforderten ökologischen Umbau des Stromnetzes mitzugestalten.

Die Chance, die Stromversorgung im heimischen Örtchen Schönau selbst in die Hand zu nehmen, bot sich Anfang der 90er-Jahre, als der Schönauer Konzessionsvertrag zur Energieversorgung 1994 auslaufen sollte.

Forsch fassten die Ökoaktivisten den Beschluss, dem Gemeinderat ein eigenes Übernahmeangebot zu unterbreiten – was dieser ablehnte. »Das war die Arroganz der Macht. Man könnte auch sagen, die blanke Wut.« Üble Beschimpfungen folgten im Verlauf der frühen Geschichte der EWS gemäß dem Motto: Macht euch vom Hof, ihr Laien!

Ärgerlich auch das Abstimmungsergebnis, sieht man genauer hin: Nur mit knapper Mehrheit entschied der Schönauer Gemeinderat, das Angebot der Umweltaktivisten abzulehnen. Und zugleich den Konzessionsvertrag mit den KWR zu verlängern. Ein Grund zur Resignation? Mitnichten. Noch in dieser Gemeinderatssitzung kündigten die Schönauer Stromrebellen an, einen Bürgerentscheid zu initiieren.

»Du sprichst wohl den ersten der beiden Bürgerentscheide an. Wie kam es dazu?«, hake ich nach. »Stimmt. Das erste Bürgerbegehren haben wir 1991 selbst in die Wege geleitet.«

Was folgte, waren Wochen eines harten Wahlkampfes, bei dem um jede Stimme gerungen wurde. »Wir wollten in diesem Wahlkampf dem kalten Geld unsere Emotionen entgegensetzen«, erklärt damals der Mitinitiator Michael Sladek. Um ihren Slogan »Ja zu Schönau« zu transportieren, backten sie Lebkuchenherzen mit einem »JA« in Zuckerschrift und sorgten dafür, dass diese am Wahltag auf jedem Frühstückstisch in der Gemeinde lagen. So wusste »jeder die richtige Antwort im Bürgerentscheid«, verkündete der weithin bekannte Stromrebell mit dem auffälligen Rauschebart.

Wieder wurde es knapp, diesmal mit dem erfolgreicheren Ende für die Ökofraktion. Im Oktober 1991 gewannen sie den Bürgerentscheid. Was unglaublichen Jubel auslöste. Denn jetzt konnte der Konzessionsvertrag mit dem langjährigen Energieversorger KWR »nicht vorzeitig verlängert« werden. Die Ökostrominitiative gewann wertvolle Zeit, um ihr wagemutiges Vorhaben einer Netzübernahme in aller Ruhe anzugehen.

*

»Das war die Geburtsstunde unserer Schulungs-Stromseminare«, erinnert sich Sebastian. »Damals war das eine ganz große Sache.« Denn Schönau entwickelte sich zu einem überregional bekannten Solidaritätsmarkt. Aus der gesamten Republik wurden Expertinnen und Experten der alternativen Energieszene zu Vorträgen eingeladen.

»Dankenswerterweise teilten sie sehr bereitwillig ihr Wissen mit uns: Wie funktioniert die Energiewirtschaft in Deutschland, wie funktioniert ein Netzbetrieb vor Ort? Und was muss man alles beherrschen, um ein eigenes Stromnetz zu betreiben?«

Im Jahr 1993 fand die nächste Kommunalwahl in Baden-Württemberg statt. »Und siehe da, diesmal wurden so viele EWS-Unterstützer in den Stadtrat gewählt, dass wir plötzlich in der Mehrheit waren.« Wollte die Gegenseite den geplanten Anbieterwechsel verhindern, musste sie nun ihrerseits einen Bürgerentscheid beantragen und umsetzen.

Der nächste Meilenstein folgte im Januar 1994 mit der Gründung der Elektrizitätswerke Schönau (EWS) als GmbH. Als der Vertrag unter Dach und Fach war, verkündete Stromrebell Wolf-Dieter Drescher, ein wichtiger Mitstreiter Sebastians: Was für ein »geiler Moment«. Als einziger Gesellschafter fungierte die Netzkauf Schönau GbR, an der sich immerhin beachtliche 650 Bürgerinnen und Bürger beteiligten.

Noch aber musste die Konzession für den Betrieb des Stromnetzes vom Schönauer Stadtparlament bewilligt werden. »Das Szenario ging also von vorne los, die Propagandaklaviatur wurde wieder ausgepackt«, so Sebastian.

»Vier Wochen lang führten wir den nächsten Wahlkampf. Die Gegenseite agierte mit allen Mitteln. Stellte wuchtige Fahrzeuge auf den Wochenmarkt und suggerierte mit Preisschildern Unmachbarkeit: ›Hallo Bürger, schaut mal, was euch der Netzbetreiberwechsel kosten wird. Das bekommen diese Dilettanten doch gar nicht hin.‹

Auch die örtliche Industrie zeichnete ein Angst-Szenario: ›Wenn die EWS das Schönauer Stromnetz übernimmt, dann werden die Strompreise durch die Decke gehen.‹ Massiv die damit verbundene Drohung: ›Dann werden Industriebetriebe abwandern, der Stadt werden immens viele Arbeitsplätze verloren gehen.‹«

Für den damals 18-jährigen Sebastian wurde dieser zweite Bürgerentscheid die erste demokratische Wahl, an der er teilnehmen durfte. »Da ich wusste, dass diese ganzen Anwürfe falsch waren, war ich aufgebracht und wütend. Und wollte das mit gleicher Münze heimzahlen.«

Die Stromrebellen blieben besonnen, führten stattdessen zahllose Hausbesuche zur Aufklärung der Schönauer Bürger durch. »Gerade auch bei Leuten, die anfangs noch im anderen Lager standen. Der Versuch war es wert.« Im März 1996 kam es dann zum zweiten Bürgerentscheid. Mit einer Wahlbeteiligung von annähernd 90 Prozent machten sich die Wahlberechtigten auf den Weg zur Wahlurne. »Das Ergebnis war wieder eine enge Kiste – aber wir haben erneut gewonnen!«, strahlt mich ein Vierteljahrhundert danach der gut gelaunte Sebastian Sladek an. »Das war wahnsinnig wichtig. Sonst hältst du einen solchen Aufwand nicht durch.«

Damit war klar: Die EWS ist nunmehr *der* Betreiber des Schönauer Stromnetzes. Als das Ergebnis pro EWS in den örtlichen Wahllokalen bekannt gemacht wurde, brachen alle Dämme. Teilnehmer erinnern sich, wie sie vor Freude weinten, sich in den Armen lagen, bis tief in die Nacht feierten.

Dieser finale Sieg wurde weit über die Grenzen des Badischen hinaus wahrgenommen. Das kleine Schönau erwuchs zu einem großen Symbol der Anti-Atom-Bewegung.

Energiewende von unten! Klimagerechtigkeit jetzt!

Was den EWS-lern bis heute zugutekommt, ist ihre Bodenhaftung. »Wir entstammen einer Bürgerinitiative. Von daher betrachten wir die Stromgewinnung aus regenerativen Energiequellen als ein Vehikel, um die Menschen auf dem gemeinsamen Weg mitzunehmen.« Bei der EWS »sehen wir unsere Kunden als unsere Mitstreiter bei der Energiewende an«. Was Sebastian richtig freut: »Wir bekommen das entsprechende Feedback. Ganz viele unserer Kundinnen und Kunden schätzen das genauso ein.«

Längst haben sich die Schönauer Elektrizitätswerke von einem unbedeutenden zu einem öffentlich wahrgenommenen Ökostromversorger entwickelt. Mittlerweile beschäftigt das Unternehmen gut 250 Mitarbeiterinnen und Mitarbeiter bei einem Jahresumsatz von mehr als 320 Millionen Euro.

Auch was die öffentliche Wirkkraft betrifft, habe sich für das Unternehmen viel Gutes getan, erklärt Sladek zufrieden. »Dass wir heute ein Büro in Berlin haben, dass ich Termine bei entscheidenden Politikern meines Bereichs bekomme, wäre früher undenkbar gewesen«, so der EWS-Vorstand. Gemeinsam mit anderen könne er »einiges zum Besseren hin bewegen«.

Was nicht zuletzt an den vielen neuen Stromkunden liegt, die die EWS nach der Liberalisierung des Strommarktes 1998 hinzugewinnen konnte. »Wären wir noch immer ein kleiner Versorger mit 5000 Kunden, würde sich kaum ein Mensch für uns interessieren.« Die aktuelle Entwicklung weist in eine ganz andere Richtung: »Als Energieversorger haben wir die Marke von 200 000 Kunden in ganz Deutschland geknackt.«

Natürlich gebe es weiterhin eine zweistellige Anzahl großer Versorger mit viel mehr Kunden. Immerhin aber seien sie inzwischen »ein kleinerer Mittlerer«.

*

Zentraler Ansatz der EWS bleibt die Energiewende von unten, von der Basis aus. In den Kommunen könnten Bürgerbegehren für den Klimaschutz ein äußerst wirksames Mittel darstellen. Sowohl zur Schaffung des notwendigen Bewusstseins vor Ort als auch zur Umsetzung entsprechender Maßnahmen in der jeweiligen Kommune.

Das EWS-Projekt einer »Klimawende von unten« zielt darauf, Klimaentscheide in die Breite der Gesellschaft zu bringen. In vielen Städten existieren bereits Initiativen, die ein Bürgerbegehren für den Klimaschutz planen und umsetzen.

Einer der EWS-Kooperationspartner ist das Umweltinstitut München e. V., das die Klimabewegung berät und unterstützt. Der Erfolg kann sich sehen lassen: Sukzessive wird ein Netzwerk ehrenamtlicher Beraterinnen und Berater aufgebaut.[51]

Sebastian Sladek ist ein flammender Befürworter der basisorientierten Projekte. »Da ist zum Beispiel unser Förderprogramm des Schönauer Sonnencents, den wir seit Anbeginn haben.« EWS-Kunden unterstützen das Förderprogramm mit einem halben Cent pro Kilowattstunde verbrauchter Energie. »Der Fördertopf wird von unseren Kunden befüllt, anschließend kommt das Geld vielen von ihnen zugute – zum Beispiel durch unsere Förderung von Anlagen zur regenerativen Stromgewinnung.«

Die EWS habe ein Programm zum »›Schönen Sonnenschein‹ aufgelegt, bei dem man über zehn Jahre lang pro produzierter Kilowattstunde noch einen kleinen Obolus obendrauf bekommt«. Programme wie diese und andere erzielen eine immense Wirkung. »Unsere Kunden konnten so den Behörden gegenüber die geforderte Gewinnerzielungsabsicht nachweisen, das war anfangs ein Problem. Bereits zur Jahrtausendwende waren wir an mehr als einem Viertel des bundesweiten Photovoltaikzubaus beteiligt«, so Sladeks positive Zwischenbilanz. Gemeint ist vor allem die Errichtung weiterer naturnaher Kraftwerke, die sich damals allerdings noch auf einem niedrigeren Niveau befand.

Ein weiterer Erfolg für den stetig wachsenden Ökostromversorger aus dem Südschwarzwald ist die verstärkte Nachfrage nach Photovoltaikanlagen. Sie hat »durch die explodierenden Gaspreise deutschlandweit extrem zugenommen«.

Richtig stolz ist Sebastian Sladek auf das Energiewendemagazin. »Das startete 2016 als Online-Magazin, die Printausgabe gibt es seit 2018 auf Wunsch vieler Kunden.« Dreimal im Jahr verfassen externe Journalistinnen und Journalisten fundierte Fachartikel. Ihr Ziel: Durch bestens recherchierte Sachverhalte wollen die Schönauer Ökostromer »quasi einen Wendepunkt« auf dem Medienmarkt setzen.

»Als Abonnent eures EWS-Newsletters weiß ich, dass ihr euch die Forderung ›Klimagerechtigkeit Jetzt!‹ auf die Fahnen geschrieben habt. Was bewegt euch, diese Kampagne mit aller Konsequenz durchzuführen?«, will ich wissen.

Die EWS habe sozial gerechte Klimaschutzmaßnahmen im Sinn, sagt Sebastian. »Dabei unterscheiden wir Ökostromhersteller nach den Bedürfnissen, Möglichkeiten und Formen des Widerstandes in der Stadt und auf dem Land.« Nicht selten würden diese von der Gegenseite gegeneinander ausgespielt. Woraus in der öffentlichen Wahrnehmung mittlerweile eine »Stadt-Land-Konfrontation« erwachsen sei.

»Wir arbeiten mit wissenschaftlichen Analysen und massiver Aufklärung für den Ausgleich.« Unter dem Hashtag *#KlimagerechtigkeitJetzt* gibt die EWS Landwirten und Aktivisten das Wort. Mit dem Ziel, deutschlandweit Wege aufzuzeigen, »um Land- und Ernährungswirtschaft unter Einbeziehung des Klimaschutzes gerechter zu gestalten«.

So arbeitet die EWS auch mit der Nichtregierungsorganisation »Grüne Liga« zusammen, die sich »unter anderem gegen den Braunkohletagebau und die dadurch verursachte Umweltzerstörung in Ostdeutschland einsetzt«.[52]

*

Für manche überraschend, wendet sich der Ökomanager im Themenbereich Klimagerechtigkeit neben umweltbezogenen Themen auch der aktuellen Lage im Land zu. Sebastian Sladek ist einer der laut vernehmbaren Mahner vor rechtsradikalen Tendenzen. »Die AfD weiß das Thema Energiewende für ihre Zwecke zu missbrauchen«, sagt der EWS-Vorstand.

Aus diesem Grund gehen die Schönauer Aktivisten mit aufschlussreichen Analysen zum Thema »Klimarassismus« gegen diese Entwicklung an. Sei es auf ihrer Homepage, in ihrem Newsletter, bei ihren Fortbildungsveranstaltungen. Intensiv untersuchen sie die Korrelation zwischen Klimakrise, rechter Politik und Rassismus. Ein bedeutendes Ergebnis ihrer Recherche ist: Rechte Parteien und ihre Netzwerke blockieren effektiven Klimaschutz.

Möglichkeiten bestehen dazu leider viele. Sei es durch bewusste Geringschätzung, sei es, indem sie bewusst auf die Bremse treten. Sei es, indem sie sich – wie die AfD – gegen Windkraft und für Dieselfahrzeuge stark machen. »Damit stellen sie sich gegen die gesellschaftlich so wichtige sozial-ökologische Transformation.«

Eine weitere Form aktiver Politikgestaltung sind Spendenaktionen. Bei Anlass bittet die EWS ihre Kunden gezielt um Zuwendungen für Kooperationspartner, so auch für die Fachstelle für Radikalisierungsprävention und Engagement für Naturschutz, FARN, mit Sitz in Berlin. Diese wurde von den NaturFreunden Deutschlands und der Naturfreundejugend Deutschlands gegründet. FARN untersucht hierzulande aktuelle und historische Verknüpfungen des Natur- und Umweltschutzes mit völkischen und extrem rechten Bewegungen.[53]

*

»Die Herausforderungen, denen wir heute gegenüberstehen, sind in der Tat gewaltig. Vor allem der Klimawandel ist sicherlich extrem bedrohlich«, schätzt Sebastian Sladek die Lage ein. Bei vielen Menschen würden dadurch diffuse Ängste erzeugt, die nicht selten zu irrationalen Reaktionen führen würden. Den allermeisten Europäern werde immer mehr bewusst, »dass der Western Way of Life, den wir lange gelebt und geliebt haben, zu Ende ist«. Im tiefsten Inneren »weiß wahrscheinlich jeder, dass er sein Leben grundlegend ändern muss«, sagt der Mittvierziger.

»Dann wäre die Umkehr hin zu einer wesentlich nachhaltigeren Lebensweise die richtige Reaktion?«, frage ich ganz direkt nach. »Eigentlich schon«, sagt der EWS-Vorstand. »Allerdings erlebe ich ganz stark, dass nicht wenige Leute eher den Kopf in den Sand stecken. Oder sich weiterhin Sand in den Kopf stecken lassen.« Der Grund: Viele Bürgerinnen und Bürger wollten sich dieser Herausforderung nicht stellen, was die Lösung insgesamt erschwere.

»Und wie können wir die Aufgabe angehen, möglichst viele Menschen zu erreichen?«, frage ich nach. »Diese Herausforderungen können wir nur gemeinsam meistern.« Vieles könne man nicht aus eigener Kraft schaffen, dazu benötige man Verbündete. Und natürlich die richtigen politischen Rahmenbedingungen. Die Menschen müssten endlich von der Theorie in die Praxis kommen. »Heute wissen wir fast alles über den Klimawandel«, sagt Sladek. »Und auch, was wir unbedingt viel mehr tun sollten.« Trotzdem sei es »verdammt schwer« in diesen Praxismodus zu kommen. Dazu brauche es »in erster Linie Mut. Damit man sich selbst den Wandel zutraut. Und damit man auch anderen Hoffnung machen kann.« Das Allerschwierigste an alledem aber sei: »Das praktische Handeln fängt immer bei dir selbst an!«

Wieder kommt Sebastian auf Michael zu sprechen. »Wenn ich eines von meinem Vater gelernt habe, dann das: Ändern kannst du nur dich selbst.« Man könne lange auf andere Leute einreden, damit sie sich ändern. Entscheidend aber sei: »Wenn man sich selbst ändert, kann man ein Beispiel geben, kann man ein Vorbild sein.«

Wolle man wirklich etwas bewegen, dann dürfe man auch den Spaß an der Sache nicht vergessen. Keine Frage, »bei uns im Team, da steckt die Power. Bei uns ist die Freude. Bei uns lohnt es sich, mitzumachen.« Aufgrund seines lebensfrohen Wesens und seiner nimmermüden Aktivitäten, nimmt man Sebastian Sladek ab, dass es ihm um mehr geht als um Kundenwerbung.

Wie sich der Kurzstreckenläufer und die Dauerläuferin bestens ergänzen

»Deine Eltern sind vielen Menschen ein Vorbild. Was gibt uns Michael, was gibt uns Ursula mit auf den Weg in eine bessere Zukunft?«, frage ich den ältesten Sohn. »Ich denke, mein Vater würde antworten: ›Man kann jeden überzeugen, jeden für das Gute gewinnen.‹« Voraussetzung dafür sei, dass man den Zugang zu seinem Gegenüber finde. Und dass man ihm das eigene Vorgehen differenziert erkläre.

Michael Sladek hat mit der Gründung der EWS und dessen erfolgreichen Ökoprojekten vieles mit auf den Weg gebracht. »Sein Lebensmotto lautet: Trete deinen Mitmenschen offen und ehrlich gegenüber, verurteile niemanden.« Ja, das sei eine ganz große Stärke seines Vaters.

»Was bedeutet das konkret? Welche Erfahrungen sammelt er, wenn er mit anderen offen und ehrlich über das komplexe Thema des Klimawandels diskutiert?«, frage ich nach. Unter dem Strich sei der Zuspruch ganz gewaltig. Aber man könne auch Leuten begegnen, deren Akzeptanz für das Umdenken, für das neue Handeln gegen Null tendiere. »Da gibt es eine ganz träge Masse, der es schlichtweg egal ist, was irgendwo auf dem Globus passiert. Sogar, was bei uns passiert.«

Da gelte es zuzuhören, Kontakt zu halten, Brücken zu bauen und damit die jeweils angemessene Reaktion zu zeigen. Gemäß dem Motto: »Doing the right thing in the right way.« Sein Vater habe diese Methode zeitlebens verinnerlicht. Habe immer danach gefragt, wie man gemeinsam etwas erreichen könne. »Einmal hat er mir gesagt: Ich bin ein Menschenfreund. Diese Einstellung öffnet mir Türen.«

Die Botschaft des Vaters überträgt sein Sohn gerne von der persönlichen auf die politische Ebene. »Michaels Message an mich war zweierlei. Zum einen: ›Bleibe deinem Weg treu, aber lass dir niemals deine Wut über all die Fehlsteuerungen nehmen.‹ Wir brauchen diesen Zorn, um auf die Straße zu gehen. Um dem zu widerstehen, was schiefläuft. Zum anderen aber: ›Den Wandel erreichen wir einzig mit Argumenten. Mit Respekt und Verständnis. Mit Zuneigung und Liebe.‹«

*

Und deine Mutter, sieht sie das genauso? Aufgepasst, die beiden seien durchaus unterschiedlicher Natur, betont der Sohn. »Mein Vater ist eher der Kurzstreckenläufer, der eine begrenzte Zeit richtig viel Power aus sich herausholen kann. Meine Mutter ist die unermüdliche Dauerläuferin.«

Ursula habe das Unternehmen immer größer gemacht. »Sie hat so viel Entscheidendes beim Aufbau der EWS geleistet.« Zugute kam ihr dabei, dass sie das Business von der Pike her gelernt habe. Im Laufe der Zeit habe sie sich fundiertes Know-how angeeignet, darüber wie Stromnetze funktionieren. Was ganz wichtig gewesen sei, vor allem nachdem die Schönauer Ökostromrebellen in den 90ern das Netz übernommen hatten.

Die Strommarktliberalisierung habe ab 1998 dazu geführt, dass sich die Verbraucherinnen und Verbraucher ihren Anbieter frei wählen können. Dabei galt es, rechtlich und organisatorisch völlig neue Hürden zu nehmen – was dank Ursulas Engagement für die EWS erfolgreich gestaltet werden konnte.

Sechs Jahre lang war Ursula Sladek Geschäftsführerin der EWS. Dafür hat sie kein Geld bekommen – trotz all der Risiken und Pflichten, die sie getragen hat. »Selbst als unser Unternehmen schon Umsätze jenseits der 100 Millionen Euro ausweisen konnte, übernahm sie als Ehrenamtliche volle Verantwortung für die richtungsweisenden Entscheidungen.«

Mit einem Mal lacht Sebastian, als er an seine Mutter denkt. »Ich sehe sie vor mir: ›Zack, zack‹, sagt sie, ›auf geht's.‹ Ja, so ist meine Mutter.« Im Mittelpunkt habe der Erfolg des Schönauer Ökostromprojekts gestanden – »in der harten Auseinandersetzung mit den vermeintlich übermächtigen Atomstromgiganten«. Man beachte das Wörtchen »vermeintlich«.

Atomkraftwerke für Atomwaffen

»Von deinem Vater kenne ich ein Foto, das ihn bei einer Protestaktion zeigt. Sein Plakat trägt die Aufschrift: ›Atomindustrie, Lügen, Lügen, Lügen.‹ Deine Meinung?«

»Gegenfrage: Wenn du dir die Geschichte von Atomkonzernen anschaust, mit welchen Öffentlichkeitskampagnen hat die Atomindustrie gearbeitet?« Bevor ich nur nachdenken kann, legt Sebastian wieder los. Verweist auf zahlreiche dubiose Kampagnen der Atomstrom-Befürworter. So auch auf die manipulative Werbung bei »Atoms for Peace« mit deren Lüge einer vermeintlich kostenfreien Energie für den Frieden aller Menschen auf der Welt. »Lügengeschichte. In Wirklichkeit ging es nicht im Mindesten um die zivile Nutzung der Atomenergie.«

Sondern? »Der maßgebliche Grund, ein Atomkraftwerk zu betreiben, ist das gezielte Interesse an radioaktivem Material für Atomwaffen.« Ansonsten gebe es keinen realistischen Grund einer zivilen Nutzung. Eine kostengünstige Methode der Stromerzeugung seien AKWs beim besten Willen nicht. Ganz im Gegenteil: »Atomkraft ist in der Tat eine der teuersten Technologien überhaupt«, so Sladek Junior.

Heutzutage würden die Kosten für Neubauten »explodieren«. Auch bräuchten neue Atomkraftwerke viel zu lange, bis sie errichtet und betriebsbereit seien. »Schon allein deswegen sind AKWs keine Lösung. Für die zivile Stromerzeugung sind sie schlichtweg irrelevant.«

»Warum«, so seine Frage, »bauen die Engländer den neuen Atomreaktor Hinkley Point C?« Der wahre Grund: Die Briten kämen damit an weiteres waffenfähiges Plutonium, was lediglich aus militärischer Sicht Sinn mache. Die Beschäftigung mit dem Thema lohnt. So hat sich die Umwelt- und Friedensorganisation Greenpeace intensiv mit dem Thema auseinandergesetzt, die kriegerische Nutzung der AKWs massiv kritisiert.[54]

Eigentlich sei das alles längst bekannt. Sagt Sladek, der auf die Website »100 gute Gründe gegen Atomkraft« der Anti-Atom-Kampagne verweist. Dort finden sich auch faktenreiche Abhandlungen zu den Themen »Schmutzige Bomben«, »Tarnprogramm«, »Schnelle Brüter«, »Scharfmacher« oder »Bombenstoff auf dem Campus«. Gemeint ist hier die Technische Universität München, TUM, die sich dem Vorwurf ausgesetzt sieht, waffenfähiges Uran zu horten – »Brennstoff für ihren Reaktor«. Gemeint ist ein Forschungsreaktor der TUM, »der waffenfähiges hochangereichertes Uran als Brennstoff benötigt«. Bis zu 400 Kilogramm »des brisanten Materials lagern auf dem Campus in Garching«. Bereits gut 15 Kilogramm würden ausreichen für den Bau einer Atombombe.[55]

Sebastian Sladek hat all diese Argumente längst verinnerlicht. Jetzt ist er ganz in seinem Element, führt ein Argument nach dem anderen an, sowohl gegen die zivile als auch gegen die militärische Nutzung. Verweist auf die Atomkatastrophen der letzten Jahrzehnte, so auch in der japanischen Region Fukushima im März 2011.

Wortgewaltig wettert er über die frühere Bundeskanzlerin Angela Merkel, die zuerst den Wiedereinstieg in die Atomkraft durchgesetzt habe. Erst nach dem Super-GAU in Japan sei sie für einen erneuten Ausstieg aus dem Einstieg eingetreten. »Das war die einzige Chance für ihr politisches Überleben.« Sebastian hält einen Moment inne. »Jetzt muss ich mich wieder zügeln. Ich hatte ja meinem Vater weniger Zorn versprochen.«

AKWs im Krieg: stationäre Bomben

Vermutlich fällt dir das Zügeln doch schwer, wenn ich dich auf die besondere Situation in der Ukraine anspreche? »Ich bin ein politischer Mensch. Leg los!« weicht der Ökomanager keinem noch so unangenehmen Thema aus.

»Was sagt es dir als Anti-Atomaktivist, dass nach dem Einmarsch der russischen Armee rund um die Atomanlagen ein Krieg tobt? Dass selbst in der Nähe des AKW Saporischschja – immerhin das größte in Europa – gekämpft wurde und womöglich wieder wird?«

»O ja, das stimmt: 2022 kam es erstmals in der Menschheitsgeschichte zum Beschuss eines AKWs, dieses AKWs.« Sebastian wird sehr ernst. »Im Krieg wirken AKWs wie eine Art stationäre Bombe.« Und die AKWs in der Ukraine seien nun mal durchaus strategische Ziele in diesem Konflikt. »Verrückt. Diese Kriege sind schlichtweg verrückt.« Auch weil »so hemdsärmelig mit einer Hochrisikotechnologie umgegangen wird«.

»Und wie sieht die Lösung in dieser explosiven Situation aus?«, frage ich den Atomkraftkritiker. »Das Problem ist doch, dass Wladimir Putin seine Präsidentschaft mit dem militärischen Erfolg im Ukrainekrieg verbunden hat.« Wolle man erfolgreich verhandeln, dann müsse er zumindest einen begrenzten militärischen Erfolg haben. Das hieße, dass »er das besetzte Territorium behalten wird«. Und noch eine große Gefahr sieht der Schönauer. »Was ist, wenn morgen ein Nachfolger Putins an die Macht kommt? Dann kann alles noch viel schlimmer werden.«

»Russland und die USA sind mit Abstand die größten Atomwaffenmächte«, ergänze ich. »Wie sieht deine Lösung aus?« Sebastian überlegt.

»Wir waren in den 90er-Jahren schon mal auf einem guten Weg: internationale Abrüstung, internationale Inspekteure, sukzessive Vernichtung von Teilen der Atomwaffenarsenale. Da müssen wir wieder hinkommen.«

In letzter Konsequenz helfe nur – und da ist Sladek wieder ganz Ökoaktivist – »die Energiewende: deutschlandweit, europaweit, weltweit. Dass das technisch geht, ist längst erwiesen.« Die Atomwaffen müssten verschrottet, die Atomkraftwerke abgeschaltet und abgebaut werden. Und noch immer sei weltweit kein erwiesenermaßen sicheres Endlager in Sicht.

Die Chancen eines Ökostromanbieters

Bei aller Kritik an der momentanen Politik in Berlin betont Sladek: »Die Ampelkoalition ist besser als ihr Ruf.« Das Problem in den ersten Jahren sei »ein ganz schwieriges Intro gewesen mit dem Ukrainekrieg und explodierenden Energiepreisen«.

Danach seien »positive Entscheidungen getroffen worden, die zuvor viel zu lange auf Eis lagen«. Beispielsweise habe »das große Solarpaket richtig Schwung in die Solarindustrie gebracht«. Absolut zentral sei, dass der geplante energiepolitische Wandel auf Jahrzehnte angelegt werde. Schlimm wäre, wenn es alle vier Jahre hieße: Nein, jetzt machen wir es wieder fundamental anders.

Von Bundeskanzler Olaf Scholz erwartet der EWS-Vorstand mehr Standhaftigkeit. Dass er »sich eine Haltung à la Martin Luther zulegt. Gemäß dem Motto: Hier stehe ich, ich kann nicht anders«. Das vermisse er. Und auch die Rolle des grünen Wirtschaftsministers sieht Sladek durchwachsen. Sladek erinnert an Habecks Bückling vor dem Emir von Katar, um »händeringend fossiles Gas einzukaufen«. Aufgrund des Ukraine-Krieges und des damit verbundenen Mangels an Erdgas sah sich Habeck gezwungen, sogar dort auf Einkaufstour zu gehen – was ihm angesichts der politischen Nähe Katars zur Hamas und aufgrund ökologischer Probleme weithin Kritik einbrachte.

Und jetzt fliege den Regierenden das ganze Desaster der unzureichenden Vermittlung der Energiewende um die Ohren. Robert Habeck hätte »viel klarer machen können, dass diese Art der Politik allenfalls als ein Interimszeitraum gilt, damit wir so schnell wie möglich aus der fossilen Energie aussteigen können«.

Aber auch die konservative Opposition habe »eine fatale Rolle« gespielt. Erst habe sie die Umwidmung von Corona-Geldern auf gerichtlichem Wege stoppen lassen. Danach habe sie sich wie ein Unschuldslamm hingestellt und die Regierung dafür gegeißelt, dass überall Geld fehle. »Mich bekümmert diese Darbietung unserer Regierung und auch der CDU/CSU.«

*

»Was also sollen die Ökostromversorger in dieser verfahrenen Situation tun?«, erkundige ich mich nach dem sinnvolleren Weg. »Massiv Druck ausüben, damit die Regierungspolitik in die richtige Richtung steuert«, sieht Sebastian Sladek die Rolle zumindest der EWS in Zusammenarbeit mit der Umweltbewegung. »Wir machen es doch schon vor: Wir haben in unserer Strombeschaffungspolitik eine Richtlinie festgeschrieben, die heißt: Wir kaufen nicht bei Kraftwerksbetreibern, die direkt oder indirekt mit der Atom- oder Kohleindustrie verflochten sind.«

Mitentscheidend sei auch das Umlenken der Geldströme, die von unten her mitgesteuert werden könnten. »Wenn du Kunde eines Großkonzerns mit falscher Ausrichtung bist, dann verdient dieser weiter an dir. Deswegen solltest du dir einen anderen, einen rundum ökologisch orientierten Energieversorger suchen.« Natürlich seien die Elektrizitätswerke EWS nicht der einzige Anbieter, der da in Frage käme. »Aber du bekommst bei uns ein sehr gutes Ökostromprodukt. Ein echtes im Gesamtpaket mit dem aktiven Eintreten für die Energiewende.« Mehr noch: »Für eine bürgergetragene Energiewende.«

Seit September 2009 als Genossenschaft organisiert, wird die EWS eG geleitet von Armin Komenda und den beiden Brüdern Alexander und Sebastian Sladek. Deren Erfolge können sich sehen lassen. Was sich auch in der Mitgliederentwicklung niederschlägt. Die im Gründungsjahr wenige Hundert betragen hat und seither stetig auf mehr als 13 000 Menschen angestiegen ist – Tendenz weiter steigend.

*

Eigentlich sind wir mit dem Interview durch, haben summa summarum drei höchst intensive und emotional bewegende Stunden miteinander verbracht. Bleibt mir noch die eine Frage, die sich momentan in nie gekannter Dringlichkeit stellt. Wie kann die Menschheit angesichts der zivilen und militärischen Bedrohung durch weitere AKW-Katastrophen und durch die hochgerüsteten Atomwaffenarsenale mit deren Overkill-Kapazität überleben?

»Es gibt nur die eine Lösung: Das nuklear-fossile Zeitalter muss schnellstmöglich beendet werden. Deshalb brauchen wir die globale Energiewende.« Sebastian Sladek ist überzeugt davon, »dass alle Vorteile auf Seiten der erneuerbaren Energien liegen«.

Für ihn ist die Nutzung der naturnahen Energieformen die zentrale Frage des 21. Jahrhunderts. »An ihr werden sich die kommenden Auseinandersetzungen um Krieg oder Frieden entscheiden.« So Sebastian Sladek, der ergänzt: »Da bin ich völlig bei Franz Alt und seinen wegweisenden Erkenntnissen zum Solarzeitalter.« Sein Hinweis: Ein unglaublicher Zwischenschritt in dieser Richtung konnte am 15. April 2023 gefeiert werden. An diesem Tag stellten die drei letzten Atomkraftwerke Deutschlands – Isar 2, Emsland und Neckarwestheim 2 – ihren Betrieb ein. »Was in den 90ern noch Vision war, ist heute Wirklichkeit«, freut sich Sladek. Sobald die Ära der solaren Energie vollumfänglich eintrete, würden keine Kriege mehr um Ressourcen geführt werden. »Dieser Wandel wird die Welt zu einem sehr, sehr viel friedlicheren Ort machen.«

»Ist es das, was du euren vier Kindern auf ihrem Lebensweg mitgeben willst?«, fragt der eine Familienvater den anderen. »Ja, weil man muss nicht akzeptieren, was einem nun gar nicht passt. Man muss Veränderungen herbeiführen wollen.«

Da ist er wieder, der engagierte Rebell aus dem Wiesental, der ergänzt: »Hätten wir Menschen unsere frühere Lebenswelt akzeptiert, so würden wir heute noch in Höhlen hausen. Meinen Kindern sage ich: Habt den Mut, unser aller Zukunft in eurem Sinne mitzugestalten.«

***

Weitere Informationen:

- Elektrizitätswerke Schönau, www.ews-schoenau.de
- »100 gute Gründe gegen Atomkraft«, www.100-gute-gruende.de

***

KAPITEL 8

Vandana Shiva. Von der Macht eines Saatkorns

In der weltweiten Gemeinschaft der Globalisierungskritikerinnen und -kritiker kennt sie jeder. In Indien folgen Hunderttausende von Bäuerinnen und Bauern ihrem Konzept zur Rückkehr zum natürlichen Saatgut. Medien und Wegbegleiter würdigen weltweit ihr Engagement vielfach in den höchsten Tönen.

»Eine der prominentesten radikalen Wissenschaftlerinnen der Welt«, schreibt *The Guardian.* »Shiva ist ein Feuerwerk kreativer Energie«, urteilt *The Progressive.* »Ein Rockstar im weltweiten Kampf gegen gentechnisch verändertes Saatgut«, sagt der US-Journalist Bill Moyers.[56]

Die Auflistung ließe sich beliebig fortführen. Die Bewunderung rund um den Globus für ihr lebenslanges Engagement in der Umwelt-, Friedens-, Frauen- und Entwicklungsbewegung ist beachtlich.

Was so gut klingt, birgt auch eine Schattenseite. Denn ihre Gegner waren und sind äußerst einflussreich, unter ihnen mächtige Chemie- und Saatgutkonzerne von Weltrang. Wie keine andere ist Vandana Shiva gefürchtet in den obersten Chefetagen internationaler Wirtschaftsgiganten, wie Cargill, Ricetec, Pepsi, Nestlé und vor allem dem Herbizide- und Saatguthersteller Monsanto. Dieser wurde, begleitet von massiver Kritik der »Kritischen Aktionär*innen« in Köln und der Ökobewegung, im Juni 2018 von der deutschen Bayer AG übernommen.

*

Auffällig ist sogleich Vandana Shivas roter Punkt auf der Stirn. Bekanntermaßen das Zeichen einer verheirateten Frau, das sie und ihren Gatten schützen soll. Die Inderin gibt sich bescheiden, als wir uns im Nebenraum des angenehm ruhigen Gästehauses Friedwart im schweizerischen Dornach zum Interview treffen. Gelegen in einer naturnahen Parklandschaft gehört es zum sogenannten Goetheanum, vielfältig genutzt als Sitz oder Tagungsort der Freien Hochschule für Geisteswissenschaft, der Allgemeinen Anthroposophischen Gesellschaft und als Festspielhaus. Hier trat sie am Vortag als viel gefeierte Eröffnungsrednerin bei einem mehrtägigen Kongress auf.

»Ich denke nicht in den Kategorien von Erfolg oder Misserfolg«, sagt die Fachfrau für Landwirtschafts- und Nachhaltigkeitsfragen, wenngleich sie eine beträchtliche Anzahl erfolgreicher Organisationsgründungen und Kampagnen gegen die mächtige Chemie- und Agrarindustrie vorweisen kann. »Das ist nicht meine Matrix«, erklärt sie mir.

Allerdings empfinde sie eine große Dankbarkeit, dass sie dank ihrer Lebenserfahrung »die gewaltfreien Beziehungen zwischen Mensch und Natur innerhalb der menschlichen Gesellschaft« erkennen könne. Sie hat dies zum »Leitfaden ihres Handelns« entwickelt. So ist es ihr möglich, ihren Beitrag zu leisten zu einer gesünderen Welt mit weniger Pestiziden, weniger Giftstoffen. Mit mehr Natur, mit nachhaltiger Land- und Forstwirtschaft.

Ich frage sie, wie sie sich ihre immensen Erfolge erkläre. Schließlich haben sich viele Umweltaktivisten vor und nach ihr die Zähne ausgebissen an industriekonformen Regierungen und dem Heer an Konzernlobbyisten.

Ihre größten Erfolge habe sie als Umweltaktivistin mittels Kampagnen gegen die Saatgut produzierende und verkaufende Industrie erreicht, erklärt Vandana. Dabei führt sie den heutigen Zuspruch so zahlreicher Unterstützer in Indien, in den USA, in Europa auch auf die Nutzung sozialer Medien und des Internets zurück.

Vandanas Eltern entstammten der Kaste der Brahmanen, der obersten in Indien. Geboren wurde sie im Herbst 1952 in Dehradun, der

Hauptstadt des Bundesstaates Uttarakhand im Norden des Landes. Gut 600 Meter hoch gelegen in den Siwilak-Bergen, hinter denen sich mit dem Himalaya die mächtigste Gebirgskette der Welt erhebt.

Geprägt durch das akademische Elternhaus war es Vandana vergönnt, ihren Berufswunsch zu verwirklichen. Sie wollte Wissenschaftlerin werden, absolvierte an der Panjab University in Chandigarh ihren ersten Masterabschluss in Physik. Mitte der 70er-Jahre brach sie allerdings ihre Karriere als Kerntechnikerin an einem Forschungszentrum bei Bombay ab. Ihre Untersuchungen zu den Gefahren ionisierender Strahlung ließen sie am Nutzen dieser Technik zweifeln.

Nach ihrem zweiten Masterabschluss, diesmal im Bereich der Wissenschaftstheorie an der University of Guelph, promovierte Shiva an der kanadischen University of Western Ontario in Quantenmechanik. Diese habe »auch viel mit den Themen Krieg, Gewalt und Frieden zu tun gehabt«, so ihre rückblickende Analyse.

Zurück aus Kanada, wandte sie sich von der reinen Physik ab, was aber ihrer Karriere keinen Abbruch tat, im Gegenteil. Am Indian Institute of Management im südindischen Bangalore erhielt sie eine Professur, die ihr die interdisziplinäre Forschung im Spannungsfeld von Technik, Politik und Umwelt ermöglichte.

In die Zeit der 70er-Jahre fiel auch ihr erstes umweltpolitisches Engagement in der Chipko-Bewegung in ihrer Heimatregion Uttarakhand. Die vor allem von Frauen getragene Bewegung kritischer Dorfbewohnerinnen stemmte sich mit kreativen Baumschutzaktionen gegen die Rodung ganzer Waldgebiete. Ihr Erfolg: Am Ende förderte die Regierung den Erhalt der kommunalen Wälder mit Finanzkrediten – ein Beispiel erfolgreichen Widerstands unter vielen.

1984 – Indiens Jahr der Katastrophen

Vandana Shiva durfte sich spätestens Anfang Dezember 1984 in ihrer vehementen Kritik an den Machenschaften der Agrar- und Chemieindustrie bestätigt sehen – angesichts einer Katastrophe nie gekannten Ausmaßes. In der Zeit, in der die sogenannte »Grüne Revolution«, mit der in der Landwirtschaft Hochleistungssorten zur Ertragssteigerung eingeführt worden waren, zwang man die indischen Bäuerinnen und Bauern immer tiefer in die Abhängigkeit der Chemiekonzerne. Just in dieser Zeit kam es in der zentralindischen Industriestadt Bhopal »zu einem Leck in einer Pestizidanlage«, so ihre bedrückende Schilderung.

Tonnenweise entwichen giftige Stoffe aus dem Werk von Union Carbide India Limited, einer börsennotierten Beteiligungsgesellschaft des US-Mutterkonzerns UCC. Die Angaben über die Opferzahlen schwanken zwischen knapp 4000 und rund 25 000 Toten. Eine halbe Million Menschen erlitt teils schwere Verletzungen, viele von ihnen leiden noch vier Jahrzehnte danach unter den Folgen. Vandana Shiva beleuchtete die dramatischen Geschehnisse in ihrem Buch *The Violence of the Green Revolution* (*Die Gewalt der Grünen Revolution*), einem internationalen Bestseller.[57]

Ihre heutige Analyse im Rückblick: »Jedes Chemieunternehmen, das in der Landwirtschaft tätig ist, ist mit dem Kriegssystem eng verquickt.« Die Begründung der Ökoaktivistin: »So viele Produkte, die sie fertigen, basieren auf der Weiterentwicklung der Chemikalien, die sie zuvor hergestellt haben, um Menschen zu töten«, so ihr bitterböser Vorwurf. Shiva verweist auf das bereits Anfang des 20. Jahrhunderts entwickelte Haber-Bosch-Verfahren zur Synthese von Ammoniak. »Dieses hat nicht nur chemische Düngemittel, sondern auch Munition und Sprengstoff hervorgebracht.«

Als Kritikerin globaler Fehlsteuerungen hatte und hat Shiva einen wachsamen Blick über die Grenzen ihres Heimatlandes hinaus. So sei auch während der Intervention von NATO-Staaten im Afghanistan-Krieg explosives Düngemittel zum Einsatz gekommen, weiß die Wissenschaftlerin, deren Fachwissen ihr bei kritischen Analysen zugutekommt. Ein ranghoher US-Beamter habe ihr nach einem ihrer Vorträge über Landwirtschaft gesagt: »Jetzt verstehe ich, warum es so viele Bomben in Afghanistan gibt.« Der Trick war kein neuer: Die verantwortlichen Lieferanten hatten einmal mehr behauptetet, sie würden die Empfänger »lediglich« mit Dünger ausstatten. Letztendlich handelte es sich um Stickstoffdüngerbomben.

Ihre Schlussfolgerung für ihr zukünftiges Handeln: »Als dieselbe Industrie dann auch noch das Saatgut kontrollieren wollte, beschloss ich, ihnen entgegenzutreten, um unser natürliches Saatgut zu retten.«

Navdanyas Engagement für eine ökologisch intaktere Welt

Ein entscheidender Schritt in Vandanas Vita war der Wechsel von der institutionellen Forschung hin zur Gründung einer eigenen Forschungsstiftung. Mit ihrer »Research Foundation for Science Technology and Ecology«, der Stiftung für Wissenschaft, Technologie und Ökologie, widmete sie sich fortan »der partizipativen Forschung für die Arbeit mit der Natur, mit den Menschen«. Mit den Ergebnissen darf sich die Stiftungsgründerin durchaus zufrieden zeigen: »Daraus ist es ein nachhaltiges Programm zur Saatguterhaltung entstanden.«

Wie notwendig die eigene Forschung für den Erhalt einer natürlichen Landwirtschaft weit über Indien hinaus war, erklärte sich aus einer Erkenntnis: Die Industrie plante, »alles Saatgut auf der Welt zu besitzen und jedes Saatgut für Gentechnik patentieren zu lassen«. Die bevorstehende neue industrielle Revolution war Shiva bei einem Expertentreffen in Genf bewusst geworden.

Dabei handelte es sich um ein lukratives, sprich multimilliardenschweres Geschäftsmodell. Zugleich um ein sehr bedrohliches für das in Indien weit verbreitete System von Kleinbauern. Millionen von ihnen wurden massiv bedrängt, ihr traditionell natürliches

Saatgut aufzugeben und das im Ertrag vermeintlich optimierte, gentechnisch manipulierte von Monsanto & Co. einzukaufen.

Rechtzeitig erkannten Vandana Shiva und einige Mitstreiter die bedrohliche Entwicklung und steuerten nach Kräften dagegen. »Damals begann ich im Rahmen der Research Foundation, natürliches Saatgut zu retten.« Zugleich wurde ihr bewusst, dass die vor ihr liegende Aufgabe viel zu groß war für ein paar wenige Kritiker.

So gründete sie gemeinsam mit zahlreichen Unterstützerinnen und Unterstützern 1991 die Nichtregierungsorganisation »Navdanya«. Was so viel bedeutet wie »Neun Samen«. Die Aktivisten setzten sich für die Rechte der Bauern, die Saatguterhaltung, ökologische Landwirtschaft, Lebensökonomie, Ökonomie der Souveränität und Biodiversität ein. Und damit für eine große Bandbreite von Lebensräumen und Ökosystemen sowie für den Erhalt aller Tier- und Pflanzenarten.

Was für ein Erfolg! »Navdanya« entwickelte sich zu einer gesellschaftlich breit getragenen Widerstandsbewegung, die auf dem Engagement Abertausender Menschen basierte. Als Mitglied des Slow-Food-Netzwerkes »Terra Madre« wurde »Navdanya« in 16 Bundesstaaten Indiens aktiv. Mit dem Ziel des Erhalts des heimischen Saatguts und der organischen Produktion. Landesweit gründete Navdanya kommunale Saatgutbanken, trainierte mehr als eine halbe Million Bäuerinnen und Bauern in Fragen der Ernährungssouveränität und nachhaltiger Landwirtschaft. Dabei wurde das bislang umfassendste indische Fair-Trade-Bio-Netzwerk und Direktvermarktungssystem mit aufgebaut und unterstützt. Das Besondere: »Navdanya« ist primär eine frauenzentrierte Bewegung zum Schutz der biologischen und kulturellen Vielfalt.

Wer den Finger in die Wunden legt, wer Missstände mutig aufdeckt und lautstark anprangert, der macht sich nicht nur Freunde. Die Erkenntnis ist nicht neu, trifft aber auf Vandana Shiva in voller Härte zu.

»Wer bekämpft dich?«, will ich wissen. »Meine Gegner kommen aus einer Industrie, die auch eine Kriegsindustrie ist.« »Welche Firmen meinst du?«, hake ich nach. »Weißt du, Monsanto stellte Agent Orange her.« Dies wurde als Herbizidgiftwaffe mit menschlich und ökologisch katastrophalen Auswirkungen zur Urwaldentlaubung im Vietnamkrieg eingesetzt. Das Ergebnis war fatal: Hunderttausende Vietnamesinnen und Vietnamesen erkrankten schwer, ebenso rund 200 000 GIs.

Die volle Ladung schwer erträglicher Informationen toppt die Inderin noch mit dem Hinweis auf die Rolle der I.G. Farben, die »die Chemikalien für Adolf Hitler hergestellt« hat. Bekanntlich hatte das in Frankfurt am Main ansässige Unternehmen in der NS-Zeit Zyklon B entwickelt, ursprünglich als chemisches Mittel zur Schädlingsbekämpfung. Im KZ Auschwitz vergasten Nationalsozialisten mehr als zwei Millionen Jüdinnen und Juden mit dem Blausäurepräparat. »Nachfolger der I.G. Farben ist die chemische Industrie von heute«, so Vandanas Vorwurf. Tatsächlich war die I.G. Farben 1952 in der westlichen Besatzungszone in zwölf Unternehmen aufgeteilt worden – von denen die BASF, Bayer, Hoechst und Cassella eigenständig blieben.

Vandana Shivas Kampf gegen den Goliath Monsanto

Shivas Schlussfolgerung: »Ich forsche, ich handle. Immerhin gibt es eine sehr breite Alternative zum Saatgut der Agrarkonzerne.« Ihr Engagement währt nunmehr 40 Jahre, beginnend im Jahr 1984, als sie Bhopal und Punjab sah. Gemeint sind die sogenannte »Grüne Revolution« und die größte Chemiekatastrophe aller Zeiten.

»Wie aber lässt sich ein rücksichtslos agierender Großkonzern wie Monsanto in seinem Einfluss begrenzen?« Vandana Shiva entschied sich, gezielt auch auf der rechtlichen Ebene vorzugehen.

Als sich das Unternehmen in Indien ausdehnte, hatte es ganzseitige Anzeigen in Zeitungen geschaltet. Monsantos Ankündigung:

Alsbald würden gentechnisch veränderte Organismen, die GVOs, für Saatgut im Land produziert werden.

»Als ich diese Anzeigen sah, nutzte ich meine Ministeriumskontakte«, erklärt sie mir ihre Strategie. »Ich ließ überprüfen, ob Monsanto eine Genehmigung bekommen hatte.« Die Antwort von ministerieller Seite war klar: Nein, es gab keine Genehmigung!

Shivas Reaktion: Sie reichte Klage gegen den US-Konzern ein, wegen der Verletzung bestehender Gesetze. Und gegen die indische Regierung, wegen deren Untätigkeit. »Weil sie geschlafen hat«, begründete Shiva ihr Vorgehen.

Die Folgen waren »heftige Drohungen« gegen ihre Person, die ihr ernsthaft Sorgen bereiteten. Wie also konnte sie sich absichern? »Falls mir etwas angetan wird, dann werden Freunde den Gerichten die Unterlagen überreichen.« Eine Methode, die ich mir selbst angeeignet habe in den harten juristischen Auseinandersetzungen mit der in Deutschland ansässigen Rüstungsindustrie.

*

Vandana Shiva ließ in all den Jahren nicht locker, musste dafür viel erleiden. Angriffe, Diffamierungen, Unterstellungen, Fake News gehören damals wie heute zu ihrem politischen Alltag. Das alles nicht nur wegen ihrer Umweltaktivitäten, sondern auch wegen ihrer ökofeministischen Philosophie. Bei ihren Vorlesungen treten öfter agitierende Lobbygruppen gegen sie auf, greifen sie verbal an und unterstellen ihr Lügen. »Sie sind sehr gut organisiert«, beklagt Shiva aus Erfahrung.

Selbst ihre Wikipedia-Seite ist immer wieder Gegenstand der Angriffe. »Weil ich meinen Master in Teilchenphysik gemacht habe, weil ich in Quantentheorie promoviert habe.« So wurde ihre Wikipedia-Seite wiederholt manipuliert, ihre wissenschaftlichen Abschlüsse verfälscht. »Sie ändern meine Laufbahn in Physik. Kurz darauf steht geschrieben: Ich habe nie Physik studiert.«

Ihre Schlussfolgerung: »Das ist Rufmord!« Wäre sie nicht so widerstandsfähig, dann »hätten sie mich völlig fertigmachen können«.

Auch der *Faktenfinder* der *Tagesschau* der *ARD* unterstellt Vandana Shiva, sie verbreite »Desinformation und Verschwörungsmythen«. Dabei wirkt die harte Kritik des Verfassers Pascal Siggelkow unausgewogen und einseitig.[58] Der »Gegendarstellung« in *TELEPOLIS* und auch auf ihrer Website gelingt es argumentativ, Siggelkows Vorwürfe wiederholt zu entkräften, teilweise als falsch zu entlarven.[59]

Nur gut, dass Vandana Shiva eine starke Frau ist, die sich nicht so leicht aus der Bahn werfen lässt. Eine Frau voller Überzeugungskraft, die trotz all der Anschuldigungen ihren Weg geht – als Wissenschaftlerin, als Ökoaktivistin, als Autorin.

*

Im Mai 2018 traf der High Court, das oberste Gericht in Neu-Dehli, die Entscheidung, wonach gentechnisch veränderte Pflanzen, wie die Bt-Baumwolle, nicht patentiert werden dürfen. Ein harter Schlag für Monsanto, ein harter Schlag für die gesamte Gentech-Industrie. »Ein Sieg für die Saatgutfreiheit«, urteilte Vandana Shiva über den Teilerfolg.[60] Anfang 2019 folgte allerdings das niederschmetternde finale Urteil. Am 8. Januar urteilte der Oberste Gerichtshof Indiens, die Patente zu genveränderter Baumwolle der Bayer-Tochter Monsanto seien gültig.[61]

Der Kampf ging weiter, auch in anderen Ländern. So wird die Bayer AG seit der Monsanto-Übernahme Mitte 2018 weltweit mit juristischen Klagen überhäuft. Vielfach erleidet das Leverkusener Unternehmen vor allem wegen dem Pestizid Glyphosat herbe Niederlagen – teilweise mit Schadensersatzforderungen in Milliardenhöhe.

Ganz anders die politische Entwicklung in der EU, wo Lobbyisten ganze Arbeit geleistet haben. Kaum zu glauben: Obwohl Glyphosat im Verdacht steht, krebserregend zu sein, und ungeachtet der eindeutigen Urteile von US-Gerichten, verlängerte die Europäische Kommission die Zulassung des Herbizids. Wohlgemerkt 2023, für weitere zehn Jahre.[62]

Die konfrontativen Auseinandersetzungen werden also weitergehen – in Indien, in Europa, in den USA, weltweit.

Von der Unkultur der Gewalt zur Kultur der Gewaltlosigkeit

Vandana Shiva hat – wie sie sagt – ihre Aufrichtigkeit, ihre Standhaftigkeit, ihre Empathie, ihre Liebe zur Natur von ihren Eltern mit auf den Lebensweg bekommen. »Meine Eltern waren Gandhianer.« Sie haben nach der Lehre der »großen Seele« Mahatma Gandhis gelebt. Sagt sie und schenkt mir – wie so oft in unserem Gespräch – ein freundliches Lächeln.

Was mir allerdings Sorgen bereitet: »Indien gegen Gandhi« lautet der Aufmacher der *Financial Times* vom 27. Januar 2023, aus dem ich Vandana einige ausgewählte Sequenzen vorlese. Die Quintessenz des Artikels: Der derzeitige Premierminister Narendra Modi verfolgt eine Regierungspolitik, die Gandhis damaliger Politik der Gewaltlosigkeit in vielerlei Hinsicht diametral entgegensteht.[63] Als überzeugte Gandhianerin trifft sie die harte Abrechnung der Modi-Regierung mit ihrem Idol.

Nicht minder bringen sie meine Hinweise zur aktuellen Rüstungs- und Militärpolitik ihres Heimatlandes in Rage. »Wie stehst du dazu, dass Indien die Nummer 1 der Waffenimporteure in aller Welt ist?«, frage ich sie. Zur Finanzierung der immens teuren Waffeneinkäufe würden seitens der Regierung immer höhere Steuern erhoben. Zugleich seien soziale Leistungen mehr und mehr abgebaut worden, um Geld für Waffen freizusetzen. Kaum zu glauben, »aber die arme Hälfte der Bewohner Indiens zahlt rund die Hälfte aller Steuern«, so ihre Erklärung. »Und das trotz ihres niedrigen Einkommens.« Sie wisse, das sei keine beglückende Antwort – »aber das ist die Wahrheit«.

*

Wissend um die existenziell gefährdende Situation auf dem Subkontinent, komme ich auf das bedrohlichste aller Probleme zu sprechen. »Leben die Inder und auch die Pakistanis nicht auf einem hochexplosiven Pulverfass? Indien besitzt 150, Pakistan 160 Atomsprengköpfe. Wie soll das klappen: Frieden schaffen mit Atomwaffen?«

Vandanas Gegenfrage: »Glaubst du, dass dieses Gleichgewicht des Terrors funktionieren kann?« Alle verlieren, sagt sie. Die Menschen in Pakistan, die Menschen in Indien. Denn »die Freiheit und die Idee des Friedens werden geopfert«.

Und wie empfindet sie als Gandhianerin, dass Deutschland in den vergangenen Jahrzehnten immer wieder Kriegswaffen sowohl an Indien als auch an Pakistan verkauft hat? Wissend um die Konflikte und die Kriege beider Länder?

Ihre Antwort ist erfreulich klar. Nein, sie sehe überhaupt nichts Gutes am Handel mit Waffen. Die Länder würden Kriege führen. Die Regierungen würden Menschen, die damit nichts zu tun hätten, dazu veranlassen, ihr Leben zu opfern. Und dabei verdiene man in Deutschland am Verkauf von Waffen »riesige Summen an Geld«, so ihre scharfe Kritik.

Was also können wir tun, um den internationalen Waffenhandel aufzudecken, offenzulegen? Um Widerstand zu fördern? Als ich ihr unser Projekt GLOBAL NET – STOP THE ARMS TRADE des RüstungsInformationsBüros vorstelle, zeigt sie großes Interesse. Dass die recherchierten Fälle nicht einzig in Deutsch, sondern auch in Englisch und zuweilen sogar in der jeweiligen Landessprache veröffentlicht werden, begrüßt sie sehr.

»Ich unterstütze das GLOBAL NET. Wir müssen diesen Waffenhandel stoppen, weil Waffen nicht lebensnotwendig sind.« Ergänzend fügt sie hinzu: »Sie sind lebensfeindlich, sie sind Tötungsinstrumente. Waffenhandel«, so Shiva, »fördert einzig das Blutvergießen. Er ist gegen das Wohlergehen der Menschen, überhaupt gegen unsere Erde gerichtet.«

Ihre Lebensziele seien ganz andere. Sie wolle dazu beitragen, dass jedes Kind Nahrung habe. Dass die universellen Gemeingüter Wasser, Bildung, Energie, Gesundheit für alle Menschen vorhanden seien.

»Ja, Aufrüstung und Militarisierung sind Teil einer Unkultur der Gewalt«, pflichte ich ihr bei. Längst habe ich meine Rolle als Fragesteller gegen die eines Diskutanten eingetauscht.

»Oh, ich bin so froh, dass du von der ›Unkultur der Gewalt‹ sprichst«, meint sie zustimmend. »Kultur ist positiv, Unkultur zerstörend. Gewalt stört und zerstört, sie ist das Gegenteil von Kultur«, sind wir uns einig.

»Was aber können wir tun, um die Unkultur der Gewalt durch eine Kultur der Gewaltlosigkeit zu ersetzen?«, bitte ich sie um ihre Sicht der Dinge. Vandanas Antwort zeigt einmal mehr ihren vernetzten Ansatz auf. »Zuerst müssen wir uns darüber im Klaren sein, dass wir keine Feinde der Natur sind.« Sie betone dies, weil so viele Kriegsinstrumente gegen die Natur gerichtet seien. Dazu zählt sie auch Insektizide, Fungizide und Herbizide. »Damit führen wir Krieg gegen Pflanzen.« Gentechnik sei sowohl ein Kriegsinstrument als auch ein Herrschaftsinstrument in der Landwirtschaft. Diese Wirtschaftsweise müsse ein Ende finden.

Vandanas Weg zu einer Welt ohne Hunger

Selbstverständlich kann sie sich eine friedlichere, eine bessere Welt vorstellen. »Wir müssen Frieden schließen mit der Erde«, nickt sie überzeugt, »und wir müssen erkennen, dass wir *eine* Erdenfamilie sind.« Jeder sei ein Verwandter, ein Freund. Von Menschen anderen Glaubens bis hin zu Geflüchteten, die um Hilfe bitten. Ihre Hoffnung ist, dass wir uns alle als eine Art Großfamilie verstehen – gemeinsam mit Tieren und Pflanzen. »Wir brauchen mehr Liebe und mehr Mitgefühl«, sagt die Gandhianerin.

»Aber wie können wir alle dazu beitragen, diese neue Kultur zu verwirklichen?«, frage ich mich selbst, frage ich sie. Essen sei ein Bereich, in dem jeder handeln könne, antwortet sie spontan. »Der Verzehr biologischer Nahrungsmittel ohne Chemikalien ist gewaltlos.« Das sei der größte Schritt, den die Menschen machen können. Das sei »ein Schritt, den jeder von uns machen kann. Einzeln oder zusammen in der Gemeinschaft.«

So visionär manch eine ihrer Aussagen erscheinen mag, so konkret arbeitet sie seit Langem an deren Umsetzung. Bereits bei der UN-Konferenz für Umwelt und Entwicklung beriet sie 1992 ihre Regierung. Dort in Rio de Janeiro bewirkte sie mit anderen, dass die Delegation aus Neu-Delhi den Klimavertrag und den Biodiversitätsvertrag unterzeichnete.

Das Erfreuliche: Indien beteiligte sich sogar aktiv an den Verhandlungen zu den drei völkerrechtlichen Konventionen zur Bekämpfung der Wüstenbildung, zum Schutz der Biodiversität und zum Klimaschutz. »Die wurden in den Vertrag aufgenommen«, wie sie zufrieden feststellt.[64]

Die Umsetzung dieser Beschlüsse benötigt so viel Zeit, dauert viel zu lange. Indien müsse handeln. Denn »wir erleiden in diesen Jahren schlimmste Umweltkatastrophen. Weil wir den dritten Pol haben, den Himalaya«, so die Wissenschaftlerin. »Das vorgelagerte Gebirge, aus dem ich komme, schmilzt beängstigend schnell.« Nein, die Klimakatastrophe werde weder vor dem Himalaya noch vor den Bergketten davor haltmachen.

Und noch ein Problem, das sich mit jedem Jahr unzureichender Maßnahmen verschärft: Indien verfügt über eine Küstenlänge von rund 7000 Kilometern – dicht besiedelt von Millionen Menschen. »Angesichts des Anstiegs des Meeresspiegels, zunehmender Wirbelstürme und all der Extreme erleben wir mehr und mehr Katastrophen.«

Was also muss getan werden? »Die Verursacher müssen zahlen!«, fordert sie mit Nachdruck. »Wir müssen Systeme schaffen, um diejenigen in die Pflicht zu nehmen, die das Klimasystem zerstören.« So ließen sich die Emissionen stoppen.

Ihre zweite Forderung betrifft die fossilen Brennstoffe. »Die Dörfer, mit denen ich zusammenarbeite, beweisen: Ohne fossile Brennstoffe kann man mehr und gesunde Lebensmittel anbauen.« Zugleich kann sich die Artenvielfalt regenerieren, können mehr Nahrungsmittel produziert werden. Man könne mit biologischem Landbau alle Menschen auf der Erde ernähren – und damit den weltweiten Hunger überwinden.

Im Jahr nach der Umweltkonferenz in Rio bekam Vandana Shiva den »Right Livelihood Award« zugesprochen. Den sogenannten »Alternativen Nobelpreis« erhielt sie für ihre Leistung, die Ökothematik auf das Tableau weltweiter Diskurse gebracht zu haben. Sowie für ihre Problematisierung der oftmals unzureichenden gesellschaftlichen Stellung von Frauen. Damit wurde sie auch als eine der Mitbegründerinnen des »Öko-Feminismus« ausgezeichnet.

*

Ihre Antwort zur Ernährung aller Menschen leitet mich zur Frage nach den Chancen der Überwindung des dramatischen Nahrungsmittelmangels auf der Erde. Laut Welthunger-Index 2023 leiden mehr als 730 Millionen Menschen an Hunger, so mein Hinweis (bedeutende Angaben, die sich auf der Website der Welthungerhilfe abrufen lassen).

»Der Grund für den Hunger der Menschen liegt darin, dass sie sehr ineffiziente Produktionssysteme mit fossilen Brennstoffen und Chemikalien geschaffen haben, die viel mehr Ressourcen verbrauchen«, so ein Ergebnis ihrer Jahrzehnte währenden Forschungen. Die durch die industrielle Landwirtschaft erzeugten Monokulturen seien kontraproduktive Systeme. Die dabei verwendeten Chemikalien würden den Lebensmitteln immens viele Nährstoffe entziehen.

Ein weiteres wichtiges Problem sei die Schuldenfalle, in die Millionen Kleinbauern aufgrund der Kredite für teures Saatgut und Pestizide getrieben worden seien. Vandana Shivas Analyse zeigt die ganze Absurdität in der Entwicklung der indischen Landwirtschaft auf.

»Viele Bauern mussten jedes bisschen Reis, das sie angebaut hatten, verkaufen. Nur um die Schulden zurückzuzahlen, die sie durch den Kauf von Chemikalien angehäuft haben.« In der Folge »leiden sie selbst Hunger, obwohl sie Reis anbauen«. Ihr Vorwurf: »Die Schuldenfalle ist also eine entscheidende Quelle des Hungers in der Welt.«

Bereits heute leben mehr als 1,41 Milliarden Menschen auf dem indischen Subkontinent. Indien wird alsbald, noch vor China, zum bevölkerungsreichsten Land der Erde werden. Die eigentliche Lösung des Ernährungsproblems in Indien, auch weltweit, »liegt in der Intensivierung der Artenvielfalt im Boden, bei den Pflanzen, den Insekten«.

Vieles von dem, was Vandana Shiva in unserem Gespräch anspricht, findet sich differenziert in ihrem aktuellen 400-Seiten-Buch *Agrarökologie und echte regenerative Landwirtschaft. Nachhaltige Lösungen für Hunger, Armut und Klimaveränderungen.* Im Mittelpunkt ihrer Vorstellungen einer intakteren Welt steht die regenerative Landwirtschaft, ausgerichtet nach ökologischen Prinzipien.[65]

Dieses System »wäre weitaus produktiver, wenn man Ernährung und Gesundheit als Gradmesser ansetzen würde«. Anstelle des Ertrags pro Hektar müsse man den Nährwert pro Hektar messen. Shivas Studien zeigen, dass es tatsächlich mehr Nahrung gäbe, wenn man die biologische Vielfalt wieder erhöhen würde.

»Das ist die Magie der Natur«, sagt sie hoffnungsfroh.

Gandhis Inspiration und Shivas Saatkorn

Vandana Shiva spricht voller Achtung von den Werten ihres lebensprägenden Vorbilds Mahatma Gandhi. Von Swaraj, der Selbstkontrolle, von Ahimsa, dem Prinzip der Gewaltlosigkeit, von Satyagraha, der lebenslangen Wahrheit.

Indien sei ganz anders als Europa. Eine so alte Zivilisation mit so vielen Menschen. Und dennoch sehe man auf indischem Ackerland mehr Bäume und mehr Tiere als im Westen. »Die respektvolle Beziehung aller Lebewesen untereinander hat Gandhi mit seiner Gewaltlosigkeit wiederbelebt«, sagt sie andächtig. Und deshalb »feierte er das Kleine, feierte er das Lokale, feierte er das Langsame, feierte er die Gemeinschaft«.

Treffend formuliert es Shivas französischer Co-Autor Lionel Astruc in ihrem gemeinsamen Buch *Eine andere Welt ist möglich*: »Im Andenken an Gandhi hat Vandana Shiva das Saatkorn zum Sinnbild ihres Kampfs gemacht.« Dabei geht es ihr um weitaus mehr als um die Landwirtschaft allein. »Für Vandana ist das Saatgut ein Katalysator für so wichtige Fragen wie Demokratie, Frieden, gesellschaftliches Engagement und Feminismus«, weiß Astruc.[66]

Vandana Shiva zieht eine positive Zwischenbilanz. »Uns ist es absolut gelungen, natürliches Saatgut in Indien zu erhalten. Ist das nicht schön?« Wohlwissend, dass sie noch nicht am Ziel ihrer Träume angekommen ist, trägt sie Gandhis Lebensweisheit im Herzen: Es gibt keinen Weg zum Frieden, Frieden ist der Weg.

***

Weitere Informationen:

- Website von Vandana Shiva, https://vandana-shiva.de (deutschsprachig)
- Navdanya als erd-, frauen- und bauernzentrierte Bewegung zum Schutz biologischer und kultureller Diversität, www.navdanya.org (englischsprachig)

***

KAPITEL 9

Sarah Heiligtag. Tierethische Landwirtschaft, die zukunftsweisende Impulse setzt

September 2023. Der Hochsommer zeigt sich von seiner allerbesten Seite. Begleitet von meinem Freund Stephan Möhrle besuche ich Sarah Heiligtag auf ihrem Lebenshof mit dem überraschenden Namen »Hof Narr«. Gelegen im Dörfchen Egg, zehn Kilometer südöstlich von Zürich. Von hier aus hat man einen einmalig schönen Blick über den Greifensee auf das Alpenpanorama.

Sarah empfängt uns so offenherzig, als ob wir uns zuvor schon oft begegnet seien. Dabei lerne ich die 44-jährige gebürtige Kielerin, die bereits seit ihrer Kindheit in der Schweiz lebt, heute zum ersten Mal kennen. Ihr Bauernhof ist ein Kleinod, auf dem kein Lebewesen das andere fürchten muss. Auf dem Menschen und Tiere eine Gemeinschaft bilden. Auf dem die Achtung vor dem Leben das höchste Gut ist – wie wir in dem Gespräch erfahren und bei der folgenden Hofführung hautnah erleben dürfen.

Wir setzen uns an den Holztisch neben dem Wohnhaus. Von Pflanzen umrankt, von Tieren umgeben, mit Blick auf die Scheune. Wiederholt hüpft ein nach Lust und Laune gackerndes Huhn auf die Tischplatte. Quaken die Frösche direkt nebenan ein vielstimmiges Konzert. Macht sich einer der Esel in einer Lautstärke bemerkbar, die eingestandenermaßen gewöhnungsbedürftig ist.

Wie denn der Name »Hof Narr« zustande gekommen sei, will ich erst einmal wissen. »Mit Hand, Herz und Verstand für unsere Zukunft«

zeigt das lindgrüne Logo die Silhouette eines Narren, umgeben von Tieren. Sarah grinst. »Als wir vor ungefähr elf Jahren wussten, dass wir diesen Hof tatsächlich übernehmen können, war natürlich die Namensfrage ein großes Thema.« Beim Frühstück mit ihrem Mann »hat einer von uns Hof Narr gesagt«.

Und doch kein reiner Zufall, vielmehr eine durchdachte Benennung, wie der vielsagende Vergleich mit der Historie belegt. Der Hofnarr sei doch derjenige gewesen, der dem König unverblümt die Wahrheit auf eine lustige Art spiegeln durfte. »Er konnte immer so weit gehen, bis er geköpft wurde.« Also ging es darum, immer zu schauen, dass er sich zwar weit hervorwagte, aber nicht zu weit. Auf jeden Fall »durfte er Kritik üben an der Staatsführung des Königs«.

Auch heute gehe es wieder darum, »der Gesellschaft den Spiegel vorzuhalten«, sagt Sarah. Und zwar mit allen bekannten Fakten zu all den Problemen. Aber eben angepasst ans Zielpublikum, mit einer Prise Humor.

Früh, im Alter von 19 Jahren, kam sie mit ihrem Mann Georg zusammen. Noch während des Studiums führten sie viele Gespräche, entwickelten tausend Ideen, wollten Veränderungen.

Sarah studierte Philosophie. Seither wusste sie: »Wir haben alle Theorien, wie die Welt eine bessere sein könnte, aber die Praxis fehlt.« Eine Erkenntnis, die sie noch eine landwirtschaftliche Ausbildung absolvieren ließ. Ihrem Ehemann Georg ging es nicht anders in seinem Studienbereich Umweltnaturwissenschaften.

Aus ihrer Erfahrung erwuchs eine Erkenntnis: »Wir müssen Unternehmen beraten, wie sie etwas besser machen können.« Alsbald aber merkten sie: »Obwohl so viel Wissen da ist, passiert immer noch so wenig. Wir müssen irgendwie anders da ran.« Wichtiges Wissen auf ihrem Weg zum eigenen Lebenshof.

*

Während uns die Bäuerin ihr Konzept erklärt, flitzen immer wieder Schulkinder an uns vorbei. Sie suchen Tiere auf, fühlen sich sichtlich pudelwohl zwischen all den Truthennen, Enten und Hühnern, Hunden und Katzen, Ziegen und Schweinen, Schafen, Eseln und Pferden. Keine Frage, Sarah Heiligtag hat Kinder in ihr Herz geschlossen. Sie will ihnen bewusst machen, »wo sie gebraucht werden, wo sie Verantwortung wahrnehmen können – als einzigartige Lebewesen«. Und sie »will Kindern Mut machen«, indem sie ihnen aufzeigt, dass alles anders sein kann. Dass es nicht so bleiben muss, wie es ist.

Ja, die Schweizerin ist eine Frau, die die Welt bewegt. Sie bringt schon der jüngsten Generation den Gedanken nahe, »dass wir gemeinsam eine Welt erschaffen können, von der unser Herz bereits weiß, dass sie existiert«.

Dabei freut sie sich über das positive Feedback, das sie vielfach erhält. Auch deshalb, weil weit mehr als 100 Tiere ihr Leben dem Hof-Narr-Team verdanken. Die meisten von ihnen wären jung getötet worden. Weil sie den industriellen Anforderungen zur Milch- oder Fleischproduktion nicht gerecht geworden wären, erklärt Sarah. Manche der Tiere seien behindert geboren oder schwer misshandelt worden.

Hier setzt das Konzept der Lebenshöfe an. Sie wollen »viele andere Menschen überzeugen, sie als Mittäterinnen und Mittäter gewinnen«. So bieten sie »die einmalige Möglichkeit, das direkte Erleben der Verbundenheit mit Tieren und unserer Umwelt mit den aktuellen Problemen und Fragestellungen« zu verknüpfen. Sei es bei den Themen Tierschutz, Ethik oder Nachhaltigkeit.[67]

*

Heiligtags tiefgreifende philosophische Gedanken beruhen auf Jahrzehnte währender Erfahrung. Sie kann sich gut daran erinnern, dass zentrale Impulse in ihrem Leben bereits ihren Ausgangspunkt in der Kindheit hatten, und wie diese damals von ihr wichtigen Bezugspersonen weiter gefördert wurden.

»Dabei lebte ich lange im Widerstand gegen die Ungerechtigkeiten auf dieser Welt. Gegen all diese Sachen, die passieren und gegen die ich gekämpft habe.« Prägend war ein Erlebnis mit einem ihrer Patenkinder, das gesagt hat: »Es inspiriert mich, was du tust. Und es berührt mein Herz.« Daraus hat sie den Schluss gezogen, »ich muss doch bei den Kindern anfangen«.

Seither bestärkt sie den Gerechtigkeitssinn, den sie gerade bei jungen Menschen stark ausgeprägt sieht. Von uns Erwachsenen »können sie lernen, wie es anders geht, was sie machen können«. Dabei fängt die Landwirtin auf ihrem Lebenshof an.

Dort können sich Kinder aller Altersgruppen Tag für Tag »Tiere als Beispiel nehmen«. Sie können hier erleben, wer die Tiere sind und warum es sich lohnt, sich für sie einzusetzen. »Und was das für einen Unterschied für die Tiere macht, wenn man sich um sie kümmert.«

Längst hat sie für sich entschieden, nicht »nur« gegen etwas zu kämpfen, was sie am Ende mürbe macht. Heute möchte sie parallel dazu mehr: »Ich will etwas aufbauen, etwas stärken.« Wohlwissend um das entscheidende Faktum: »Die Kinder sind unsere Zukunft.«

Umgekehrt können Erwachsene auch von den Kleinen lernen, denn sie sind »geniale Philosophinnen und Philosophen«. Sie merke immer wieder, dass junge Menschen »die Welt ganz neu denken«. Der Grund: Sie sind noch nicht so gefangen in Strukturen wie die Erwachsenen. Wenn man »mit der Power von Kindern ein neues, zukunftsfähiges Miteinander schafft, dann hat man doch schon fast gewonnen«, lächelt mich Sarah an. Dabei waren die Wege zur Finanzierung und Umsetzung ihres Lebenshofes nicht immer einfach, oder sagen wir, sie waren und sind kreativ. Ich habe den Eindruck, dass es genau diese Herausforderung ist, die Sarah reizt.

Gewinne dank Gemüse und treuer Tierpaten

Auf ganzer Linie gewonnen hat Sarah Heiligtag noch lange nicht. Schließlich gilt es, die festgefahrene konventionelle Landwirtschaft mit ihrer profitorientierten Nutztierhaltung zu transformieren.

Deshalb hat sie sich im Herbst 2017 auf einen Weg begeben, den sie mit ihrem Mann und ihren Mitstreiterinnen und Mitstreitern seither konsequent verfolgt. Ihr immenser Vorteil: Die Bäuerin kann die breit gefächerten Erfahrungen einer ungewöhnlichen beruflichen Laufbahn mit einbringen. Als Philosophiedozentin hatte sie gelehrt, »wie die Welt anders sein könnte, welche Ungerechtigkeiten es gibt und wo wir ansetzen müssen«.

Eines Tages aber hat die Tierethikerin gemerkt: Das reine Theoretisieren verändert die Welt noch lange nicht.

»Wenn wir sagen, was heute schiefläuft, dann müssen wir zugleich zeigen, wie es anders laufen könnte.« Aus dieser Erkenntnis erwuchs die Idee eines »Mikrokosmos, den wir schaffen wollten«. Will heißen: »Wir zeigen, so könnte es im Kleinen anders funktionieren, so kann es vielleicht dann auch im Großen anders funktionieren.«

Das Ergebnis beeindruckt: Das friedliche Miteinander durch eine umweltfreundliche Landwirtschaft ohne Schlachtung hat viele überzeugt. Auch davon, dass das Zusammenleben unterschiedlicher Menschen mit ganz verschiedenen Biografien möglich ist – »jung und alt und aller Couleur«. Obst und Gemüse werden lokal angebaut und verkauft. Zugleich führt das ganze Hofkonzept vor Augen, wie die Menschheit sich gesünder ernähren sollte: von Pflanzen und nicht von Tieren.

Das wohl Überraschendste daran: Das Modell ist nicht nur ethisch ausgerichtet, es trägt sich auch finanziell. Menschen generieren ihr Einkommen »über die biovegane Landwirtschaft, die aufgrund von Flächeneffizienz viel mehr Haushalte ›füttern‹ kann, als wenn der Umweg über die Tierfütterung genommen wird«.

Ein zentrales Standbein des aktuellen Lebenshof-Konzeptes ist außerdem das Unterstützungssystem für jedes einzelne Tier. »Wir haben Patenschaften, die die Leute auch wirklich involvieren«, erklärt Sarah Heiligtag. So können die Paten, die ein Tier sponsern, mit ihren Familien zu Besuch kommen und sich kümmern.

In der Praxis entstehe »richtig Schönes für die Familien, für die Menschen, für das Tier«. Für manche werde, so ihre Erfahrung, aus dem Nutztier sogar ein Freund. Zusätzliche Einkünfte würden sich dadurch erzielen lassen, dass Firmen auf dem Hof angemessene Events ausrichten.

Dank des einträglichen Systems der Tierpaten bleibt Zeit für Öffentlichkeitsarbeit, für Führungen, zum Beispiel von Schulklassen, Vorträge und Veranstaltungen. All diese Formen der Tierfinanzierung »werden im Verein Hof Narr generiert«, erklärt Sarah. Mittlerweile sei der Lebenshof auch zu »einer Art Plattform für nachhaltige Unternehmen« geworden. Sarah Heiligtag vergleicht das helfende Engagement der Hofnarren mit dem einer Nicht-Regierungsorganisation, die auch Bildungsarbeit betreibt.

Im Fokus aber steht immer die Nahrungsmittelproduktion. Die Menschen, die auf dem Hof arbeiten, sind vor allem in der Landwirtschaft tätig. »Wir produzieren ganz viel Gemüse und Obst, Getreide und Hülsenfrüchte, die wir unter anderem im Direktverkauf vermarkten«, erklärt Sarah. Auf Stephans Frage hin, woher das Saatgut komme, verweist sie auf die Kooperation mit anderen Höfen. Auch auf die Gärtnerei, die Saatgut produziert, von der sie auch Setzlinge nehmen. Ziel sei nicht möglichst autark, sondern möglichst vernetzt zu sein. Natürlich bleiben alle Unternehmen außen vor, die wie der Agrarkonzern Monsanto nicht-biologisches Saatgut herstellen.

Hinter allem stecke »ein ganz tolles Konzept, sogar mit einer Spitzenküche«, schwärmt Sarah. Wieder so ein Moment, in dem die »Hofnärrin« ein genüssliches Grinsen auf den Lippen hat. Gerne empfiehlt sie das Restaurant Kle in Zürich, wo ihr Obst und Gemüse »sehr lecker, sehr ökologisch und sehr durchdacht« zubereitet und serviert wird. Auch das ist ein nachhaltiges Konzept in der Zusammenarbeit, das Leute inspiriert, Kochkurse anbietet, Appetit macht. »Was für eine Verbindung vom Landwirt zum Verteiler bis zum Verbraucher«, freut sie sich.

Der naturnahe Lebenshof als heilender Lebensort

Kein Wunder also, dass auch viele Anhänger der Tierrechtsbewegung hierher in die ländliche Region südöstlich von Zürich kommen. Unter den Besuchern sind eine Menge junger Menschen. In der Schweiz habe es immer wieder an Orten gemangelt, wo man sich gemeinsam über Themen der Tierrechte austauschen kann. Wo es möglich ist, Tiere hautnah zu erleben und die Nähe zum Tier wirklich zu verinnerlichen. »Die Menschen müssen das spüren. Sie müssen Kraft tanken, um neue Motivation zu erhalten. Das ist ganz, ganz wichtig«, zeigt sich Sarah überzeugt. Dann begreifen sie noch einmal mehr, dass ein Tier »ein Lebensrecht an sich« hat. Aus diesem Grund spreche man von »einer lebenswerten Umgebung, Lebewesen, Lebensweg, Lebenshof«. Das Wort »›Leben‹ ist im Lebenslauf sehr stark drin«.

Bei alledem gehe es auch um die Zukunftsfähigkeit des Menschen und unserer Erde. Genau deshalb stelle sich die folgende Frage: »Wie können wir so leben und uns so ernähren, dass unsere Enkel noch einen lebenswerten Planeten vorfinden?« In diesem Sinne ist es wichtig, »dass man miteinander eine Gesellschafts- und Lebensform entwickelt, in der die Zukunft noch Platz hat«.

Für Sarah Heiligtag ein Grund, warum auf dem Lebenshof Menschen mit ganz unterschiedlichen Geschichten zusammenkommen. Auch traumatisierte Menschen, geflüchtete Menschen, junge und ältere Menschen mit unterschiedlichen Hintergründen. Mit dem Ziel, eine gewisse Zeit gemeinsam hier zu verbringen. So wird der Lebenshof nicht selten zum Lebensort.

»Manche Menschen, die wir unterstützen mit ihrem Gesuch in der Schweiz bleiben zu können, müssen nicht mehr zurück in das Land, in dem sie bedroht sind«, freut sich Sarah über ihre Art der Flüchtlingshilfe. So sei es gelungen, ein Kind, das seinen Vater verloren hat und deswegen nicht mehr sprechen kann, an die Tiere heranzuführen. Auf dem Lebenshof habe es gelernt, wieder sozial zu interagieren – um nur ein Beispiel unter vielen zu nennen. Wenn traumatisierte Menschen mit Tieren zusammenkommen, können sie Heilung erfahren. Einerseits geht es aus Sarahs Sicht um das Dasein einzelner Individuen. Andererseits aber auch um ihr Recht, hier auf diesem Planeten zu leben – »den wir alle teilen, Mensch und Tier«.

Widerstand gegen die Welle der Veränderung

»Hey, es ist möglich, ein anderes Zusammenleben zu gestalten«, freut sich die Schweizerin, einmal mehr breit grinsend. Zumal »ganz viele andere Landwirte diesen Weg mit unserer Unterstützung auch gehen«, sagt Sarah zufrieden. Landwirte, die ihrerseits weitere inspirieren. Dieser Multiplikatoreffekt sei eine große Motivation für jede und jeden: »Ich kann etwas Kleines beitragen, es strahlt hinaus. Wir haben die Welle der Veränderung mit angestoßen.«

Das Geheimnis ihres Erfolges liegt auch darin begründet, dass das Eggener Lebenshof-Team nicht nur über Veränderung redet, sondern zeigt, wie sie praktisch funktioniert. Wichtig ist dabei, die Beteiligten allesamt einzuladen und mit ihnen zu diskutieren. Um herauszufinden, an welchem Punkt jeder seinen Teil beitragen kann. »Und einfach ins Tun zu kommen, also von der Theorie ins Handeln zu wechseln. Komm, lasst uns jetzt zu jeder Klimademo gehen!«, sagt sie zu denen, die zu ihr auf den Hof kommen.

Sarahs Tipp an alle zaudernden Zeitgenossen: »Es gibt so viele Bereiche, in denen man handeln kann!« Nein, man dürfe nicht blockieren, nicht »in der Freeze Position sitzen« und denken: »Alles ist so schlimm, wir haben keine Chance mehr, wir haben keine Zukunft.« Heiligtag hält mit ihrer Frauenpower dagegen: »Doch, wir können alle was tun!«

Um auch die letzten Zweifler zu überzeugen, bedürfe es durchaus immenser Überzeugungskraft. »Denn es braucht Mut zu sagen: Ich mache es anders. Ich fange an, eine neue Realität zu schaffen.« Sprich, »ich stelle meinen kompletten Bauernhof um und schlachte keine

Tiere mehr«. Auch keine Schlachtungen aufgrund von Geburten auf dem Hof. Bei ihnen stellt sich diese Frage ohnehin nicht: Die Tiere, die zu ihnen kommen, »werden meist direkt in der Industrie kastriert«. Außerdem seien »viele Tiere unfähig, Nachwuchs zu haben, weil das in der Tierproduktion meist künstlich geregelt wird«. Die einzige Ausnahme sei, wenn ein Tier »schwanger gerettet« werde. Dann ist es ein natürlicher Teil der Tiergemeinschaft und verbringt zusammen mit dem Nachwuchs seine Zeit auf dem Lebenshof.

Es brauche »immer den Mut zur Veränderung«. Sie verspürt durchaus eine Blockadehaltung, vor allem wenn die Kritik von außen kommt. Von denen, die es noch nicht mitmachen, die sich angegriffen fühlen. Die sagen, ich habe es doch schon immer so gemacht.

Wer sich, wie die Mutmacherin Sarah Heiligtag, weit aus der Deckung wagt, wer konsequent mit dem traditionellen System bricht, wer der Fleischindustrie offen entgegentritt, der muss mit Reaktionen rechnen. Nein, nicht vor Ort in Egg, sagt Sarah. Aber »eben woanders, in Fernsehshows oder auf Messen oder irgendwo, wo eine Konferenz stattfindet oder wo ich einen Vortrag halte«, sieht sie sich mit Anfeindungen konfrontiert. »Allerdings haben wir auch schon mal einen Schweinekopf per Post bekommen«, erinnert sich die Aktivistin vom Lebenshof Hof Narr.

Sarah möchte »kein verzweifeltes Schrauben an einem zerstörerischen System. Ich möchte zeigen, dass es grundsätzlich anders geht. Oft ist es einfacher, etwas komplett neu zu denken, als ewig nach der ›besseren‹ Variante des Alten zu suchen.« Daher kämen Landwirte zu ihnen, »die eine grundsätzliche Veränderung wollen«. Für alles andere gebe es andere Organisationen, die auch helfen würden. Natürlich weise sie niemanden ab, »es entsteht meist von ganz alleine durch die Gespräche der Wunsch, größer zu denken und nicht nur auf ein paar Quadratmeter mehr Weide zu setzen«.

Dabei reiche der Streit über einen neuen Weg tierethischer Landwirtschaft weit in die Familien hinein. Da gebe es Betriebe, in denen der Sohn völlig auf die Tierschlachtung verzichten und deshalb umstellen wolle – und damit dem Vater entgegentrete. Da habe sie selbst »auch schon hanebüchene Sachen unter Landwirten erlebt«. Der Vater des einen, der umstellen wollte, sei wütend gewesen, außerdem alkoholisiert. Unversehens wurde Sarah Heiligtag in einem Kellerraum eingesperrt. Der Mann holte sein Gewehr, das ihm zum Glück später von der Polizei abgenommen wurde. Sicherlich ein Einzelfall. Doch bekanntlich sind selbst Hofnarren manchmal gefährdet, wenn sie ihr Weltbild offen aussprechen.

Man dürfe den Betriebskonflikt nicht unterschätzen, weiß die Tierethikerin. Beispielsweise, wenn in einer Betriebsgemeinschaft einer von zwei Brüdern sagt, er »möchte keine Schweine mehr abmurksen«. Und der andere Bruder meint, er mache weiter wie bisher. Wenn die beiden wirtschaftlich miteinander verbunden seien, »dann kann es untereinander wirklich zur Sache gehen«.

Erlebt habe sie aber auch, dass sich die Sache zum Guten wenden könne, und das gerade mal vor einem halben Jahr. Ein Kritiker habe die Tierethikerin »wirklich extrem niedergemacht«. Nach einem Beratungsgespräch habe er sich entschuldigt und eingestanden, er habe anfangs einfach überhaupt nichts verstanden.

Dieses Eingeständnis finde sie »eine gute Sache, da besteht echt noch Hoffnung«.

Transformation durch Revolution

Wieder warten wir geduldig, bis ein brüllender Esel sich beruhigt hat. Dann fährt Sarah mit einem ernsten Thema fort. Immer mehr Bauern plage ihr Gewissen, fühlende Lebewesen auszubeuten. Darunter würden viele leiden und nach neuen Wegen suchen. Fortan begleitet uns ein Zauberwort bei unserem mehr als zweistündigen Gespräch. »Die von uns sogenannte TransFARMation führt auch zu einer Bewegung unter den Landwirten, die sich an uns wenden und sagen, wir möchten das nicht mehr so machen, wie wir es heute tun.«

Immer mehr von ihnen fühlen sich durch die Idee von Lebenshöfen inspiriert. Mit dem ethisch verantwortlichen, zugleich Gewinne erzielenden Lebenshof in Egg erkennen sie eine neue Chance. Mit einem Mal erscheint es völlig überflüssig, einfach nur weiterzumachen wie bisher, wenn man eine sinnhafte Alternative aufgezeigt bekomme.

Es gehe um eine Transformation an der Basis, um die Agrarwende in den Bauernhöfen selbst. »Die begleiten wir«, versichert die Philosophin. »Vom heutigen Tag, an dem sie noch Tiere ausbeuten. Bis zu dem Tag, an dem sie alles ohne unsere Unterstützung ganz selbstständig und ganz anders machen.«

Die Lebenshof-Leute dürfen durchaus stolz auf das bereits Erreichte sein. Denn in den letzten viereinhalb Jahren begleiteten sie allein in der Schweiz mehr als 150 Bäuerinnen und Bauern mit ihren Höfen bei der Umstellung auf das Konzept des Hof Narr-Lebenshofes – Tendenz steigend. »Höfe, die von uns beraten und begleitet werden, machen keine Viehwirtschaft mehr.« Sie würden vielleicht mit Tieren im Sinne der Landschaftspflege kooperieren. »Aber sie besamen sie nicht mehr, nehmen ihnen die Kinder nicht mehr weg und setzen in der Produktion auf pflanzliche Landwirtschaft.« In die Zukunft gerichtet sagt Sarah: »Die Zeichen der Zeit deuten immer mehr in Richtung Proteinwende, daher werden andere Höfe auch ohne uns diesen Weg gehen.« Manch einer würde bei den Hof-Narren vorbeischauen und sich zeigen lassen, wie das mit der rein pflanzlichen Produktion gehe. Allerdings, so ihr Hinweis, würden die meisten Höfe ohne Tierpatenschaften arbeiten, »einfach mit alternativer Produktion«.

»Wow! Und diese Höfe wirken wiederum auf ihre Art. Wie wunderbar!«, sagt eine mit ihrem Team und sich zufriedene Sarah Heiligtag.

Der Optimismus der Lebenshof-Leiterin scheint berechtigt. Im schweizerischen Agrarsystem hätten gewisse Veränderungen »plötzlich eingesetzt, die vorher undenkbar gewesen wären«. Vorher habe es geheißen, in der Schweiz sei alles gut mit der Landwirtschaft – jetzt befinde sich vieles im Wandel.

Selbst im Bauernverband, in dem viele Mitglieder »noch sehr, sehr konservativ« seien, zeige man sich inzwischen offen für Veränderung. »Das ist aus dem entstanden, was mit der Diskussion über Transformation bewirkt wurde.« Heutzutage spreche man über Zukunftsfähigkeit, über Nachhaltigkeit, über friedliche Landwirtschaft. Über Möglichkeiten, alles anders zu machen. Und sogar, dass man runtergehen müsse vom viel zu hohen Fleischkonsum.

All diese Themen stünden »in den letzten zwei, drei Jahren plötzlich auf dem Plan, bei jeder möglichen Veranstaltung«. Zufrieden bilanziert Sarah: »Da sind wir sicher nicht unbeteiligt.« Wobei das *wir* weitaus mehr meint als den einen Lebenshof nahe des Greifensees. Ganz konkret bedeutet das: Die Lebenshof-Leute werden zu Veranstaltungen eingeladen, nehmen an zahlreichen Diskussionsforen teil. »Ohne dass wir dafür Angriff auf Angriff starten müssen.«

Fast überschwänglich resümiert sie angesichts dessen, was sich gesellschaftlich gerade bewege: »Ich finde, wir sind am Anfang einer großen Revolution.«

Philosophisches im Schweinestall

Eine Tierart hat es der Tierethikerin mehr als alle anderen angetan. Schon als Kind hatte sie dem Metzger von nebenan Briefe geschrieben, hatte Bilder gezeichnet mit der einen Botschaft: »Lasst bitte die Schweine in Ruhe.« Sarahs Herzenswunsch war und ist es, »den Menschen die Schweine näherzubringen«.

Das Problem dabei: Zwar leben in manchen Orten der Schweiz mehr Schweine als Menschen. Doch man sehe sie nie. Deshalb könnten »die Menschen viel weniger Verbundenheit mit ihnen empfinden«. So hat es sich Sarah zur Aufgabe gemacht, »diese Tiere in die Gesellschaft hinein zu holen«.

Genau das praktiziert sie mit vielen Besucherinnen und Besuchern ihres Lebenshofs. Und auch mit mir an diesem Tag: Sie weist mir den

Weg zu den Schweinen, die an diesem heißen Septembertag völlig relaxed im Stroh liegen, alle viere von sich gestreckt. Sarah schweigt eine Weile. Was gut ist, so kann ich den Schweinen beim Atmen zuhören. Als sie nach einigen Minuten zu sprechen beginnt, habe ich mich längst entspannt zwischen die mannsgroßen Sauen gelegt. Erst als das Schwein links von mir zu grunzen beginnt, wird mir bewusst, dass ich es in dem Moment am Bauch kraule.

Dieses wohlige Gefühl der Verbundenheit von Tier und Mensch weicht zusehends, als die Tierethikerin davon erzählt, welchen Status Schweine in unserer Gesellschaft haben. Wie bei uns mit diesen Tieren umgegangen wird.

Die Realität der Nutztierhaltung sei vielfach brutal. »Wenn man anschaut, was Schweine alles gerne machen und was sie alles gerne wollen, dann ist das natürlich eine extreme Gewalt, die ihnen in der konventionellen Landwirtschaft nicht selten angetan werde«, fühlt die Biobäuerin mit den Tieren. »Für die ist das ein lebenslanger Dauerstress.«

Und zwar nicht primär deswegen, weil ihre Körperteile vermarktet werden. »Die systematische Gewalt besteht nicht, wie viele denken, in der Schlachtung an sich.« Längst habe ich mich wieder aufrecht hingesetzt und höre gebannt zu. »Sondern schon bei allem, was ihnen davor genommen wird.« Dass sie nicht aus dem Gebäude rauskönnen. Dass sie nicht bei ihrer Familie sein dürfen. Dass sie in großen Hallen eingesperrt werden. Dass es viel zu viele Individuen auf engem Raum seien. Dass sie nur Futter und Wasser bekommen und alle anderen Bedürfnisse beschnitten werden, bevor man sie letztlich verarbeitet.

Dabei seien Schweine eben nur ein Beispiel von mehreren in der Massentierhaltung. Auch wenn ich selbst seit Mitte der 80er-Jahre vegetarisch lebe, haben mich manche ihrer Schilderungen doch betroffen gemacht. Immerhin weist Sarah Heiligtag den Weg nach vorne. An ihrem Modell sehe man, wie man sich auch anders ernähren und was für Pflanzen man in unseren Breitengraden anbauen könne. »Denn bei uns geht es um einen friedlichen Lebensstil.« Vermeidbarer Schaden müsse auch wirklich vermieden werden. »Wir zeigen, wie es anders geht.« Dabei gelte es, den Boden viel effizienter zu nutzen. Nahrung solle für Menschen angebaut werden – und nicht für Tiere, die dann wieder von Menschen aufgegessen werden.

Sarah Heiligtag hat sich längst national wie auch international einen Namen als standhafte Streiterin für Tierrechte gemacht. »Tiere haben Rechte«, so ihre Begründung. »Menschen wie auch Tiere sind empfindungsfähig, sie können Leid und auch Glück fühlen.«

Doch anders als Hunde und Katzen, die die Gesellschaft hege und pflege, würden Hühnchen und Truthähne, Schweine und Rinder als reine Nutztiere betrachtet. »Was aber macht das für einen Sinn? Aus welchen Gründen streicheln wir die einen und verhackstücken die anderen?«, fragt die Tierethikerin. Tiere dürften nicht nach Belieben ausgebeutet werden. Philosophisch gesehen hätten wir Menschen sogar die Pflicht, Tieren nicht weh zu tun. »Darauf bauen auch die Tierrechte auf.«

Sarah Heiligtags Appell richtet sich an alle ihre Mitmenschen. »Jeder von uns sehnt sich nach dem eigentlichen Glück des Miteinanders und Füreinanders. Nach einer Sinnhaftigkeit in dieser Welt.«

*

Zum Schluss unseres Besuches verbringen wir noch einige Zeit in den Ställen und auf den Weiden. Dabei bleibt mir eines nachdrücklich in Erinnerung. Ich bin Tieren begegnet, die nicht weggelaufen sind. Tieren, die auf mich zukamen. Tiere, die an mir gerochen und die mich abschleckt haben. Ich habe Interesse erlebt statt Angst, Zuneigung statt Abneigung.

Als wir den Hof gemächlichen Schrittes verlassen, frage ich mich: Kann ein Besuch auf einem Bauernhof in uns das Gefühl wecken, einen paradiesischen Flecken Erde entdeckt zu haben? Können wir durch direkten Kontakt allen Tieren gegenüber positive Gefühle empfinden? Kann uns eine studierte Landwirtin durch ihre Lebensweise und ihr Handeln den Weg weisen zu einem Stück liebenswerterer, friedlicherer und zugleich gesünderer Welt?

Kaum zu glauben, aber nachdem ich gemeinsam mit Stephan den Lebenshof »Hof Narr« von Sarah Heiligtag bei Zürich besucht habe, beantworte ich alle drei Fragen mit einem eindeutigen Ja! Mehr noch. Als wir bei der Rückfahrt unsere Gedanken austauschen, frage ich: Warum ziehen wir nicht alle die notwendigen Konsequenzen aus der Erkenntnis, dass die verträglichere Welt so nah ist? Dass sie quasi vor unserer Haustüre liegt? Dass sie machbar ist?

Ein Tipp und ein Kontakt:

Das Schöne an alledem: Über den »Hof Narr« kann man sich vorab gut informieren – sei es auf der Homepage oder in einem sehr lesenswerten Tätigkeitsbericht »Alles kann anders sein«. Dieser endet mit dem stimmungsvollen Gedicht »Wir wollen leben«. Dessen Schlussverse lauten: »Lasst uns die Welt verändern, ja! Dazu sind wir Narren schließlich da.«[68]

Und man kann den Lebenshof besuchen. Sei es alleine, mit der Familie oder mit einer Schulklasse. Am besten nach Voranmeldung, dann veranstalten Sarah Heiligtag oder einer ihrer Helfer gerne eine kleine Führung. So kann man sich vieles zeigen lassen, kommt mit den Tieren direkt in Kontakt und gewinnt Einblicke in die Philosophie des Lebenshofes. Zweierlei sollte man mitbringen: Zeit zum Erleben und zum Mitfühlen. Und ein offenes Herz für *alle* Tiere in einer ungezwungenen Lebenswelt.

***

Weitere Informationen:

- Website des Lebenshofes mit Kontaktdaten, www.hof-narr.ch
- Youtube-Kanal »Hof-Narr«, www.youtube.com/@hofnarr
- Newsletter abonnieren, www.hof-narr.ch/newsletter1

***

KAPITEL 10

Jürgen Neitzert. Eine Suppenküche für die Armen in einer Region der (Super)Reichen

Ein Ort des Beisammenseins und der Barmherzigkeit, der Mitmenschlichkeit und der Nächstenliebe. Fünf Tage die Woche bekommen hier in der sogenannten »Suppenküche« bis zu 200 Bedürftige ein warmes Essen mit Nachtisch, mit Getränken, einem süßen Teilchen und zwei belegten Brötchen. »Und damit unsere Besucher auch am Abend noch etwas zu essen haben, geben wir ihnen gerne auch Brot mit«, sagt mir Jürgen Neitzert.

Alles sieht sehr appetitlich aus, nicht nach stereotyper Großküche. Gute und gesunde Nahrungsmittel, gratis versteht sich. Ganz natürlich wird den Gästen auch das Gefühl vermittelt, dass sie wenigstens hier herzlich willkommen sind. Was auf der Straße, auf der einige von ihnen leben, wahrlich keine Selbstverständlichkeit ist.

»Wir Franziskanerbrüder und all unsere Helferinnen und Helfer geben uns alle Mühe, die vielen Obdachlosen, Migranten und Menschen in Altersarmut würdevoll zu behandeln. Ihnen die Achtung entgegenzubringen, die sie verdienen«, lächelt mich Bruder Jürgen in der Düsseldorfer FirminusKlause an. Der Name des Speisesaals geht auf den längst verstorbenen Bruder Firminus Wickenhäuser zurück, der einst die Bedürftigen an der Pforte des früheren Franziskanerklosters versorgt hat.

Alles ist bestens organisiert, alles nimmt seinen geregelten Verlauf. Obwohl Rushhour ist, sprich Mittagessenszeit, und eine Menge

Menschen in diesem Moment den Raum betreten, hat es niemand wirklich eilig. So kommt allenfalls Betriebsamkeit auf, keinesfalls aber Stress.

Man kennt sich, nickt sich zu, grüßt leise. Die Gäste geben sich zurückhaltend, wollen nicht auffallen, so mein Eindruck. An der Theke, gleich im Eingangsbereich der Düsseldorfer FirminusKlause, werden mit Schöpfkellen ordentliche Essensportionen aus verschiedenen Metallkübeln ausgeteilt.

Ich gebe mir alle Mühe, das Geschehen unauffällig von einer der mittleren Bankreihen aus zu beobachten. Als es voller wird, rücken die Essensgäste enger zusammen, sitzen mit einem Mal links und rechts oder gegenüber von mir. Ich wünsche ihnen einen guten Appetit. Ein tiefgründiges Gespräch kommt nicht zustande, kann es auch nicht. Zum einen, weil wir uns nicht kennen, nicht einmal unsere Namen voneinander wissen. Zum anderen, weil ich mir nicht sicher bin, wie weit ich nachfragen kann, ohne zu tief in die Privatsphäre meines Gegenübers einzudringen.

Als der Run durch ist und sich die Reihen lichten, findet der Düsseldorfer Jürgen die Zeit, neben dem Freiburger Jürgen Platz zu nehmen. »Unsere Gäste sind vielfach Deutsche, die unter Altersarmut leiden«, spricht er mich betont leise an. »Zudem kommen oft Menschen aus dem Osten zu uns.« Gemeint ist aus Rumänien, Bulgarien, Polen. Mittlerweile kämen täglich bestimmt auch bis zu 50 Ukrainerinnen und Ukrainer zum Mittagessen. Auch Leute aus Afghanistan sind in der Runde mit dabei.

»Wer sind denn eure Helferinnen und Helfer, die die viele Arbeit leisten?«, frage ich. Die meisten seien Ehrenamtliche, die sich abwechseln. Zudem ein hauptamtlicher Koch, der immer da sei. »Unsere Betreuungsarbeit basiert auf den Spenden. Ja, wir leben hier größtenteils von privaten Zuwendungen.«

»Und was wäre, wenn der ebenfalls in Düsseldorf ansässige Rüstungsriese Rheinmetall an die FirminusKlause spenden wolle?«, frage ich spontan nach. Jürgen Neitzerts Antwort ist unmissverständlich: »Nein, das würden wir nicht annehmen.« Bereits vor fast 40 Jahren habe er gegen Rheinmetall demonstriert. Damals habe der Rüstungskonzern Kriegswaffen an das rassistische Apartheidregime in Südafrika geliefert.

Die Arbeit ruft, Bruder Jürgen muss mit anpacken, da heute ein Ehrenamtlicher zu wenig gekommen ist. »Wir brauchen täglich drei Leute, die auf Freiwilligenbasis mithelfen. Und das von Montag bis Freitag, 52 Wochen im Jahr.«

Üblicherweise geht er auch einkaufen. Zwar werde die Hälfte der benötigten Lebensmittel gespendet, die andere aber müsse erworben werden. »Dann gilt es für die Küche, die Speisen mit viel Fantasie und Herz und Kochkunst zusammenzustellen. Das macht unser Team sehr gut«, freut sich der Franziskaner. Bei der Essenszubereitung ist der Koch der Chef, ansonsten Bruder Jürgen, der seine Aufgabe »partnerschaftlich« definiert.

Beim Verlassen der Suppenküche bedanken sich die allermeisten. Mit einem persönlichen Gruß, mit einem freundlichen Winken, mit einem lauten Dankeschön. Die wenigen Nörgler seien die absolute Ausnahme. »Ansonsten haben wir hier sehr, sehr viele dankbare Menschen.«

»Wir Franziskaner können in der Landeshauptstadt von NRW auf eine lange Tradition verweisen. Bereits vor mehr als 100 Jahren haben meine Brüder Essen am damaligen Kloster ausgegeben, das mittlerweile nicht mehr existiert.«

Auch Jürgen Neitzert persönlich zeichnet ein bereits lange währendes Engagement im hiesigen Orden aus. Vor Jahrzehnten schon habe er in der Obdachlosenhilfe gearbeitet. Damals hätten sie die Initiative »Freunde von der Straße« ins Leben gerufen. Die bei Bedarf die Türe des Klostersaales für Obdachlose öffnete, ihnen Essen und Trinken ausgab. Es wurde sogar musiziert, erzählt er mir auf dem Weg ins Nachbargebäude.

Ein Leben nach dem Vorbild des Franz von Assisi

Als wir uns nach dem Mittagessen in seiner Wohnung zusammensetzen, die nicht seine Wohnung im besitzenden Sinne ist, finden wir Zeit für ein Vier-Augen-Gespräch. Jürgen erzählt mir, wie er in seinem Geburtsort Mayen in der Eifel erst die dortige Volksschule und anschließend das Neusprachliche Gymnasium besucht hat.

Nachdem er 1978 sein Abitur absolvierte und in den Orden eintrat, kam dort die Frage auf, ob er nicht Lehrer werden wolle; weil er sich entschied, nicht Priester zu werden. Seine beiden Eltern Angelika und Otfried waren beide als Pädagogen tätig. Doch der Sohn schlug einen anderen Weg ein, lernte stattdessen Krankenpflege. In Düsseldorf habe er erst mal ein Jahr in einem Heim mit Obdachlosen zusammengelebt. »Was durchaus eine helfende Tätigkeit von uns Franziskanerbrüdern darstellt, ebenso wie der Dienst in einem Altenheim.«

»Stichwort ›Franziskanerbrüder‹ – wie bist du denn zu dem Orden gekommen?«, nutze ich die Ruhe unseres Treffens für eine tiefgründige Frage. In jungen Jahren sei er zweimal nach Taizé im französischen Département Saône-et-Loire mitgefahren. Am Sitz des dortigen Männerordens finden alljährlich ökumenische Jugendtreffs mit rund 100 000 Teilnehmerinnen und Teilnehmern statt. »Dort geht es um das Miteinander-Teilen, das so wichtig ist in unserer von Armut und Reichtum geprägten Welt.« Eine Grundhaltung, die ihm entgegengekommen ist.

Als ihm dann einer aus seiner Gruppe von Franz von Assisi erzählt habe, sei er von dessen Lebensweise »sehr fasziniert« gewesen. Er habe begonnen, Bücher über den Heiligen zu lesen. Habe dann Kontakt zu den Franziskanern aufgenommen. Sei mit anderen zusammen nach Assisi gefahren. Dem Ort, an dem Giovanni Bernardone, genannt Franz von Assisi, um 1181 geboren worden war. Diese Reise und das Leben des heiligen Franziskus hätten ihn derart beeindruckt, dass er schließlich dem Franziskanerorden beigetreten sei.

»Was hat dich so fasziniert an diesem Mann aus dem Mittelalter?«, frage ich nach. »Franziskus hat mit seinem tiefen Glauben versucht, ganz und gar nach dem Vorbild Jesu Christi zu leben.« Nachdem sein vermögender leiblicher Vater eine Gerichtsverhandlung gegen ihn führte, habe er sich einzig und allein dem himmlischen Vater anvertraut.

»Franziskus hat sein Leben völlig verändert, hat sich den Armen zugewandt.« Einfach bekleidet, sei er oftmals barfuß durch die Lande gelaufen. Habe einen Aussätzigen getroffen und ihn umarmt. »Darin ist er Jesus begegnet«, so Neitzerts Erzählung. »Anschließend hat sich Franziskus zuerst den Bedürftigen in seinem Geburtsort Assisi zugewandt.« Er habe mit ihnen gelebt, all sein Vermögen abgegeben, sich eingesetzt für den Frieden. »Und das in einem Italien, in dem damals viele verfeindete Städte Kriege gegeneinander führten.«

Außerdem sei für Franziskus der Dialog zwischen den Religionen wichtig gewesen. Deshalb sei er zum Sultan von Ägypten gegangen. Er habe ein friedliches Treffen mit ihm gehabt und danach seinen Anhängern in das Regelwerk geschrieben: »Wenn wir unter Muslimen leben, sollen wir ihnen dienstbar sein.« Dienstbar bedeute, »den Menschen Dienst tun, also den Menschen untertan sein«.

Für einen Christen eine erstaunliche Vorgabe, denke ich mir. Wohl wissend, dass das Zusammenleben von Christen und Muslimen seit Jahrhunderten oftmals von Spannungen, zuweilen von kriegerischen Auseinandersetzungen begleitet wurde und wird. »Ja, wir Franziskaner sind auch den Muslimen dienstbar. Das praktizieren wir seit mehreren Jahrhunderten.« Ich frage nochmals nach. Jürgen Neitzert erklärt: »Das ist tatsächlich so gedacht, denn wir Franziskaner nennen uns Minderbrüder. Gemeint sind die geringeren Brüder, die kleineren Brüder.«

Der 64-Jährige erzählt viel aus dem Leben des Franziskus. Wie er als Einsiedler bettelnd von Haus zu Haus gezogen ist, sein Leben als Büßer begonnen hat. »Ist das der Grund, warum du zuweilen eine erdfarbene Kutte trägst?« Ja, bestätigt Bruder Jürgen. Dem Evangelium folgend habe Franziskus jeglichen Besitz abgelehnt, sogar den Kontakt zu Geld gemieden.

»Inwiefern hat dieser Büßer in seiner spartanischen Lebensweise euren Orden geprägt?«, frage ich ihn. »Als Orden der Minderen Brüder haben wir uns zur Besitzlosigkeit verpflichtet, leben also von unserer Arbeit«, so Bruder Jürgen. »Programmatisch besinnen wir uns auf das Franziskanische: die Einfachheit, die Brüderlichkeit, das Kümmern um die Unterprivilegierten, die Bewahrung der Schöpfung.« Denn in der Schöpfung habe Franziskus »ein Ebenbild Gottes gesehen«, sagt der Ordensbruder.

»Genauso setzen wir uns nach Kräften für Frieden und Gerechtigkeit ein«, ergänzt Neitzert. Diese für ihn so positive Orientierung der Franziskaner habe ihn gleich nach dem Abitur in die Kölnische Provinz des Ordens eintreten lassen. Im Herbst 1982 legte er das ewige Gelübde ab.

Wie Bruder Jürgen verbotene Panzerexporte in die Türkei aufdecken konnte

»Du bist also früh nach dem Abitur zu den Franziskanern gekommen. Wie aber ist dein weiterer beruflicher Werdegang verlaufen, wie hat sich dein weiteres soziales Engagement gestaltet?«, interessiert mich. Anfang der 80er-Jahre habe er die Ausbildung zum examinierten Krankenpfleger in Neuss absolviert. Dem Dienst in einem psychiatrischen Krankenhaus folgte eine siebenjährige Tätigkeit als Leiter der Altenpflegestation im Franziskanerkloster in Mönchengladbach.

Fast zwei Jahrzehnte lang, von 1991 bis 2008, studierte Jürgen Neitzert. Zuerst die Studiengänge Islamwissenschaft, Philosophie und Soziologie, die er mit dem Magister beenden konnte. Zuletzt Interkulturelle Pädagogik, die er ebenfalls an der Universität Köln mit Erfolg abschloss.

Als Gründungsmitglied des »Internationalen Vereins für Frieden und Gerechtigkeit – Pro Humanitate e. V.« leistet Neitzert seit 1996 humanitäre Hilfe im Kurdengebiet der Türkei, auch im Raum Istanbul. Zudem engagiert er sich in der Jugendarbeit und Flüchtlingsarbeit in Köln.

Seit den vernichtenden Erdstößen vom Februar 2023, die den Südosten der Türkei und den Norden Syriens mit einer kaum vorstellbar hohen Magnitude von 7,8 erschüttert haben, betätigen sich Mitglieder von »Pro Humanitate« in der Erdbebenhilfe – unter ihnen Jürgen Neitzert als einer der Vorstandsmitglieder. Ihre Leistung: Sie brachten 105 Zelte, 520 Decken und 100 Elektroapparate zur Lichterzeugung in die Region.

Seit nunmehr vier Jahrzehnten beschäftigt sich Bruder Jürgen auch mit zentralen Aspekten des Austauschs mit dem Islam und anderen Religionen. 1983 wurde er Dialogbeauftragter der Kölnischen Franziskanerprovinz, 2010 der Deutschen Franziskanerprovinz, beide Funktionen hat er bis heute inne. Kaum zu glauben, wie viele Ämter er in den letzten Jahren und Jahrzehnten bekleidet hat, und es bis heute tut. Herausragend auch sein Wirken im Weltorden der Franziskaner, u. a. im dortigen Komitee »Gerechtigkeit und Frieden«. Immer wieder engagiert er sich in interreligiösen Projekten seines Ordens, so auch in Istanbul und in Izmir. Wo er im Projekt des Generalministers und der Generalkurie beim Vatikan aktiv war.

*

Sehr am Herzen liegt ihm sein friedenspolitisches Engagement, bei dem er auf Wurzeln zurückblicken kann, die über Jahrzehnte gewachsen sind, beginnend in der Kommission »Gerechtigkeit und Frieden« der Franziskaner seit Ende der 70er-Jahre.

Mitte der 80er »sind wir Mitglied in der christlichen Kampagne gegen Waffenexport in Idstein und in Wiesbaden geworden«, bei der Neitzert von Anfang an im Vorstand mit dabei war.

Anfang der 90er-Jahre konnten er und seine Mitstreiter international Aufsehen erregen. Damals befand sich Neitzert mit Friedensaktivisten und der Grünen-Politikerin Claudia Roth auf einer Reise in Südostanatolien. Die Sicherheitslage im Land glich zu diesem Zeitpunkt einem Pulverfass. Türkische Sicherheitskräfte unterdrückten, folterten und töteten Menschen in der Region und lieferten sich mit Milizen der PKK einen martialisch ausgefochtenen Bürgerkrieg. Die Bundesregierung stand aufgrund ihrer Waffenlieferungen an den NATO-Partner massiv unter Druck.

Im September 1992 wurde der Kurde Mesut Dündar in der Nähe der kurdischen Stadt Şırnak von einem BTR-60-Panzer der Militärs zu Tode geschleift. Die Panzer waren von der Bundesregierung aus Altbeständen an Ankara verschenkt worden. Allerdings unter der Auflage, dass die Radpanzer gemäß NATO-Vertrag ausschließlich zu NATO-Zwecken, sprich zur Verteidigung, eingesetzt werden durften. Der Mord am Kurden Dündar bewies den Vertragsbruch.

Da auch russische BTR-Varianten in Kurdistan im Einsatz waren, schien der Beweis der ehemals ostdeutschen Herkunft der Radpanzer, mit denen Dündar umgebracht wurde, schwerlich erbringbar. Dass dies dennoch gelang, lag an Bruder Jürgen und seinen Friedensfreunden, die vor Ort 1994, zwei Jahre später, eine Fotoserie der BTR-60-Panzer im Einsatz im Kurdengebiet bei Hasakeyf knipsen konnten. »Wir waren gerade in der Nähe. Da die Militärs das Gelände kontrollierten, habe ich unauffällig aus der Seite fotografiert. Auch andere von uns haben Fotos gemacht«, erinnert sich Neitzert noch genau.

»Unter Verwendung unserer Fotos konnte das *ARD*-Politikmagazin *Monitor* dokumentieren, dass es sich um unsere Panzer gehandelt hat – die mit dem NVA-Zeichen hinten drauf.« Zu Recht ist der Franziskaner bis heute stolz auf ihren Fotobeweis. »Wir haben die Bilder auch dem Auswärtigen Amt übergeben«, so der Franziskaner-Bruder. »Und die haben für fünf Wochen sämtliche Waffenexporte in die Türkei erst einmal gestoppt.«

Dank Neitzerts Recherchen konnte ich damals über eben diese Vorfälle auch in meinem Buch *Versteck dich, wenn sie schießen* über die Opfer deutscher Waffenexporte berichten.[69] Erst ein weiteres Jahrzehnt später kreuzten sich unsere Wege persönlich, diesmal von Dauer. Mit der Gründung der Kampagne »Aktion Aufschrei – Stoppt den Waffenhandel!« lernten wir uns seit 2011 näher kennen und schätzen. Längst engagieren wir uns gemeinsam im Aktionsbündnis mit weit über 100 anderen Mitgliedsorganisationen – er im Trägerkreis, ich als Sprecher.

»Lieber Bruder Jürgen, wir kommen nicht umhin, über den Rüstungsriesen und Automobilzulieferer Rheinmetall zu sprechen. Schon deshalb, weil er seinen Firmensitz hier bei euch in Düsseldorf hat, unweit vom Flughafen entfernt. Die Auftragsbücher sind proppenvoll, der Waffenexport boomt – unter anderem mit Panzerfahrzeugen und Munition für die Ukraine, aber auch Panzerkanonen für Israel. Wie steht ihr als Franziskanerorden zu diesen Kriegswaffenexporten von Rheinmetall Defence?«, frage ich.

»Der Ukraine-Krieg macht alle menschlichen Vorstellungen kaputt. Ich weiß, wir bräuchten eine gute Freundschaft zu Russland«, die aber sei durch den russischen Angriffskrieg zerstört worden. Fehler seien in der Vergangenheit auf beiden Seiten begangen worden, wobei das die Entscheidung Putins, die Ukraine anzugreifen, nicht rechtfertigt. Jetzt gelte es, »dafür einzutreten, dass diplomatische Lösungen möglich bleiben. Denn mit Waffen fängt keine friedensbringende Lösung an.« Da müssten Spielräume bleiben, damit Diplomatie irgendwann greifen könne.

»Und Rheinmetall?«, bleibe ich am Ball. »Dieser Krieg führt dazu, dass die Waffenhändler – Rheinmetall wie auch andere – immense Geschäfte machen und riesige Profite erzielen.« Der Staat unterstütze Rheinmetall mit immer neuen Beschaffungsaufträgen. »Während der Rüstungsetat aufgestockt wird, fehlt bei uns vor allem Geld für soziale Zwecke«, moniert der Franziskanerbruder.

Um den Entwicklungen im Rüstungsexportbereich entgegenzutreten, sei die deutsche Franziskaner-Provinz seit 13 Jahren Mitglied im Trägerkreis der Aufschrei-Kampagne. »Unsere Position ist ganz klar: Wir sind ein strikter Gegner von Waffenexporten.«

In seiner Position sieht sich der Orden im Einklang mit der des Pontifex. Papst Franziskus habe Waffenlieferungen in alle Welt wiederholt massiv kritisiert. »Er hat sich ganz klar gegen diese Geschäfte mit dem Tod ausgesprochen.« Tatsächlich hat Franziskus in der Vergangenheit vielfach zum Frieden aufgerufen. Kriege, Waffenproduktion und Waffenexporte lehnte er strikt ab.

So auch in seiner Weihnachtsbotschaft 2023, als er verkündet hat: »Zum Fürst des Friedens ›Ja‹ zu sagen, bedeutet also, ›Nein‹ zum Krieg zu sagen, und dies mit Mut: ›Nein‹ zum Krieg, zu jedem Krieg, zur Logik des Krieges«, so Franziskus bei seiner Segensloggia Urbi et Orbi in Rom am 25. Dezember. »Um aber ›Nein‹ zum Krieg zu sagen, muss man ›Nein‹ zu den Waffen sagen.« Denn, so der Pontifex, »wenn der Mensch, dessen Herz unstet und verwundet ist, Werkzeuge des Todes in Händen hält, wird er sie früher oder später einsetzen. Und wie kann man von Frieden sprechen, wenn Produktion, Verkauf und Handel von Waffen zunehmen?«[70]

*

Trotz des immensen Zeit- und Kraftaufwandes für die Düsseldorfer Suppenküche ist Jürgen Neitzert weiterhin für seinen Verein »Pro Humanitate« wiederholt im Kurdengebiet in der Türkei aktiv. Und das seit Jahrzehnten.

»Immer wieder sind wir bei Hilfsprojekten vor Ort«, sei es in Hakkari, Van, Dersim oder Diyarbakir. »So haben wir für die Menschen in der Kurdenhauptstadt fast 2000 Tonnen Kohle gekauft.« In Zusammenarbeit mit dem Roten Halbmond wurden diese als Winterhilfe an 5000 Familien verteilt. »Und in Hakkari haben wir jahrelang für 4000 Familien Lebensmittel ausgegeben.« Teilweise mit Unterstützung des Auswärtigen Amtes und der Franziskaner in Bonn.

Im Zeitraum von 1999 bis 2014 unterstützte Jürgen Neitzert Projektarbeiten seines Ordens in der Türkei, half bei verschiedenen humanitären Aktionen. Im Wissen um die Tatsache, dass die Not der dort lebenden Kurdinnen und Kurden groß ist. Zugleich hat er immer die Hungernden, Obdachlosen und Geflüchteten am untersten Rand der Düsseldorfer Gesellschaft im Blick – in der Stadt der Reichen und Superreichen.

Wie Kirchenasyl Leben retten kann

Wir nehmen den Gesprächsfaden aus der Suppenküche wieder auf. Den wir heute Morgen aufgrund der vielen Gäste um uns herum eher nur oberflächlich spinnen konnten. »Weißt du eigentlich, in welcher Notlage sich die Besucher der Suppenküche befinden?«, frage ich nach der Möglichkeit, mit den Gästen der Klause ernsthaft ins Gespräch zu kommen.

»In vielen Fällen schon. Denn abseits des Essentreffs unterhalte ich mich gerne mit unseren Leuten. Wenn sie dann offen sind, erfahre ich, wie ihre Lage gerade ist«, so Bruder Jürgen. Der gerne sich bietende Gelegenheiten nutzt und mit den Menschen spricht, die kein Dach über dem Kopf haben. Die auf der Straße schlafen müssen. Bei Obdachlosigkeit nutze er seine engen Kontakte zu den Franzfreunden, einer Stiftung der Aachener Franziskanerbrüder, die in der Stadt ein Wohnungslosenprojekt betreuen. »Dorthin kann ich Bedürftige verweisen, sodass ihnen geholfen werden kann.« In ganz dringenden Fällen gebe es auch eine Notschlafstelle. Die längerfristige Lösung aber bestünde in der Vermittlung eines Zimmers, lieber noch einer Einzimmerwohnung.

In Einzelfällen sei es ihm auch gelungen, einen einfachen Arbeitsplatz zu besorgen. »Beispielsweise eine Stelle bei einem Bäckermeister hier in Düsseldorf«, wo der Arbeitssuchende aus Afghanistan bis heute als Reinigungskraft arbeite. Ein anderer sei aus Ungarn über Spanien hierhergekommen, habe aber keine Arbeit gefunden. Schlimmer noch: »Er ist schamlos ausgebeutet worden.« Ihm konnte geholfen werden, wieder nach Spanien zurückzukehren. All die Fälle, von denen mir Bruder Jürgen erzählt, zeigen, wie man die akute Not etwas lindern kann. Im Wissen darum, dass die tiefgreifenden Probleme der unzureichenden Versorgung und Betreuung immens vieler Menschen in unserer Gesellschaft damit keinesfalls gelöst sind.

»Ein nicht unerheblicher Teil eurer Essensgäste musste aus ihrem Heimatland fliehen. Müssen diese Menschen nicht die Angst haben, dass sie aufgegriffen und abgeschoben werden?«, frage ich nach.

»Manchmal trifft das leider zu. Ich weiß von Afghanen, die abgeschoben worden sind. Und das, obwohl sie vor der Gewalt der Taliban fliehen mussten.« Aber »wir versuchen Abschiebungen durch Kirchenasyl zu verhindern«, so Bruder Jürgen.

Er kenne solche Fälle vor allem aus seiner Kölner Flüchtlingsarbeit, wo er sich seit Langem engagiert. »Wir haben als dortige Franziskaner jeweils drei, vier Kurden aufgenommen und im Kirchenasyl in unserer Gemeinschaft integriert.« Doch auch Glaubensbrüder in anderen Gemeinden hätten eine Bleibe zur Verfügung gestellt, »Kurdinnen und Kurden aufgenommen, die abgeschoben werden sollten. Wir haben uns immer wieder für ihr Bleiberecht engagiert.«

Bei den Kölner Franziskanern hätten sie auch Geflüchtete für zwei oder drei Jahre untergebracht, die als verfolgte religiöse Minderheit aus dem Irak gekommen seien. »Sobald die Abschiebung gedroht hat, sind wir aktiv geworden.« Immer wieder betreuen sie Jesiden im Kirchenasyl. »Denn in ihrem Heimatland werden sie brutal verfolgt.«

»Wie kann man sich das Kirchenasyl konkret vorstellen?«, will ich wissen. »Wir nehmen sie bei uns in der kirchlichen Wohnung auf. Dort wohnen wir alle zusammen.« Man müsse wissen: »Kirchenasyl ist kein legales Vorgehen. Wir berufen uns auf eine Praxis, die aus der Vergangenheit stammt. Aus dem Mittelalter und lange davor«, erklärt Bruder Jürgen. »Meistens respektieren das die staatlichen Stellen. Aber es bleibt immer ein Risiko, weil man um der Geflüchteten willen gegen deutsches Gesetz verstößt.«

Kein Grund zum Fürchten für Brüder Jürgen. »Wenn wir als Ordensleute verhaftet werden, kann das nicht lange andauern. Wir sind in der Gesellschaft anerkannt.« Seine Schlussfolgerung macht Mut: »Man muss Courage haben und darf nicht ängstlich sein. Zivilcourage im Leben gehört dazu!« Die Standfestigkeit überzeugt, nicht minder seine politische Position: »Unsere Kampagne in Köln hieß: ›Kein Mensch ist illegal‹ – deshalb stehen wir zum Kirchenasyl!«

Notleidende zwischen Millionären und Multimillionären

Ich komme auf einen für mich höchst brisanten Themenbereich zu sprechen: den der bitteren Armut auf der einen und des schier unermesslichen Reichtums auf der anderen Seite. Ein Gegensatz, wie er in Düsseldorf als Region der Reichen und Superreichen extrem vorkommt. »Eure Suppenküche ist in Düsseldorf. Eure Essensgäste – Obdachlose, Geflüchtete, Hilfsbedürftige – leben in Düsseldorf. Eure Armen hausen teilweise in erbärmlichen Verhältnissen. Eine Problemlage, wie man sie an vielen Orten der Republik vorfindet. Allerdings leben in Düsseldorf überdurchschnittlich viele Reiche und Superreiche in unermesslichem Wohlstand und Luxus. Lieber Bruder Jürgen, wie nimmst du diese krasse Konstellation wahr?«

Der Franziskaner muss nicht sonderlich nachdenken, er ist sich dieser besonderen Situation vollauf bewusst. »Stimmt. Diesen harten Gegensatz, den gibt es wirklich bei uns in Düsseldorf. Hier existieren sehr verschiedene Welten«, pflichtet er mir bei. Die sozialen Grenzen lassen sich scharf anhand der Stadtviertel ziehen.

Wenn man die linksrheinisch im Regierungsbezirk Düsseldorf gelegene Stadt Meerbusch mit einbezieht, lassen sich echte Spitzenwerte erzielen. »Ja, die Zahl der Einkommensmillionäre ist nirgends höher als in Meerbusch«, hat die *Rheinische Post* einst analysiert. Unübersehbar bleibt »die Villenkolonie im Stil einer Gartenstadt im Alt-Meerbusch«, so die Regionalzeitung. Breite Alleen, parkähnliche große Gärten, die die Villenanlagen weitläufig voneinander trennen. Zuweilen auch durch einem Stahlzaun mit Eisenspitzen abgeschottet, was nicht von allen gerne gesehen wird.[71] Jürgen Neitzert erklärt die heutige Situation mit der historischen Entwicklung. »Düsseldorf ist die ehemalige Bank und die ehemalige Denkfabrik des Ruhrgebiets.«

»Lässt sich auch ein entsprechend erhöhtes Spendenaufkommen feststellen?«, erkundige ich mich. »In der FirminusKlause selbst haben wir es mit den Armen zu tun. Aber auch mit Menschen aus dem Mittelstand und ein paar Reicheren, die zumindest zu uns in die Kirche kommen.« Immerhin: »Ich erlebe, dass wir auch die etwas Wohlhabenderen erreichen mit unserer Arbeit. Dass sie unsere Arbeit unterstützen, uns Geld geben.« In diesem Sinne »leben wir mit der Suppenküche von den Spenden teils vom Mittelstand, teils vom oberen Mittelstand. Viele sind solidarisch, das finde ich gut«, kommentiert Jürgen Neitzert. Eine Bewertung, die im Übrigen nicht auf alle zutreffe. »Nein, nicht jeder ist hier solidarisch«, erklärt er auf meine Nachfrage. »Es gibt auch Leute, die gegen die Arbeit mit den Obdachlosen sind.«

»Nochmals zu den Millionären und Multimillionären, von denen es hier in der Region weit überdurchschnittlich viele gibt«, lasse ich nicht locker. »Nun hast du gesagt, dass ihr durchaus Spender aus der Mittelschicht und auch der gehobenen Mittelschicht habt. Aber spenden Superreiche entsprechend ihrem Vermögensstand auch entsprechend hohe Summen?« »Ich habe kaum Kontakt zu Multimillionären. Allenfalls zu ein, zwei Leuten, die ich durchaus reich nennen würde und die auch helfen.« Zuweilen gebe es eine Offenheit bei vermögenderen Leuten, etwas für die Armen zu tun.

Spannend auch Neitzerts weitere Gedanken: »Reichtum ist eigentlich Privatbesitz. Im Lateinischen ist das Ursprungswortes von privat, nämlich ›*privare*‹ und das bedeutet: berauben«. Demnach sei »Privatbesitz etwas, was man anderen weggenommen hat«.

Seine Schlussfolgerung: Niemand solle vergessen, »dass wir alle von Gott kommen, also Schwestern und Brüder sind. Dass es jeder Mensch verdient hat, zu überleben. Dass Hunger nicht sein darf und dass wir dagegen eintreten müssen.« Franz von Assisi habe gelehrt: »Die Erde gehört uns allen, wir alle müssen damit gut umgehen.«

Für ihn sei es »noch kein Problem, wenn man einen kleinen Besitz hat und wenn man weiß, man soll solidarisch sein. Und wenn Flüchtlinge kommen, muss man teilen.« Und wenn ein Krieg tobe, »muss man andere Menschen aufnehmen. Ja, es muss wirklich nachgedacht werden.«

Spannend wäre die entsprechende Nachfrage vor Ort, in Meerbusch. Wie sieht man Neitzerts Verhaltenswünsche nach einem helfenden Leben, nach einem teilenden Leben in den Kreisen der Millionäre und Multimillionäre? Und wie wäre es, wenn Franz von Assisi in seiner einfachen Büßerkutte heute barfuß die Meerbuscher Allee entlangliefe und an den Pforten der Luxusvillen um Spenden betteln würde?

Gottes Willen verwirklichen

Für unseren zweiten und zugleich letzten gemeinsamen Tag hat Bruder Jürgen noch eine Idee, die wir dann auch gleich in die Tat umsetzen. Denn dankenswerterweise nimmt sich Wolfgang Sieffert die Zeit für ein spontanes Treffen. Der Dominikanerpater leitet die Armenspeisung in der Düsseldorfer Altstadt-Armenküche, ist quasi ein Kollege von Bruder Jürgen.

Vieles von dem, was der Mittsechziger über seine Gäste in der Armenküche berichtet, kenne ich bereits aus Neitzerts Erzählungen. Die Notwendigkeit der täglichen Essensspende, das persönliche Kümmern, die Hilfe für die Menschen am untersten Rand der Gesellschaft angesichts der bitteren Not der Obdachlosen, der Heimatlosen, der Geflüchteten.

Sieffert weiß: »Armut zerstört die Persönlichkeit. Du bist an den Rand gedrängt. Dir wird die Teilhabe verweigert.« Hier versage unsere Demokratie, »denn das ist doch genau das, was Demokratie verspricht: die Teilhabe aller«. Auch die Dominikaner halfen und helfen nach Kräften. Was ganz besonders in der Pandemiezeit vonnöten gewesen sei. So mieteten sie zusammen mit der Stadt leerstehende Hotels an, boten und bieten Notunterkünfte an, setzen sich für Obdachlose mit Hund ein.

Besonders auffallend ist die konsequente politische Ausrichtung ihrer Arbeit. »Mir ist von Anfang an bewusst gewesen: Wir können nicht mittags Essen ausgeben und vor dem, was Armut mit Menschen macht, die Augen verschließen«, so der Seelsorger an der Dominikanerkirche St. Andreas. Deshalb hätten er und seine Glaubensbrüder sich bereits früh »auch politisch in Düsseldorf eingebracht«. Zum Teil ging es dabei um die Frage. »welche Lebensräume armen Menschen in der Stadt zugestanden werden«. Und es ging um »die Versorgung von Wohnungslosen, die in wirklich unwürdigen Zuständen hausen mussten«. Genau deshalb hätten sie »die Verantwortlichen in die Pflicht genommen«.

Das Ergebnis kann sich sehen lassen: »Unser Renommee in Düsseldorf ist sehr gut.« Dennoch müsse um alles gekämpft werden. »Die Türen sind so lange offen, wie es keine Zeit kostet. Und natürlich sind alle froh, wenn die Stadt ein soziales Gesicht zeigt.«

Anlässlich des 30-jährigen Bestehens der Altstadt-Armenküche »haben wir viele Veranstaltungen ausgerichtet. Unter anderem zum Thema ›Schafft die Armenküchen ab‹«. Die Forderung zielt auf die Stadt und an den Staat gleichermaßen, ihrer sozialen Verpflichtungen der Versorgung aller Bürgerinnen und Bürger endlich nachzukommen.

Auch Sieffert treibt die immer weiter auseinanderklaffende Schere von Arm und Reich um. »Meine Wahrnehmung ist, dass die Reichen immer reicher werden. Das ist ja dann auch die Grundbedingung dafür, dass die Armen immer ärmer werden«, so der Dominikanerpater. »Und ich nehme wahr, dass es einfach immer mehr Leute gibt, die dem steigenden Druck im Berufsleben und den überhöhten Mieten nicht mehr gewachsen sind. Irgendwann wirst du dann rausgekickt, landest auf der Straße.«

Auch wenn es immer mal wieder gelinge, »Menschen von der Straße in geregelte Verhältnisse zu bringen«, gelte eine bedrückende Erkenntnis: »Trotz alledem ist die Zahl derer, die auf der Straße nächtigen, nicht geringer geworden. Wir haben eine steigende Zahl von Leuten, die das gesellschaftliche System ausspuckt.« Wichtig ist Pater Sieffert die Erkenntnis: »Das Gegenteil von Armut ist nicht Reichtum, das Gegenteil von Armut ist Gerechtigkeit.«

Der Dominikanerpater richtet viele seiner Wünsche, Vorschläge und Forderungen an die Politik: »Du brauchst immer Menschen, die ein offenes Auge haben, damit der Staat die Dinge sieht, die zu sehen nötig sind.« Eine dringend notwendige Maßnahme sei »ein ausreichendes Bürgergeld – denn das reicht eben nicht aus im Moment«. Mit Blick auf die vielen Multimillionäre in Düsseldorf, in Meerbusch und anderswo setzt sich Pater Sieffert zudem »für eine ausreichende Besteuerung der Reichen ein«.

Natürlich könnten die Städte mehr tun in Sachen Wohnraumsicherung und Kündigungsschutz. »Aber die grundlegenden Probleme liegen in den unzureichenden gesetzlichen Vorgaben, die die Städte nicht in der Hand haben.« Zum Beispiel müsse es seitens des Jobcenters ein angemessenes Darlehen geben, um die Mietzahlungen abzusichern. »Die Katastrophe sind die seit Jahren stark steigenden Mieten – und die liegen in der Verantwortung des Bundes.« Wichtig seien Bürgerbegehren und Initiativen wie das Bündnis für bezahlbaren Wohnraum.

Pater Sieffert und seine Mitstreiter wissen, dass es in der heutigen Situation kein Allheilmittel gibt, auch keine schnelle Lösung von oben. Wichtig sei deshalb, »selbst hinzuschauen und selbst Zivilcourage zu zeigen«. Und einen »Ort zu suchen, wo man mit anderen zusammen reflektieren und sich einmischen kann«.

Für eine politische Einmischung sei die Armenküche nicht der geeignete Ort. Geeigneter sei das »›Düsseldorfer Bündnis für eine gerechte Gesellschaft‹, das wir mit dem Ziel gegründet haben, zumindest auf die Stadtpolitik direkten Einfluss zu nehmen«. Im Vorstand finden sich drei wichtige Düsseldorfer Persönlichkeiten: Uwe Foullong von ver.di, Sigrid Wolf vom DGB und eben Wolfgang Sieffert von der Altstadt-Armenküche. Die Mitgliederliste liest sich wie das Who ist Who der in Düsseldorf sozialpolitisch tätigen Organisationen und Verbände.

Siefferts Kommentar: »Wir schaffen Netzwerke, die auch längerfristig hinschauen.« Natürlich würden die großen Wohlfahrtsverbände dringend benötigt. »Aber es braucht auch die Kleinen, die spritziger, bissiger, politischer, radikaler sein können.«

*

Ein letztes Mal setzen wir uns im Speiseraum der Franziskanerbrüder zusammen. Uns bleibt gerade noch eine Stunde zum Nachgespräch, zum Reflektieren der beiden gemeinsam verbrachten Tage. »Lieber Bruder Jürgen, wie ich wahrnehme, führst du ein rundum erfülltes Leben. Welche deiner so vielen Aktivitäten machen deinen Mitmenschen wohl am meisten Mut?« Der Franziskaner muss nicht lange überlegen. Das seien die vielen erfolgreichen Aktivitäten mit dem »Internationalen Verein für Frieden und Gerechtigkeit – Pro Humanitate e. V.«

»Gemeinsam mit meinem Freund Memo Sahin und vielen anderen betreuen wir in Köln junge Migrantinnen und Migranten. Oft sind das minderjährige Flüchtlinge, mit denen wir Jugendarbeit betreiben.« Gemeint sind alle möglichen Bemühungen »zur Integration der jungen Menschen, zur Gestaltung ihrer schulischen Laufbahn. Von der Hausaufgabenhilfe bis hin zum Studium und damit zur Lebensgestaltung.«

»Mit unserem Verein machen wir Kurdinnen und Kurden Mut. Indem wir ihnen in Konfliktsituationen und in ihrer Notlage helfen – sei es in Deutschland, sei es in der Türkei.«

Und bei der FirminusKlause habe er immer wieder Menschen aus anderen Kulturkreisen helfen können. In Düsseldorf eine geregelte

Arbeit zu finden und dann sogar ein eigenes Einkommen zu beziehen. Mut machend sei auch die Wohngemeinschaft der Franziskaner in Köln gewesen, die einen kurdischen Flüchtling aufgenommen habe, der dort drei Jahre lebte. Im wahrsten Sinne des Wortes überlebenswichtig könne es sein, geflüchteten Menschen Kirchenasyl zu geben, so wie im Fall der Jesiden. Eine Abschiebung könnte für sie allerschlimmste Folgen nach sich ziehen. Denn im Irak würden viele von den dortigen andersgläubigen Mitbürgern geächtet. Und von den im Untergrund noch immer existierenden IS-Kämpfern bedroht, misshandelt, gefoltert oder umgebracht. »Als Nächstes werden unsere Jesiden den Weihbischof von Köln treffen.« Eine hoffentlich zukunftsweisende Zusammenkunft, die ein zufriedener Jürgen Neitzert vermittelt hat.

Der Franziskaner könnte noch stundenlang erzählen, welchem Bedürftigen er wann und wo und wie helfen konnte, auch weiterhin helfen kann. Mir fällt auf, wie erfüllend so ein Leben sein kann, in dem man Bedürftigen beiseitesteht, völlig uneigennützig Gutes tut, Empathie bekundet, Brücken zwischen verschiedenen Kulturkreisen baut, das Trennende zwischen den Religionen überwindet.

Kurz vor unserem Abschied holt ihn im Geiste die ungute Situation auf dem Globus ein. »Mir ist es so wichtig, dass wir die vielen Kriege analysieren. Ihre Ursachen verstehen. Unsere Mittäterschaft als Wirtschaftsmacht Europa bei kriegerischen Auseinandersetzungen analysieren.« Und weiter: »Wir Europäer, aber auch die USA, Russland und China sind in so viele Kriege verwickelt. Wollen wir die Welt zu einer besseren machen, dann müssen wir andere Wege beschreiten.« Für den Franziskaner-Bruder »sind das vor allem die Wege der Diplomatie, der wirtschaftlichen Selbstbeschränkung, der persönlichen Verzichte«.

Was Jürgen Neitzert so leise vor sich hinsagt, hätte bei seiner Umsetzung geradezu revolutionäre Folgen. »Um des Friedens willen brauchen wir eine gerechtere Weltwirtschaft. Auch einen verträglicheren Umgang von uns Menschen mit unserem Schicksal. Was wäre, wenn wir die Konflikte auf der Erde ausschließlich mit friedlichen Mitteln angehen würden?«

Wie beachtlich, wie bewundernswert denke ich mir. Mir gegenüber sitzt ein gläubiger Christ, der sich – bei völligem Verzicht auf eigenen Besitz – sein Leben lang um andere kümmert, auf der Ebene von Mensch zu Mensch hilft. Sich mit konkreten Fragen und harten Fakten unserer Zeit beschäftigt. Und zugleich philosophische Gedanken formuliert, die die Welt zu einer friedlicheren und gerechteren machen könnten.

»Wir Menschen müssen nur akzeptieren, Teil der Schöpfung zu sein und die Schöpfung zu respektieren.« Was wäre, wenn man nur das essen würde, was man selbst braucht. Und nur das nutzt, was man benötigt. Wenn man nicht immer mehr haben wollte. »Gott will, dass wir die Schöpfung teilen, statt sie zu zerstören. Dass wir unsere Welt mit den Tieren, mit den Pflanzen, mit der Natur teilen.«

Als ich eine Stunde später auf dem Nachhauseweg im ICE sitze, hallen die Sätze in mir nach. Und ich komme zu dem Schluss: Ja, Franz von Assisi wäre wahrlich zufrieden mit diesem so sanften und in sich ruhenden Menschen. Der sich zur Lebensaufgabe gemacht hat, die Selbstlosigkeit, die Nächstenliebe, die Humanität in die Welt zu tragen.

***

Weitere Informationen:

- Bruder FirminusKlause, Suppenküche der Franziskaner in Düsseldorf, www.firminusklause.de
- Düsseldorfer Bündnis für eine gerechte Gesellschaft, https://buendnis-gerechtigkeit-duesseldorf.de
- Internationaler Verein für Frieden und Gerechtigkeit – Pro Humanitate e. V., www.pro-humanitate-koeln.de
- Aktion Aufschrei – Stoppt den Waffenhandel!, https://aufschrei-waffenhandel.de
- GLOBAL NET – STOP THE ARMS TRADE, https://gn-stat.org

***

KAPITEL 11

Theresa Krämer. Volle Kraft voraus – für Inklusion und eine Gesellschaft auf Augenhöhe

Keine Frage, ihr Beruf ist ein einnehmender, ein anstrengender, zuweilen auch ein belastender. Ich habe befürchtet, dass ich Theresa Krämer womöglich nach einer arbeitsamen Nacht übermüdet und ausgelaugt antreffen werde. Dass sie unser Gespräch über die Runden bringen und dann schnellstmöglich zu Bett gehen will – wofür ich vollstes Verständnis hätte. »Ja, ich komme tatsächlich von der Nachtschicht«, sagt sie und macht dabei einen quietschfidelen Eindruck.

Theresa arbeitet in einer Wohngemeinschaft für Menschen mit Behinderungen. Dass sie einen Beruf im Sozialen erlernen will, war ihr schon ziemlich lange klar gewesen. Geboren 1997 im bayerischen Bad Reichenhall, hat sie nach dem Schulabschluss ein Freiwilliges Soziales Jahr in einer Förderstätte für Erwachsene mit Schwerst-Mehrfachbehinderungen absolviert. Dort wurde ihr eines bewusst: »Dass ich Menschen auf ihrem Lebensweg möglichst allumfassend begleiten und unterstützen will. Ich spürte dort vom ersten Tag an ein Gefühl, dass ich angekommen bin, in einem Beruf, den ich bis dato nicht mal im Entferntesten kannte.« Es war eine neue, andere Welt, »außerhalb der mir so selbstverständlich vertrauten. Für mich war es einfach ganz neu, Menschen mit Fähigkeiten, Bedürfnissen und Unterstützungsbedarf kennenzulernen, von denen ich zuvor nicht den blassesten Schimmer hatte.« Beispielsweise hat sie Erwachsene betreut, die sich nicht durch Sprechen mitteilen können, sondern ihre ganz eigenen Formen der Kommunikation und Perspektiven der Wahrnehmung entwickelt haben.

Im Juli 2018 schließt Theresa ihre Ausbildung als Heilerziehungspflegerin ab. »Da du oft so positiv von deinem Beruf sprichst, müsste doch vieles gut gelaufen sein in den vergangenen Jahren?«, mutmaße ich. Theresa nickt. »Aber ja, ich bin unglaublich dankbar dafür, dass mich das Leben anfangs ins kalte Wasser der Unwissenheit geworfen hat.« Es ist ein Beruf, »der mich in vielerlei Hinsicht fordert, mich in der Tiefe bereichert und der mich so vieles lehrt«.

Heute sagt sie im Brustton innerer Überzeugung: »Keine Sekunde habe ich seither bereut, ihn gewählt zu haben.« Denn von Menschen mit Behinderungen oder Neurodivergenz könne man viel lernen: »Mich beeindruckt zum Beispiel bei Menschen mit Trisomie 21 ihre starke Autonomie und ihr unerschütterlicher Ungehorsam«, sagt Theresa. »Auch gegenüber autoritären Versuchen, sie ›passend‹ zu formen, oder gegenüber Macht, die jemand auf sie auszuüben versucht.«

Ich denke an meine eigenen Jahre im Schuldienst zurück. Als Klassen- und Fachlehrer für Kinder an der Lessing-Realschule Freiburg standen wir tagtäglich in äußerst engem Kontakt mit unserer Kooperationsklasse. Deren Schülerinnen und Schüler kamen von der Richard-Mittermeier-Schule für Kinder mit geistigen Behinderungen. Gemeinsam haben wir die Kinder beider Klassen in fast allen Fächern unterrichtet. Zusammen sind wir auf zahlreiche Ausflugstouren gegangen, haben eine gemeinsame Studienfahrt in die Toskana unternommen.

Die schulische Kooperation fordert ein engagiertes Team – in unserem Fall von Schülerinnen und Schülern, Lehrern, Eltern und der Schulleitung. Aus Erfahrung kann ich bilanzieren: Gelebte Kooperation kann ein Erfolgsmodell sein. Viele positive Erlebnisse und Erfahrungen bleiben unvergesslich. Auch weil Menschen mit Behinderungen, wie Theresa treffend formuliert, »in ihrer besonderen Art so viel Mut machen und uns ganz andere, spannende Perspektiven auf die Welt und uns werfen lassen«.

Theresa unterwegs: Bei Flüchtlingskindern mit Behinderung im Libanon

»Ja, mein Beruf als Heilerziehungspflegerin bietet mir viele Gelegenheiten, große Erfolge im Kleinen zu feiern.« Da Theresa Krämer immer den Menschen im Blick hat, um den sie sich kümmern will, fallen ihr so viele erfreuliche Beispiele ein. Sowohl aus dem Berufsleben als auch im Rahmen ihres ehrenamtlichen Engagements.

Dabei ist sie zuweilen auch in anderen Ländern unterwegs und aktiv. Von einem Moment zum anderen nimmt sie mich mit auf ihre Reisen in die Region Metn nordöstlich der libanesischen Hauptstadt Beirut.

»Wie bist du denn auf dieses Projekt so fern der Heimat gekommen?«, frage ich sie. »Eher zufällig habe ich im *Bayerischen Rundfunk 2* die Radiosendung *Sternstunden* über ein Hilfsprojekt für Flüchtlingskinder mit Behinderung im Libanon gehört.« Für Theresa bietet die *BR2*-Sendung den Anlass, mit ACSAUVEL (dazu gleich mehr) in Kontakt zu treten und sich über deren Hilfsangebot zu informieren. Nicht lange danach reist sie in den Libanon. Von dem, was sie dort erlebt hat, ist sie bis heute begeistert.

Nordöstlich von Beirut haben bereits Ende der 70er-Jahre engagierte Menschen in Zeiten kriegerischer Unruhe die Organisation »Zivilvereinigung für die Sicherheit der Kinder im Libanon« initiiert. ACSAUVEL ist das erste Zentrum für »Kinder mit besonderen Bedürfnissen«, mit geistigen und körperlichen Behinderungen. Wie wichtig dieser Schritt gewesen ist, zeigt sich anhand der Tatsache, dass sie von ihren Angehörigen bis dato zu Hause versteckt worden sind. Staatliche Schulen haben diese Kinder nicht akzeptiert, haben ihnen den Schulbesuch verweigert.

Mit den Jahren ist ACSAUVEL Schritt für Schritt gewachsen. In Jal El Did, nicht weit von der libanesischen Hauptstadt entfernt, haben Kinderschutzaktivisten eine Werkstätte ins Leben gerufen, in der Menschen mit Behinderungen einem geregelten Alltag nachgehen können.[72] Von September 2018 und bis Juni 2019 war Theresa dreimal bei ACSAUVEL. Beispielhaft sei, wie man dort mit Erwachsenen und Kindern mit Lernschwierigkeiten und geistigen Behinderungen arbeiten könne.

Theresa engagiert sich in Schulklassen mit geflüchteten Kindern vor allem aus Syrien und Palästina. Zum Glück versteht sie Französisch, das neben Arabisch in der Schule gesprochen wird – doch nur vom Personal, die zu betreuenden Menschen sprechen Arabisch. »Wir fanden eigene Wege außerhalb der Sprache an sich zu kommunizieren. Ich lernte auch die wichtigsten arabischen Wörter. Die dortigen Gruppen sind sehr klein, allein das eröffnet Chancen für eine intensive Betreuung.«

»Wie viele Kinder sind in so einer Schulklasse?«, interessiert mich. »Die Klassen sind bedeutend kleiner als in deutschen Regelschulen, ca. 12 bis 15 Schülerinnen und Schüler. Zu gewissen Themen oder in gewissen Situationen werden sie sogar von zwei Lehrerinnen unterrichtet.« Anders als anderswo gebe es keinen Einheitsunterricht. Vielmehr lerne jedes Kind nach einem individuell ausgerichteten Plan. »Damit ist alles sehr eng angepasst an das Lernniveau des jeweiligen Kindes.«

»Geflüchtete sind oft traumatisiert«, spreche ich eine problematische Erfahrung an, die ich auch als Klassen- und Fachlehrer an meiner Freiburger Realschule gemacht habe. »Ja, natürlich trifft man hier viele Kinder, die aufgrund der Gewalt im Land oder in den Nachbarländern traumatisiert sind.« Genau deshalb sei das Betreuungssystem individuell auf das jeweilige Schulkind zugeschnitten.

»Was bedeutet das konkret?«, frage ich nach. »Wenn sich ein Kind in einer Situation nicht gut konzentrieren kann, weil es sich einfach gerade nicht danach fühlt, dem Unterricht weiter aufmerksam folgen zu können – aus welchem Grund auch immer –, kann es selbstständig den Raum verlassen.« Dann dürfe es zu einem Psychologen gehen, um mit ihm zu sprechen. Oder es dürfe bei einem Sporttherapeuten Bewegungsübungen durchführen und könne danach wieder konzentrierter bei der Sache sein. Dieses Projekt im Libanon sei wirklich ein Vorbild.

Ihr Resümee lässt mich ihre Begeisterung noch einmal spüren: »ACSAUVEL macht so viel Mut. Der Umgang untereinander ist sehr positiv, sehr wertschätzend und vor allem von großer Achtsamkeit und Zuwendung geprägt«, freut sich die Heilerziehungspflegerin.

Ein Beruf als Berufung

»Gibt es etwas, das du dir für deine berufliche Tätigkeit wünscht, nach den Erlebnissen und Erfahrungen, die du gemacht hast?«, frage ich sie. Bei ihren beruflichen Aktivitäten gehe es im Kern um die Frage einer gelingenden Inklusion. Gemeint ist die Wertschätzung allen Mitmenschen gegenüber, unabhängig ob mit oder ohne Behinderung. Und um die Anerkennung ihrer Diversität, ihrer Unterschiedlichkeit.

»Ja, das sind meine Herzensanliegen«, bestätigt Theresa Krämer. »Denn nichts wünsche ich mir sehnlicher als eine Welt, in der jeder Mensch in einem liebevollen Miteinander auf Augenhöhe mit anderen leben kann.« Eine Welt, »in der alle Menschen mit ihren ganz eigenen Fähigkeiten und Bedürfnissen nicht nur akzeptiert, sondern in der Besonderheit ihres Seins wahrgenommen werden, und in der all die Fähigkeiten eines jeden Einzelnen als Mittelpunkt des Miteinanders unserer Welt gesehen werden«.

Dementsprechend fordert sie: »Einem jeden Menschen sollen die gleichen Rechte zuteilwerden, und zwar auf der Basis der Allgemeinen Menschenrechte.« Diese sollten »für jeden uneingeschränkt gelten«. Um bestehende Barrieren zu überwinden, ist es ihr in diesem Zusammenhang »ganz wichtig, mit ihren Mitmenschen in Diskurs zu treten, auch zuzuhören«. Durch den gegenseitigen Austausch und das Zuhören könne man sein Gegenüber verstehen. Und dadurch Ängste, Vorurteile, Bedenken und Unsicherheiten überwinden. Dabei sei eine bedürfnisorientierte Begleitung der Menschen mit Behinderung und auch deren Angehörigen »ein essenzieller Grundbaustein«.

Andererseits müssten auch Menschen mit Behinderung sensibilisiert werden, selbst achtsam zu sein. Achtsam dahingehend, dass auch ihnen Menschen begegnen, die sie ihrerseits unterstützen können. Menschen mit Behinderung könnten zum Beispiel durchaus einer gebrechlichen Person ihren Sitzplatz in der U-Bahn anbieten.

Ein Beispiel gegenseitiger Empathie, Unterstützung und Solidarität begeistert Theresa bis heute ganz besonders: Das Verschenken von Kaffee an obdachlose Menschen. Es ist eine wirklich Mut machende Geschichte, die sich an einem trüben Sonntag im Dezember 2020 zugetragen hat.

Theresa hatte Einzeldienst und ihre Klienten waren schlechter Laune, schimpften über Corona und die Auswirkungen der Maßnahmen. Nachmittags bei Kaffee und Kuchen teilte sie ihnen mit: »Ich kann euren Unmut wirklich verstehen, aber ich kann die Situation leider nicht verändern.« Und dann begann Theresa ihnen zu erzählen, dass es immer Menschen gebe, denen es noch schlechter gehe oder denen man auch trotz der eigenen nicht zufriedenstellenden Situation helfen könne.

Theresa erzählte von Menschen, die durch Corona ihre Arbeit verloren und dadurch kein Einkommen mehr haben. Und die sich Miete und Essen nicht mehr leisten können. Und dass es Menschen gebe, die auch vor Corona schon dieses Schicksal erlitten hätten. Sie betonte: »Wir alle hier in diesem Raum haben doch das große Glück, ein Dach über dem Kopf und etwas zu essen zu haben und nicht frieren zu müssen.« Dann schlug sie ihnen vor, nach Salzburg zum Bahnhof zu fahren, dort Kaffee zu kaufen und an Obdachlose zu verteilen.

Vier von fünf am Tisch seien mit ihrem Vorschlag sofort einverstanden gewesen. »Also zogen wir uns alle an, jeder nahm etwas Geld von sich mit und wir fuhren los.« Als sie aus dem Auto stiegen, wurden Theresas Klienten plötzlich sehr unsicher, klammerten sich an sie. »Im ersten Moment konnte ich den Grund dafür nicht begreifen und ich fragte nach.« Sie erzählten Theresa, dass sie große Angst hätten, denn sie wüssten nicht, was »Obdachlose« seien. Das war Theresa nicht bewusst gewesen, sie hatte ihre Begleiterinnen »versehentlich ins kalte Wasser geschmissen. Umso faszinierter war ich dann von ihrem Mut, sich dem großen Unbekannten zu stellen, mir zu vertrauen und sich darauf einzulassen.« Sie entschuldigte sich bei ihnen und erklärte ihnen, was Obdachlosigkeit bedeute. Dass sie keine Angst zu haben bräuchten. Es gehe um Menschen wie wir alle es seien, einen jeden könne dieses Schicksal ereilen. »Dann gingen wir zusammen zum Bahnhof und kauften Kaffee.«

Das Ganze war ein voller Erfolg. Die Obdachlosen freuten sich alle sehr über die Geste, bedankten sich von Herzen. Und alle kamen miteinander ins Gespräch. »Es war eine unfassbar schöne Aktion und so Mut machend!« Bis heute bestehen die Menschen der betreuten Wohngemeinschaft darauf, die Kaffee-Initiative jedes Jahr zu wiederholen. Und Theresas Kollegin und Nachfolgerin macht das auch möglich.

Für Theresa ist der »verschenkte Kaffee« ein herausragendes Beispiel: »Es ließ meinen Traum ein klein wenig wahr werden, in einer liebevollen, gleichberechtigten Welt zu leben, ohne wertende Unterschiede, einer Welt, die ein jeder Mensch aktiv mitgestaltet mit seinen ganz eigenen Fähigkeiten.« Besonders wichtig erscheint ihr, »Menschen mit Behinderung zu ermöglichen, Entscheidungen eigenverantwortlich zu treffen und daraus zu lernen«. Auch sie können erfahren, »Verantwortung für sich selbst und andere zu übernehmen«. Ein Erlebnis »von großer Bedeutung – in Bezug auf das Selbstbewusstsein, die Autonomie, den Selbstwert und die Förderung der eigenen Fähigkeiten«.

Ihre Hauptaufgabe sieht sie darin, »Methoden zu entwickeln und anzuwenden, die sich ganz auf die individuellen Bedürfnisse und Fähigkeiten der Menschen konzentrieren. Ein Geschenk meiner Arbeit als Heilerziehungspflegerin.« Dabei gelte es, das eigene Handeln und Denken immer wieder aufs Neue zu hinterfragen. Und dabei »die Chance zum Lernen« wahrzunehmen. Dies sehe sie »als Grundvoraussetzung, wenn man sich dazu entschließt, diesen Beruf auszuüben«.

*

Die Geschichten von Theresa Krämer spiegeln nicht den klassischen Kampf »Gut gegen Böse« oder den erfolgreichen Sieg über einen schier übermächtigen Gegner. Dafür weiß sie von vielen bewegenden Erfahrungen und Erlebnissen zu berichten, die das Kleine ganz groß werden lässt.

Geradezu beschwingt erzählt sie von ihren Begegnungen mit den unterschiedlichsten Menschen. Von deren wunderbaren Ansichten, ihren zuweilen völlig überraschenden Verhaltensweisen, von ihren tiefen Gefühlen. Ein Fall folgt auf den nächsten.

Lisa beispielsweise ist eine schwerstbehinderte Frau, Mitte 20. Aufgrund ihrer Hüftluxation und Spastik ist sie auf den Rollstuhl angewiesen. Angesichts ihrer eingeschränkten Körperfunktionen scheint klar zu sein: Lisa wird schwerlich wieder auf ihren eigenen Beinen stehen können. Während die Muskulatur im unteren Körperbereich kaum mehr vorhanden ist, besitzt sie einen durchtrainierten Oberkörper.

Inspiration für Lisa waren die Kinder einer Frau, mit der Theresa ihre Ausbildung absolviert hatte. Alle zusammen besuchten sie einen Indoorspielplatz. Lisa schaute zu, wie die beiden Kinder »den Berg hinaufklettern«, also die Boulderwand. In diesem Moment kommt die Frau auf eine verrückte Idee: Auch sie will die steile Wand erklimmen. Eigentlich ein unerreichbares Ziel angesichts ihrer körperlichen Situation.

Für Theresa war in der Sekunde klar: »Lisa wird mit mir gemeinsam ihr Ziel erreichen und wir werden einen Weg finden. Denn sie zeigte eine Motivation, Überzeugung und Willenskraft, die ich in diesem Ausmaß von ihr bisher nicht kannte«, erzählt die Heilerziehungspflegerin. »Also nutzten wir Lisas Stärke – die Kraft ihres Oberkörpers – und meine Beine als unser beider Beine. Lisa umklammerte meinen Hals mit ihren Armen und zog sich an mir auf meinem Oberschenkel hoch, während ich unterstützend mit meinen Armen unter ihre Knie griff.« Der Anfang war geschafft. »Als Lisa auf meinem Oberschenkel des von mir angewinkelten, auf einen Griff der Kletterwand abgestützten Beines saß, fasste sie die Griffe auf der Höhe ihres Kopfes und zog sich hoch.« Währenddessen hielt sich Theresa an den für sie erreichbaren Griffen und stieg mit ihren Beinen auch einen Griff höher. Um dann angewinkelt ihre Stütze mit den Beinen bleiben zu können.

»So erklommen wir Schritt für Schritt den ›Berg‹.« Die anderen Kinder warteten schon oben auf dem Gipfel und streckten Lisa am letzten Abschnitt ihre Hände entgegen, um ihr behilflich zu sein. »Oben angekommen rutschten wir alle gemeinsam hinunter. Sofort wollte Lisa wieder die Boulderwand erklimmen, wollte gar nicht mehr mit dem Klettern aufhören. Bis ich dann körperlich völlig am Ende gewesen bin«, erklärt eine rundum zufriedene Theresa.

Dieses Erfolgserlebnis sollte Lisas Leben nachhaltig zum Positiven verändern: Gemeinsam mit ihren Kolleginnen und einem Physiotherapeuten sorgte Theresa dafür, das Klettererlebnis in ein gezieltes Training für Lisa umzusetzen. Eine echte Erfolgsgeschichte: Dank einer neuen Anziehtechnik bleiben Lisa jetzt Schmerzen erspart, die sie bis dahin immer erleiden musste. Mittlerweile hat sie sogar eine kleine eigene Boulderwand in ihrem Zimmer, an der sie außerhalb der offiziellen Therapieeinheiten zusätzlich zu den täglichen Übungen trainieren kann.

Lisa gelang so aber auch noch die Verbesserung ihrer Augen-Hand-Koordination, was extrem positive Auswirkungen auf ihr Leben hat. Sie kann sich heute sogar eigenständig vom Rollstuhl auf eine Couch oder eine Bank umsetzen. Das eröffnet ihr eine enorm erweiterte Selbstständigkeit in ihrer Alltagsbewältigung. Theresa hatte mit ihrer Facharbeit über das therapeutische Klettern die Basis für diesen großen Erfolg gelegt.[73]

Wir wechseln gedanklich nach Griechenland. Theresa Krämer erzählt von einer Urlaubsreise nach Kreta. Was halbwegs normal klingt, hat eine Vorgeschichte: Denn sie musste in ihrer Betreuungseinrichtung erst einmal durchsetzen, »dass auch Menschen mit Behinderungen ein Recht auf Urlaub zusteht«. Für die Reisenden war es eine einzigartige Erfahrung: »Plötzlich sind sie sehr autonom, schöpfen ihre Fähigkeiten voll aus, setzen sich am Abend sogar mit an die Bar«, freut sich Theresa über die unerwartete Eigenständigkeit ihrer vier Schützlinge. »Mir ist besonders wichtig, Menschen mit Behinderung zu ermöglichen, Entscheidungen eigenverantwortlich zu treffen, auf ihre eigenen Fähigkeiten und Stärken zu vertrauen.«

Jede Medaille hat auch ihre Schattenseite, wie Theresa erklärt: Nach der Urlaubswoche schwärmten zwar die Klienten, aber die Leitung der Einrichtung wollte aus Kostengründen zukünftig keine weiteren Urlaubsfahrten mehr genehmigen. »Bis heute gibt es für Menschen mit Behinderungen kein klar geregeltes Recht auf einen eigenen Urlaub mit bezahlten Betreuungskräften«, kritisiert Theresa.

Da gebe es noch einen Fall, der sie wie kein anderer geprägt habe, sagt Theresa. »Karl war 65, als sich abzeichnete, dass er bald sterben würde.« Seine Organe hätten stark abgebaut. Was dann geschieht, ist geradezu sensationell. Dank des »unglaublichen Zusammenhalts aller Mitarbeiter im Haus haben wir es geschafft, Karl ein würdevolles Lebensende in seinem Zuhause in der WG« zu ermöglichen. Rund um die Uhr wird er betreut, Arbeitsschichten werden freiwillig verlängert.

In den Plan für die »Karl-Dienste«, so der interne Sprachgebrauch, tragen sich die Betreuer mit ihren freiwilligen Zusatzstunden ein. In seiner letzten Lebensphase soll er zu keiner Minute alleine sein. »Tatsächlich ist das ganze Haus zusammengestanden, damit er hier bei uns sterben darf.« Viele intensive Gespräche werden geführt, bis der Tag gekommen ist.

Nach seinem Tod bilanziert Theresa: »Am Ende seines Lebens strahlte Karl über das ganze Gesicht und schaute dabei immer nach rechts oben. Da wurde mir bewusst, was wirkliche Glückseligkeit bedeutet.« Sie spürt noch einmal nach, was er ihr geschenkt hat: »Ich danke Karl von ganzem Herzen, denn er hat mir so viel gegeben, vor allem Mut.« Ihre Erklärung: »Er ließ mich nicht nur in tiefer Verbundenheit Teil seines letzten Lebensabschnittes sein, sondern er hat mir Vertrauen in mich selbst gegeben.« So habe sie ihre eigene Angst vor dem Sterben überwinden und ihn bis in den Tod hinein begleiten können.

»Karl pflanzte in mir die Wurzeln eines bedingungslosen Vertrauens in das Sterben und den Tod, statt meiner Angst davor, die mich bis zu diesem Erleben fest im Griff hatte.« Diese Erfahrung nimmt Theresa mit – für sich und für andere Menschen, die sie seither auf ihrem letzten Lebensweg begleitet hat. »Und die ich in Zukunft wohl noch begleiten darf.«

*

Seit Januar 2023 arbeitet Theresa in ihrem ursprünglichen Beruf als Heilerziehungspflegerin bei einer Wiener Einrichtung, die sich um mehr als 200 taubblinde Menschen, um hochgradig Seh- und Hörbehinderte sowie um Menschen mit geistigen Behinderungen kümmert. Ihre Einstellung zu ihrer beruflichen Tätigkeit ist von tiefen Emotionen geprägt und hat sich dabei »zum Glück in keiner Weise« von irgendwelchen gesetzlichen, gesellschaftlichen oder einrichtungsinternen Rahmenbedingungen »verformen« lassen: »In meinem Beruf bin ich immer dem eigenen Herzen gefolgt.« Dort, wo sie jetzt arbeitet, ist vieles machbar. »Manchmal komme ich mir wie in einem Traum vor«, bringt Theresa die positiven Rahmenbedingungen auf den Punkt. »Ich hätte nicht gedacht, dass so etwas möglich ist in unserem Bereich.« Anderswo sei es anders. Anderswo sei es der Leitung und auch manch einem Mitarbeiter »relativ egal, wie es den Betroffenen wirklich geht, oftmals geht es rein um die Macht«.

Zu schaffen machen ihr allerdings die staatlichen Rahmenbedingungen in der Heilerziehungspflege. »Natürlich sind da einige Steine aus dem Weg zu räumen!«, antwortet Theresa auf meine Frage, ob sie bei ihrer Tätigkeit Widerstände verspüre. »Ja«, sagt sie. Lange habe sie versucht, Wände einzurennen. Jahrelang. »Ich scheiterte und scheitere, natürlich. Aber ich ›gewinne‹ auch oft! Das große Ganze kann ich nicht ändern.« Auch könne sie »gewisse Menschen nicht ändern, die ihren Job in Leitungspositionen zum Nachteil der Menschen ausüben« – so ihre langjährigen Erfahrungen.

Was die praktische Arbeit angeht, findet die Wahlwienerin dagegen immer wieder Argumente, die ganz klar für ihren Beruf sprechen. »Mit unserem Personalschlüssel haben wir im Heilerziehungspflegebereich ein Riesenglück im Vergleich zur Situation in Krankenhäusern oder Altenheimen«, zeigt sich Theresa zufrieden.

Nicht nur in den Pflegeeinrichtungen, auch bei der Teilhabe am öffentlichen Leben können Situationen eintreten, mit denen man umgehen muss. »Klienten mit einer schweren oder gar sehr schweren Behinderung pflegen eine ganz andere Form der Kommunikation.« Was auf Widerstände stoßen kann, insbesondere bei Menschen, die dies nicht einzuschätzen wüssten. Das könne ganz banale Situationen betreffen, beispielsweise einen Konzertbesuch. »Schwerstbehinderte«, so Theresa, »leben und drücken ihre Eindrücke und Empfindungen genau im Augenblick des Erlebens aus.«

Die Reaktion einer Sitznachbarin: Sie hat entschieden, den Platz zu wechseln – wohlgemerkt bei einem ausverkauften Konzert. Da es aber keinen anderen freien Platz gegeben habe, »hat sie beschlossen, lieber die restlichen zwei Stunden im letzten Eck des Saales zu stehen, als sich nochmals neben uns zu setzen«.

Ein Beispiel unter vielen. Auch im 21. Jahrhundert sei der Umgang gerade mit Menschen mit geistiger Behinderung in unserer vermeintlich aufgeklärten Gesellschaft »für viele weiterhin eine Herausforderung«. Da gebe es »immer noch größere Widerstände«. Weil sogenannte »normale« Menschen einen Bogen um das »bedrohlich Unbekannte« machen.

Theresa wäre nicht Theresa, wenn sie letztlich nicht positiv nach vorne blicken würde. »Vergiss nie«, sagt sie, »egal in welch widriger Situation du dich befindest: Du kannst etwas bewirken! Du kannst Gutes tun! Du kannst sogar Schönes dabei erleben!« Eine Haltung, die ihr im Leben immer wieder über die Runden geholfen hat. Bei ihrer Arbeit mit Menschen mit Behinderungen, mit Obdachlosen, mit Geflüchteten.

Gerade die Hilfe für Geflüchtete ist einer ihrer weiteren Aktionsschwerpunkte, der sie ihr Leben lang begleitet. So hat sie wiederholt auf der griechischen Insel Lesbos in Camps, in Flüchtlingslagern mitgearbeitet, dort auch im berüchtigten Lager Moria ausgeholfen.

»Mir wurde durch mein Leben ein unbeschreiblich großes Glück geschenkt. Es ist aber absolut keine Selbstverständlichkeit. Es bedeutet Verantwortung. Verantwortung des Herzens, die Augenblicke unendlichen Glückes schenkt. Wenn man sich ihr stellt, versucht, nach ihr im bestmöglichen Sinne zu handeln, auch, wenn es nicht immer gelingen mag«, so ihre Erkenntnis.

Werkstätten für Menschen mit Behinderung: Über Wert und Wertschätzung von Arbeit

Da ich weiß, dass Theresa zuerst in Deutschland, dann in Salzburg tätig gewesen ist und seit einem Jahr in Wien arbeitet, kann sie meine folgende Frage aus Erfahrung beantworten. »Inwiefern ist die Situation im Heilpflegebereich in Österreich und Deutschland vergleichbar?«

»An einem entscheidenden Punkt gibt es einen gravierenden Unterschied«, weiß sie. »Das ist die Bewertung der Arbeit von Menschen mit Behinderung in einer Werkstatt.« In Deutschland zähle die dortige Tätigkeit als Arbeitsplatz, was große Vorteile mit sich bringe. Damit bestehe ein abgesichertes arbeitnehmerähnliches Verhältnis. Dementsprechend hätten auch Menschen mit Behinderungen einen ganz normalen Anspruch von dreißig Urlaubstagen im Jahr, plus sechs zusätzliche Tage für Schwerbehinderte. Nach zwanzigjähriger Arbeit hätten sie auch einen Anspruch auf Rente.

»Bei uns in Österreich wird die Werkstatt nicht als Arbeitsplatz anerkannt, sondern als Tagesbetreuung«, was entsprechend negative Folgen zeitige. Viele der Betroffenen seien lediglich über Angehörige mitversichert. Sie besäßen weder einen Urlaubs- noch einen Rentenanspruch. »Schlimm ist, was passiert, wenn Menschen krank sind und nicht arbeiten können.«

Aufgrund der Tagesbetreuungsstruktur müssten Erkrankte zur Arbeit in die Werkstatt kommen. Erst dort sollten sich die dienstleistenden Pflegekräfte um sie kümmern oder die eigene Arbeitsgruppe. Aufgrund der Tatsache, dass eine Eins-zu-Eins-Betreuung unmöglich sei, würden oft inoffizielle Lösungen praktiziert. Zum Vergleich: In Deutschland dagegen dürften erkrankte Menschen mit Behinderungen in ihrer Wohngemeinschaft bleiben, würden dort von Mitarbeitern der Einrichtung betreut.

Vielleicht erklärt sich dieser erhebliche Unterscheid durch eine unterschiedliche Tätigkeit der Behinderten in den Werkstätten, mutmaße ich. Nein, dem sei nicht so, meint Theresa. »Die Klienten machen im Grunde überall das Gleiche. Da gibt es keine dramatische Differenz.« In beiden Ländern würden Industrieunternehmen Aufträge erteilen. Beispielsweise Autoteile zu sortieren, Gegenstände zu verpacken oder Kartons für Milch zu falten.

»Diese Arbeit will uns kein Mensch streitig machen. Schon gar nicht, wenn sie ohne jeglichen Lohn geleistet wird.« Theresas Stimme verrät ihre Unzufriedenheit. »Meiner Meinung nach ist das manchmal eine richtige Drecksarbeit, die wenig mit einem erfüllten Arbeitstag zu tun hat.« Sie sehe es als monoton an, vielleicht einige der Menschen mit Behinderung nicht. Sie weiß es nicht. Es gehe in dem Punkt viel mehr darum, dass sie eine äußerst wichtige Arbeit verrichten.

»Eine Arbeit, für die wir alle uns höchstwahrscheinlich zu schade wären. Von der wir aber alle sehr stark profitieren. Was wäre, wenn wir im Supermarktregal plötzlich keine Gewürze mehr vorfänden, weil die Menschen mit Behinderungen streikten und somit niemand die Gewürze abfüllte?« Das sei ein banales Beispiel, beim Thema Auto würde es uns noch viel härter treffen. Das sei in beiden Ländern gleich.

Unterschiede betreffen vor allem politisch festgelegte Rahmenbedingungen, die sich auf die Bezahlung der Behinderten gravierend auswirke. »Bei uns in Österreich hat kein Bundesland die Pflicht, überhaupt ein Taschengeld zu zahlen.« Wien beispielsweise entschied sich, dies zu tun. Aktuell sind das 65 Euro pro Monat. Dagegen würden die Lohnzahlungen in Deutschland zumindest bei mehr als 100 Euro im Monat liegen – »und das ist wahrlich auch nicht die Welt«.

»Wie wären die Defizite im österreichischen System behebbar?«, frage ich die Expertin. Theresa verweist auf einen Faktencheck der Lebenshilfe. Im politischen Forderungskatalog »Gehalt statt Taschengeld« heißt es u. a.: »Wir fordern einen durchlässigen, erweiterten Arbeitsmarkt.« Übergänge zwischen Tagesstrukturen und Werkstätten müssten »flexibel und in alle Richtungen durchlässig gestaltet werden«. Die Menschen in Tages- und Beschäftigungsstrukturen müssten »arbeits- und sozialversicherungsrechtlich gleichgestellt werden«.[74] Forderungen, die durchaus nachvollziehbar sind. Umgesetzt sind sie von der Politik bis heute dennoch nicht.

Charly Chaplins Vision einer besseren Welt

Angesichts der verbesserungswürdigen Rahmenbedingungen in ihrem Berufsbereich, formuliere ich meine Abschlussfrage an Theresa offen: »Wie würde deine sozialere, gesündere, gerechtere und auch friedlichere Welt aussehen?« Überraschenderweise erklärt mir die Heilerziehungspflegerin, diese Antwort habe ein weltberühmter britischer Schauspieler und Regisseur bereits zur Zeit des Zweiten Weltkriegs gegeben: Charlie Chaplin in seiner epochalen Rede im Film *Der große Diktator*. Mit dieser beißenden Satire auf Adolf Hitler und das menschenverachtende NS-Terrorregime, in dem Millionen Menschen ermordet wurden, hatte Chaplin, der im Film sowohl als Tyrann wie auch als Friseur brilliert, vor Abertausenden jubelnder Zuhörer und vor Millionen Menschen an den ›Volksempfängern‹ gesprochen.

Theresa hat sich, wie ich einmal mehr merke, gut vorbereitet auf unser Gespräch. Mit einem Mal liest sie Auszüge aus Chaplins

Rede in der Rolle des Friseurs vor: »Es tut mir leid, aber ich möchte nun mal kein Herrscher der Welt sein, denn das liegt mir nicht. Ich möchte weder herrschen, noch irgendwen erobern, sondern jedem Menschen helfen, wo immer ich kann. Den Juden, den Heiden, den Farbigen, den Weißen. Jeder Mensch sollte dem anderen helfen, nur so verbessern wir die Welt.«

Wahrlich, eine andere Art von Antwort, als ich erwartet habe – zugleich eine überzeugende. »Wir sollten am Glück des andern teilhaben und einander nicht verabscheuen. Hass und Verachtung bringen uns niemals näher.« Selbstverständlich passte Chaplins Rede ins Jahr 1940, als die Nationalsozialisten Millionen Menschen verfolgten, inhaftierten und ermordeten. Vor allem Juden, genauso aber auch Menschen mit Behinderungen, Regimekritiker und viele weitere.

Chaplins Ansprache an die Menschen in aller Welt passt aber auch in unsere Zeit. Chaplins nach vorne gerichtete Botschaft von damals ist auch die von Theresa: Beide fordern sie »eine allumfassende Brüderlichkeit, damit wir alle eins werden«. Chaplin machte in Kriegszeiten Mut und rief den Menschen zu: »Ihr dürft nicht verzagen! Auch das bittere Leid, das über uns gekommen ist, ist vergänglich.«[75]

»Ja, wir sollten alle in einem solidarischen Miteinander leben«, so Theresas Vision einer heileren Welt. »Vor allem aber sollten wir endlich mal damit aufhören, Unterschiede zu machen im Wert von Menschen.«

*

Plötzlich wird Theresa ernst, sehr ernst. In Deutschland würden mittlerweile neun von zehn Babys mit Trisomie 21 abgetrieben, sagt sie. »Mich erschüttert diese Entwicklung.« Aus ihrer Erfahrung als Heilerziehungspflegerin hält sie die Sichtweise vieler Ärzte, die die Diagnose »Down-Syndrom« als Krankheit begreifen, für nicht akzeptabel. Gerne würde sie eine umfassende Aufklärungskampagne starten. Eltern, Politiker und die Gesellschaft sollten endlich »über ein Leben *mit* Trisomie 21 allumfassend informiert werden. Vor allem über die ›Besonderheit‹ dieses Seins mit einem 21er-Chromosom mehr.« In diesem Sinne müssten auch Ärzte sensibilisiert und aufgeklärt werden, um eine interdisziplinäre Zusammenarbeit für alle Beteiligten zu schaffen. Die Bezeichnung »Down-Syndrom« lehnt Theresa ab, sie sollte eher nicht mehr zur »Diagnosestellung« verwendet werden: »Betroffene Eltern und Unwissende befürchten beim Begriff ›Syndrom‹ schnell etwas Furchtbares, da das Wort in unserem Sprachgebrauch meist ein Synonym für schwere Krankheiten darstellt.«

Dabei ist Theresa eines sehr wichtig zu betonen: Als Feministin sei sie selbstverständlich für das uneingeschränkte Recht von Frauen auf Abtreibung. Aber gerade vor dem Hintergrund der deutschen Geschichte mache ihr die gesellschaftliche Tendenz zur »Selektion« von allem, was nicht der angeblichen »Norm« entspreche, Angst. Anstatt Frauen zu unterstützen, würde ein enormer Druck auf sie ausgeübt.

Unser Gespräch ist zu Ende, mehr als zwei Stunden konzentrierten Meinungsaustausches liegen hinter uns. Der Abschied naht. Doch was bleiben wird: Der Eindruck einer tatkräftigen, unerschütterlich nach vorne gewandten Frau, die Hindernisse nicht als Argument nimmt, aufzugeben. Sondern als Motivation, sie aus dem Weg zu schaffen. Theresa inspiriert. Denn bei aller berechtigten Kritik an den Rahmenbedingungen und an unserem gesellschaftlichen Status Quo richtet sie den Blick jederzeit auf ein Morgen. Das besser sein kann, als es das Heute ist. Und so sucht und findet sie Lösungen – und macht ihren Mitmenschen durch ihr beherztes Handeln Mut.

***

Weitere Informationen:

- Acsauvel, Nichtregierungsorganisation für die Sicherheit von Kindern im Libanon, siehe www.acsauvel.org

***

KAPITEL 12

Gerhard Trabert. Deutschlands erster Straßen-Doc im lebenslangen Dauereinsatz

Bei Beginn unseres Gesprächs hätte ich eigentlich erwartet, dass uns Prof. Dr. med. Trabert zuallererst über die Not und das Elend der Menschen erzählt, die in seiner Heimatstadt Mainz unter Brücken wohnen, in dunklen Schächten schlafen, sich vor Scham in einsame Verstecke verkriechen. Über das Schicksal von Arbeits- und Wohnungslosen, Frauen und Geflüchteten, Kranken und Ausgegrenzten. Über sein unermüdliches Engagement für notleidende Menschen, das ihn weit über die Grenzen der Republik hinaus bekannt gemacht hat.

Weit gefehlt. Der Mediziner glaubt von ganzem Herzen an das Gute im Menschen, an die innere Kraft seiner Patienten, erzählt er zum Einstieg unseres vierstündigen Treffens. »Jeder Mensch besitzt Fähigkeiten und Ressourcen, Außergewöhnliches zu erreichen. Selbst wenn er auf der Straße lebt.« Seine zahllosen Krankenbehandlungen hätten ihm diese Menschen nähergebracht. »Sie haben mich sogar zu meinem eigenen Selbst geführt.«

Seine Aussagen erinnern mich an seinen emphatischen Gedicht- und Erzählband *Poesie der Armut*. »Nirgendwo habe ich so viel Wärme, Tiefe und Liebe gespürt, wie innerhalb der Begegnung mit ›armen Menschen‹«, schreibt Gerhard Trabert dort. »Ich erhielt Reichtum und Hoffnung, wo ich Armut und Hoffnungslosigkeit erwartete.«[76]

Was so wunderbar klingt, nährt sich aus der Erfahrung wiederkehrender Besuche an Orten, die die Wenigsten von uns freiwillig aufsuchen würden. Vielfach dunkel und düster, zuweilen strengst riechend. Seine trotz alledem positiven Aussagen erklären sich mit den tiefen Gefühlen, die aufgrund von echten Begegnungen und wachsenden Beziehungen entstehen. Weil er Zuspruch spendet. Weil er Menschen Vertrauen schenkt, die für gewöhnlich ausgegrenzt, verspottet und verachtet werden.

Wie ist das, wenn er zum ersten Mal auf einen Menschen am äußersten Rand der Gesellschaft trifft: »Dann erlebe ich ihn anfangs tatsächlich von der ganz anderen Seite.« Als einen Verzweifelten, der den Glauben an seine Fähigkeiten verloren habe. Dem es richtig schlecht gehe.

Trabert aber ist nicht bereit, diese Aussichtslosigkeit, diese Verzweiflung, diese Hoffnungslosigkeit stillschweigend zu akzeptieren. »Ich habe so empathische Menschen kennengelernt, die so viel Kreativität in sich tragen.« Die Fähigkeiten besitzen, die man ihnen üblicherweise nicht zutraut. Sei es in der Musik, der Malerei, der Poesie.

Aber in ihrer derzeitigen Lage hätten sie das Bewusstsein dafür verloren. Auch weil sie sich krank und ausgegrenzt fühlen. Für ihn sei es deshalb entscheidend, ob es ihm und seinen Mitstreitern gelinge, zur physischen und psychischen Genesung dieser Menschen beizutragen. »Und den Bedürftigen wieder ihr Selbstwertgefühl zurückzugeben.« Denn dann könne deren Leben einen ganz neuen Verlauf nehmen.

Wie schnell wir mitten im Gespräch sind, erstaunt mich. Gerade eben noch hat uns Gerhard Trabert in den Räumen seines Vereins »Armut und Gesundheit« in der Mainzer Zitadelle gut gelaunt empfangen. Und unversehens finden wir uns in Szenen einer ganz anderen Welt wieder.

Was wir in den folgenden Stunden im Austausch mit diesem rührigen »Straßenmediziner« erfahren werden, sollte meinen Fahrer und Freund Stephan Möhrle und mich tief beeindrucken. Nachdenklich stimmen, zuweilen auch beglücken.

*

Jetzt komme ich dazu, meine eigentliche Einstiegsfrage für unser Interview zu stellen: »Dein Vater war zeitweise als Erzieher in einem Waisenhaus tätig. Inwiefern kamst du schon in deiner Kindheit in Kontakt mit jungen Menschen, die ein schweres Schicksal erdulden mussten?«

Ihm sei schon als kleiner Bub aufgefallen, dass er Geschenke zu Geburtstagen und an Weihnachten bekam. Dass seine Eltern mit ihm in Urlaub fuhren. »Diese Vorzüge hatten meine Spielkameraden nicht«, erinnert sich Trabert. Das Ganze wurde in der Schule noch getoppt. Wenn dort etwas schieflief, hieß es ganz schnell: »Das waren die Heimkinder, die sind schuld.«

»Das hat mich beeinflusst, hat mich getriggert. Ich habe mir fest vorgenommen: Als Erwachsener lässt du niemals zu, dass ein Mensch oder eine Gruppe derart benachteiligt wird.«

Ihm wurde früh bewusst, wie privilegiert er aufwuchs. Mehr noch: »Wir alle sind privilegiert, die wir nicht aufgrund unserer Herkunft oder unseres Schicksals ausgegrenzt werden.« Und genau deshalb »können wir helfen«.

Passend zu dieser selbstgesetzten Vorgabe lautete Traberts Dissertationsthema an der medizinischen Fakultät der Mainzer Universität: Gesundheitssituation und medizinische Versorgung von wohnungslosen Menschen. »Wie bist du zu diesem doch eher atypischen Thema gekommen?«, frage ich ihn.

»Meine damalige Frau arbeitete in einem Heim für wohnungslose Menschen, ich habe dort ehrenamtlich Sport angeboten.« Was nicht von ungefähr kam. Schließlich war der Mainzer während des Studiums Mitglied im Leichtathletikkader der Junioren- und Studentennationalmannschaft Westdeutschlands. Heimste damals sogar Medaillen bei Europameisterschaften im Juniorenbereich ein, zudem bei der Universiade, wie sie damals hieß, einer internationalen Sportveranstaltung im Hochschulbereich. Letztlich aber entschied er sich, sein Studium zu Ende zu bringen und Arzt zu werden.

Über seine frühere Frau kam der erste Kontakt zu Wohnungslosen zustande. Ihn interessierte bei den persönlichen Begegnungen, wie diese Menschen in diese Situation geraten waren. Welche ausgrenzenden Strukturen dazu geführt hatten.

Beim Sport, den der damalige Spitzensportler mit ihnen machte, stellte er schnell fest: Viele waren kaum leistungsfähig, waren krank. Trabert hinterfragte, wie der Zugang zum Gesundheitssystem für Wohnungslose aussah. Daraus entwickelte sich eine Gesundheitsuntersuchung mit 40 dieser wohnungslosen Menschen. EKG, Laboruntersuchungen, eine gründliche Anamnese ihrer Beschwerden.

Das Ergebnis: Vier von fünf Betroffenen mussten dringend zum Arzt, in Therapie. Seine Studie offenbarte, dass Obdachlose häufig »äußerst negative Erfahrungen im System machten«. Manche von ihnen wurden einfach weggeschickt oder sie gingen von sich aus.

Einerseits, weil sie bürokratische Ansprüche nicht erfüllen konnten. Andererseits, weil sich ein Teil von ihnen schlichtweg schämte. Oder weil sie »die eigene Situation fälschlicherweise positiver einschätzten, als sie in Wirklichkeit war. Stichwort ›Zufriedenheitsparadoxon‹«, analysiert Trabert.

Im Rahmen eines Auslandsaufenthalts hospitierte der angehende Mediziner nicht lange danach in einem Leprakrankenhaus in Indien. Dort lernte er ein für Europäer damals eher unbekanntes Gesundheitskonzept kennen. »Indische Ärzte verfolgen das Prinzip, dass man nicht wartet, bis sich die Menschen im Krankenhaus einfinden. Sondern Mediziner gehen in die Community, bieten direkt vor Ort eine medizinische Untersuchung und Behandlung an.«

Von der »Bundesarbeitsgemeinschaft Wohnungslosenhilfe« wurde Traberts Dissertation damals als »Pionierarbeit« bezeichnet. Papier aber ist geduldig, die Betroffenen hatten nichts davon. »Also habe ich mich selbst gefragt: Was muss aus deiner Doktorarbeit folgen, damit die Menschen eine bessere Versorgung bekommen?«

Aus der bewegenden Erkenntnis, die er aus Asien mitbrachte, entwickelte er das »aufsuchende Konzept«. Will heißen: Der Mediziner Gerhard Trabert begann, in seiner Heimatstadt Mainz direkt zu wohnungslosen Menschen zu gehen. An Orte, die von Normalbürgern geflissentlich gemieden werden.

Als er sein neues Konzept der Bezirksärztekammer vorlegte, stieß er auf massiven Widerstand. »Oh nein, Sie dürfen nicht umherziehend als Arzt arbeiten. Das ist Quacksalberei, das ist Mittelalter«, musste er sich anhören.

Ein Jahr lang kämpfte Trabert, vermarktete seine Strategie als ein Teil des großen Ganzen. Klugerweise kommunizierte er mit allen Beteiligten, von der Bezirksärztekammer über das Sozialamt bis hin zur Landesregierung. Auch kooperierte er eng mit Nichtregierungsorganisationen, sodass sich alle als ein Teil dieses neuen Versorgungskonzeptes verstehen konnten.

Dann endlich der Durchbruch: Von der Kassenärztlichen Vereinigung »habe ich als erster Arzt in Deutschland eine Ermächtigung bekommen, von Berufs wegen wohnungslose Menschen aufzusuchen und sie versorgen zu können«.

Und das nicht mehr nur auf ehrenamtlicher Basis. Das Wichtigste aber war für ihn: »Mit der Ermächtigung konnte ich all die notwendigen Formulare nutzen: Rezepte, Überweisungen, Krankenhauseinweisungen, Arbeitsunfähigkeitsbescheinigungen.«

Das Angebot des Sozialamtes, das Honorar außerhalb des Systems zuzuweisen, lehnte er ab. Seine Vorgabe: »Ich will das alles innerhalb vom System machen. Die Leute sollen doch wieder in die Gemeinschaft integriert werden.« Dass ihm das am Ende auch zugestanden wurde, reiht sich ein in die lange Liste seiner Erfolge.

*

Gerhard Trabert weiß, dass viele Menschen in Mainz auf der Straße leben. Alleine hätte er nicht die geringste Chance gehabt, das Problem in seiner ganzen Breite und Vielfalt anzugehen. Deshalb gründete er mit Unterstützerinnen und Unterstützern – mittlerweile vor über einem Vierteljahrhundert – den Verein »Armut und Gesundheit in Deutschland e. V.«.

Längst hat Trabert als 1. Vorsitzender weitere Mediziner und Sozialarbeiter um sich geschart. Seine medizinischen Berichte schickt er an die Stadtverwaltung, an die Kliniken, an die Krankenkasse, wo er mittlerweile durchaus Gehör findet.

So kann er inzwischen auf beachtlichen Zuspruch verweisen, auch dank der breiten persönlichen und finanziellen Unterstützung aus der Zivilbevölkerung. Und auch aufgrund der Tatsache, dass der Zuwachs an ehrenamtlichen und angestellten Mitarbeitern eine so erfreuliche Kurve genommen hat. »Das läuft so gut, weil wir alle einen sehr ähnlichen Spirit haben«, empfindet er. Das Resultat: »Mit dem, was wir gemeinsam tun, können wir kranken Menschen eine ganz konkrete interdisziplinäre Hilfe anbieten.«

Unglaublich, was die Mitglieder des Vereins leisten. Mit ihrem niedrigschwelligen Versorgungskonzept bieten sie Bedürftigen in und um die rheinland-pfälzische Landeshauptstadt ihre Hilfe an. Will heißen: »Jeder kann zu uns kommen – ob er versichert ist oder nicht.«

Hilfe für Kinder von krebskranken Eltern

Kaum zu glauben, doch trotz seines immensen Arbeitspensums konnte der Mainzer Mediziner noch einen zweiten Verein ins Leben rufen. Den Impuls zu dieser neuerlichen Vereinsgründung erhielt er durch eine Frage, die ihm als Klinikarzt häufig von erkrankten Müttern oder Vätern gestellt wurde: Dr. Trabert, ich habe Krebs. Wie kann ich die schlimme Nachricht dieser Erkrankung meinem Kind, meinen Kindern vermitteln?

Mittlerweile kümmern sich die Vereinsmitglieder des Mainzer »Flüsterpost e. V. – Unterstützung für Kinder krebskranker Eltern« um Betroffene. 2003 wurde der Verein vom Finanzamt Mainz-Mitte als gemeinnützig und mildtätig anerkannt.

Triebfeder war das Bewusstsein, dass die Kleinen mit der Erkrankung ihrer engsten Bezugspersonen eine dramatische Leidenszeit durchleben. Dass sie dringend Hilfe und Beratung benötigen. »Ganz wichtig ist«, so Trabert, »dem Kind die Wahrheit zu sagen.« Denn wenn die Eltern nicht offen mit dem Thema umgehen, »kommen nicht selten Schuldfantasien auf, weil Kinder aufgrund von erwachsenenbedingten Informationsdefiziten ganz falsche Vorstellungen von der Sache haben«, so seine langjährige Wahrnehmung.

Den Flüsterpost-Verein gibt es nunmehr bereits seit mehr als zehn Jahren. »Aufgrund unseres guten Renommees kommen viele Menschen zu uns«, freut sich der Arzt. Längst gebe es ein weithin entwickeltes Bewusstsein, eine besondere Sensibilität dafür, wie wichtig die Integration der Kinder in solch schmerzhafte Prozesse ist. Trabert zeigt sich zufrieden mit dem Erfolg: »Dass wir die Jüngsten auf diesem Weg erreichen, das macht mir Mut, das macht ihnen Mut.«

Dabei gab Traberts Flüsterpost-Verein bislang bereits zahlreiche Fortbildungen bei der Krebsakademie Dr. Mildred Scheel in Köln. Und, so die aktuelle Entwicklung, das Thema wird von immer mehr Ärztinnen und Ärzten und Krankenhäusern aufgegriffen.

Eng kooperiert er mit vielen Sozialarbeiterinnen und Sozialarbeitern. Dabei machen Trabert und sein Team den von Krebs betroffenen Eltern Mut, tatsächlich einen offenen und ehrlichen Dialog in der Familie zu wagen. »Nicht darüber zu reden, ist die eigentliche Belastung.«

Bei alledem kommt dem vierfachen Vater die langjährige berufliche Erfahrung im Umgang mit Kindern und Jugendlichen zugute. So weiß er, »dass der natürliche Narzissmus bewirkt, dass viele Kinder krebskranker Eltern alles auf sich selbst zurückführen«. Folglich glauben die Kids, sie seien schuld, und können doch nicht über ihre Schuldgefühle reden.

Deshalb ist es so wichtig, »die Probleme offen zu kommunizieren«. Und dem Kind zu erklären: »Mama muss ins Krankenhaus, denn sie hat Brustkrebs.« Dort bekommt sie eine Chemotherapie, die ihr helfen soll. »Mamas Haare können ausfallen. Aber dafür trägst du auf keinen Fall eine Schuld.«

*

»Wie aber kommt man an diejenigen Kinder ran, die sich innerlich völlig abschotten?«, frage ich den erfahrenen Krankenhausarzt. Ja, das sei nicht immer leicht. Um diese schwer erklärbaren Vorgänge einfacher vermitteln zu können, hat der Mainzer zwei kindgerechte Bücher verfasst. »Darin erkläre ich ihnen altersgerecht, was Krebs ist.« Sein Beispiel im Kinderbuch *Als der Mond die Nacht erhellte*:

Die jungen Leserinnen und Leser sollen sich ein Aquarium vorstellen, das den menschlichen Körper darstellt. Darin schwimmen die gesunden Körperzellen als normalfarbige Fische. »Die feuerroten Fische aber sind die Krebszellen, die versuchen, alle anderen aufzufressen.« Was tun? Die Angreiferfische könne man mit einem Kescher aus dem Wasserbecken herausfischen. »Das Äquivalent ist die Operation.«

Oder man kann die roten Fische mit einer Taschenlampe anleuchten, »das entspricht dann der Strahlentherapie«. Zwar schwimmen primär rote Fische durch den Lichtkegel, manchmal aber auch Grüne und Blaue. Will heißen, es werden auch gesunde Zellen bestrahlt. Was die Erklärung dafür ist, warum die Haare bei Mama oder Papa ausfallen.

Und es gibt eine weitere Methode: Pulver ins Aquarium schütten, das besonders gerne von den roten Fischen gefressen wird. »Das ist die Chemotherapie. Zuweilen fressen aber auch weinrote und orangefarbene Fische das Pulver.« Auf diese Wiese lassen sich die Nebenwirkungen dieser therapeutischen Behandlung erläutern.

Und noch eine Vorgehensweise kann helfen: »Wir schütten Pulver ins Wasser, das besonders von den gesunden Fischen gefressen wird.« Das mache sie stärker, sodass sie nicht mehr von den roten Fischen aufgefressen werden können. »Auch das ist so eine Metapher, die bei den Kindern gut ankommt«, weiß Trabert.[77]

Der Mainzer Mediziner zeigt sich mit dem Erfolg seiner Arbeit mehr als zufrieden. »Ich war schon sehr positiv berührt, als ich erlebt habe, wie die Mama in die Sprechstunde gekommen ist und gesagt hat: ›Der Papa hat Krebs. Aber mein Kind kann jetzt eher nachvollziehen, was passiert ist.‹«

Inzwischen haben die Aktivisten der Flüsterpost auch intensiveren Kontakt zu Eltern und Lehrern. Und sie können den Erwachsenen die Botschaft vermitteln: »Bei all dem, durch die Erkrankung von Vater oder Mutter auf das Kind einströmenden Stress, ist im Moment die Deutsch- oder die Mathenote nicht so wichtig.«

Traberts Engagement kennt keine Grenzen

Menschen in Not zu helfen, hat sich Gerhard Trabert zur Lebensaufgabe gemacht. Sei es Kindern krebskranker Eltern, erkrankten Obdachlosen oder behinderten Flüchtlingen. Als Mediziner kennt er keine Grenzen, definiert seinen Wirkungsbereich immer wieder europaweit.

Von einer Sekunde zur andern schlägt er den Bogen zu einer Hilfsaktion für Menschen, weit von der Heimat entfernt. Dort, wo die Not von Geflüchteten unermesslich groß war, weiterhin ist. Im Flüchtlingslager Moria, auf der griechischen Insel Lesbos, habe er Bekanntschaft mit einem Syrer gemacht. Der junge Mann war querschnittsgelähmt. »Abdulkarim durfte ich hautnah kennenlernen. Er lebte unter unvorstellbaren Bedingungen im Camp.«

Der Mainzer Mediziner setzte alle Hebel in Bewegung, nahm Kontakte auf, bis hin zur Bundesregierung. Dankenswerterweise genehmigte das Bundesinnenministerium, dass Abdulkarim nach Deutschland kommen konnte. Und dank der Zustimmung der rheinland-pfälzischen Landesregierung konnte der schwerbehinderte Syrer sogar nach Mainz gebracht werden.

»Dafür habe ich gekämpft!«, freut er sich. »Dann habe ich ihn auf der Flucht von Lesbos bis nach Frankfurt quasi als medizinische

Betreuung begleitet. Dies war eine hochemotionale Reise.« Jetzt lebt Abdulkarim in Mainz, nimmt Deutschkurse, macht Krafttraining. Und, kaum zu glauben, er wird bald wieder seinen früheren Beruf als Bildhauer ausüben können, den er einst in Damaskus gelernt hat. Ungeachtet seiner schweren Behinderung, und dank der Unterstützung der hiesigen Handwerkskammer.

Mehr und mehr gewinne ich bei unserem Gespräch den Eindruck: Gerhard Trabert könnte den ganzen Tag von solch wunderbaren Erfolgen erzählen. Wie er und seine Mitstreiterinnen und Mitstreiter Menschen in Not helfen.

*

Wer so viel Gutes tut, verdient Zuspruch, wird geehrt. Im Laufe seines Lebens erhielt Gerhard Trabert zahlreiche Auszeichnungen und Preise. In jungen Jahren als Profisportler, später aufgrund seines gesellschaftlichen Engagements: den Verdienstorden der Bundesrepublik Deutschland, den Kinderschutzpreis des Deutschen Kinderschutzbundes, die Paracelsus-Medaille der Bundesärztekammer, um nur einige zu nennen. Wohlgemerkt bei voller Eingebundenheit in seine berufliche Laufbahn: Zehn Jahre lang lehrte er als Professor für Sozialmedizin und Medizin an der Nürnberger Hochschule. Ehe er, beginnend 2009, eine Professur für Sozialmedizin sowie Sozialpsychiatrie an der Hochschule RheinMain in Wiesbaden antrat.

Die 2020er-Jahre brachten für Gerhard Trabert eine weitere Würdigung seines Wirkens. Der Deutsche Hochschulverband wählte ihn aufgrund seines außerhochschulischen Engagements im Sozialbereich und dem didaktischen Transfer dieser Erfahrungen in seine Lehrtätigkeit zum »Hochschullehrer des Jahres«. Die Begründung: Trabert habe sich »mit Herz und Seele der Versorgung von Menschen in Notsituationen« verschrieben.

Im Januar 2022 nominierte ihn die Partei Die Linke als Gegenkandidaten zum amtierenden Bundespräsidenten Frank-Walter Steinmeier. Trabert, selbst parteilos, wusste, dass er gegen Steinmeier keine Chance hatte, da der Sozialdemokrat von der SPD, den Grünen, der FDP und der CDU/CSU unterstützt wurde. Er sah seine Chance darin, die in Deutschland weit verbreitete Armut und soziale Ungerechtigkeit mehr im öffentlichen Diskurs zu verankern.[78]

Ein Vorsatz, der als gelungen bewertet werden darf. Immerhin würdigte sogar Steinmeier als wiedergewählter Bundespräsident Traberts Engagement und sprach ihn in seiner Rede vom Februar persönlich an. »Gestatten Sie mir, sehr geehrter Professor Trabert, noch ein zusätzliches Wort. Sie haben mit Ihrer Kandidatur auf ein Thema aufmerksam gemacht, das größere Aufmerksamkeit verdient: die Lage der Ärmsten und Verwundbarsten in unserem Land.« Dafür gebühre ihm Respekt.

Einen Monat danach empfing ihn Steinmeier im Schloss Bellevue, im Juni fand der Besuch des Bundespräsidenten in Mainz statt, wo er das Arztmobil für Obdachlose und die Poliklinik für nicht Krankenversicherte besichtigte. Tief beeindruckt von der Arbeit Traberts und seiner Vereinskollegen wurde über eine dauerhaftere Kooperation beraten. Mit dem Ziel die Armut in Deutschland aktiv zu bekämpfen.

Der Mainzer nutzte seinerseits die öffentliche Aufmerksamkeit, um darauf hinzuweisen, dass »wir nicht wieder wegschauen dürfen«. So sein konkreter Fingerzeig auf die politische Entwicklung in der Zeit nach 1933: »Was viele nicht wissen: Die Nationalsozialisten haben durch die Aktion ›Säuberung der Landstraße‹ und die sogenannte ›Bettlerrazzia‹ Tausende Wohnungslose als sogenannte Asoziale stigmatisiert und in Konzentrationslagern inhaftiert.«

Steinmeiers würdigende Worte hallten nach. Was aber haben der Besuch und Gegenbesuch letztlich bewirkt? Trabert kommt ob meiner Frage ins Grübeln. »Einerseits ist es ja toll, wenn der Bundespräsident nach Mainz kommt und sein Interesse bekundet.«

»Und andererseits? Besteht bei Steinmeier ein ernsthaftes Interesse am Thema Armutsbekämpfung?«, will ich wissen. »Ich weiß es nicht, ich weiß es wirklich nicht«, antwortet Trabert. »Im Gespräch mit dem Bundespräsidenten hatte ich den Eindruck, dass sein Mitfühlen authentisch war.« Er sei interessiert gewesen, sei mit Betroffenen ins Gespräch gekommen. Und Steinmeier habe sogar ein Statement abgegeben, »in dem er unser jetziges Gesundheitssystem kritisiert hat. Als er ganz klar festgestellt hat: Es gibt Defizite.«

»Aber folgen den Worten auch Taten?«, hake ich nochmals nach. »Ich würde mir unbedingt wünschen, dass ein Präsident viel mehr Stellung bezieht, vor allem was das Bürgergeld für Notleidende betrifft. Und die menschenrechtsverletzende Asylpolitik der Bundesregierung«, erklärt Trabert und setzt auf das Prinzip Hoffnung: »Ich denke, ein Präsident hat die Verpflichtung, Fehlentwicklungen in einem Land klar zu benennen. Gerade wenn es um elementare demokratische Rechte geht.«

Und wie schätzt der Hochschulprofessor die Armutslage zurzeit in unserem Land ein? Traberts Analyse fällt hart, aber realistisch aus: »Armut fällt nicht vom Himmel. Armut wird erzeugt. Armut nimmt zu. Und Armut ist oft weiblich.«

Kampf gegen armutsgetriebene Prostitution

Gerhard Trabert ist ein ehrlicher, ein offener, ein mutiger Mann, der einen skeptischen Blick hinter die Fassade unserer Republik wirft. Sorge bereitet dem Straßen-Doc vor allem auch das Schicksal vieler Frauen. »Wir haben hier in Mainz Frauen, die zu uns kommen, die sich prostituieren müssen, da sie im Kontext von Menschenhandel dazu gezwungen werden.« Ihr altbekanntes Problem: Viele besitzen keine Krankenversicherung. Vor zwei Jahren habe beispielsweise eine Hilfe suchende Frau mit ihnen Kontakt aufgenommen. »Wir haben sie besucht und untersucht und ihr vermittelt, dass sie dringend in ein Krankenhaus zur weiteren Behandlung müsse.« Das könne sie sich nicht leisten, habe sie entgegnet. Erst als Dr. Trabert ihr versprach, dass der Verein sämtliche Kosten übernehmen werde, konnte sie überzeugt werden.

Eine Woche danach starb sie. »Es war schon alles zu spät. Sie hatte Erkrankungen, die zu weit fortgeschritten waren.« Trabert wird wütend. »Das führe ich genau auf diese Form der Prostitution zurück, die viel mit Armut, Menschenhandel und Ausbeutung zu tun hat.«

»Wie kann diesen Frauen geholfen werden?«, fragt Stephan nach. »Ich bin ein absoluter Verfechter des Nordischen Modells«, lautet die Antwort. Um das zu verstehen, müsse man wissen: Deutschland ist das Bordell Europas. 90 Prozent der sich bei uns prostituierenden Frauen tun dies aus Armutsgründen oder im Rahmen von Menschenhandel. Nicht selten sind auch Männer betroffen.

Ganz anders die Situation in Schweden. Dort würde das Nordische Modell Sexarbeit verbieten. »Wenn es jemand dennoch macht und erwischt wird, dann wird nicht die Sexarbeiterin bestraft, sondern der Freier.« Zusätzlich würden immer konkrete Ausstiegshilfen für die betroffenen Frauen angeboten.

Das Nordische Modell sei mittlerweile auch in Norwegen, Kanada, Island, Nordirland und Frankreich Praxis. Zehn europäische Nationen würden derzeit mit diesem Konzept arbeiten. »Das Verbot von Sexarbeit beruht auf der Erkenntnis, dass Armutsprostitution und Menschenhandel weit verbreitet sind.« Wo das neue Modell eingeführt sei, habe sich außerdem das gesellschaftliche Bild der Frauen deutlich gewandelt. Sie seien »nicht länger Objekt männlich patriarchalischer Betrachtungsphantasien, sondern individuell zu respektierendes Subjekt«.

Bei einem internationalen Kongress, den Trabert vor drei Jahren mitorganisierte, ging es genau um diese Themen. Beeindruckend empfand er, wie 20 vormalige Prostituierte aus der ganzen Welt unverblümt über ihre Erfahrungen sprachen. »Sie alle plädierten für ein Verbot von Sexarbeit – viele von ihnen kamen aus Deutschland.«

Natürlich gebe es auch Kritik an diesem Modell. »Vor allem von Menschen, die einen eigenen Sexshop oder ein Bordell betreiben und damit viel Kohle machen.« Sie behaupten, das Nordische Modell stelle eine Bevormundung dar. »Aber das ist nicht der Fall«, bezieht

Trabert Stellung. Seine Begründung: Er kenne den Blick von unten. Die Sicht der Opfer, der Frauen. Das zählt.

Was tun – als Papierlose ohne Krankenversicherung?

Eine fehlende Versicherung im Krankheitsfall ist ein ernsthaftes Problem. »Zum Beispiel für Menschen, die aus dem ›Armenhaus Europas‹ – aus Rumänien oder Bulgarien – nach Deutschland, nach Mainz kommen, um hier eine Arbeit zu finden.«

Bei ihnen handele es sich um EU-Bürger, die im Rahmen der Freizügigkeit innerhalb von Europa reisen dürften, auch nach Deutschland. »Doch wenn sie keinen Job finden, besteht auch kein Krankenversicherungsschutz. Hier muss eine Lösung gefunden werden, das darf so nicht sein.«

Noch problematischer sei die Lage für Menschen, die aus Lateinamerika oder Afrika oft papierlos nach Deutschland kommen. »Sie haben überhaupt keinen Aufenthaltsstatus, kein Asylverfahren, manchmal sogar keinen Pass, gar nichts.« Formal würden diese Menschen »damit illegalisiert hier leben. Aber illegal ist kein Mensch«, betont Trabert energisch.

Häufig von Einkommensarmut betroffen sind aber auch Deutsche: Arbeitslose, Paarhaushalte mit drei und mehr Kindern. Auch alleinerziehende Mütter oder Menschen mit Migrationshintergrund. »Die Lücken im Versorgungssystem haben zugenommen«, weiß der Straßen-Doc. »Aber wie kann das sein, dass schon der Familienstatus zum Risikofaktor für Armut wird? Da läuft doch etwas strukturell total falsch in unserer Gesellschaft. Das müssen wir ändern.«

Zum Glück gebe es aber viele, viele Mut machende Beispiele. Medizinisch wie auch sozialarbeiterisch sei im System einiges machbar, wenn man Fachwissen besitze und sich engagiere. Vor allem also, wenn man sich intensiv mit den jeweiligen Konstellationen auseinandersetze und dementsprechend gezielt helfen könne.

In Mainz gebe es eine Clearingstelle. Dort würden die Beraterinnen und Berater überprüfen, ob der Betroffene nicht doch krankenversichert werden könne, eventuell aufgrund behördlicher Falschinformationen. Oder ob sie oder er doch versichert sei. Ja, es gebe Wege zurück ins System, wissen Trabert und sein Team. »In zwei Dritteln der Fälle gelingt es meinen Mitarbeiterinnen und Mitarbeitern, dass die Bedürftigen wieder eine ganz normale Krankenversicherung bekommen. Zwei von drei, das ist doch eine gute Quote!«, bilanziert der Vereinsvorsitzende. Der Einzelne sei häufig überfordert. »Aber wir kennen die Gesetzeslage, und wir können meistens helfen. Das macht mir Mut, das gibt meinen Patienten Hoffnung.«

Wenn die Schere zwischen Arm und Reich weiter auseinanderklafft

Trabert verfolgt einen umfassenden gesellschaftspolitischen Ansatz. An der Basis setzt er auf Vor-Ort-Hilfe für die Notleidenden. Organisiert durch den von ihm mitgegründeten Verein sowie durch weitere Initiativen und Netzwerke sowie Kooperationen. Und unterstützt durch ärztliche Vereinigungen und Verwaltungsorganisationen in den bestehenden Strukturen. Auch die Unternehmen müssten ihrer sozialen Verantwortung gerecht werden.

Auf der politischen Ebene fordert er von Parteien bis hin zum Bundespräsidenten einen Umbau des Gesundheitssystems, das endlich auch die Ärmsten der Armen voll im Blick hat und weitaus mehr aktive Gesundheitsförderung betreibt. Dabei sucht der Mainzer Professor für Sozialmedizin und Sozialpsychiatrie durchaus die offene Diskussion bis hin zur harten Konfrontation, sogar mit dem Gesundheitsminister.

»Und wie geht es dir, wenn du mitbekommst, dass manche Menschen reich sind, richtig reich sind – Millionäre oder gar Milliardäre?«, will ich wissen.

Die Bundesregierung müsse endlich die Reichen und Superreichen deutlich höher besteuern. »Nein, nicht diejenigen müssen den Gürtel enger schnallen, die sowieso nicht so viel Geld haben.« Vielmehr müssten reiche und superreiche Menschen »endlich ihrer sozialen Verantwortung gerecht werden. Eigentum verpflichtet, steht im Grundgesetz«. Erst vor Kurzem habe er sich eine Fernsehreportage über superreiche Menschen angeschaut. »Unglaublich diese Aussagen, diese Ignoranz, diese Dummheit, diese Arroganz, dort ganz oben.«

Diese mache ihn ein Stück weit auch sprachlos. »Wie kann man in so einer Blase leben? Wie die Not so vieler Mitmenschen einfach ausblenden? Wie die eigene Verantwortung derart negieren?«, fragt sich Trabert. Auf der einen Seite das Elend auf der Straße, das der Straßen-Doc und seine Kollegen in ihren Arztmobilen mit viel Engagement und vergleichsweise wenig Geld zu lindern suchen. Auf der anderen Seite die mondäne Welt der Villen, der Lamborghinis, der Jachten und Privatjets, in denen Geld keinerlei Rolle spiele, Luxusgüter im Überfluss vorhanden seien.

»Nein, diese Ungerechtigkeit, aber auch diese Ignoranz der Besitzenden verstehe ich nicht. Und ich mache das alles auch nicht mit.« Wer den Endsechziger näher kennt, vermag zu erahnen, dass er so schnell keine Ruhe geben wird. Denn seine Mission ist noch lange nicht erfüllt.

Arztmobile statt staatlicher Hilfe

Gemeinsam gehen wir hinaus auf den Innenhof, lassen uns von Gerhard eines seiner Arztmobile im Detail zeigen. Die Fahrzeuge sind mit medizinischen Gerätschaften und Medikamenten ausgerüstet, mit denen erkrankten Obdachlosen sogleich geholfen werden kann.

Als ausgebildeter Notfallmediziner sind ihm Einsätze außerhalb der Praxis und der Klinik von Anfang an vergleichsweise leichtgefallen. »Dank der rollenden Arztpraxis können wir die Bedürftigen dort aufsuchen, wo sie zu finden sind.« Die betreffenden Orte in der Stadt steuert er regelmäßig an.

Plätze, an denen wohnungslose Menschen sich häufig aufhalten, an Rückzugspunkten oder auf der Straße. Auch die Teestube zählt dazu. Die gleichzeitig eine Ausgabestelle ist, an der die Diakonie das Bürger- und Sozialgeld bzw. die entsprechende Hilfe fürs Wochenende auszahlt. »Hierher kann jeder kommen, wird jeder medizinisch behandelt.«

Das ehemalige Ein-Mann-Team ist inzwischen auf eine größere Gruppe von Fachleuten angewachsen. »Momentan sind wir weitere 25 ehrenamtliche Ärztinnen und Ärzte. Zahnärzte, Psychiater. Ein Chirurg, eine Gynäkologin, ein Kinderarzt, sie alle bieten in den Vereinsräumen Sprechstunden an. Behandeln die Patienten, geben Medikamente aus. Im Wechsel werden auch Sprechstunden in verschiedenen Einrichtungen der Wohnungslosenhilfe angeboten. Unterstützt wird der Verein ›Armut und Gesundheit‹ dabei von der studentischen Organisation ›Medinetz-Mainz‹ – eine erfolgreiche Zusammenarbeit«.

»Wenn einer unserer Besucher nicht versichert ist, bezahlen wir weitergehende Untersuchungen aus unserem Behandlungsfonds«, erklärt der Mediziner. Oder man versucht mit einem der Krankenhäuser ein Abkommen zu treffen. Bei einem Notfall werden die Notleidenden in eine Klinik eingewiesen.

»Das funktioniert in aller Regel auch«, weiß der Mainzer Mediziner. Der sich allerdings an einen behandlungsbedürftigen Patienten erinnert, der im Nachthemd im Rollstuhl sitzend einfach aus dem Krankenhaus entlassen wurde. »Ich habe sofort den Rettungsdienst angerufen und den Mann zurück eingewiesen.« Trabert drohte rechtliche Schritte an. Daraufhin sei der Mann im Krankenhaus endlich weiterbehandelt worden.

*

Inwiefern es denn Nachahmer für die hiesigen Arztmobile deutschlandweit gebe, interessiert mich. »In Form ganz unterschiedlicher Modelle sind es bestimmt 20«, erklärt Trabert. »In Hamburg, in Stuttgart, in Berlin, in Dortmund, in Düsseldorf, in Köln, anderswo.«

Die Zahl 20 erscheint mir eher wenig. »Müssten es nicht 200 oder noch weitaus mehr sein?«, frage ich angesichts der bundesweit hohen Zahl erkrankter Obdachloser nach.

»Die Sache ist ambivalent«, erklärt mir Trabert. »Auf der einen Seite brauchen wir tatsächlich mehr mobile aufsuchende Behandlungsmöglichkeiten. Andererseits tragen wir damit zur Stabilisierung von Ungerechtigkeit, von Aussonderung, von Diskriminierung bei.«

Denn diese Arbeit müsste eigentlich der Staat anbieten und nicht gemeinnützige Vereine. Damit dieser seiner Aufgabe endlich nachkommt, müsse der Druck auf die Politik deutlich erhöht werden. Die ärztlichen Standesorganisationen müssten dafür sorgen, dass das System die Defizite auffängt.

Aber hilft da nicht das Konzept der Gesundheitskioske, das Gesundheitsminister Karl Lauterbach propagiert? Lauterbach sage, dass er 1000 Gesundheitskioske in sozialen Brennpunkten implementieren wolle, weiß Trabert. »Jedoch ist dieses Konzept, was im Kern richtig ist, vollkommen unausgereift.«

Zu viele Fragen seien noch offen, so die Kritik des Mediziners. Es gehe eher um Beratung, nicht um Behandlung. Ein Konzept, das der Gesundheitsminister vor Kurzem wieder vollkommen gestrichen habe. »Alles nur Gerede und kein praktisch sinnvolles Handeln. Und parallel dazu nehmen Armut und Wohnungslosigkeit weiter zu.«

Die offiziellen Zahlen geben dem Professor für Sozialmedizin in seiner Sorge Recht. Im vermeintlich reichen Deutschland leben rund 50 000 Frauen und Männer auf der Straße, mehr als 600 000 sind ohne Wohnung. Die Rückkehr in ein Leben mit eigener Wohnung ist für viele von ihnen keine realistische Option – so die dramatische

Situation.[79] Dabei ist die Bundesrepublik ein Land unter vielen in Europa, in denen eine derart katastrophale Lage vorherrscht.

Diese sei »ein wirklich schlimmes Problem. Aber ich kann auch das Massensterben im Mittelmeer einfach nicht ertragen.« Zur Seenotrettung suchte und fand er im Hamburger Hafen im Jahr 2014 ein Schiff von Seenotrettern, bot seine Hilfe als Arzt an. In den folgenden Jahren nahm er an vielen Einsätzen von Sea-Watch und ResQship teil. Bei Lampedusa und anderswo.

»Das kann man nicht in Worte fassen, was es bedeutet, mit einem Fernglas ein Schlauchboot in der Weite des Meeres zu entdecken. Darin kämpfen dicht gedrängt 160 Menschen ums Überleben. Die Männer sitzen am Rand mit einem Fuß halb im Wasser. In der Mitte sitzen die Frauen und Kinder in einem Gemisch aus Meerwasser, Diesel und Fäkalien. 90 Prozent von ihnen können nicht schwimmen.«

Was für ein erhebendes Gefühl, diese Menschen auf ein sicheres Schiff zu lotsen. »Was sie für eine Erleichterung verspüren, wenn sie bei uns sind.« Wohlwissend, dass sie noch lange nicht das Ende ihrer Flucht erreicht haben.

Wenn Trabert tanzt

»Wie schafft es der Daueraktivist Gerhart Trabert, geistig gesund und körperlich fit zu bleiben?«, wundere ich mich. Seine Erklärung: »Ich habe mich vom vormaligen Vollblutsportler zum bewusst entspannenden Freizeitmenschen gewandelt«, lächelt er mich an. Mit seinem jüngsten Sohn spielt er jede Woche Squash, joggt in seiner freien Zeit durch die nahe gelegenen Weinberge. Das sei ihm ganz wichtig – die Natur, das Vogelgezwitscher. »Dann kann ich all das verarbeiten, was mir so durch den Kopf geht.«

Hobbys hat Gerhard Trabert erstaunlich viele. Seit seiner Jugendzeit verfolgt er Fußballspiele insbesondere von seinem Heimatverein Mainz 05. Er fotografiert leidenschaftlich, geht gerne auf Konzerte, hört viel Musik, vor allem Smooth-Jazz.

Als Nächstes reist er mit seiner Partnerin für eine Woche an die Algarve. Dort genießen sie Kultur und sicher den hervorragenden portugiesischen Rotwein. Und dann tanzen sie und tanzen und tanzen. »In dem Moment bin ich in einer ganz anderen Welt.«

***

Weitere Informationen:

- »Armut und Gesundheit in Deutschland e. V.«, Mainz, www.armut-gesundheit.de
- »Flüsterpost e. V. – Unterstützung für Kinder krebskranker Eltern«, Mainz, https://kinder-krebskranker-eltern.de

***

KAPITEL 13

Martin Kolek. Der unermüdliche Seenotretter in den Weiten des Mittelmeers

Mir gegenüber sitzt ein Mann mit Halbglatze und markantem Rauschebart. Mitte der 60er-Jahre in Paderborn geboren hat er im Laufe seines Lebens einige Jahre in Hamburg verbracht. Das prägt offenbar, denn er strahlt eine typische hanseatische Ruhe aus. Martin Kolek wird mich bei diesem Treffen und im folgenden Interview tief in die Welt derer einführen, die ihr Leben für die Bergung Notleidender riskieren. So wundert mich wenig, dass er auch Gerhard Trabert kennt, Deutschlands ersten Straßen-Doc.

Mit ihm war er 2021 gemeinsam zur Seenotrettung auf dem Segler Nadir im Mittelmeer unterwegs. Trabert als Schiffsarzt, Kolek als Co-Skipper. »Gerhard arbeitete mit Menschen egal welcher Nationalität. Menschen, die sonst keiner sieht«, lobte der Psychotherapeut den Mainzer Mediziner ob seiner unanstrengenden und zuverlässigen Art. Dabei konnte die körperliche Arbeit im mediterranen Klima »hammerhart sein bei 45 Grad im Schatten«.

Doch der Reihe nach. Wie kam es dazu, dass Martin Kolek Seenotretter wurde? Welche Ausbildung hat er durchlaufen, die es ihm erleichtert, Notleidenden und Bedürftigen kenntnisreich zu helfen?

Von Berufs wegen ist Kolek heute Psychotherapeut für Kinder und Jugendliche mit eigener Praxis sowie Diplom-Musiktherapeut. Der Weg dahin war weit und wechselhaft. Nach dem Abitur und einem 20-monatigen Zivildienst an der Blindenschule in seiner Heimatstadt wechselte Kolek in die Kultur. An der Universität

Hamburg widmete er sich vor allem der systematischen Musikwissenschaft und schloss sein Studium mit dem Magister Artium ab.

Während dieser Zeit erhielt er eine Anfrage für die offene Jugendarbeit, die er in Veddel, Altona und St. Pauli, Hamburger Stadtteilen mit hohem Migrationsanteil, ausüben sollte. Im interkulturellen Kontext bot er Rhythmusangebote zur Aggressionsprävention an.

Letztlich wurde die Musikpsychologie zu seinem Hauptschwerpunkt, wobei er an der Hochschule der Künste Berlin noch ein Aufbaustudium der Diplom-Musiktherapie absolvierte. In zwei Kliniken baute er die aktive Musiktherapie im Kontext der Behandlungen von Depression, Sucht und Psychose auf.

Um die Jahrtausendwende kommen auch die drei Jungen von Martin und seiner Frau Dorothea zur Welt. Das Leben damals ist dicht und intensiv, genau das, was Kolek mag. Bis 2023 war er außerdem im Psychosozialen Zentrum für Geflüchtete der Caritas Paderborn für Migration und Integration tätig. Seine Kritik: Die einen als anders zu definieren, als »Menschen mit geringer Bleibeperspektive« oder aufgrund ihres Geschlechts als »nicht vulnerable Gruppe« zu selektieren, erschien ihm geradezu »kriegerisch«.

Eine Erfahrung prägte sich ihm dennoch als äußerst positiv ein: Menschen können sich wechselseitig begleiten und einander als solidarisch erleben. »Das macht Mut, sich nicht dem Hass zu ergeben.«

Prägendes Vermächtnis des Großvaters

Woher nimmt Martin Kolek seine solidarische Grundhaltung, seine Empathie für Mitmenschen in schwierigen Lebenslagen? Als Antwort verweist er auf seinen Großvater Viktor, der ihm so viel auf seinem Lebensweg mitgegeben hat. Ein Foto zeigt, wie er behaglich neben dem Opa auf dem Sofa sitzt, der seinen Arm um den Enkel legt. »Ich sehe ein glückliches Kind, in dem ich mich erkenne.«

Sein Großvater diente im Ersten Weltkrieg als Maschinist und Schlosser der Kaiserlichen Marine. Von 1916 bis 1918 verrichtete er in Kriegszeiten knapp zwei Jahre lang auf U-Booten seinen Dienst. Die Einsatzgebiete im Mittelmeer reichten von der nordafrikanischen Küste bis hin zum südlichen Sizilien. Derlei U-Boot-Interventionen waren für Freund und Feind lebensbedrohlich. Die Hälfte aller Männer, die auf deutschen Unterseebooten im Ersten Weltkrieg eingesetzt wurden, kamen dabei ums Leben, weiß Martin Kolek.

Dank Viktors Kriegstagebuch konnte er im Nachhinein viel nachvollziehen. Beispielsweise die Tatsache, dass für deutsche U-Boote die Verpflichtung bestand, gegnerische Fracht-, Versorgungs- oder Militärschiffe ohne jegliche Vorwarnung zu versenken. Als ein italienischer Frachter vom Unterseeboot seines Opas getroffen wurde, sprangen viele Matrosen ins Wasser und kämpften ums Überleben. Doch anstatt Hilfe zu leisten, fuhr das U-Boot rückwärts davon. Menschen durften nicht gerettet werden, so der knallharte Befehl.

Durch dieses Erlebnis wurde Viktor Kolek zu einem konsequenten Antimilitaristen. Fortan verweigerte der strenge Katholik jegliche Loyalität gegenüber kaiserlichen und später nationalsozialistischen Ambitionen »Ich bin geboren 1889, das ist das Einzige, was ich mit Adolf Hitler gemeinsam habe«, bekundete er damals.

Koleks Opa erkannte seine innere Traumatisierung durch den Krieg und sprach darüber. Über die inneren Verletzungen, den Irrtum des Krieges, den Wahnsinn an menschlicher Zerstörung. Er blieb aufrecht und wollte sich in Zukunft »keinem Kriegswahn ergeben«. Was sowohl seinen Sohn als auch seinen Enkel prägte und ihnen »Mut machte«. Als Martin Jahrzehnte später zur Bundeswehr einberufen wurde, nahm ihn Vater Arnold zur Seite und stand ihm bei: »Wenn du verweigerst – ich unterstütze dich dabei.«

In Martin Kolek reifte inzwischen die Erkenntnis, sich ernsthaft mit dem Wasser und der Seefahrt zu beschäftigen. Als Student in Hamburg nahm er erst einmal einen Job auf der Cap San Diego an, die heute als Museumsschiff im Hamburger Hafen liegt.

Im Anschluss lernte er das Segeln in Theorie und Praxis. »Das Gefühl, nur mit Windkraft unterwegs zu sein, ist unbeschreiblich befreiend«, so seine Erkenntnis. Und friedlich noch dazu. Womit er auf die Tatsache anspielt, dass Kombifrachter wie die San Diego, gebaut in Zeiten des Kalten Krieges, schnell für eine militärische Nutzung umrüstbar waren.

Nach und nach erwarb Martin Kolek die Sportbootführerscheine bis hin zum Sportseeschifferschein. Als Teil eines Viererteam nahm er an einem Kurs zur Rettung auf See teil, ehe er mit dieser Mannschaft 2013 mit einem Segelschiff den Atlantik überquerte. Zu dem Zeitpunkt, als sie in der Karibik unterwegs waren, trug sich im Mittelmeer eine Katastrophe zu. Vor Lampedusa sank ein Boot mit Hunderten Geflüchteter an Bord. »Das habe ich mir gemerkt, das sollte so nicht weitergehen«, so sein Entschluss.

Kolek schaute sich um, welche Organisationen sich aufgemacht hatten, »die Menschen im Mittelmeer nicht ertrinken zu lassen«. Auf einer Hamburger Schiffsmesse suchte er den Stand von »Sea-Watch e. V.« auf, hielt einen »Schnack« und wollte wissen, »wie die Leute ticken«. Ganz in seinem Sinne, denn danach bewarb er sich und wurde 2016 als stellvertretender Schiffsführer auf dem Rettungsschiff Sea-Watch 2 eingeteilt.

Beim Einsatz auf dem Mittelmeer kam es zu vielfältigen Begegnungen mit dem Militär. Hautnah bekam er mit, was es bedeutete, wenn Milliardensummen in Rüstung fließen, in Satelliten und in die Drohnenaufklärung. »Damit haben wir vor Ort zu tun. Hightech aus der Luft.« Sein Vorwurf: Militärs verfügen über gezielte Informationen, die allerdings »nicht zur Rettung der Menschen auf See benutzt werden«. Wozu also dann? »Die Luftüberwachung und Vernetzung von Daten ist ein lukratives Geschäft.« Sobald man Flüchtlinge auf dem Meer entdeckt, werden die sogenannten Seenotrettungszentralen in Libyen, sprich die Milizen, informiert. »Die Menschen werden in das System zurückgezwungen, aus dem sie fliehen wollten.« Ein System, das an Repression kaum zu überbieten ist.

Was aber hat das mit uns in Deutschland zu tun? »Libysche Milizen wurden 2016 auf Schiffen der deutschen Bundesmarine ausgebildet.«

Auch die Erfahrungen mit »Frontex« waren und sind negativ. Die europäische Agentur für Grenz- und Küstenwache könne als Wissens- und Logistikdatenbank ein umfangreiches Bild liefern und wertvolles Datenmaterial zur Verfügung stellen. Dank der Drohnenschwärme ließen sich Bewegungen von Menschen und Material weitläufig beobachten, Hilfe wäre schnell organisierbar. »Das Verschwinden eines Bootes mitsamt den Menschen, die mit ihm untergehen, wird sicher oft aufgezeichnet«, urteilt Kolek. Nach außen aber gelange nichts, so sein harter Vorwurf an die Grenzsicherungsagentur, die hier wegschaue.

Auf Nachfrage nennt Kolek ein symptomatisches Erlebnis. »Ein Militärflieger eines englischen Kriegsschiffes beobachtete uns aus der Luft bei der Bergung von Ertrinkenden.« Der Pilot habe das Geschehen beobachtet, jedoch nicht reagiert.

Seine Wut ist bis heute geblieben. Denn »das Regelwerk SOLAS, das SRÜ, die Menschenrechtskonvention der UN schreiben vieles vor.« Seenotrettung *muss* nach diesen internationalen Übereinkommen geleistet werden! Koleks Enttäuschung ist grenzenlos, denn Gesetze würden gesetzt, aber missachtet.

Koleks Kleinkind

Im Mai 2016 fuhr er für zweieinhalb Wochen zur See, Schiffsführerin war Carola Rackete. Die Aktivistin sollte drei Jahre später weltweit Bekanntheit erlangen, als sie mit der Sea-Watch 3 Migranten in Seenot rettete. Obwohl ihr nach Wochen des Wartens die Hafeneinfahrt auf Lampedusa untersagt wurde, setzte sie die Geflüchteten auf der Insel ab. Racketes Festnahme und der Hausarrest wurden gerichtlich wieder aufgehoben.

Damals waren sie zusammen auf der Sea-Watch 2 unterwegs. Nachdem sie abgelegt hatten, kamen sie in ein Sturmgebiet. Rackete und Kolek standen »bei Wind und Welle gegenan mit Vollgas auf der Stelle, bis der Sturm nachließ«. Derweil lag die Mehrheit der Crew »seekrank quer, aber auf Carola war Verlass«, erinnerte sich der Paderborner. Während er in seiner Funktion als stellvertretender Schiffsführer ganz früh Wache hielt, kam ein Anruf über Funk von der italienischen Rettungsleitzentrale in Rom herein. Gemeldet wurde ein untergehendes Holzboot, das sich in einer Entfernung von mehr als 55 Seemeilen befand. Kolek nahm »sofort Kurs auf das Objekt«, erhöhte Fahrtgeschwindigkeit.

Als sie mittags am Unglücksort ankamen, befanden sich drei Schiffe in Sichtweite. Eines war das Küstenwachschiff Nave Vega aus Italien, zudem zwei Fregatten der europäischen Mittelmeermission »European Union Naval Force – Mediterranean«, kurz EUNAVFOR MED. Deren Auftrag lautete Bekämpfung des Menschenschmuggels und der Menschenhandelsnetze, auch der Schleuser.

Gefilmt werden durfte nicht, auch musste die Sea-Watch Meilen vom eigentlichen Geschehen entfernt bleiben. Ihrem kleinen Einsatzboot aber war es erlaubt und möglich, bei der Rettungsaktion zu helfen. Nach einer Stunde war der Spuk vorbei, die beiden Kriegsschiffe verschwunden. Eine Meldung mit einem Lageüberblick machten die Militärs nicht, funkten an die Sea-Watch 2 lediglich Anweisungen, antworteten jedoch nicht auf Anfragen zur weiteren Koordination.

Die Überlebenden wurden in Rettungsinseln gesichert, ihren Transfer zum Küstenwachschiff Nave Vega führte die Mannschaft des Küstenwachschiffs selbst durch. Dessen Kapitän bat die Sea-Watch danach um weitere Hilfe. Sie sollte ein aufblasbares Beiboot bereitstellen, um die Ertrunkenen zu bergen. Unter den Seenotrettern brach eine heftige Diskussion aus. »Das machen wir nicht, das ist Sache der Militärs, das können wir nicht, das wollen wir nicht, das ist nicht unsere Aufgabe«, so verschiedene Meinungen.

Kolek ging in sich, immerhin bat die Nave Vega ernsthaft um Unterstützung auf See, sodass Hilfe geboten war. »So wahr ich einen Opa hatte, der hier im Seegebiet vor 100 Jahren wegfahren musste, obwohl Leute im Wasser schwammen.« Also verhandelte er als stellvertretender Schiffsführer sowohl mit dem Kapitän der Küstenwache als auch mit der eigenen Mannschaft.

Die Vereinbarung: Sie halfen beim Markieren der Ertrunkenen, um die Leichen im Meer sichtlich zu machen. Dabei kam Martin Kolek eine Aussage in den Sinn, die er von seinem Großvater und Vater kannte: »Hör zu, schau hin, pack an.«

Zugleich sollten bis Sonnenuntergang Überlebende, die die Crew der Sea-Watch 2 zwischenzeitlich an Bord genommen und mit Essen versorgt hatte, auf das italienische Küstenwachschiff gebracht werden. Es waren insgesamt 150, eine immens hohe Zahl. Zum ersten Mal hatten sie auf der Sea-Watch so viele Menschen an Bord, obwohl sie selbst weder materiell noch mental darauf vorbereitet waren.

Die Rettungsaktion klappte. »Mut machte, dass wir zusammenhielten, auch über die Bootsgrenzen hinweg.« Tatsächlich war die Zusammenarbeit zwischen zivilen Seenotrettern und Uniformierten eine beachtliche Leistung, die nicht den üblichen Gepflogenheiten entsprach und durchaus positiv gesehen werden darf.

*

Welches Engagement, welche Kraft Seenotretterinnen und Seenotretter aufbringen, welchen physischen und vor allem psychischen Belastungen sie ausgesetzt sind, kann man als externer Beobachter allenfalls erahnen.

Martin Kolek ist als ausgebildeter Psychotherapeut und Traumatherapeut gewohnt, schwierige Situationen zu meistern. Vermutlich erklärt dies die Tatsache, dass der Paderborner bis heute durchgehalten hat. Sich in seiner arbeitsfreien Zeit wieder und wieder auf hohe See begibt, um Menschenleben zu retten. Wohlwissend, dass zivile Seenotretter auch mit der Situation fertig werden müssen, dass sie zu spät eintreffen und sie dann massenhaft mit Leichen Ertrunkener zu tun haben.

Doch der weitere Verlauf des Rettungseinsatzes der Sea-Watch 2 am 27. Mai 2016 sollte Martin Kolek mit einem Erlebnis konfrontieren, das er zeitlebens nicht vergessen würde. »Unerwartet«, so Kolek, hatte er es an diesem Tag auch mit einem Kleinkind zu tun, wie er sagt. »Keine 70 Zentimeter groß, babyleicht.« Er barg es aus dem Wasser, nahm es auf den Arm. »Was sollte ich machen?«

Eine Seemeile etwa, also etwas mehr als 1,8 Kilometer, trug er den Leichnam in seinen Armen, drückte ihn an sich, ließ ihn nicht wieder los, als ob er ihn schützen könne. »Einerseits wusste ich, dass das Kind tot war, andererseits fühlte ich, dass es etwas in mir auslöste, als ich es festhielt«, schrieb Kolek in seinem Buch *NEULAND*, das er mir bei unserem Gespräch in Paderborn mit auf den Weg gab.

Das entsprechende Foto von Christian Büttner ging später breit durch die Medien. Wer es gesehen hat, wird es nicht vergessen können. Es zeigt den tieftraurigen Seenotretter in voller Montur. In seinen Armen hält er einen scheinbar schlafenden kleinen Jungen. »Dieses Kind hätte die Schönheit dieser Welt kennenlernen können«, sinnierte Kolek. In der Stille dieses Moments hörte er eine Frage, die der Kleine nie mehr stellen könnte: »Was ist los mit euch auf diesem Planeten, dass ich hier ertrinke?«

Kann man aus so einer Situation Kraft schöpfen? Ja, Martin Kolek kann es. Die Kraft, aktiv zu bleiben und weiterhin auf Rettungstour zu gehen. »Wenn es überhaupt Sinn macht, auf dieser Welt aktiv zu sein, dann für die Zukunft – für diese kleinen Kinder.«[80]

*

Die Küstenwache übernahm die Leichen und brachte sie an Land. Auch die seines sowie die eines zweiten Kleinkindes. Monatelang ließ ihn die Frage nicht los, wer es war, wie es hieß. Von Fragen geplagt, begab sich der stellvertretende Schiffsführer auf die Suche, erkundigte sich bei den italienischen Behörden nach dem Namen und der Herkunft des Jungen. Vergeblich. Auskünfte wurden verweigert, Datenschutz angeführt, das Recht auf private Fragen ausgeschlagen.

Letztlich kam ihm ein Zufall zu Hilfe. Eine Spanierin, die beim Roten Kreuz arbeitete, war auf seine Anfrage gestoßen. Sie konnte nachvollziehen, wie es ihm erging und schickte ihm einen Zeitungsbericht mit dem Foto der Beerdigung Ertrunkener. Diese waren von dem Marineschiff in Italien an Land gebracht worden. Kolek ließ die Sache nicht los. Gemeinsam mit seiner Frau fuhr er in das Dorf in Kalabrien, wo die Leichen beerdigt worden waren.

Über die hiesige Staatsanwaltschaft bekamen sie Kontakt zu Helfenden, zur Caritas und zur Ausländerbehörde in Reggio Calabria, an der Südwestspitze des italienischen Festlandes. Dort wurden ihm zwei Namen der Kinder genannt: Mohamed Liban und Maryam Hassan. Martin Kolek hat sein Buch *Mohamed und Maryam. NEULAND* diesen beiden Kindern gewidmet. Sie waren seine »Mutmacher« für das Buch. Ein Werk, das – kaum zu glauben – »damals kein Verlag herausgeben wollte«.

Was Kolek nicht davon abhielt, es im Eigenverlag drucken lassen. Denn er glaubte »fest daran, dass wir Neuland schaffen können«. Entsprechend stark sein Statement darin: »Mission possible – Wir leben nur einmal – never give up – lever doot as slaav«.[81]

*

Wieder zu Hause angekommen, liefen Koleks Bemühungen im Kontakt mit politisch Verantwortlichen meist ins Leere. »Großen Widerstand« habe er erfahren, wenn er in der Heimat von den Einsätzen, aus denen er gerade zurückkam, berichten wollte. Eine örtliche Politikerin antwortete ihm: »Aber das wissen wir doch alles!« Von einem zuständigen Bundestagsabgeordneten erhielt er zur Antwort: »Seien Sie sicher, dass wir gut informiert sind.«

Kolek fragt sich in solchen Fällen: Von wem informiert und über was? »Wenn die Investitionen für Frontex interessanter sind als die

Situationen der Menschen, dann sind die Gegner einfach Ignoranz und Bequemlichkeit«, so seine Erkenntnis.

Schlimmer noch: Längst werden Seenotretterinnen und Seenotretter diskreditiert, sogar kriminalisiert. »Die Kriminalisierung ist ein schicker Mechanismus, um nicht differenziert hinschauen zu müssen«, so Koleks Vorwurf. »Wie immer, wenn Projektionen erfunden werden, um es sich leicht zu machen und die Schuld auf andere zu schieben.« Kann gut sein, dass er und seine Mitstreiter in Zukunft weitere Unterstützung benötigen. Sei es durch moralische Rückendeckung, durch Rechtsbeistand, bestimmt auch finanziell.

Ein starkes Zeichen: Mahnmal der Vergessenen in Kalabrien

Woher nimmt ein Mensch, der mit kraftvollem Beispiel vorangeht, der ohne Rücksicht auf die eigene Gefährdung in den Wogen des Mittelmeers mithilft, Ertrinkende zu retten und dabei häufig auf Ertrunkene trifft, seine Kraft? Bewusst unternehme er nichts, um anderen Mut zu machen. Es geht eher darum, »den eigenen nicht zu verlieren«, erklärt Martin Kolek. »Manchmal fehlt es nur an einer kleinen Sache, dann bricht sich die eigene Entschlossenheit Bahn, unaufhaltsam.«

Ganz besondere Energie geben ihm auch »ganz unscheinbare Momente«, erzählt Kolek. »Ein Wort, ein Blick, eine Umarmung, klare, ruhige Worte, Gesten, ein Klang – da liegt etwas in der Luft.« Denn »daraus ergibt sich manchmal mehr«.

Das Schicksal der 2016 ertrunkenen Menschen ging ihm nicht aus dem Sinn. So setzte er sich ein neues Ziel: die Errichtung eines ganz besonderen Friedhofs, in der Küstenstadt Reggio Calabria, dort wo die Leichen vergraben lagen.

Vor Ort fand er regionale wie auch internationale Unterstützung für den Aufbau des »Friedhofs der Vergessenen«, ausgestattet mit einem Mahnmal, das an das Geschehene, an das Schicksal der Menschen erinnern sollte.

»Dieser Mahn- und Gedenkort ist einmalig gut geeignet, um den Horizont zu erweitern und in eine Zukunft zu leiten, von der wir hoffen, dass zukünftige Generationen sie gestalten können. Anders, als bisher«, sagt Martin Kolek hoffnungsfroh. Mehrfach war er bereits dort, um zu berichten, wie es zu den vielen Ertrunkenen kam. Das war und ist wichtig, »denn die Küstenorte am Mittelmeer bekommen die Toten ins Netz oder an den Strand gespült.«

Heute liegen die sterblichen Überreste der 45 damals aus dem Meer geborgenen Menschen auf eben diesem Friedhof. Aus dem Italienischen übersetzt lautet die Schlusspassage auf der Hinweistafel: »Ab heute wird in unserer Stadt an jedem 3. Juni das Gedächtnis für die Opfer der Migration wachgerufen.« Zukünftige Generationen dürfen nicht vergessen, sollen »Solidarität, Inklusion und Integration« zeigen. So die Aufschrift des Bürgermeisters von Reggio Calabria, Giuseppe Falcomata, die der Autor Kolek in seinem aktuellen Buch *KEINLAND MEEHR* zitiert.[82]

Warum der 3. Juni? An dem Tag war die Nave Vega in Reggio Calabria eingelaufen mit den Geretteten und Ertrunkenen an Bord.

Was bleibt, ist ein Friedhof als einzigartiger Ort. »Da kommt ungeheuer viel zusammen: Menschen, Sehnsüchte, Vertrauen, Licht, das Meer«, beschreibt Martin Kolek seine Gefühle. Sein Fazit: »Der Friedhof in Armo macht uns Mut, die Toten nicht in Vergessenheit geraten zu lassen.«

Tatkräftige Organisationen im Dienst der Seenotrettung

Zum Glück bleiben Kolek und seine Mitstreiter nicht allein. Manchmal unterstützen die christlichen Kirchen das breite Bündnis zur Seenotrettung »United4Rescue«. Auch den Verein »RESQSHIP«, den Kolek seit 2019 mit seinem kontinuierlichen Einsatz mitfördert. Und sie erhalten Spenden von Privatleuten und Firmen, die sie zur Finanzierung der Projekte dringend benötigen.

Mindestens einmal im Jahr hilft Martin Kolek mit seiner Crew, Menschenleben im Mittelmeer zu retten. 2018 war er auf der Josefa und von 2021 bis 2023 auf der Nadir auf Tour. »Wir sind mit einem 18 Meter langen Segler raus. Haben immer geholfen, wann immer wir konnten.« Dabei hatten »wir teils mehr als 60 Menschen an Bord«.

Der gebürtige Paderborner weiß um das todbringende Szenario, das sich Tag für Tag und Nacht für Nacht auf dem unruhigen Meer zwischen Afrika und Europa abspielt. An 365 Tagen im Jahr – auch an Weihnachten, auch an Ostern. In der Osternacht 2023 erreichte sie die Bitte der italienischen Seenotrettung, nachts zu einem untergegangenen Boot zu schippern. Als sie am Unglücksort ankamen, konnten sie noch mehr als 20 Menschen aus dem 15 Grad kaltem Wasser bergen, die bereits etwa zwei Stunden im Wasser trieben. In solchen Momenten hört er seinen Opa sagen: »Das habt ihr richtig gemacht«.

Nein, Martin Kolek macht kein großes Aufheben um sein unermüdliches Engagement. Er ist ein Mensch, der sich nicht in den Vordergrund drängt, dem einzig die Sache am Herzen liegt. »Wir machen keinen Lärm«, sagt er und ergänzt angesichts erfolgreicher Rettungsaktionen bescheiden: »RESQSHIP e. V. macht es möglich.«

In dem Verein, namentlich abgeleitet von »Rescue ship«, hat der Paderborner seit der Vereinsgründung 2017 mitgearbeitet. Wir wollen »genau hinschauen, wo Not und Lebensgefahr drohen«. Bleibt die erfreuliche Erkenntnis: »Wir haben mit unserem Segelschiff viele Menschen in großer Not aufspüren und versorgen können und damit Hilfe arrangiert.«

Wie aber kann es gelingen, mehr Menschen für die so dringend benötigte Mithilfe zur Seenotrettung zu überzeugen? »Überzeugen lassen sich Menschen mit dem, was sie erkennen«, sagt Martin Kolek. Die Voraussetzungen dafür seien nicht leicht.

Auf der einen Seite »soll die Öffentlichkeit durch Annalena Baerbock für eine sogenannte ›feministische Außenpolitik‹ begeistert werden«. Und auf der anderen Seite »wird gleichzeitig gefordert, den ›Krieg in der Ukraine unbedingt gewinnen‹ zu müssen«. Dabei würden – vermeintlich »werteorientiert« – der Tod und die Verletzung Hunderttausender Soldaten einkalkuliert und zugleich Waffengeschäfte forciert. In dieser Situation könne die Seenotrettung von fliehenden Menschen nur schwer als bedeutsam eingeordnet werden. »Gleichzeitig«, so Koleks Kritik, »wird von Frau Baerbock der Appell des Papstes, den Krieg sofort zu beenden, um den Schaden nicht weiter zu treiben, als ›unverständlich‹ und ›überhaupt nicht verstehbar‹ exkludiert.«

Koleks Schlussfolgerung: Deshalb gelte es, Menschen persönlich zu begegnen, die herzensoffen sind für die Not anderer. »Und das ohne jede vorgelagerte Theorie. Ja, das überzeugt.«

***

Weitere Informationen:

Wer Kontakt zu Seenotretterinnen und Seenotrettern aufnehmen oder diese Organisationen unterstützen will, wende sich u. a. an:

- RESQSHIP, https://resqship.org
- Sea-Watch e. V., www.sea-watch.org
- UNITED4RESCUE, https://united4rescue.org

***

KAPITEL 14

Innocent Opwonya. Vom Kindersoldat zum Friedensbotschafter

Wir kennen uns seit vielen Jahren. Von früheren Treffen, einer gemeinsamen Schulveranstaltung, einem öffentlichen Vortragsabend. Daher weiß ich schon einiges von Innocent, längst jedoch nicht alles. In Erinnerung geblieben sind mir eher die nüchternen Fakten. Diesmal sollte unser angeregter Dialog tiefe Gefühle in uns beiden wecken. Bei allem erlebe ich ihn dennoch als einen reflektierten, gefassten Mann. Und das, obwohl ihm schon in jungen Jahren ein schweres Schicksal widerfahren ist.

Geboren wurde Innocent Opwonya am 1. Dezember 1989 in einem Dorf nahe Gulu, der Hauptstadt des gleichnamigen Distrikts in Uganda. Hier im Norden des Landes verbrachte er »eine normale Kindheit«, ehe sich von einem Tag auf den anderen alles ändern sollte.

»Wenn man mitten im Krieg geboren wird, gehören Schüsse und Gewaltanwendung zum täglichen Leben«, erinnert sich der mittlerweile 34-Jährige an die Zeit, da in seiner Kindheit die Auseinandersetzungen der Widerstandsbewegung der »Lord Resistance Army«, LRA, gegen die Regierungstruppen aus der Hauptstadt Kampala in aller Härte ausgefochten wurden. Bei der LRA handelte es sich um die selbst ernannte »Widerstandsarmee des Herrn«, die für die Errichtung eines Gottesstaates kämpfte, basierend auf den zehn Geboten der Bibel. In diesem Bürgerkrieg starben mehr als

100 000 Menschen, schwere Verbrechen gegen die Menschlichkeit wurden begangen.

Dabei hatte Innocents Vater noch Glück gehabt. Dank des Besuchs einer technischen Schule konnte er ein Zertifikat im Bauwesen erwerben und seither als Konstrukteur arbeiten. Seine Mutter verkaufte derweil Gemüse auf dem örtlichen Markt. »Man könnte sagen, dass wir zur Mittelschicht gehörten«, beschrieb Innocent ihre Situation.

Die Eltern mussten hart arbeiten, damit es ausreichend Essen für die Familie gab. Und so erschien ihm jede freie Minute, die er mit seiner Mutter verbringen konnte, »wie ein Jackpot«.

In den 90er-Jahren besuchte er die nahe gelegene Laliya Primary School, nur wenige Minuten vom Elternhaus entfernt. Doch der Bürgerkrieg bewirkte vor allem unter den Jungs Ungutes. »Wir spielten oft gewalttätige Spiele, wie wenn Rebellen gegen Regierungssoldaten kämpften«, erinnerte sich Innocent an seine von Gewalt geprägte Grundschulzeit.

Damals war es außerdem üblich, Kinder in der Schule zu schlagen. Innocent erlebte »einige schwierige Momente«, woraufhin er wiederholt den Unterricht schwänzte. »So konnte ich wenigstens einen Tag gewinnen, ohne dass mich ein Lehrer verprügelte.«

Menschenverachtende Verbrechen der Bürgerkriegsarmee

Was wenig erfreulich klang, war allerdings weitaus erträglicher als das, was folgen sollte. »Willst du erzählen, wie es war, als die LRA-Krieger in eure Hütte eindrangen?« Innocent berichtet von der schlimmsten Zeit seines Lebens. Beginnend mit jener Nacht, als eine Einheit der LRA sich gewaltsam bei ihnen zu Hause Zutritt verschaffte. Unglücklicherweise schliefen seine Eltern nicht direkt bei ihm und seinen Geschwistern, sodass sie nicht gleich reagieren konnten.

Anfangs wehrte er sich noch. Die Krieger wollten ihn und andere Kinder verschleppen. Doch dass er um Hilfe schrie, machte die Paramilitärs nur noch wütender. Sein Vater versuchte die geplante Entführung seines Sohnes zu verhindern. Kurzerhand nahmen ihn die Krieger mit und erschossen ihn. Innocent hörte einen Schuss, den er seither nicht wieder vergessen kann.

In ihm wuchs eine unbändige Wut. »Als mein Vater ermordet wurde, wollte ich mich nur noch rächen.« Doch selbst nachdem er im militärischen Ausbildungslager ein Gewehr für die Schießübungen bekommen hatte, konnte er keine Rache üben. »Zu meiner Überraschung hatte ich so viel Angst, die Waffe in die Hand zu nehmen, dass ich nicht einmal mehr an Vergeltung denken konnte.« Kein Wunder, ein Angriff seinerseits hätte seinen sicheren Tod bedeutet.

Das tägliche Training im Lager war lebensgefährlich. Die Kommandeure zielten mit ihren Waffen auf die Kinder, die möglichst schnell in den Schützengräben untertauchten. Wer nicht schnell genug war, wurde gezwungen, derlei Übungen stundenlang zu wiederholen. Wer unvorsichtig war und aus dem Graben hervorschaute, den trafen die Kugeln in den Kopf.

An vieles kann sich Innocent nur zu genau erinnern. An den Geruch des Blutes beispielsweise. Allein in den ersten beiden Wochen der Militärausbildung starb fast jedes dritte Kind. Für Kämpfer in Kriegen nicht untypisch, mussten sie Drogen nehmen, was erfahrungsgemäß enthemmt. Mit einem Mal fielen das Schießen und Morden leichter.

Um ihn herum waren vier Fünftel der LRA-Krieger Kinder. Während die Aufseher die Jungs zum Kämpfen zwangen, wurden die entführten Mädchen vielfach vergewaltigt. Manche von ihnen waren, wie er selbst, gerade mal zehn Jahre alt.

In kürzester Zeit wandelte sich der Grundschüler zum Kindersoldat. »Mit der Ausbildung wurde das Sturmgewehr zu meinem besten Freund.« Innocents Begründung: »Die Waffe verstand mich besser als jeder andere im Rebellenlager.« Vor allem aber sicherte sie sein Überleben im Kampf gegen die Soldaten der ugandischen Armee.

*

Manche meiner Fragen trafen mitten ins Herz. Er müsse nicht antworten, betonte ich mehrfach mit Nachdruck. Doch der heute Erwachsene wollte antworten, wollte sein Schicksal teilen. Was ihm bis heute wichtig ist. Möglichst viele Menschen sollen wissen, wie es ihm als Kindersoldat erging, wie es Abertausenden zwangsrekrutierten Kindern und Jugendlichen noch immer ergeht.

»Hast du denn auch andere Krieger erschossen?«, hakte ich nach. Wohlwissend, dass ich schlimmste Erinnerungen in ihm wachrief. Nein, er könne »nicht sagen, wo die Kugeln gelandet sind«, lautete seine Antwort. »Aber ich habe mein ganzes Leben damit verbracht, mir zu wünschen, dass sie nicht einen Menschen getroffen haben. Schon gar kein Kind.« Die Wörter »nicht« und »Kind« betonte er bewusst.

Der Gedanke an Flucht wurde immer wacher in ihm. Er wollte wieder in Freiheit leben. Der erste Fluchtversuch scheiterte, ein Wachsoldat entdeckte ihn. Die Strafen folgten in unerbittlicher Härte. Schwere Misshandlungen führten zu Lähmungserscheinungen. Bis heute zeugen lange Narben an beiden Beinen von der Gewalt, die ihm angetan wurde. Innocent hatte Glück im Unglück. Ein befreundeter Junge aus seinem Dorf versorgte ihn mit Medikamenten, sonst hätte er nicht überlebt.

Wieder musste er kämpfen, wieder musste er schießen, wieder Mädchen entführen, an denen sich die Kommandeure vergingen.

Mitten im Gefecht mit den Regierungstruppen bot sich ihm die Chance für einen zweiten Fluchtversuch. Was für ein überwältigendes Gefühl des Glücks und der Freude, als er sicheres Terrain erreichte. Ob er mit ihnen kämpfen wolle, fragten ihn die Soldaten der Regierungsarmee. Innocent verneinte, sie ließen ihm seinen Willen.

*

Den Typ seiner Waffe kannte er damals nicht. Erst als man ihm nach seiner Flucht ein Foto zeigte, erfuhr er: Seine Waffe war ein Schnellfeuergewehr G3. Entwickelt in einer deutschen Waffenschmiede. Seither »war ich voller Wut und Hass auf das Wort ›Deutschland‹ und auf alles, was damit zu tun hatte«.

Wer den erwachsenen Innocent kennt, der weiß, dass er mit der Zeit längst »über diesen Hass hinausgewachsen ist«, wie er heute sagt. Und dass er längst beschlossen hat, die Wut zu nutzen, um sich gegen Waffenexporte zu wehren. Und gegen diejenigen, die die Waffen herstellen.

Ein Menschenrechts- und Kinderrechtsaktivist habe ihm auf dem Weg des Wandels in ganz besonderer Weise geholfen. »Diesen erstaunlichen Menschen« traf er, als er 2016 nach Deutschland zog. Gemeint war und ist Ralf Willinger von der Kinderrechtsorganisation »Terre des Hommes Deutschland« in Osnabrück. »Ralf erzählte mir zum ersten Mal, dass solche Gewehre von der Firma Heckler & Koch hergestellt wurden und immer noch werden.« In Oberndorf am Neckar oder in einer der 15 Produktionsstätten in deutscher Lizenz.

Willinger bot ihm an, ihm die Firma zu zeigen. Das aber lehnte er ab. »Ich wollte einfach keine heilenden Wunden mehr aufreißen«, begründete Innocent seine Entscheidung. Auf den Rüstungshersteller Heckler & Koch (H&K) angesprochen, wird Innocent wütend. Er kenne das Unternehmen und die Geschäftsführung nicht persönlich. Er wisse nur, »dass dort ein Haufen gieriger Bastarde ist, der sich nur um Profite kümmert«. Aber nicht »um die Bedrohung, die ihre Existenz für andere darstellt«.

Und was soll H&K herstellen statt der Kleinwaffen, statt der Gewehre und Pistolen? Der Utopist Innocent Opwonya wünscht sich eine friedlichere Welt. »Ugandische Kinder, wie alle Kinder auf der Welt, könnten schöne Blumen und Spielzeug gebrauchen.« Die Waffenproduzenten »würden die Herzen gewinnen, wenn sie in diese Richtung denken könnten«. Der Realist Innocent Opwonya weiß, dass Waffenbauer vom lukrativen Geschäft mit dem Tod leben: »Ich befürchte, dass es denen ›zu wenig Gewinn bringt‹, mit Blumen zu handeln, oder?«

Umso harscher seine Kritik. »Es gibt keine Rechtfertigung für Waffenexporte.« Denn »in jedem Krieg gibt es nur zwei Verlierer, und der einzige Unterschied ist das Ausmaß der Verluste«.

Innocent spricht aus Bürgerkriegserfahrung in seinem Heimatland. »Waffenfirmen beliefern unsere Regierung und gleichzeitig die Rebellen. Für sie ist das ein ganz normales Geschäft.« Kindersoldaten seien dabei kein Thema von Interesse. »Es ist einfach eine traurige Welt, die von gierigen Menschen regiert wird. Sie haben keine Zeit, sich jemals vorzustellen, dass ihre Kinder im Alter von zehn Jahren Waffen tragen müssen.«

Was Innocent zumindest etwas versöhnlich stimmt: Gerade die Heckler & Koch AG vollzog unter der neuen Geschäftsführung und auf Druck von uns »Kritischen Aktionär*innen H&K« vor wenigen Jahren einen Wandel. Mit der »Grünen-Länder-Strategie« liefert das Oberndorfer Unternehmen seither keine Kriegswaffen mehr in Länder außerhalb der NATO bzw. an NATO-assoziierte Staaten und außerhalb der EU. Und damit auch in kein Land mehr, in dem Kindersoldaten rekrutiert werden.

Ein Mut machender Erfolg, den wir seitens des »Freiburger RüstungsInformationsBüros, RIB e. V.«, gemeinsam mit »Ohne Rüstung Leben«, »pax christi« und der Kampagne »Aktion Aufschrei – Stoppt den Waffenhandel!« feiern durften.

*

Innocent hat viel erreicht. Doch der Preis, den der aufrechte Mann aus Uganda zahlt, ist hoch. Noch immer habe er »durchschnittlich ein bis drei Albträume pro Nacht«. Und das, obwohl er mittlerweile Mitte 30 ist und seine Kampfeinsätze als Kindersoldat bereits ein Vierteljahrhundert zurückliegen.

»Das Einzige, was sich geändert hat, ist die Häufigkeit dieser Träume.« Sie sind etwas weniger geworden. »Aber wie es aussieht, muss ich einfach akzeptieren, dass diese Träume ein Teil meiner Normalität sind. Solange ich noch atme.«

Im Wissen um die Folgen seiner Verwundungen, hake ich nochmals nach. Innocents Antwort fällt erfreulich aus. »Diese Narben spornen mich an, es jeden Tag besser zu machen und den Kampf nie aufzugeben«, so seine ermutigende Antwort. »Sie erinnern mich daran, dass das Leben größer ist als die Herausforderungen, mit denen wir im Alltag konfrontiert sind. Ich bezeichne sie oft als Narben des Sieges«, so der vormalige Kindersoldat, »weil ich die LRA-Rebellen besiegt habe.«

Innocents lebenslanger Einsatz

Anders als so viele traumatisierte Kriegsopfer hat Innocent wieder ins Leben zurückgefunden. Als er in die Vereinigten Staaten reiste, verfasste er gemeinsam mit US-Autor Kevin McLaughlin das Buch *Innocent. A Spirit of Resilience*[83] über den Geist der Widerstandsfähigkeit. »Es braucht eine Person wie mich, die diesen Weg durchlebt hat, um die Einstellung der Menschen zum Schutz der Kinderrechte zu ändern.«

Das Ziel ist klar definiert:

Möglichst viele Menschen auf der ganzen Welt »sollen meine Geschichte hören und inspiriert werden, zu handeln und die Kinder in ihrer Umgebung zu schützen«.

Aber bedauerlicherweise »sind viele Medien müde, über das Leid von Kindern in Kriegsgebieten zu berichten«. Und doch hat er es mit seinem autobiografischen Buch geschafft, seine Lebensgeschichte und damit seine Vision mit vielen anderen zu teilen. Den vormaligen Kombattanten macht es »glücklich zu sehen, dass die Menschen hier Dinge lernen, die sie in den Mainstream-Medien nicht gesehen haben«.

Er hofft, dass das Buch die Leser dazu antreibt, »zu handeln oder ihre Regierungen zu drängen, den Menschenrechten Vorrang vor der Gewinnsucht zu geben«. Leider habe das bei den USA »nicht gut funktioniert, wie man an den vielen Konflikten sieht, an denen sie zurzeit direkt beteiligt sind«.

*

Das Jahr 2014 sollte sich als ein ganz besonderes entpuppen. Damals lernte er seine Freundin, seine heutige Ehefrau, kennen. Die Lehrerin an einem Berufskolleg erzählte ihm von Deutschland in all seiner Schönheit. Was dem diametral widersprach, was er vorher wusste: Für ihn war Deutschland bislang das Land der G3-Gewehre, das Land der Waffenhersteller, das Land hemmungsloser Rüstungsexporteure.

Nach einigem Zögern überwand er seine Vorbehalte und beschloss, die Möglichkeit zu nutzen, »in der Nähe der Liebe meines Lebens zu leben«. Seine Frau ist Hochschullehrerin, seine dreijährige Tochter geht in einen Kindergarten, so zeigt er sich mit seiner jetzigen Situation mehr als zufrieden. Längst fühlt er sich in Köln zu Hause.

Im Jahr 2019 absolvierte er an der Universität Siegen einen Masterabschluss in Wirtschaftspolitik. Zeitweise arbeitete er für den Geschäftsführer und das politische Team von »World Vision Deutschland«. Dazu zählten die Teilnahme an den Kampagnen »Kein Kind will töten« und »Sexuelle Gewalt gegen Kinder«, zudem zahlreiche Reden.

Leider wurde er 2023 schwer krank und konnte seinen Vertrag, der im September auslief, nicht verlängern. Er unterzog sich einem Rehabilitationsprogramm und einer längeren Genesungsphase. »Jetzt bin ich wieder gesund und auf der Suche nach einer neuen Herausforderung«, verkündet er frohgemut.

*

Längst ist Innocent ein Vorbild an Lebensfreude, an Solidarität mit seinen Mitmenschen, an Empathie. Mit der Familie in seinem Heimatland hält er bis heute engen Kontakt. Allen voran mit seiner Mutter, die er fast jede Woche anruft. So weiß er auch um die Situation zu Hause. Mittlerweile sei Uganda relativ friedlich, berichtet Innocent. Allerdings befinde sich das Land zurzeit in einem ganz anderen Krieg. Dem gegen die Armut.

Die »Lord's Resistance Army« hat ihre Aktivitäten inzwischen in die Zentralafrikanische Republik verlagert. In Uganda aber hat die paramilitärische Organisation seither kaum noch Einfluss. Menschenrechtsorganisationen schätzen, dass im Moment noch rund 1500 Frauen und Kinder zum Einsatz bei der LRA zwangsrekrutiert seien. Aber auch die reguläre Armee seines Heimatlandes, die »Uganda People's Defence Force«, ziehe nach wie vor Minderjährige zum ugandischen Militär ein, so seine Antwort auf meine kritische Nachfrage.

Ein Tatbestand, den Innocent nachvollziehbarerweise sofort ummünzt. Auch in entwickelten Ländern wie Deutschland, in vielen EU-Ländern und in den USA würden doch bis heute noch 17-Jährige für das Militär rekrutiert. Leider muss ich dem Friedensfreund aus Uganda recht geben. Selbst die Bundeswehr rekrutiert weiterhin Jugendliche unter 18 Jahren. Auch wenn das natürlich nicht mit der Situation in Uganda vergleichbar ist, da es sich hierzulande um Freiwilligenmeldungen handelt, denen bei 17-Jährigen die Einverständniserklärung der Eltern zugrunde liegt. Und trotzdem bleibt ein bitterer Nachgeschmack.

Bewundernswert, welche Konsequenzen Innocent Opwonya aus seinem Schicksal gezogen hat. Seine Lebensaufgabe ist klar definiert: »Ich werde weiterhin meinen Teil dazu beitragen, für die Rechte von Kindern in Kriegsgebieten einzutreten und mich für friedliche Lösungen als einzige dauerhafte Lösung für jeden Streit einzusetzen.«

Längst ist aus dem Kindersoldaten im Kriegseinsatz ein Botschafter des Friedens geworden. Und das mit einem erstaunlich breiten Fokus:

Noch bevor er nach Deutschland kam, war er Mentor bei der Organisation »Vereint für Uganda«. Diese berät gefährdete Kinder in Norduganda, finanziert Schulgebühren und fördert somit deren Bildung. Bei der in Kampala ansässigen Organisation »Refuge & Hope International« engagierte er sich als Englischlehrer, um bei der Wiedereingliederung von Flüchtlingen aus dem Südsudan und der Demokratischen Republik Kongo in lokale Gemeinschaften Ugandas zu helfen. Und bei der US-amerikanischen Organisation »Invisible Children« war er als Peer-Mentor aktiv. Die NGO befasst sich thematisch vor allem mit Kindersoldaten im Zentrum Afrikas. Innocent sprach in zahlreichen Schulen mit den Jugendlichen über sein Schicksal. Und er nahm an einer Spendenaktion in den USA teil, um die Ausbildung von mehr als 800 Schülerinnen und Schülern in Norduganda zu ermöglichen.

Bis heute engagiert er sich in lokalen Schriftstellerclubs, die sich allen voran für die Rechte der Kinder und die Beendigung häuslicher Gewalt als Nebenwirkung des Krieges einsetzen. Zudem fördert er die lokale Jugendorganisation »Fußball für den Frieden«. Die Kicker »nutzen das schöne Spiel Fußball, um für Harmonie in den verschiedenen Gemeinden Nordugandas zu werben«.

*

Auch in seiner neuen Heimat bewirkt Innocent viel Positives. Bei »World Vision Deutschland« hat er in den letzten Jahren viele religiöse und politische Veranstaltungen besucht, hat seinerseits Vorträge gehalten. Bei »Terre des Hommes« beteiligt er sich an der Kampagne gegen Waffentransfers, unterstützt Aktionen am alljährlichen »Red Hand Day« – dem Rote-Hand-Tag gegen Kindersoldaten – und gibt zahlreiche Interviews.

»Am meisten setze ich mich für sichere Räume ein, in denen Kinder aufwachsen können und ihr von Gott gegebenes Recht wahrnehmen können, Kind zu sein.« Und zugleich »setze ich mich auch gegen Waffenexporte ein«. »Warum?«, frage ich ihn.

»Ich glaube, dass es ohne Waffen keine Kriege gäbe oder zumindest keine mit Massentötungen und der vielfachen Vertreibung von gefährdeten Familien.«

Erneut verweist Innocent auf Ralf Willinger, dem er so viel verdankt. »Jede Plattform, die ich nutzen konnte, um meine Lobbyarbeit fortzusetzen, war nur dank Ralf möglich«, lobt der vormalige Kindersoldat den langjährigen Terre-des-Hommes-Mitarbeiter. »Er ist mit Abstand der großartigste Mensch, den ich je getroffen habe, seit ich in dieses Land gezogen bin, und definitiv einer der großartigsten überhaupt auf der Welt.«

Der in Osnabrück lebende Willinger habe ihm »so viele Türen geöffnet«. Dank Ralf könne er seinen Traum, sich »für die Rechte der Kinder einzusetzen, weiterverfolgen«. Gemeinsam hätten sie ein »starkes Advocacy-Duo gebildet«.

Ein Beispiel unter vielen, bei dem ich selbst mitwirken durfte: Im Frühjahr 2019 besuchten die beiden auf Einladung des RIB e. V., der »Gewerkschaft Erziehung und Wissenschaft«, GEW, und der örtlichen »Terre-des-Hommes«-Gruppe mehrere Schulen in Freiburg. Unter anderem die Lessing-Realschule, an der ich damals als Klassen- und Verbindungslehrer tätig war. Die Schülersprecher waren begeistert vom Interview, das er ihnen für Lessing-TV gegeben hat. Danach nahmen alle an unserer Aktion zum Red Hand Day teil.

Natürlich könne er sich gut daran erinnern, sagt der Friedensbotschafter. Schulen zu besuchen ist ihm so wichtig. »Ich glaube, die Erziehung von Kindern hin zu einem mitfühlenden und freundlichen Umgang miteinander ist ein großer Schritt auf dem Weg zum Frieden in der Welt.« Innocent referierte in der prall gefüllten Sporthalle vor Hunderten von Kindern und Jugendlichen, erzählte von seinem früheren Leidens- und heutigen Lebensweg.

Eine sinnvollere Begründung als die seine kann man nicht liefern. »Kinder sind die Zukunft, und wenn man ihnen schon im zarten Alter den Wert der Liebe beibringt, werden sie sich sicher immer in anderen wiedererkennen und sie mit Respekt behandeln.« Gerade in der heutigen Zeit der Gewalteskalation, der Kriege, der Entsolidarisierung sind Innocents Worte Vorbild und Ansporn zugleich.

Seine Empfehlung: »Es braucht ein Kind, um zu verstehen, wie Kindern am besten geholfen werden kann.« Deshalb sollten wir »den Kindern einfach mehr zuhören. Anstatt davon auszugehen, dass wir Erwachsene immer wissen, was das Beste für sie ist.« Denn »ein offenes Ohr kann eine wichtige Grundlage für ein friedliches Zusammenleben sein«.

Für die meisten Kriege macht er »Politiker und ihre Gier verantwortlich, die Profite über Menschenleben zu stellen, wobei Kinder die wahrscheinlicheren Opfer sind«. Bei seinen Vorwürfen wird Innocent sehr konkret. »Schauen Sie sich die Situation in Gaza oder in der Ukraine an! Wer zahlt den höchsten Preis? Putin, Selenskyj, Biden, Netanjahu, die Hamas?« Seine Antwort: »Natürlich keiner von ihnen, sondern die Kinder.« Und das werde »immer der Fall sein, solange neue Kriege noch Märkte für weitere Waffen eröffnen«.

Man stelle sich vor: Jeder Militärbefehlshaber, jeder Rüstungslobbyist, jede Politikerin und jeder Politiker mit Rüstungsexportambitionen müsste einen Intensivkurs in Sachen Friedensbildung und Kinderliebe bei diesem 35-jährigen kriegsmüden und dafür friedenstauglichen Mann aus Norduganda absolvieren. Dann würden Liebe, Toleranz und Völkerverständigung in der politischen Agenda obenan stehen.

*

Was aber macht dem Mutmacher Innocent Opwonya selbst Mut? »Ich würde sagen, meine Kampagne für die Rechte von Kindern mit dem Schwerpunkt auf Kindern in Kriegsgebieten.« Auch sein Programm zur Unterstützung von Gemeinden in Gulu. »Meine Frau und ich haben zu Weihnachten Spendengelder gesammelt, um Ziegen und Hühner für ältere Menschen in meinem Dorf zu kaufen.« Auch vermittelten sie Stipendien für extrem gefährdete Kinder.

Dass Innocent zum Ende unseres Interviews noch auf ein Projekt zu sprechen kommt, das ich selbst mitinitiiert habe, berührt mich tief. Das GLOBAL NET – STOP THE ARMS TRADE, eine mehrsprachige Website unseres RüstungsInformationsBüros, sei die einzige Organisation, die er in Deutschland kenne, »die ihre gesamten Bemühungen dem Kampf gegen Waffen widmet«. Das GLOBAL NET fördere damit »ein friedliches Umfeld für Kinder und ihre Familien«.

Ja, Innocent Opwonya macht Mut, auch mir.

***

Wenn Sie aktiv werden wollen, wenden Sie sich an:

- Terre des Hommes, Hilfe für Kinder in Not, www.tdh.de
- RüstungsInformationsBüro, RIB e. V., www.rib-ev.de
- Dachverband Kritische Aktionäre, Fragen zu Kindersoldaten und Kleinwaffen auf der Heckler & Koch-Hauptversammlung 2024, www.kritischeaktionaere.de/heckler-koch/zeitenwende-kindersoldaten-waffenhaendler-gegenantraege-zur-hauptversammlung-von-heckler-koch

Weitere Informationen:

- Innocents Interview mit Schülern der Lessing-Realschule, Freiburg, www.youtube.com/watch?v=SFHG-DW_FDI
- GLOBAL NET – STOP THE ARMS TRADE (GN-STAT) Fall 07 mit umfassenden Infos zu Kindersoldatinnen und -soldaten und Waffenhandel, verfasst von Ralf Willinger, https://gn-stat.org/?p=3204

***

KAPITEL 15

Aung Myo Min. Wie sich ein Minister für Menschenrechte mutig einer Militärdiktatur entgegenstellt

Ein Geständnis vorab: Wenn es ein einziges Interview für dieses Buch gegeben hat, dessen Verwirklichung ich für schier unmöglich gehalten habe, dann das mit Aung Myo Min, der seit dem 3. Mai 2021 Menschenrechtsminister im Kabinett des National Unity Governments (NUG) von Myanmar ist. Ethnische Minderheiten und der demokratisch gesonnene Teil der Bevölkerung im früheren Birma werden seit Jahrzehnten von einer Militärjunta mit Sitz in der Landeshauptstadt Naypyidaw mit Waffengewalt unterdrückt. Die Militärs putschten sich am 1. Februar 2021 mit Gewalt an die Macht, um den Amtsantritt einer demokratischen Regierung unter Führung der Friedensnobelpreisträgerin Aung San Suu Kyi zu verhindern, die die Wahl Ende 2020 mit großer Mehrheit gewonnen hatte. Darauf formierte sich im April 2021 die demokratische Gegenregierung, das National Unity Government, das von Präsident Duwa Lashi La angeführt wird. Die EU hat die NUG mittlerweile als legitimierte Regierung Myanmars anerkannt.

Bis zum erhofften Sturz der Militärs müssen Aung Myo Min und seine Mitstreiter im Untergrund agieren, in wechselnden Verstecken verschiedener Länder. Würden er oder seine Ministerkolleginnen und -kollegen im NUG von den Schergen der mit harter Hand regierenden Militärregierung entlarvt und verhaftet, dann drohen ihnen jahrelange Haft und schwere Folter.

Dass dieses Gespräch zustande kommt, verdanke ich – wie schon im Fall des Kindersoldaten Innocent Opwonya – meinem befreundeten Kontaktmann Ralf Willinger der Kinderrechtsorganisation »Terre des Hommes Deutschland«, TDH. Selbstverständlich fragen wir beide nicht weiter nach, von wo aus Myo Min gerade zur Videokonferenz geladen hat.

Ralf kennt Myo seit vielen Jahren durch den gemeinsamen Einsatz für Menschenrechte in Myanmar. Für unser Gespräch haben wir vereinbart, neben den Aktivitäten von Aung Myo Min für die neue demokratische Regierung auch über die Rolle der Militärjunta, deren Soldaten und Bewaffnung sowie über die Einsatzmöglichkeiten von »Terre des Hommes« im Land zu sprechen.

*

Der erste Eindruck sei, so sagt man, oft der entscheidende. Meiner ist geprägt von Myo Mins Lockerheit, seiner Unkompliziertheit, seiner Offenheit, seinem wiederholten Lachen. Überheblichkeit ist ihm fremd, auch wenn ich ihn selbstverständlich in seiner Funktion als »Herr Minister« anspreche.

Was ihm ganz offensichtlich Spaß bereitet, ist die Tatsache, dass ich im Interview nicht sogleich mit den harten Fakten zur Militärdiktatur loslege. Vielmehr mit Fragen zu seinen Jugenderlebnissen, positiven Erinnerungen aus der Kindheit und Jugendzeit, zu seinem beruflichen Hintergrund. So erzählt er erst einmal begeistert von seinem Großvater. Von dessen »großartigem Einsatz im Kampf gegen die Briten als Kolonialherren, und anschließend gegen die Japaner«. Und wie er für seinen »Einsatz mit dem Tapferkeitspreis ausgezeichnet wurde«. So Myo Mins Verweis auf den Einsatz seines Großvaters gegen die britischen Herrscher, die das Land bis 1942 regierten. Und auf die Okkupation durch japanische Truppen 1942. Der erneuten Besatzung durch Militäreinheiten Großbritanniens folgte 1948 endlich die Unabhängigkeit des Landes.

Er schwenkt zu seinen Eltern. Seine Mutter sei eine Mon, sie entstammt einem indigenen Volk mit mehreren Millionen Menschen im Süden Myanmars und Westen Thailands. Immer wieder spräche sie »von der Tradition und der reichen Kultur in ihren Dörfern, der großen Dynastie der Mon«. Allerdings seien ihre Versuche, ihm die Mon-Sprache beizubringen, vergeblich geblieben, lacht er.

Von Seiten seines Vaters wurde Aung Myo Min streng im Sinne des Buddhismus erzogen. Nur zu gut erinnert er sich daran, wie er buddhistische Lieder und Texte in Sanskrit, einer alten Sprache des indischen Subkontinents, auswendig lernen musste. Täglich gab es »viele religiöse Zeremonien und Prozeduren zu erledigen«, eine Aufgabe, die ihm Freude bereitete, selbst wenn er nicht der gewissenhafteste Schüler war, wie er zugibt. Erst als Teenager »habe ich angefangen, die Religionen und auch die buddhistische Lehre in Frage zu stellen«.

Die Eltern legten großen Wert auf eine gute Bildung ihres Sohnes. Bis zum Jahr 1988 studierte Aung Myo Min englische Literatur an der Hochschule von Yangon, der ältesten Universität in ganz Myanmar. Wie auf der Website nachzulesen ist, schreibt sie sich selbst auf die Fahnen, die zukünftigen Führer der Nation auszubilden und »eine Flaggschiff-Universität für die zukünftige Entwicklung des Landes« zu sein. Aung Myo Min bestätigt diesen Anspruch. An der Universität von Yangon finde sich eine »sehr elitäre Auswahl von Studenten« wieder. Was ihm aus dieser Zeit bis heute geblieben ist: »Ich lese gerne englische Literaten«, beispielsweise Dramen von William Shakespeare, dessen Poesie er bewundere.

Genau in diese Phase, die späten 80er-Jahre, fallen auch seine ersten politischen Aktivitäten. Damals habe er »herausgefunden, dass in den Gemeinden etwas nicht stimmt«. Den Grund sah er im Einparteiensystem, das bereits Anfang der 60er in Myanmar eingeführt worden war. Mit wachsamem Blick erforschte Myo Min das Leben der Menschen im Land. So wurde ihm bewusst, wie unterschiedlich die Bewohner Myanmars behandelt wurden.

Seine Erkenntnis: Die Macht hatten »die Elite und die privilegierten Klassen«, oftmals mit militärischem Hintergrund. Diese

Vorrangstellung sieht er im Übrigen auch für den väterlichen Teil seiner eigenen Familie gegeben. Die Mitglieder der Elite besetzen entscheidende Positionen und profitieren von Privilegien. Nachdem er selbst lange Jahre ein bevorzugtes Leben genossen hat, wird ihm irgendwann bewusst, in welchem Maße Ungerechtigkeit und Diskriminierung im Land herrschen. Auch gebe es »eine Menge Korruption und Machtmissbrauch«. Aung Myo Min begann Fragen zu stellen, Antworten aber erhielt er nicht. »Alles, was mit dem Militär und der Regierung zu tun hatte, galt als gut.«

Wie ernst die Lage wirklich war, wurde ihm im Zusammenhang mit den Studentenprotesten vom August 1988 bewusst. Zum ersten Mal hörte er »vom Tod eines Kollegen, der durch Polizeigewalt ums Leben gekommen war«. Der Führung wurden schwere Menschenrechtsverletzungen, eine ungerechte Wirtschaftspolitik zugunsten von Eliten und die dadurch verursachte Verarmung der Bevölkerung zur Last gelegt. Die Unruhen fanden ein blutiges Ende. Sicherheitskräfte schossen in der damaligen Hauptstadt Yangon rücksichtslos in die Menge der Demonstrierenden, Tausende verloren ihr Leben. Abschließend wurde ein neues Militärregime installiert, angeführt vom »Staatsrat für die Wiederherstellung von Recht und Ordnung« unter General Saw Maung. Im Jahr danach wurde Birma in Myanmar umbenannt.

Myo Mins Analyse ist eindeutig: »Es gab keine Gerechtigkeit.« Wenn er vom Militär erzählt, dann erfährt man viel Ungutes. Über »bösartige Menschen«, die die Aufstände der Studenten und Arbeiter blutig unterdrückten. Und über Demonstrationen von Hunderttausenden Menschen, die auch von Mönchen und von Ärzten unterstützt worden waren. Myo Min erzählt von Aktivisten, die beim Aufstand durch die Polizei getötet wurden. Das radikale Vorgehen gegenüber der Bevölkerung sei seitens der Regierung mit der Wiederherstellung der Rechtsstaatlichkeit begründet worden. »Ich weiß, dass sie dabei gelogen haben«, urteilt er.

Die gewaltsame Niederschlagung des Volksaufstandes hat den Menschenrechtsaktivisten zum Handeln bewogen. Angesichts der

Missstände setzt er sich seither »für mehr Gerechtigkeit ein«. Und er kämpft »gegen diese Regierung, die immer wieder Gewalt anwendet. Die immer wieder ihre Macht nutzt, um die Menschen zu unterdrücken.«

Bei den demokratischen Wahlen 1990 errang die oppositionelle Nationale Liga für Demokratie einen klaren Sieg. Der erhoffte Politikwechsel aber wurde verhindert. Die Militärs erklärten die Wahl für ungültig, neuerliche friedliche Studentenproteste wurden einmal mehr mit Waffengewalt unterdrückt. Die Militärdiktatur blieb bis 2010 und letztlich darüber hinaus an der Macht. Myo Min studierte in den 90er-Jahren Menschenrechte an der Columbia Universität in New York. Wie wenig dieses Studium mit der Realität in seinem Land zu tun hatte, lag für ihn immer auf der Hand.

*

»Welche Schlussfolgerungen haben Sie für sich aus dieser ungerechten Situation gezogen?«, frage ich den Minister. Angesichts der desaströsen Menschenrechtslage im Land sei er aktiv geworden, erzählt Aung Myo Min. Im Jahr 2000 habe er das »Human Rights Education Institute of Burma«, HREIB, gegründet, zu dessen Direktor er bestimmt worden sei. Damit gerieten er und seine Mitstreiterinnen und Mitstreiter ins Visier der Machthaber: »Das Militär unterdrückt systematisch die Zivilgesellschaft, einschließlich meiner Organisation.« Dabei litt das HREIB nicht allein unter der Repression. Viele weitere Organisationen seien betroffen gewesen, »die sich offen für Menschenrechte einsetzten«, und die in der Folge ihre Aktivitäten nicht mehr offiziell ausüben konnten.

Zahlreiche Menschen flohen in benachbarte Länder. Aung Myo Min verweist auf die Menschenrechtsaktivisten, die im Land blieben. Viele von ihnen mussten untertauchen und im Untergrund agieren. »Diese Leute waren immer noch da. Das Herausragende ist, dass sie sich mit ihren Mitteln für den Schutz der Menschenrechte, für den Frieden und für die Gleichheit einsetzten.« Und das, obwohl sie »jeden Tag Gräueltaten gegen die Zivilbevölkerung« miterleben mussten und bis heute miterleben, zollt er ihnen Respekt.

*

Große Hoffnungen setzen viele Burmesen auf die weltweit bekannte birmanische Politikerin Aung San Suu Kyi. Die Friedensnobelpreisträgerin von 1991 war von 1988 bis 2011 Generalsekretärin der Nationalen Liga für Demokratie, NLD. Seither ist sie deren Parteivorsitzende. Im Frühjahr 2012 gewann ihre Partei bei der Abgeordnetenwahl nahezu alle neu zu besetzenden Sitze.

Allerdings hatten die Militärs zuvor durch eine Verfassungsänderung dafür gesorgt, dass ein Viertel der Sitze unabhängig vom Wahlergebnis für sie selbst reserviert waren, ebenso wie die Schlüsselministerien für Inneres, Verteidigung und Grenzschutz. Damit handelte es sich also keinesfalls um eine faire und freie demokratische Wahl. Dreieinhalb Jahre später errang die NLD unter der Vorsitzenden San Suu Kyi die absolute Mehrheit der wählbaren Parlamentssitze. Im Frühjahr 2016 wurde der ihr nahestehende Htin Kyaw zum Präsidenten Myanmars gewählt, nachdem die Militärs ein Gesetz erlassen hatten, das Suu Kyi aufgrund ihrer Ehe mit einem Ausländer, einem Briten, und der britischen Staatsbürgerschaft ihrer Kinder den Zugang zum Präsidentenamt verwehrte.

Anfang 2021 putschte das Militär gegen die demokratische Regierung, nachdem die NLD bei den Parlamentswahlen Ende 2020 über 80 Prozent der Sitze gewinnen konnte. Aung San Suu Kyi wurde Ende des Jahres in einem Schauprozess verurteilt und unter Hausarrest gestellt. Ein Jahr danach erfolgte ihre Verurteilung zu sieben Jahren Haft. Der konstruierte Vorwurf lautete auf Korruption. Im Herbst 2023 warf ihre Partei der Junta in Naypyidaw vor, die frühere Regierungschefin nicht ausreichend mit gesunden Lebensmitteln und Medikamenten zu versorgen und sie schlecht unterzubringen. Damit sei ihr Leben gefährdet.[84]

Im Frühjahr 2024 berichteten Medien in Deutschland, San Suu Kyi und auch der ehemalige Präsident Win Myint würden aus der Gefängnishaft in Hausarrest überstellt, um einen Hitzschlag zu vermeiden.[85] »Das klingt nach einem positiven Signal!«, äußere ich mich im Gespräch vorsichtig optimistisch. Aung Myo Min zeigt sich dagegen skeptisch. Der Schein trüge, sie sei zusammen mit dem ehemaligen Präsidenten nur vorübergehend an einen anderen Ort verlegt worden, begründet durch die extreme Wetterlage. Der NUG-Minister befürchtet nichts Gutes. Zwar sei die 78-Jährige geistig stark, körperlich aber schwach, auch altersbedingt. Sie seien ziemlich besorgt darüber, ob sie es schaffen werde – sprich, ob sie überlebt.

Diese Unsicherheit ist Ausdruck einer insgesamt extrem instabilen, sogar explosiven Lage im Land. Zum einen sind da die massiven Spannungen zwischen den demokratischen Gruppierungen hinter San Suu Kyi einerseits und der Militärregierung andererseits. Zum anderen verschärfen sich die bewaffneten Auseinandersetzungen zwischen den Regierungstruppen der Junta und verschiedenen ethnischen Volksgruppen. Beispielsweise im Kachin-Staat im Norden, dem Shan-Staat und dem Karen-Staat im Osten oder im Bundesstaat Rakhine im Westen. Myanmar ist ein multiethnischer Staat mit mehr als 130 verschiedenen Volksgruppen. Gerade deshalb muss dem Schutz von Minderheiten und Menschenrechten oberste Priorität eingeräumt werden, was allerdings von der politischen Realität weit entfernt ist.

Menschenrechte sind nicht verhandelbar – das gilt auch für die LGBTIQ+-Community

»Gibt es angesichts dieser dramatischen Lage, angesichts der Repressionen der Militärs und angesichts der vielfach gewaltsam ausgefochtenen Konflikte wenigstens kleine Mut machende Lichtblicke?«, taste ich mich vorsichtig an die Frage heran, ob es Grund zur Hoffnung gibt. »Ermutigen möchte ich jeden, darüber nachzudenken: Was sind die Herausforderungen, denen sie oder er in dieser Gesellschaft gegenübersteht?« Aus diesem Nachdenken lasse sich dann ableiten, wie man sie verändern könne. »Und wie man Gerechtigkeit und Frieden für die Menschen schaffen kann«, so Myo Min.

In seiner Heimat seien viele Bürgerinnen und Bürger »mit allen möglichen Problemen konfrontiert, mit Diskriminierung, mit Ungerechtigkeit«, um nur zwei Punkte herauszugreifen. Dementsprechend fordert er seine Mitmenschen auf: »Denkt nicht nur an euch, arbeitet auch für andere Menschen. Arbeitet für den Frieden, der für uns so wichtig ist.« Selbstbewusst appelliert der Minister: »Wir setzen uns gemeinsam für die Menschlichkeit ein! Wir arbeiten für die Menschenrechte!«

»In welchen Bereichen der Menschenrechtsproblematik engagieren Sie sich schwerpunktmäßig?«, frage ich nach. Myo Mins Antwort zeigt ein breites Spektrum seiner Aktivitäten auf: von der Gleichberechtigung aller, die ihm ein besonderes Anliegen ist, über Projekte, die der Gewalt gegen Frauen entgegenwirken, bis hin zu Aktionen und Kampagnen »zur Beendigung der Diskriminierung von Angehörigen der LGBT-Community«. Der aus dem Englischsprachigen übernommene Begriff steht für Lesbian, Gay, Bisexual und Transgender, also lesbisch, schwul, bisexuell und transgender. Oft wird auch von LGBTIQ+ gesprochen, gemeint sind auch Intersexual, Queer und Asexual.

Die Bevölkerung aufzuklären und ihr damit Zugang zu selbstbestimmtem Handeln zu ermöglichen, hält er für essenziell. »Ich vermittle Wissen über die Menschenrechte und gebe Impulse, sich selbst zu engagieren.« Hilfreich sei ihm dabei vor allem die gebündelte Kraft der bekannten Nichtregierungsorganisation »Equality Myanmar«, EQMM, der früheren HREIB, eine der führenden Menschenrechtsorganisationen des Landes. Als Geschäftsführer dieser Basisorganisation freue er sich, dass sie »von Menschen mit einer großen Leidenschaft für den Schutz und die Förderung der Menschenrechte gegründet worden« sei.

EQMM dokumentiere neben aktiver Bildungsarbeit Menschenrechtsverletzungen und unterstütze hilfsbedürftige Aktivistinnen und Aktivisten und ihre Familien in Notfällen. Mit einer Reihe zivilgesellschaftlicher Organisationen vor Ort, mit Pädagoginnen und Pädagogen sowie lokalen Akteuren (die vor dem Hintergrund der Militärdiktatur an dieser Stelle bewusst nicht detailliert aufgeführt werden) unterhalte sie enge Kooperationen. Laut Myo Min erreichen die Aktivitäten alle Regionen und alle Bundesstaaten in Myanmar. Zukunftsgerichtet ist die Vision: »EQMM stellt sich eine friedliche, tolerante und föderale demokratische Gesellschaft vor, die auf der Achtung der Würde und der Menschenrechte für alle Menschen in Myanmar aufbaut.«[86]

Die von ihm geleitete NGO setze sich »auf regionaler, nationaler und auf internationaler Ebene dafür ein, die Menschenrechtssituation im Land zu verbessern. In Zusammenarbeit mit der internationalen Staatengemeinschaft gelinge es, den internationalen Druck auf das Militär zu erhöhen«, bilanziert Myo Min.

Ihm gehe es darum, »die Einstellung der Menschen allmählich in die richtige Richtung zu ändern«. Zum Beispiel bei der Gleichstellung der Geschlechter. Wenn er vor Publikum für die Menschenrechte eintrete, dann öffne er sich und erkläre sich als Teil der LGBT-Community, wie er sagt.

Ein Bekenntnis, für das es in Myanmar viel Mut und Rückgrat bedarf. Aung Myo Min ist der erste Minister in der Geschichte seines Landes, der sich offen zu seiner Homosexualität bekennt. Nicht immer schlägt ihm dafür Wohlwollen oder gar Zustimmung entgegen. Er erfahre durchaus auch »Widerstand und Diskriminierung«. Manchmal gebe es sogar »persönliche Angriffe wegen meiner sexuellen Orientierung«.

Myo Min bleibt standhaft. »Nichts ist falsch daran.« Er engagiere sich für die Menschenrechte aller, auch die der Community, im Bewusstsein, dass er das Richtige mache. »Deshalb habe ich mich immer selbst ermutigt. Denn wenn man etwas verändern will, muss man aufstehen und kämpfen, für das, was man ändern will.«

Erfreulicherweise kann der Menschenrechtsminister erste Fortschritte vermelden. »Das LGBT-Thema wird in Myanmar längst nicht mehr unter den Teppich gekehrt.« Heutzutage würden viele Menschen offen über die Thematik sprechen wollen. Nicht jeder sei damit einverstanden, »aber es gibt viele Menschen, die sich für Veränderungen in unserem Land einsetzen«. Und so sei mittlerweile »eine starke LGBT-Bewegung entstanden, innerhalb der demokratischen Bewegung«. Früher seien sie als Menschen betrachtet worden, die außerhalb der Gesellschaft stünden. »Jetzt sind wir in der Bewegung für Gleichheit und Menschenrechte willkommen.«

Soldaten und Waffen für die Militärjunta – das System hinter dem System

Wie kann es einer Minderheit von Generälen mit ihren Militärs gelingen, ein Volk mit Millionen friedliebender Menschen über Jahre und Jahrzehnte derart rücksichtslos zu unterdrücken? Woher kommen die Soldaten, woher die Waffen, die es ermöglichen, einen derart mächtigen Militärapparat aufrecht zu erhalten?

Ralf Willinger von »Terre des Hommes Deutschland« geht diesen Fragen im Fall von Myanmar seit Langem nach. Im Rahmen seiner Tätigkeit für die Kinderrechtsorganisation beschäftigt er sich intensiv mit der Problematik der Zwangsrekrutierung von Soldatinnen und Soldaten, vor allem von Kindern und Jugendlichen unter 18 Jahren, sogenannten Kindersoldaten. Seit über 20 Jahren bereist er regelmäßig Länder auf mehreren Kontinenten, in denen junge Menschen vor Erreichen der Volljährigkeit für eine staatliche Armee oder nichtstaatliche bewaffnete Gruppe oder Guerillaeinheit kämpfen müssen.

Beim digitalen Netzwerk gegen den internationalen Waffenhandel, dem GLOBAL NET – STOP THE ARMS TRADE, arbeiten Ralf und ich eng zusammen. In CASE 07 »Kindersoldaten und Waffenhandel« hat er Fälle im Sudan, in Uganda, Kolumbien, Afghanistan und in Myanmar untersucht.

»Nach unseren Recherchen werden in Myanmar auch heute noch Kinder als Soldaten rekrutiert. Was weißt du darüber?«, fragt er den myanmarischen Menschenrechtsminister, den er 2008 als Direktor der TDH-Partnerorganisation HREIB persönlich kennengelernt hat. »Das Militär verliert zusehends seine Unterstützung in der Bevölkerung. Damit fehlen dringend benötigte menschliche Ressourcen. Viele Soldaten kämpfen jetzt sogar gegen das Militärregime, anstatt sich ihm anzuschließen, so wie früher«, zeigt sich Aung Myo Min gut informiert.

Die Folgen seien schwerwiegend. »Ja, es gibt so viele Fälle, in denen Kinder zwangsrekrutiert werden.« So seien viele Eltern in großer Sorge, was mit ihren Kindern passiere. »Und wie läuft die Zwangsrekrutierung konkret ab?«, hakt Willinger nach. Auf vielfältige Weise, erklärt Myo Min. »Manchmal werden junge Menschen direkt an der Bushaltestelle mitgenommen.«

Menschenrechtsminister Myo Min bestätigt damit eine Entwicklung, die Willinger in den vergangenen Jahren dokumentieren konnte. »Schätzungen zufolge kämpfen in dem südostasiatischen Land Tausende bis Zehntausende Kinder und Jugendliche unter 18 Jahren bei der staatlichen Armee und bewaffneten Oppositionsgruppen«, so der TDH-Mitarbeiter. »Sogar zehnjährige Jungen und Mädchen werden rekrutiert.«

Myanmar ist im aktuellen Jahresbericht des UN-Generalsekretärs zu Kindern in bewaffneten Konflikten damit nach der Demokratischen Republik Kongo das Land mit den zweitmeisten in 2023 dokumentierten Rekrutierungen von Kindersoldatinnen und Kindersoldaten weltweit – die Dunkelziffer dürfte ein Vielfaches betragen.

Das demokratisch ausgerichtete National Unity Government will diesen schweren Missstand nach dem Sturz des Militärregimes beheben. »Kein Soldat darf unter 18 Jahre alt sein.« Das Menschenrechtsministerium plane zusammen mit dem Ministerium für Frauen und Kinder zukünftig eine aktive Kinderschutzpolitik zu betreiben, erklärt Aung Myo Min die Linie der NUG.

*

Willinger hat sich längst auch zur Aufgabe gemacht, die Waffenlieferanten der Militärs aufzudecken. »Soldaten, auch Kindersoldaten, schießen bei den kriegerischen Auseinandersetzungen in Myanmar mit Waffen aus aller Herren Länder – auch mit Waffen aus Deutschland«, bleibt Ralf am Thema dran. Manche der Waffen seien bereits vor Jahrzehnten exportiert oder dort hergestellt worden.

Dem Osnabrücker Kinderrechts- und Menschenrechtsaktivisten zufolge führen Spuren bis in die 50er-Jahre zurück, als vom deutschen Unternehmen Fritz Werner eine Produktionsstätte für Kleinwaffen in Myanmar gebaut worden sei. Dort seien in Lizenz G3-Gewehre von Heckler & Koch produziert worden. »Das G3-Gewehr wurde beim Massaker von 1988 verwendet.« Gemeint ist der Studentenaufstand, der am 8. August 1988 – daher die allgemeine Bezeichnung »8888«– in Yangon begann und dem sich Menschen im ganzen Land anschlossen. Rund fünf Wochen später, am 18. September, kam es zu einem blutigen Militärputsch durch den State Law and Order Restoration Council. Am Ende kostete der Aufstand Tausende von Menschen das Leben. Für den Einsatz von Heckler & Koch-G3-Gewehren auf Seiten der Militärs gebe »es klare Beweise«, bestätigt Myo Min.

Beim GLOBAL NET listet Willinger eine Vielzahl von Waffenexporten aus Deutschland bis Ende der 80er-Jahre auf. Neben Fritz Werner sei auch Rheinmetall beteiligt gewesen. Nach Greenpeace-Recherchen von 2021 habe das myanmarische Militär in den Jahren zuvor israelische Patrouillenboote eingesetzt, »die mit MG3-Maschinengewehren des deutschen Herstellers Rheinmetall ausgestattet sind«.[87]

»Und wer sind heute die Hauptlieferanten für Kriegswaffen an die Junta?«, fragen wir den NUG-Minister. Myo Min verweist auf das Waffenembargo, das die Europäische Union 1991 gegen Myanmar verhängt habe. »Dies umfasse Waffenlieferungen und Waffenschmuggel.« Die meisten Waffen, die derzeit nach Myanmar geliefert werden, »kommen aus Russland, aus China und einigen anderen Ländern, wie dem Iran und Israel«, weiß Myo Min. Eine Analyse der Vereinten Nationen nennt des Weiteren noch Singapur, Indien und Thailand als Hauptherkunftsländer.[88]

Zuversichtlicher Blick in eine bessere Zukunft des Landes

Erfreulicherweise blicken sowohl Willinger als auch Myo Min positiv in die Zukunft. »Was viel Mut macht, ist die starke Zivilgesellschaft in Myanmar, die trotz der massiven Gewalt und Repression weiter friedlich für Demokratie, Menschenrechte und Umweltschutz kämpft und sich mutig für die Menschen in Not einsetzt«, sagt Ralf Willinger von »Terre des Hommes Deutschland«. »Dabei arbeiten Menschen aller Ethnien und religiösen Gruppen zusammen. Das korrupte Militärregime hat außerhalb seines Machtapparats kaum noch Unterstützung im Land.«

»Terre des Hommes« hat u. a. mit sogenannten »Young Leadership Trainings« seit den 90er-Jahren dabei geholfen, diese Zivilgesellschaft aufzubauen, viele der Trainingsteilnehmer haben eigene Organisationen gegründet oder mit aufgebaut, unter schwierigsten Umständen und hohen Risiken. »Das hat mich auf meinen Reisen seit 2002 tief beeindruckt«, ergänzt Ralf.

»›Terre des Hommes‹ hat einen innovativen Ansatz entwickelt, zusammen mit Gemeindeorganisationen ganz nah an der Basis praktische Hilfe für Kinder in bewaffneten Konflikten zu leisten«, bestätigt Minister Myo Min. »Seit ich Myo Min 2008 das erste Mal getroffen habe, setzen wir uns zusammen besonders für den Schutz von Kindern in bewaffneten Konflikten, für Friedenserziehung und Menschenrechte in Myanmar ein. Auch mit Trainings für Schüler und Lehrer, mit Studien und internationaler Lobbyarbeit«, berichtet Ralf. »Zurzeit leistet ›Terre des Hommes‹ mit seinen Partnern vor allem

Nothilfe für die vielen vom Krieg betroffenen Familien, Kinder und Jugendliche, besonders durch die Versorgung mit Nahrungsmitteln, Medikamenten, psychologischer Unterstützung und Bildung.«

Die Voraussetzungen für den Aufbau eines wirklich demokratischen, föderalen Landes, in dem die vielen Volksgruppen friedlich zusammenleben, scheinen heute in Myanmar gegeben. Dafür müssen die 2020 gewählte demokratische Regierung der NLD und die myanmarische Zivilgesellschaft noch stärker unterstützt werden, gerade auch aus dem Ausland, von Menschen, die sich solidarisch zeigen, und auch von Staaten wie Deutschland.

*

»Wie gewagt ist eine Prognose über die Zukunft Myanmars?«, wende ich mich an Myo Min. Dessen Antwort klingt ausgesprochen optimistisch. »Das Militär wird verlieren.« Und zwar wegen mehrerer Ereignisse, die der Minister des National Unity Governments im Tonfall fester Überzeugung voraussagt: »Aufgrund der internationalen Unterstützung für den Wandel. Und wegen der Tatsache, dass mehrere Nachbarländer den internationalen Druck massiv erhöhen. Auch dank der Wirtschaftssanktionen, die ihre Wirkung zeigen.« Momentan versuche das Militär verzweifelt, »einen Weg zu finden, um zu überleben«.

Boykott der Lieferung von Flugbenzin und Waffen – und Wirtschaftssanktionen gegen das Militär

Ein entscheidender Aspekt sei die Versorgung mit weiteren Militärgütern und die Sicherung der Finanzen, um die Armee zu unterhalten. Dabei wüsste die Militärregierung bereits jetzt, dass die Auseinandersetzungen im Vielfrontenkrieg im Land verloren gehen würden. Selbst in bisherigen militärischen Hochburgen seien die Widerstandsgruppen auf dem Vormarsch.

Auch gebe es Überläufer in großer Zahl, denn die Moral der Soldaten in den Regierungseinheiten sei »sehr niedrig« und die Bürger fliehen massenhaft vor der seit Februar geltenden allgemeinen Wehrpflicht für Männer und Frauen. Niemand wolle zum Militär. »Wichtig ist jetzt auch ein Boykott der Lieferung von Flugbenzin an die Militärjunta, damit sie ihre verheerenden Luftangriffe und rücksichtslosen Bombardierungen von Dörfern und Schulen nicht fortsetzen kann. Dafür setzen wir uns auch bei den Vereinten Nationen ein«, erklärt Myo Min.

In der NUG-Regierung stelle man sich schon jetzt entscheidende Fragen für die Zeit nach dem Sturz des Militärregimes: »Wie können wir eine föderale demokratische Union aufbauen, sobald das Militär gefallen ist? Und wie stellen wir sicher, dass die Menschenrechte, die Rechtsstaatlichkeit und der Föderalismus auf Basis einer demokratischen Verfassung umgesetzt werden?« Derlei Fragen sind mehr als berechtigt. Im Ranking des globalen Demokratieindex findet sich Myanmar mit seiner »harten Autokratie« auf Platz 175 von 177 Ländern – lediglich in Afghanistan und Eritrea ist die Situation noch schlimmer.[89]

Große Aufgaben liegen also vor dem Land. Überraschenderweise sieht sich Aung Myo Min zu diesem Zeitpunkt nicht in der Ministerrolle in einer neuen Regierung. Momentan sei er Minister für Menschenrechte, seine Rolle aber sei eine des Übergangs. Sobald sich das Land wieder in der richtigen Spur befinde, »will ich nicht selbst im Kabinett, in der Regierung sein«. Vielmehr möchte Myo Min dann wieder Basisarbeit betreiben. »Ich will wirklich zurück in die Gemeinden gehen.« Dort wolle er »mehr gemeinschaftsbasierte Aktionen zum Schutz und zur Förderung der Menschenrechte durchführen«. Seine Leidenschaft sei es, »den kommenden Generationen Menschenrechtsbildung zu vermitteln«.

*

Auch wenn die politische Entwicklung in Myanmar im Sommer 2024 noch offen ist, hat Aung Myo Min durchaus visionäre Vorstellungen von einer wünschenswerten Zukunft. Er wünscht sich, dass seine demokratische Regierung nach dem Sturz der Machthaber in Naypyidaw endlich eine ernstzunehmende Rechtsstaatlichkeit verwirklichen könne. »Wir gestalten eine Welt mit vollem Respekt und aller Leidenschaft für die Menschenrechte und für die Menschenwürde.« Seine Begründung mag fast selbstverständlich klingen – im repressiven System von Myanmar ist sie die schiere Provokation für die Militärs an der Macht: »Wir alle sind menschliche Wesen. Wir sind alle mit der gleichen Würde und den gleichen Rechten geboren worden.«

***

Weitere Informationen:

- Website von Aung Myo Min, Ministry of Human Rights of the National Unity Government NUG, mit Video Speeches, https://mohr.nugmyanmar.org/en
- Equality Myanmar, Menschenrechtsorganisation, https://equalitymyanmar.org
- Unterstützen Sie Kinder und Jugendliche in Myanmar in Projekten der Kinderrechtsorganisation Terre des Hommes, www.tdh.de/myanmar
- GLOBAL NET – STOP THE ARMS TRADE, CASE 07, Kindersoldaten und Waffenhandel, Fallbeispiel Myanmar, https://gnstat.org/?p=3204

***

KAPITEL 16

Christa Lörcher. Eine standhafte Sozialdemokratin widersetzt sich kraftvoll Krieg und Kanzler

Kennengelernt haben wir uns bereits vor mehr als 30 Jahren in Villingen-Schwenningen, als ich in der dortigen Jugendherberge einen Vortrag zum weltweiten Einsatz von Kleinwaffen gehalten habe.

Nachdem Christa Lörcher sich im September 1993 im Wahlkreis Schwarzwald-Baar-Kreis um das Direktmandat beworben und über die baden-württembergische Landesliste der SPD in den Deutschen Bundestag nachgerückt war, kamen wir auf der politischen Schiene intensiver miteinander in Kontakt. Dennoch muss ich gestehen: Erst weitere acht Jahre danach ist mir so richtig bewusst geworden, was Christa für eine unglaublich starke, aufrichtige und mutige Frau im Widerstand gegen Krieg und Waffengewalt ist.

Ihre kriegskritische Haltung fußt, wie sie mir in einem ruhigen Eck eines Villinger Restaurants erklärt, auf bedeutenden Wurzeln ihres Lebens. Zum einen war sie Anfang der 40er-Jahre in Mewe, Westpreußen, in die Schreckenszeit des Zweiten Weltkriegs hineingeboren worden und hatte die harten Jahre von Krieg und Nachkriegszeit bewusst miterlebt. Zum anderen las sie bereits als Schülerin und auch als spätere Studentin an der Tübinger Universität und der Esslinger Pädagogischen Hochschule höchst interessiert Anti-Kriegsliteratur. Erst Texte von Wolfgang Borchert im Deutschunterricht, später Werke von Ernst Bloch im Studium.

Nach ihren Abschlüssen unterrichtete sie als Lehrerin Mathematik und Physik, wurde Mitglied der Gewerkschaft Erziehung und

Wissenschaft, GEW. Zudem arbeitete sie zeitweise als ausgebildete Altenpflegerin in verschiedenen Funktionen und engagierte sich aktiv im Kinderschutzbund, bei der Arbeiterwohlfahrt und den Naturfreunden.

Ihr soziales Engagement führte sie Anfang der 70er in die SPD, wo sie als stellvertretende Kreisvorsitzende und stellvertretende Fraktionsvorsitzende im Kreistag tätig war. Den größten Schritt auf ihrer Karriereleiter aber stellte die Wahl in den Deutschen Bundestag dar. Am 3. September 1993 wurde sie Mitglied der rot-grünen Fraktion, die die Bundesregierung unter Führung von Bundeskanzler Gerhard Schröder und seinem Vize Joschka Fischer stellte. Schwerpunkte ihrer Arbeit wurden die Themenbereiche Kinder und Jugendliche sowie Alter und Demografie.

Als im Herbst 2001 die Welt völlig aus den Fugen geriet, definierte sich auch Christa Lörchers politische Biografie von Grund auf neu.

*

Bei den Selbstmordattentaten des Terrornetzwerkes Al-Qaida auf das World Trade Center in New York starben am 11. September 2001 fast 3000 Menschen. Zugleich wurde das Pentagon in Virginia angegriffen.

Tags darauf verurteilte der Sicherheitsrat der Vereinten Nationen einstimmig die Anschläge und erlaubte den Vereinigten Staaten die militärische Selbstverteidigung. Unter Führung von US-Präsident George Bush riefen die USA den weltweiten »War on Terror« aus, den weltweiten Krieg gegen den islamistischen Terror. Al-Qaida-Führer Osama bin Laden, der in Afghanistan untergetaucht sein sollte, galt als verantwortlich für die Anschläge von 9/11. Von den Taliban im Land wurde er jedoch nicht ausgeliefert.

Die Folge: Am 7. Oktober begann die US-Army mit Luftbombardements gegen Stellungen der Taliban sowie gegen die Infrastruktur Afghanistans. Erklärtes Ziel war der Sturz der von den Taliban geführten Regierung und der Vernichtungskampf gegen Al-Qaida.

Gemäß Entscheid der NATO schlossen sich die Bündnisstaaten Anfang Oktober in Ausübung der Beistandspflicht der militärischen Intervention »Operation Enduring Freedom« an. Der bis heute erste und auch einzige Bündnisfall wurde ausgerufen.

Bundeskanzler Gerhard Schröder bekundete außenpolitisch die »uneingeschränkte Solidarität« Deutschlands. Innenpolitisch und vor allem innerparteilich setzte der Kanzler auf eine Strategie des massiven Drucks gegenüber den Gegnern der Kriegsbeteiligung – was nicht bei allen sozialdemokratischen Bundestagsabgeordneten gut ankam.

Um die Unterstützung möglichst sämtlicher Abgeordneten der Regierungskoalition zu erzwingen und damit die Regierungskrise zu überwinden, setzte der Kanzler seine schärfste Waffe ein: Er stellte sich der Abstimmung im Bundestag im Rahmen eines »konstruktiven Misstrauensvotums« – verbunden mit der Vertrauensfrage.

»Es waren über 20 in der Fraktion dagegen gewesen«, erinnert sich Christa Lörcher, als sei alles gestern erst passiert. Und auch der massive Gegendruck ist ihr noch präsent: »Sowohl aus Ortsvereinen als auch von der Fraktionsspitze, damit alle unbedingt mit ›Ja‹ votieren. Wir wurden hart in die Pflicht genommen gemäß dem Motto: Du kannst nicht gegen unseren Kanzler stimmen! Das kannst du nicht machen, das ist unsolidarisch!« Und: »Wenn der Schröder das so möchte, dann hat er seine Gründe und das ist schon alles in Ordnung.« Mit einem Mal fand »diese uneingeschränkte Solidarität immer neue Befürworterinnen und Befürworter«.

Am Tag vor der alles entscheidenden Abstimmung im Bundestag teilte Lörcher dem Fraktionsvorsitzenden Peter Struck und dem gesamten Fraktionsvorstand ihre Entscheidung mit und trat aus der SPD-Fraktion aus: Sie werde mit »Nein« stimmen. Auch wenn Kanzler Schröder sein politisches Schicksal mit der Vertrauensfrage koppeln sollte.

Ihre Begründung: »Militärische Mittel lösen keine Konflikte, sondern sie verschärfen und vergrößern Elend, Hass und Solidarisierung auf der anderen Seite. Das gilt auch für die Situation in Afghanistan.« Sie wünscht sich, »dass Pazifismus in der SPD noch einen Platz hat«.[90]

Am 16. November 2001 stimmten 336 Bundestagsabgeordnete mit »Ja« – gerade mal zwei mehr als die notwendige absolute Mehrheit. Als Einzige in der SPD-Fraktion, jetzt fraktionslos, votierte Christa Lörcher gegen den Militäreinsatz der Bundeswehr in Afghanistan. Die anderen SPD-Abgeordneten des linken Flügels, die sich anfangs klar kritisch gegenüber dem Bundeswehreinsatz »out of area« – außerhalb des NATO-Territoriums – geäußert hatten, waren wieder eingefangen worden. Am Ende stand die Villinger Abgeordnete mit ihrem Votum in der SPD alleine da. Was für eine Standhaftigkeit dieser Frau.

Ähnlich bei den Grünen. Acht Abgeordnete hatten anfangs eindeutig bekundet, dagegen stimmen zu wollen. Unter dem Druck der Regierungs- und Fraktionsspitze votierten letztlich nur noch vier von ihnen gegen den Bundeswehreinsatz am Hindukusch. Damit ging die Strategie des autoritären »Basta«-Kanzlers auf. Nach der zuvor erfolgten Beteiligung der Bundeswehr am NATO-Kampfeinsatz im ehemaligen Jugoslawien zog Deutschland an der Seite der USA in den nächsten Krieg unter rot-grüner Ägide.

Als Christa Lörcher am Abend des 16. November gegen Mitternacht mit dem Zug zu Hause ankam, erwarteten sie viele Friedensfreundinnen und Friedensfreunde am Bahnhof. »Ja, es gab Ortsvereine, die vorher schon friedenspolitisch sehr aktiv waren – und jetzt wie ganz selbstverständlich am Gleis standen, als ich aus Berlin eintraf. Das war sehr berührend«, freut sich die aufrechte SPD-Frau noch heute, wenn sie davon erzählt.

Auch die Reaktionen der kommenden Tage und Wochen fielen weit überwiegend positiv aus. Beginnend bei ihrer Familie, die voll hinter ihr stand. Aus der Bevölkerung erhielt sie beachtliche 2000 Mails, Anrufe und Briefe. »Etwa 100 waren negativ, alle anderen waren zustimmend zur Entscheidung gegen die Kriegsbeteiligung.« Zudem bekam sie seitens der renommierten Organisation »Internationale Ärzt*innen für die Verhütung des Atomkrieges – Ärzt*innen in sozialer Verantwortung e. V.« die Clara-Immerwahr-Auszeichnung verliehen. Christa Lörcher wurde »für ihr couragiertes Nein zum Einsatz deutscher Soldaten im Krieg gegen Afghanistan geehrt«, so die IPPNW.[91]

Ganz anders ihre Situation im Parlament, wo sie für ein weiteres Jahr bis zum Ende der Legislaturperiode im Oktober 2002 im Amt verblieb. Seitdem sie die Bundestagsfraktion der SPD verlassen hatte, fristete sie ein Einzelgängerdasein als fraktionslose Abgeordnete. »Seither hat es kein Treffen und keine Gespräche mehr mit Schröder gegeben – Widerspruch war ihm fremd.«

Auch in ihrem SPD-Landesverband Baden-Württemberg blies ihr zeitweilig heftiger Gegenwind ins Gesicht. Gespräche mit Herta Däubler-Gmelin und Erhard Eppler zeitigten nicht das gewünschte Ergebnis. »Wenn nicht einmal Erhard Eppler dein Gewissen erreicht, dann hast du kein Gewissen«, so ein bitterböser Vorwurf in der Landesgruppe. Erhard Eppler war Vorsitzender der baden-württembergischen SPD gewesen. Er hatte sowohl den Kosovo-Kampfeinsatz der Bundeswehr unterstützt wie jetzt auch die aktuelle Bundeswehr-Intervention am Hindukusch befürwortet.

Einige Medien aber zollten ihr Respekt: Als der *STERN* knapp ein Jahr nach der folgenschweren Abstimmung zum Afghanistan-Einsatz berichtete, verwies Christa Lörcher im Interview mit dem Wochenmagazin – bezugnehmend auf das Grundgesetz – auf ihre Gewissensfreiheit als Abgeordnete. In Artikel 38 des Grundgesetzes sei festgelegt: Die Abgeordneten des Deutschen Bundestages sind Vertreter des ganzen Volkes. Sie sind an Aufträge und Weisungen nicht gebunden, einzig ihrem Gewissen unterworfen. Der *STERN* würdigte ihre Haltung, bezeichnete sie gar als »Ikone der Mutigen«.[92]

Christa Lörcher bleibt vor allem der »große Rückhalt in der Bevölkerung« als erfreuliches Erlebnis in Erinnerung. Das sei bis heute, also nach mehr als 20 Jahren noch so. »Neulich hat mich eine ältere

Dame des Sozialverbands VdK angesprochen und mir gesagt: ›Was für ein Glück, dass Sie damals dagegengehalten haben. Dass Sie das gemacht haben, was Sie für richtig gehalten haben. Und nicht, was andere von Ihnen wollten.‹«

Reaktionen wie diese sind typisch und lassen sie hoffen: »Ich finde das schön, wenn ich nach so vielen Jahren auf dieses Ereignis angesprochen werde.« Dann »habe ich doch irgendwo ein wenig Nachdenken erzeugt«.

Mit dem Blick zurück nach vorn

»Wie sieht du den fast zwei Jahrzehnte währenden Afghanistan-Einsatz der Bundeswehr im Nachhinein?«, frage ich sie. »Dieser Militäreinsatz wurde schon nach wenigen Jahren von vielen Seiten als gescheitert beurteilt. Aber ehrliche Analysen fehlen. Oder, falls vorhanden, werden sie einfach ignoriert«, so Lörchers Antwort im Frühjahr 2024. In Wirklichkeit habe es damals wenig Interesse an einer realistischen Betrachtung der Verhältnisse vor Ort gegeben. »Eine ehrliche Bilanz des Krieges und seiner Folgen würde meine damalige Entscheidung gegen den Krieg bestätigen«, so ihre Analyse.

Christa bleibt klar bei ihrer Position, ist standhaft wie ehedem. »Wir können uns Wertvorstellungen nicht einfach aufoktroyieren lassen«, sagt sie und fordert: »Wir müssen reden, reden, reden. Egal um welchen Krieg es geht: Bomben lindern keine Katastrophen.« Entsprechend tief sitzt auch die Enttäuschung über den Mann, der – Seit an Seit mit Bundesaußenminister Joschka Fischer von den Grünen – den Afghanistaneinsatz durchgepeitscht hat.

Eigentlich würde sie jetzt, mehr als zwei Jahrzehnte später, »gerne noch einmal mit Gerhard Schröder über alles« reden. Doch selbst im Angesicht der Katastrophenbilanz dieser militärischen Intervention rechtfertige er die damalige Militärintervention. Damit bleibt ein Lörcher-Schröder-Gespräch obsolet.

Anders als viele meinen, ist die Wahl-Villingerin keine strikte Gegnerin der NATO. »So ein Verteidigungsbündnis könnte im Grunde viel Gutes bewirken, wenn nicht nur eigene Interessen verfolgt würden. Wenn Kooperation mit anderen Ländern auf Augenhöhe praktiziert werden würde.«

»Und wie steht es um die Verschwendung gewaltiger Ressourcen und immenser finanzieller Mittel?«, lautet meine Nachfrage. »Mit dem Geld des militärischen Einsatzes in Afghanistan hätte so viel Gutes bewirkt werden können«, sagt sie rückblickend.

Womit sie zweifelsfrei recht hat. Denn welche monetären Mittel in einem einzigen Krieg verfeuert werden, zeigen Berechnungen des Watson Institute der Brown University in den USA. Demnach belaufen sich die finanziellen Ausgaben allein der Vereinigten Staaten für den Kriegseinsatz in Afghanistan auf 2 313 000 000 000 US-Dollar.[93] »Was, wenn solche Summen für die Entwicklung des Landes – und nicht für die Zerstörung – eingesetzt worden wären?«, sinniert die SPD-Politikerin.

»Was kann die Menschheit aus Kriegen wie diesem lernen?«, hake ich nach. »Lernen setzt voraus, dass die eigenen Fehler erkannt werden und dass dann in Zukunft vernünftiger gehandelt werden kann.« Die vom Bundestag im September 2022 eingesetzte Kommission zum »Lernen aus dem Afghanistan-Einsatz« hat in ihrem Zwischenbericht zumindest den Verlauf und die Folgen hart kritisiert. Diese Arbeit wird fortgesetzt, und so bleibt es spannend, ob es möglich ist, für die Zukunft gewinnbringende Erkenntnisse daraus zu ziehen.

»Hast du nie erwogen, aus der SPD auszutreten?«, frage ich sie nach ihrem Verhältnis zu den Genossinnen und Genossen, damals wie heute. »Also, in der SPD bin ich schon sehr, sehr lange drin«, bekundet sie ihre viele Jahre währende Verbundenheit. »Mein Mann und ich sind 1970 eingetreten und immer kritisch geblieben. Obwohl ich nicht immer freundlich behandelt wurde nach meinen ›Nein‹ beim Afghanistaneinsatz.« Danach habe sie sich ziemlich zurückgezogen, sei aber bis heute Mitglied.

*

Eingestandenermaßen sieht sie das mit großem Bauchgrimmen. Denn die im Februar 2022 vom sozialdemokratischen Bundeskanzler Olaf Scholz verkündete radikale Neuorientierung hin zu einer Aufrüstungs- und Militärpolitik stellt sie in Abrede. »Eine ›Zeitenwende‹, wie der Kanzler sie benannt hat, sehe ich nicht. Die Militarisierung hat doch längst zuvor in weiten Teilen der Welt begonnen.« Dabei würden »die geopolitischen Machtinteressen einiger Länder immer wieder zu Konflikten und Kriegen führen«.

Die Bundeswehr müsse ordentlich ausgerüstet sein. Deren »Aufgaben und Ziele müssen aber hinterfragt und auch begrenzt werden«. Und: »Die Milliarden des ›Sondervermögens‹ wären an anderer Stelle deutlich nützlicher angelegt. Besonders bei der Bildung und der Gesundheit und im Bereich der Entwicklung demokratischer Strukturen – hierzulande und in anderen Staaten.«

Auch in der Diskussion um den Einmarsch russischer Truppen in der Ukraine positioniert sich die SPD-Frau klar. »Putins Krieg in der Ukraine ist ein Schlag in das Gesicht von Völkerrecht und Menschenrechten.« Dafür müsse er zur Verantwortung gezogen werden. Doch anders als die Führungsebene ihrer Partei weiß sie: »Immer mehr und immer schwerere Waffen beenden den Krieg nicht. Sondern damit werden Hass und Eskalation weiter geschürt.« Statt der Waffenexporte fordert sie: Nichtmilitärische Lösungen müssten Vorrang haben, Menschenrechte und Menschenwürde seien zu achten. »Verteidigung ja, Rache nein.« Dabei brächten »mehr Waffen nur mehr Gewalt und Leid auf beiden Seiten«.

Für das Ende des Krieges bräuchten »alle Beteiligten Einsicht und Vernunft, oft sind Kompromisse nötig«. Das müssten die kriegführenden Seiten möglichst auf Augenhöhe und gegebenenfalls mit Hilfe neutraler Vermittelnden wollen und schaffen. Russland und die Ukraine müssten, unter Einbeziehung ihrer Bevölkerung Vorschläge unterbreiten. Damit »das möglichst schnell geschehen kann«, setzt sie auf den positiven Einfluss von Friedensforschungsinstituten und der Vereinten Nationen. »Jetzt ist die UNO gefordert, sie muss handeln. Am besten mit dem Rückenwind eines breiten internationalen Drucks für Verhandlungen!«

Warum sie so beunruhigt klingt, frage ich sie. »Die Drohung des Einsatzes von Atomwaffen ist unüberhörbar. Ein nuklearer Krieg wäre das Ende für die Menschheit, für unsere Erde.«

*

Viele Mitglieder, die wie sie in der sozialdemokratischen Partei Deutschlands nach vorne schauen wollen, müssen zugleich weit in die Vergangenheit blicken. In seiner ersten Regierungserklärung hatte der damals neu gewählte Bundeskanzler Willy Brandt 1969 verkündet, er forderte: »Mehr Demokratie wagen.«[94]

Heute, so Lörcher, »würde das Willy wohl wieder sagen. Ja, wir müssen mehr Demokratie wagen.« Wobei sie diese Formulierung in Anbetracht des globalen Kriegsgeschehens eigentlich »als viel zu schwach empfindet. Denn wir müssen weltweit mehr Demokratie durchsetzen«, fordert sie.

Auch wenn sie sich diese konsequentere Formulierung im aktuellen Aufruf gewünscht hätte, hat sie sich dennoch der Initiative bekannter SPD-Linker und -Friedensbewegter »Mehr Diplomatie wagen. Sozialdemokratinnen und Sozialdemokraten für Diplomatie und Deeskalation« angeschlossen. Diese Initiative fordert nach dem völkerrechtswidrigen Angriff der russischen Armee, »sich aus Solidarität mit den Menschen in der Ukraine für eine zügige Beendigung aller Kriegshandlungen einzusetzen«. Und: Diplomatie und Deeskalation seien für einen baldigen Waffenstillstand zu priorisieren. Alle Möglichkeiten, um die Kriegsparteien an den Verhandlungstisch zu bringen, um Vertrauen zu stiften und damit eine Friedenslösung zu finden, müssten genutzt werden.[95]

Gemeinsam für eine bessere Zukunft

Die momentan so instabile Sicherheitslage, die Kriege in der Ukraine und auf anderen Kontinenten, auch die voranschreitende Klimakatastrophe bewirken dramatische Folgen. Mehr und mehr Menschen müssen ihre angestammte Heimat verlassen. Die Welt befindet sich im Krieg, Europa schottet sich ab, so Lörchers nüchterne Analyse.

Auch hierzulande sieht sie ungute Tendenzen. Viele Menschen verzweifeln, andere streiten oder ziehen sich ins Private zurück. »Was also müssen wir tun, um wieder Hoffnung zu finden, um unseren Mitmenschen sogar Mut zuzusprechen?«, frage ich sie nach einen positiven Handlungsansatz.

»Trotz alledem müssen wir jederzeit miteinander reden, möglichst offen über alles diskutieren.« Für sie ganz wichtig: »Dabei heißt es, immer beide Seiten zu sehen, zu verstehen und zu fragen: Was macht dir, was macht mir Angst?«

So ein Vorgehen sei durchaus Erfolg versprechend, könne Konflikte entschärfen, könne damit Mut machen, sagt die langjährige Aktivistin des »Regionalen Friedensbündnisses VS«, Villingen-Schwenningen. Was für die große Politik sinnvoll sei, das gelte nicht minder im zwischenmenschlichen Bereich. »Wir kommen doch am ehesten voran, wenn wir das Gespräch mit unserem Gegenüber suchen. Wenn wir dem anderen unsere Unsicherheiten und Befürchtungen mitteilen.« Dann könnten die negativen Aspekte überwunden und gemeinsam Problemlösungen angedacht werden. »Bei uns im Friedensbündnis wählen wir diesen Weg«, lobt sie die hiesige Kommunikations- und Diskussionskultur.

Seit mehr als zehn Jahren treffen sie sich im Kreis der Interessierten, reden über alles. »Über das, was jedem von uns zu Fragen des Friedens und des Krieges wichtig erscheint. Und darüber, welche passenden Aktionen wir umsetzen sollen.« Dabei gelte es »die Öffentlichkeit anzusprechen, zu mobilisieren. Was manchmal schwierig ist und manchmal ganz wunderbar klappt.« Wenn Leute stehen bleiben, zuhören würden. Sei es, weil die Musik schön sei oder weil die eine oder der andere von uns etwas zu einem aktuellen Thema sagen möchte. »Dabei erlauben wir uns, Lösungen unterschiedlich zu sehen und verschiedene Aspekte zu berücksichtigen.«

*

Eine nicht minder bedeutende Form der Friedensarbeit: Im Rahmen ihres unermüdlichen Engagements setzt sich Christa Lörcher auch beharrlich für Geflüchtete ein. Die Frage, wie sie dazu gekommen ist, erübrigt sich beinahe.

Seit 1939 lebte ihre Familie in Westpreußen im heutigen Polen »Damals waren wir sechs Kinder, ich bin die Jüngste«, sagt sie. Die Angst vor der näher rückenden Front aus dem Osten hat damals viele Menschen zur Flucht veranlasst. Anfang des Jahres 1945 konnte die Familie Treumann mit vier Kindern – der älteste Sohn war im Krieg gefallen, die älteste Tochter war schon mit ihrem Mann auf der Flucht – mit einem der letzten Schiffe Dänemark erreichen. »Dort lebten wir vier Jahre in sehr verschiedenen Flüchtlingslagern: Eines der ersten war in Kopenhagen, eine große Tennishalle für 500 Menschen. Das letzte war in Thisted im nördlichen Dänemark mit kleinen Ferienhäuschen am Meer. Auch wenn es überraschend klingen mag, für uns Kinder war diese Zeit schön.«

Schulbesuch, Spielplätze, Meer, auch Begegnungen mit dänischen Kindern und Besuche in dänischen Familien hat Christa positiv in Erinnerung behalten. Erwachsene aus ganz verschiedenen Ländern haben zusammengearbeitet in den Lagern. Und die Kontakte zur lokalen Bevölkerung waren weitgehend gut. »Die Dänen sind freundlich, offen und hilfsbereit zu den Flüchtlingen gewesen.« Bis heute fahren Christa und ihr Mann Gustav gern und regelmäßig dorthin, auch in andere skandinavische Länder.

Umso mehr schockiert sie die derzeitige Flüchtlingspolitik, die im Falle Dänemarks »sogar von Sozialdemokraten betrieben wird«. Wahrlich, gerade dieses europäische Land gilt in der heutigen Zeit aufgrund seines strengen Umgangs mit Asylsuchenden als Modell einer harten Gangart. Nachdem im Jahr 2015 viele Bürgerinnen und Bürger im Land verfolgt hatten, wie syrische Flüchtlinge über die Autobahnen ins Land liefen, war die Stimmung gekippt. Rechte Parteien gewannen Wahlen, Sozialdemokraten mussten herbe Abstimmungsniederlagen hinnehmen.

Seither verfolgt auch die dänische Sozialdemokratie unter Führung der Ministerpräsidentin Mette Frederiksen eine rigide Abschottungspolitik. »Das ist furchtbar«, kommentiert die deutsche Sozialdemokratin Christa Lörcher. Erklärungsversuche weisen darauf hin, dass in einem kleinen Land die Angst vor Fremden womöglich größer ist als anderswo. Andere meinen, dass der erkennbare Wohlstand eines großen Teils der Bevölkerung die Ängste schüre, davon etwas abgeben zu müssen.

Aufrichtig und unbeirrbar beschreitet die 83-Jährige ihren Weg. Sie sieht gerade in der heutigen Zeit die Chance, Gutes für Geflüchtete zu tun. Auch in Erinnerung an die Herzlichkeit und Mitmenschlichkeit, die sie selbst als Kind in Dänemark erleben durfte. Mit Geflüchteten zu arbeiten ist für das Ehepaar Lörcher seit Langem eine Selbstverständlichkeit. Während ihrer Berufstätigkeit und auch danach nahm das Thema Bildung immer einen festen Platz in ihrem Tun ein: das Lernen mit Kindern und Jugendlichen, hier vor allem Mathematik, aber auch Deutsch mit Kindern und Erwachsenen. Manchmal auch mit ganzen Familien und in anderen Fächern. Die Freundschaften, die daraus erwuchsen, sind bis heute geblieben.

Ein Hemmschuh seien allerdings die derzeitigen politischen Rahmenbedingungen in Deutschland. »Die permanent verschärfte Flüchtlingspolitik ist eine Katastrophe, zumal sie von Mal zu Mal schlimmer wird.« So gebe es europaweit Überlegungen – leider auch bei Parteien in unserem Land – hilfsbedürftige Menschen aus anderen Ländern in afrikanische Staaten zu bringen und ihre Asylverfahren damit »auszulagern«. Die vormalige britische Regierung sei bei der Realisierung dieser besonders inhumanen Methode Vorreiter. Aber auch bei uns gebe es immer noch Abschiebungen, zum Beispiel von Auszubildenden – selbst im Falle des Widerstands ihrer Arbeitgeber oder eines großen Teils der Bevölkerung.

Was Christa Lörcher freut, ist die enge Zusammenarbeit mit der Institution »Refugio Villingen-Schwenningen e. V.«, einem weit über die Grenzen hinaus bekannten psychosozialen Zentrum für traumatisierte Flüchtlinge. Neben der psychotherapeutischen Behandlung begleitet Refugio Geflüchtete im Asylverfahren, leistet intensiv Sozialberatung.

Bei den sich bietenden Gelegenheiten unterstützt das regionale Friedensbündnis auch Aktionen für eine menschengerechtere Flüchtlingspolitik. »Mahnwachen können helfen, Netzwerke zu schaffen«, so Christa. Beim Engagement für Flüchtlinge sind der DGB, die SPD mit den Jusos, die AWO und andere Organisationen mit im Boot. Zu Christas Freude konnten die Friedens- und Flüchtlingsaktivisten jüngst gemeinsam das 25-jährige Jubiläum von Refugio unter dem Motto »Hoffnung« feiern. »Es waren unglaublich viele Menschen da.« Lörcher sieht darin »den ersten Schritt zur Handlung, damit wirklich etwas geschieht«. Flüchtlinge brauchen Perspektiven, es sind Menschen, die nach Verlassen der Heimat mit oft schrecklichen Erlebnissen unterwegs sind. Zuwendung und Hoffnung könnten helfen, genau solche Perspektiven aufzubauen – persönliche, gesundheitliche, familiäre, berufliche. Bei Refugio werde daran gearbeitet.

Hoffnung sei überhaupt das Schlüsselwort für engagiertes Handeln. Ihre Devise: »Ich denke schon, dass wir – egal, wie schrecklich die Situation gerade ist – die Hoffnung niemals verlieren dürfen.« Die Hoffnung auf eine bessere Zukunft. Die Hoffnung, dass es Menschen gebe, die nicht nur reden, sondern etwas Hilfreiches tun. So wie bei Refugio, im Friedensbündnis, bei der Flüchtlingsorganisation »Pro Asyl«, so wie bei den Organisationen, die Seenotrettung betreiben. Für alle Mitstreiterinnen und Mitstreiter, die sich am Wandel hin zu einer humaneren und gerechteren Welt beteiligen, hat Christa Lörcher ein großes Herz. 2016 wurde sie selbst mit der Willy-Brandt-Medaille und 2022 mit dem Bundesverdienstkreuz geehrt.

*

Als Frau mit bundespolitischen Erfahrungen und einem wachen Blick auf das globale Geschehen zielt Lörchers Wunsch auf eine friedlichere Welt. Dabei müsse das Rad nicht neu erfunden werden, bei den Vereinten Nationen habe man doch längst ein sinnvolles Konzept vorgelegt, weist sie auf die »Agenda 2030« hin: Darin fordern die UN die Transformation hin zu einer Welt ohne Armut, ohne Hunger, mit Gesundheit und Wohlergehen, mit hochwertiger Bildung, Geschlechtergleichheit, sauberem Wasser und Energie, Klimaschutz, menschenwürdiger Arbeit, Frieden und Gerechtigkeit und mehr – so die insgesamt 17 Ziele für eine nachhaltige globale Entwicklung.

Um diese Ziele zu erreichen, »muss die UNO gestärkt werden. Sie muss mehr Einfluss bekommen, sie muss sinnvoll eingreifen können.« Gemeint ist in Krisenfällen, »aber nicht durch Friedenstruppen, sondern durch Friedensbeobachter direkt in den Kriegs- und Krisengebieten, sodass wirklich geholfen werden kann«.

Den Menschen zuliebe »müssen wir es schaffen, mehr Vielfalt zu akzeptieren«. Im Englischen gebe es dafür den Begriff »respect«, was viel mehr bedeute als im Deutschen. Dabei gehe es nicht nur um das Achten oder Bewundern, sondern um »die wirkliche Achtung vor dem Menschen, vor jedem anderen Menschen und vor dessen Menschenwürde«.

Genau das müsse »von klein auf gelernt und früh eingeübt« werden. Wenn das nicht schon im Kindergarten stattfinde, »dann sind wir fast schon verloren«. Denn »Respekt ist eine Wurzel der Erziehung, der Friedfertigkeit, der Konfliktlösung – anders als mit Gewalt oder Geld«. Würden wir diesen Zielen näher kommen, dann würden Kriege ein Ende finden, »dann würde es uns allen besser gehen«. Sie zögert kurz, ergänzt dann mit einem kleinen Lächeln: »Fast allen, außer den ganz Reichen.«

*

Bei einer Buchlesung in Villingen mit anschließender Diskussion unter Leitung meines Freundes Helmut Lohrer hat Christa Lörcher ein bunt verpacktes schmales Präsent mitgebracht und mir am Schluss dieses Abends übergeben. »Mein Lieblingskinderbuch«, sagt sie und freut sich über meine fragenden Blicke.

Als ich anderthalb Stunden danach in unserem Zuhause in Freiburg ankomme, meldet sich meine Neugierde. Mitten in der Nacht lese ich in Christas Lieblingsbuch, begebe mich mit einer Mutter und ihrem Kind auf die Wanderung ins Unbekannte. Abschied, die Heimat verlassen, lediglich ein Rucksack und ein Teddybär begleiten sie auf den Weg ins Ungewisse.

Laufen, warten, nachdenken ... Wie weit kannst du laufen?

Eine lange Schlange mausgrauer Gestalten, alle auf der Flucht. Mütter und Väter mit Kindern und Kleinkindern, alte Menschen, mal mit oder ohne Rollstuhl. Ein Gitterzaun, dahinter ein riesiges Zeltlager. Sicherheitsbeamte reden in einer Sprache, die niemand von den Geflüchteten versteht.

Wo kann ich Zähne putzen? Wo eine Hose wechseln?

»Sie nennen dich Flüchtling, aber Flüchtling ist nicht dein Name«. So endet das Kinderbuch mit dem Titel *My name is not Refugee*.[96]

Kate Milner, die den Text und die Illustrationen ebenso schlicht wie einfühlsam gestaltet hat, zeigt den Leserinnen und Lesern eine andere Welt.

In diesem Moment kommen mir Christas nachdenkliche Worte wieder in den Sinn: »Die Dänen sind damals freundlich, offen zu uns Flüchtlingen gewesen.«

Die Villinger Friedensfrau engagiert sich bis zum heutigen Tag nach Kräften dafür, dass die zu uns nach Deutschland Geflüchteten auch das Gefühl empfinden können, freundlich und offen empfangen zu werden.

Lassen wir sie in ihrem Bemühen nicht allein. Lassen wir die Geflüchteten nicht allein.

***

Weitere Informationen:

- Sozialdemokratinnen und Sozialdemokraten für Diplomatie und Deeskalation, siehe https://mehr-diplomatie-wagen.de
- Regionales Friedensbündnis Villingen-Schwenningen, siehe www.friedensbuendnis-vs.de
- Refugio VS, Psychosoziales Zentrum für traumatisierte Flüchtlinge, siehe https://refugio-vs.de
- Vereinte Nationen, Ziele für nachhaltige Entwicklung, siehe https://unric.org/de/17ziele und https://sdgs.un.org/goals

***

KAPITEL 17

Malalai Joya. Bedingungsloser Einsatz für Frauen- und Mädchenrechte in Afghanistan

Eine gedeckte Tafel, feine Früchte, südländische Säfte, ein Glas bekömmlichen Rotweins. Entspannt die Stimmung an unserem Tisch im Hafenrestaurant. Obschon Oktober weht ein laues Lüftchen aus dem Maghreb herüber. Hier an der spanischen Mittelmeerküste fühlen sich die Temperaturen mitten im Herbst noch so wohlig warm an wie bei uns im Spätsommer. Beste Voraussetzungen für einen gemeinsamen Abend des lebendigen Gedankenaustauschs mit Heike Hänsel und Malalai Joya.

Heike ist zusammen mit Henning Zierock Initiatorin der Gesellschaft »Kultur des Friedens«. Beide sind langjährige Freunde aus Tübingen. Auf ihre Einladung hin haben wir zusammen viele Vorträge und Podiumsdiskussionen für eine freiere und gerechtere Welt geführt. Dank Heike ist auch der heutige Kontakt mit Malalai zustande gekommen.

Die weltbekannte Afghanin treffe ich zum ersten Mal persönlich. 2007 war sie im Ranking der »250 Young Global Leaders« gelistet. In Vorbereitung auf unsere Zusammenkunft habe ich ihr Buch *Raising My Voice* gelesen, treffender formuliert, verschlungen.[97]

Das Werk hat mir bewusst gemacht, wie wichtig es ist, dass Malalai ihre Stimme für Millionen notleidender Frauen erhebt. Für ihre Landsfrauen, aber auch für unterdrückte Frauen in aller Welt.

Ihre Stimme wurde bereits gehört, als sie noch in ihrem Heimatland wirken konnte. Ihre Stimme wird bis heute gehört, während sie undercover im Exil lebt. Wo sie, wie so viele ihrer Mitstreiterinnen, auf die Verbesserung der Menschenrechtslage in ihrer Heimat hofft, auf eine baldige Rückkehr zu ihrer Familie. Ich freue mich in diesem Moment, dass sie so gelöst und entspannt wirkt. Hier auf dem europäischen Kontinent fühlt sie sich wohler als in ihrem asiatischen Heimatland.

Nachdem wir die ersten Minuten über unsere Kinder, über Freunde geplaudert haben, wechseln wir unversehens ins Diskutieren und Reflektieren, Nachdenken und Nachfragen.

Was primär an mir selbst liegt, wie ich mir eingestehen muss. Schließlich haben wir uns zu einem Gedankenaustausch verabredet, bei dem es nicht nur aber auch um Unbequemes, um Ungutes gehen soll.

Und so wird dieser Abend ernster, als ein neutraler Beobachter der gelösten Atmosphäre des Hafenviertels vielleicht mutmaßen mag. Am Quai, an dem gespeist und getrunken und gelacht wird. Anfangs erahnend, alsbald wissend, welche Gedanken und Gefühle, Erlebnisse und Erinnerungen, Wünsche und Träume unser Gast zu uns nach Europa mitgebracht hat.

Eine politische Aktivistin wird geboren

Auch wenn sich Malalai Joya zurzeit mehr als 5000 Kilometer von zu Hause entfernt aufhält, versteckt im Untergrund lebend, pflegt sie dennoch einen möglichst engen Kontakt in die Heimat.

»Als politische Aktivistin und Verfechterin der Frauenrechte muss ich in direktem Kontakt mit den Menschen dort stehen.« Um wirklich helfen zu können, müsse sie ihre Schmerzen, ihr Leid kennen. »Eine Menschenrechtsaktivistin ohne Heimatkontakt ist wie ein Fisch ohne Wasser.« Auf verschiedene Weise habe sie über ihr internes Komitee direkt oder indirekt Verbindung zu den Menschen in

Afghanistan. Sie arbeite so weit wie möglich mit ihnen zusammen und erhebe ihre Stimme.

»Mein Herz hängt weiterhin an meinem Land, an den wohlmeinenden Menschen, an meinen Freundinnen und Freunden, vor allem auch an meiner Familie«, gesteht sie ein. Nur allzu gerne würde sie in ein freies, demokratisches Afghanistan zurückkehren. Das Land ihrer Wunschträume, das es seit Jahrzehnten so nicht mehr gibt.

Mit der Machtübernahme der Taliban im August 2021 wurden die spärlichen Reste einer demokratischen Gesellschaft zu Grabe getragen. Was folgte, war die Schaffung autokratischer Strukturen, die Umsetzung rigider religiöser Vorschriften. Seither sind die Rechte von Frauen und Mädchen massiv beschnitten: das Recht auf eine lebenslange weltoffene Bildung, das Recht auf das Tragen selbst gewählter Kleidung, das Recht auf die Wahl eines geliebten Ehemannes. Selbst so einfache Tätigkeiten wie das Recht, nach Belieben Musik zu hören, im Freien ein Picknick abzuhalten oder außerhalb der Wohnung eine Toilette zu nutzen, sind streng untersagt.

Malalais Vorwurf: Aus Sicht der Fundamentalisten, sei es der Dschihadisten oder der Taliban, stellen Frauen und zuweilen auch Mädchen lediglich ein Mittel dar, um die Lust der Männer zu stillen. Und um sklavisch die verordnete Hausarbeit zu verrichten. Malalais freundliches Lächeln ist einer tiefen Ernsthaftigkeit gewichen.

Frauen seien in der Welt der radikalen Repressoren nicht einmal menschliche Wesen. »Wir sind vollständig aus dem gesellschaftlichen Leben ausgeschlossen. Wie sie uns behandeln, ist ein klares Beispiel für sexualisierte Apartheid.« Ihre Begründung: »In unserem Land regieren Henker. Mehr als die Hälfte der Bevölkerung Afghanistans ist der grundlegenden Menschenrechte beraubt.«

*

Wo andere völlig verzweifeln und keinerlei Energie zum weiteren Widerstand aufbringen, meldet sich Malalai kraftvoll aus dem erzwungenen Exil zu Wort. »Meine größte Motivation ist das Verbrechen, das uns in Afghanistan widerfährt. Mich motiviert die Herrschaft terroristischer Fundamentalisten«, sagt die 45-Jährige aus der Provinz Farah.

Sie wolle »keinen Augenblick untätig bleiben. Ich will mich mit ganzer Kraft für die Verwirklichung der Menschenrechte, der Frauenrechte einsetzen.« Dabei betont sie, ihr gehe es um die Rechte aller Menschen. »Die unbestreitbaren Rechte von Frauen und Männern, die unterdrückt werden, müssen in jedem Winkel der Welt gelten.«

Bezogen auf ihr Heimatland eine lebensgefährliche Aussage. Um dies zu verstehen, sollte man ihren außergewöhnlichen Lebensweg kennen.

Malalai wurde am 25. April 1978 geboren. Gerade mal zwei Tage später erfolgte ein auch für die Familie Joya folgenschwerer Staatsstreich, der von der »Demokratischen Volkspartei Afghanistans« durchgeführt wurde. Als sich das kommunistische Regime in der Folgezeit nicht stabil etablieren konnte, ließ Breschnew im Dezember 1979 die Sowjets einmarschieren. Die Erlebnisse von Krieg, Unterdrückung und Flucht, die aus diesen beiden Ereignissen folgten und in die ersten Lebensjahre Malalais fielen, erzählten ihr ihre Eltern erst viele Jahre später.

Rückblickend sieht sie in diesem Staatsstreich eines »der bitteren und katastrophalen« Geschehnisse in der Geschichte ihres Landes. Dessen »dunkle Auswirkungen werfen bis heute einen Schatten auf das Schicksal« Afghanistans. In der Tat markierte der politische Umbruch »den Beginn einer dunklen Ära der Gewalt und Instabilität im Land, die den Tod von über anderthalb Millionen unschuldiger Menschen und Millionen von Verwundeten und Behinderten zur Folge hatte«. Millionen von Afghanen wurden obdachlos, mussten fliehen. »Darunter war auch unsere Familie, die gezwungen war, ihre Heimat zu verlassen.« Erst flüchtete Familie Joya in den Iran, dann nach Pakistan, wo Malalai die Schule besuchte. Ihr Vater, ein vormaliger Medizinstudent, »verlor im antirussischen Krieg sein Bein, und mehrere unserer Freunde und Verwandten kamen ebenfalls ums Leben«.

Die Sowjets stürzten »das Land in einen verheerenden Krieg«, der geprägt war »von Blutvergießen und Unterdrückung und der die Geschichte des Landes in Richtung lang anhaltender interner und externer Kriege lenkte«, wie Malalai kritisch resümiert.

Erst nach dem Abzug der sowjetischen Truppen 1989 konnte die Familie in ihre Heimat im Westteil des Landes zurückkehren. Nach ihrer Schulausbildung gab die 19-jährige Malalai Lese- und Schreibkurse für Frauen, gründete zu Beginn des neuen Jahrhunderts ein Waisenhaus, auch ein Krankenhaus. Zudem engagierte sie sich als Geschäftsführerin der OPAWC, der »Organisation of Promoting Afghan Women's Capabilities«. Neben Bildungsaufgaben geht es den OPAWC-Aktivistinnen um humanitäre Hilfe, von der Hungerbekämpfung über die Versorgung von Erdbebenopfern bis hin zur Bereitstellung von Gesundheitsteams.[98]

Womöglich hätten die religiösen Fundamentalisten zumindest ihr rein humanitäres Engagement noch etwas länger geduldet, wäre sie nicht Ende 2003 mit einer wagemutigen Rede vor der großen Ratsversammlung, der Loja Dschirga, in der Hauptstadt Kabul aufgetreten. Vor versammelter Mannschaft konfrontierte sie deren Mitglieder mit fundierten Vorwürfen: Einige von ihnen seien Drogenschmuggler, andere kriminelle Warlords.

Ihre Schlussfolgerung: »Ich möchte, dass alle Verursacher von Krieg und Blutvergießen, dass diese Kriegsherren und in- und ausländischen Kriminellen einem fairen und unparteiischen nationalen und internationalen Prozess unterzogen werden.« Sie seien verantwortlich für Verwüstung, Instabilität, Plünderung, totale Zerstörung und den Tod unzähliger Menschen. Die Justiz müsste die Delinquenten verfolgen, forderte Joya.

Theoretisch hatte sie das Recht auf ihrer Seite, praktisch aber sah sie sich einer gewaltbereiten männlichen Übermacht gegenüber. Mit einem Mal war sie eine landesweit bekannte feministische Politikaktivistin. Ernst zu nehmende Morddrohungen ließen nicht lange auf sich warten.

Bei den Parlamentswahlen 2005 wurde sie als jüngste Abgeordnete in die Wolesi Dschirga gewählt, das Unterhaus der beiden afghanischen Parlamentskammern.

»Wie erging es dir als weibliche Parlamentarierin in der Männerwelt der religiösen Fundamentalisten und kriegstreiberischen Warlords?«, frage ich sie. »Um es kurz zu machen«, so ihre vehemente Antwort, »das Parlament war wie eine Arena voll wilder Tiere, Raubtiere«, kritisiert sie die dort herrschenden durch und durch patriarchalen Strukturen.

»Radikale Nationalisten missbrauchten ihr Stimmrecht, missbrauchten die Demokratie. Um die Redefreiheit anderer massiv einzuschränken oder gar gänzlich zu verbieten«, so ihre Analyse. Die Folge: »Jeden Tag musste ich Rechtsverletzungen hinnehmen.« Sie versuchte ihr Bestes zu geben, um die Rechtsbrüche, Verbrechen und Korruption aufzudecken.

In der Wolesi Dschirga machte sie sich mit offenen und ehrlichen Worten viele Feinde. Eine aufrechte Vorgehensweise, die durchaus lebensbedrohlich werden konnte. »Als Abgeordnete war ich jeden Tag direkten Bedrohungen ausgesetzt.« Fortan musste sie von zehn persönlichen Guards beschützt werden, konnte nur unter der Burka außer Haus oder ins Parlament gehen. Mit viel Glück überstand sie vier Mordversuche unbeschadet. »Ja, die Attentate waren absolut lebensgefährlich«, ergänzt Heike Hänsel im Gespräch.

Im Zuge einer politischen Verschwörung »setzten die Kriegsverbrecher meine Anwesenheit im ersten Parlament aus und verbannten mich später rechtswidrig aus der Wolesi Dschirga«.

Mut schöpfte sie durch Zuspruch »außerhalb des Parlaments«. Zu ihrem Glück erhielt sie Unterstützung aus dem Volk. »Deshalb konnten sie meine Stimme – trotz all der Drohungen, der Angriffe auf mein Haus und auch der körperlichen Angriffe gegen meine Person – nicht gänzlich zum Schweigen bringen.«

Auch nach ihrer Zeit als Abgeordnete versuchte sie sich Gehör zu verschaffen, ließ sich nicht von ihrer Kritik abbringen: »Transparente und demokratische Wahlen sind im Schatten der Fundamentalisten unmöglich.« Die Mehrheit der Warlords und auch die Taliban seien mit Gewalt und Korruption ins Parlament einzogen, so ihr Vorwurf. »Das Ergebnis ist dieses volksfeindliche Parlament.«

Folgenschwerer Einmarsch westlicher Truppen

Afghanistan ist seit Jahrhunderten Spielball geostrategischer Interessen imperialer Staaten, nicht nur der damaligen Sowjetunion. Die USA machten die islamistischen Fundamentalisten von den Taliban bis Al-Qaida mit milliardenschweren Waffenlieferungen im Kampf gegen die sowjetische Besatzung erst groß und einflussreich. Bevor sie dann selbst nach den Anschlägen des 11. September 2001 im »Krieg gegen den Terror« einmarschierten.

»Wie bewertest du rückblickend den Einmarsch der US-Army und weiterer westlicher Armeen, auch der Bundeswehr, in Afghanistan von 2001 bis 2021?«, wende ich den Blick auf die Entwicklungen seit 9/11. »Weißt du noch, was uns der Westen versprochen hat, warum er Truppen schickt?«, lautet Malalais Gegenfrage. »Ja«, antworte ich, »wir erinnern uns alle: Sie sollten Menschenrechte und Frauenrechte durchsetzen, den Terrorismus stoppen, Frieden und Freiheit fördern am Hindukusch, Demokratie unter Wahrung des Völkerrechts verwirklichen.«

»Stimmt, das waren die Behauptungen, mit denen eure Politikerinnen und Politiker die nahezu 20-jährige Besetzung unseres Landes gerechtfertigt haben.« Die Wahrheit sei aber eine andere gewesen. Die USA und mit ihr mehrere NATO-Staaten seien nach der Tragödie vom 11. September 2001 »unter dem Banner des sogenannten ›Kriegs gegen den Terror‹, für Frauenrechte und Demokratie« in Afghanistan einmarschiert. Malalais Bewertung dieser Zielvorgaben fällt deutlich aus: »Ich glaube, das war die größte Lüge des Jahrhunderts. Sie haben unserem Volk ein schlechtes Bild von Demokratie vermittelt.«

»Aber es gab doch Bestrebungen der USA, eine demokratische Landesverfassung einzuführen?«, frage ich. »Es wurde eine Verfassung geschaffen, die zweifellos Mängel und Unzulänglichkeiten aufwies.« Der wichtige Punkt sei jedoch, dass die Ausarbeitung und das Schreiben einer Verfassung eine einfache und kostenlose Aufgabe sei. Entscheidend sei, »sie einzuhalten, sie umzusetzen und sie nicht zu verletzen«.

Ihr Wunsch: Neben einer modernen, demokratischen, säkularen und auf Gerechtigkeit ausgerichteten Verfassung müsse es »eine wirklich nationale, unabhängige und demokratische Regierung geben, die von der Bevölkerung unterstützt wird«. Diese gelte es umzusetzen, ohne »eine amerikanische Marionettenregierung mit clownesken Vollstreckern wie Hamid Karzai und Aschraf Ghani«. Karzai war Präsident der islamischen Republik Afghanistan von 2001 bis 2014, Ghani sein Nachfolger bis 2021. »Leider«, so Malalai Joyas Vorwurf, »blieben in dieser Zeit alle verabschiedeten Gesetze auf dem Papier und wurden nie umgesetzt.« Der Grund: Die Kriegsherren und Technokraten, die in den letzten 20 Jahren an der Macht waren, hätten sich »einen Dreck« um die Gesetze geschert, vielmehr habe »das Gesetz des Dschungels« geherrscht. Bereits in den ersten Tagen ihrer Machtübernahme hätten sie »Gesetze zur Selbstbefreiung und Immunität für ihre Verbrechen« durchgesetzt – trotz »berechtigter öffentlicher Proteste dagegen«.

*

Mit ihrer Meinung steht Malalai Joya in deutlichem Widerspruch zu dem, was uns in den NATO-Staaten über all die Jahre als Begründung des militärischen Eingreifens in Afghanistan verkauft worden ist: die vermeintliche Verwirklichung westlicher Werte, die Wiederherstellung der Frauenrechte.

Hart trifft ihr Vorwurf: »Die Folgen dieser ›Mission‹ sind in Wirklichkeit Tod, Zerstörung und Elend.« Seitens der US-Streitkräfte seien Streubomben und weißer Phosphor gegen wehrlose Menschen in Afghanistan eingesetzt und weitere tödliche Waffen im Kriegseinsatz getestet worden. Ihre Schlussfolgerung: Ehrlicher wäre es gewesen, das Motto in »Krieg gegen unschuldige afghanische Zivilisten« zu ändern. So die bittere Erkenntnis der vormaligen Abgeordneten in der Wolesi Dschirga. Das alles aber könnten die USA und ihre Verbündeten nicht zugeben »denn dann müssten sie ganz offiziell die Kriegsverbrechen eingestehen, die sie in unserem Land begangen haben«.

»Kriegsverbrechen?«, frage ich nach. »Ja, US-Militärs und deren Verbündete haben Kriegsverbrechen in meinem Heimatland begangen.« Eine Zustimmung des US-Sicherheitsrats für die Militärintervention der USA habe erst gar nicht vorgelegen. Bereits der Einmarsch der US-Army, aber auch viele todbringende Waffengänge seien unter Missachtung des Völkerrechts erfolgt.

»Das Ergebnis sehen wir heute: Unser Land ist in ein Nest des Terrorismus verwandelt worden.« Wenig überraschend aus Malalais Sicht. Schließlich hätten viele der terroristischen Taliban, mit denen der Westen lange Jahre gut zusammengearbeitet habe, auf der Schwarzen Liste der Vereinten Nationen gestanden. »Meiner Meinung nach haben Amerika und die NATO in diesem Krieg völlig versagt.« Mehr noch: »Statt den Terrorismus zu bekämpfen, haben sie ihn gestärkt.« Der Vorwand der Terrorismusbekämpfung sei »reine Taktik in den Händen der Raubtierstaaten« gewesen.

»In Wirklichkeit wollten die Amerikaner ihre strategischen, politischen, wirtschaftlichen und regionalen Ziele erreichen.« Von denen sie viele nennt: von der geopolitischen Präsenz in Zentralasien über den Zugriff auf Gas- und Ölfelder in der Großregion, die riesige Kupfermine Mes Aynak, Pipelineprojekte bis hin zum Erhalt und der Schaffung neuer Militärbasen.

Malalai Joyas Opferbilanz fällt katastrophal aus: »Die US-Streitkräfte und ihre Verbündeten haben unzählige unschuldiger Afghanen direkt oder indirekt getötet.« Zehntausende afghanischer

Mitbürger seien aufgrund der Intervention westlicher Truppen »zu Behinderten, Witwen oder Waisen geworden«. Und sie schließt mit einer klaren Bewertung der Machtpolitik in West *und* Ost: »Leider haben die Großmächte Afghanistan immer nur für ihre eigenen politischen Interessen besetzt.« Somit sei »der Wesenskern aller imperialistischen Regime gleich. Hier erkenne ich keinen Unterschied zwischen einer sowjetischen Invasion und einer US-amerikanischen Invasion.« Ganz im Gegenteil: »Sie weisen so viele Gemeinsamkeiten auf.«

*

»Was würdest du hier im Ausland als Erfolg deines Engagements bezeichnen?«, frage ich sie. Wohlwissend um ihre Situation, die erst einmal Leben und Arbeiten im Untergrund bedeutet. Jeder öffentliche Auftritt, den sie wagt, ist bedrohlich. »Für euch in Europa mag das banal klingen, für uns in Afghanistan ist das eine echte Errungenschaft: Ich sensibilisiere die Menschen und kläre sie innerhalb und außerhalb meines Heimatlandes auf.«

Durch ihre Teilnahme an internationalen Konferenzen und durch die Verleihung zahlreicher Auszeichnungen habe sie belegen können: »Die USA verdrehen die Tatsachen bewusst.« Denn anders als vorgetäuscht, habe die US-Regierung während ihres Kriegseinsatzes am Hindukusch »mit radikalen Fundamentalisten zusammengearbeitet, indem sie ihnen eine demokratische Maske verpasste«. In diesem Sinne »hat sich die USA mit blutigen Händen über das Schicksal unseres Volkes gestellt«. Durch ihre öffentlichen Auftritte, durch ihre unverblümte Kritik an den Militärinterventionen, versuche sie jede Gelegenheit zu nutzen, »die Aggressoren zu entlarven, ihre Maske zu zerreißen, ihr wahres Wesen vor der ganzen Welt offenzulegen«.

Keine Frage, als Kritikerin »der terroristischen Fundamentalisten und ihrer imperialistischen Herren« weiß sie, dass ihr immer wieder Steine in den Weg gelegt werden. Bei geplanten Reisen in die USA für Vorträge an akademischen Orten »verweigerten mir die Behörden ein Einreisevisum«. Erst dank einer breiten Unterstützung aus der US-Gesellschaft und nach zahlreichen Protesten wurde die Zustimmung doch noch erteilt. Eher ein banales Beispiel für eine Aktivistin, die bei manch einer radikalen Organisation oder repressiven Regierung auf der Liste steht.

Was für eine standhafte Frau, die aller Gefährdungen zum Trotz versucht, »die Propagandamaschine der US-Regierung zu neutralisieren und deren Lügen über die Machtinteressen beim Afghanistaneinsatz zu entlarven«. Sie spreche von »Lügen, die« – so Malalai Joyas Kritik – »sowohl seitens der USA als auch seitens der NATO bis zum heutigen Tag wiederholt werden«.

Die Schreckensherrschaft der Taliban

Selbst erwachsene Afghaninnen und Afghanen können sich kaum mehr an eine Zeit erinnern ohne militärische Besatzung, ohne Beschuss und Bombardements, ohne großflächige Zerstörungen. Seit dem völlig überstürzten Abzug der USA unter Zurücklassung all ihrer Waffen leiden die Menschen akut unter der Tyrannei der Taliban, von Al-Qaida.

Erst kürzlich habe das US-Verteidigungsministerium eingestanden, »dass militärische Ausrüstung im Wert von sieben Milliarden US-Dollar in die Hände der Taliban gefallen ist«. Waffen, die einerseits in Afghanistan im Umlauf sind und andererseits teilweise in den Iran und nach Pakistan geschmuggelt worden seien. »Dort befinden sich US-Waffen jetzt in den Händen radikaler religiöser Gruppen.« Was schwerwiegende Folgen hat: »Diese Ausrüstung in den Händen von religiösen Fundamentalisten hält das Feuer der Unterdrückung demokratischer Kräfte, auch von liberal denkenden Frauen, am Brennen«, so ihre düstere Prognose.

»Willst du mir verraten, wie es den Frauen, den Menschen in deinem Heimatland heute geht?«, so meine Anschlussfrage. »Seit die Taliban die Macht wiedererlangt haben, sind wir Zeugen einer ganz grundsätzlichen Gewalt, die sie gegen unser Volk entfesselt haben.« Dazu gehören, laut Malalai, vorsätzliche und gezielte Tötungen von Aktivistinnen, Aktivisten und ethnischen Minderheiten, zeitweilige Hinrichtungen, Zwangsvertreibungen, brutale Unterdrückung von Frauendemonstrationen, Folter. Auch das Verschwinden vieler Journalisten nennt sie in diesem Zusammenhang.

Zum Kern meiner Frage sagt sie: »Um die Rechte der Frauen und ihrer Menschenrechte insgesamt ist es unter dem Taliban-Regime schlimmer bestellt denn je. Zu den Rechtsverletzungen gehören Folter, Schläge, Zwangsverheiratungen, Steinigungen.« Auch das tägliche Leben fände für Frauen nur in einem sehr eingeschränkten Rahmen statt. Sie leiden unter Musikverboten, dem Entzug grundlegender Lebensgewohnheiten, dem fehlenden Zugang zu Bildung und Beschäftigung, dürften Parks nicht aufsuchen und keinen Sportvereinen beitreten. Die Taliban hätten des Weiteren angeordnet, dass die Moderatorinnen des afghanischen Fernsehens ihr Gesicht während der Sendung verhüllen müssen.

»Und wie reagieren Frauen auf ihre Lage im Land?«, frage ich die Menschenrechtsaktivistin. Ihre Antwort bekräftigt die Notsituation: Vor Kurzem seien auf Anweisung der Taliban alle Friseursalons für Frauen geschlossen worden, wodurch Tausende von Frauen ihre Arbeit verloren hätten. »Die Frauen protestierten, aber leider wurden sie, wie bei früheren Demonstrationen, von den Taliban mundtot gemacht und inhaftiert«, so ihre ernüchternde Bilanz.

Ihr Gesamtresümee ist vernichtend: »Armut, Unsicherheit, Arbeitslosigkeit, Opiumhandel und Menschenrechtsverletzungen haben in Afghanistan ein noch nie dagewesenes Ausmaß erreicht.« Schätzungen zufolge würden derzeit mehr als 90 Prozent der afghanischen Bevölkerung unterhalb der Armutsgrenze leben. Mehr als die Hälfte der Bevölkerung sei vom Hungertod bedroht.

Sie zögert, überlegt. »Noch etwas?«, hake ich nach. »Es bricht einem das Herz, wenn man sieht, dass einige Familien gezwungen sind, ihre geliebten Kinder oder ihre eigenen Organe zu verkaufen. In ihrer Ausweglosigkeit extremer Armut begehen viele Selbstmord.«

Ich ertappe mich dabei, dass ich ihrem Blick ausweiche. »Sie haben unser geliebtes Land in eine brennende Hölle des Terrorismus verwandelt.«

Bildung als Schlüssel zur Befreiung

Malalai Joyas bedrückende Analysen passen nicht zusammen mit unserem Treffen in einem schönen Ambiente. Mit den Spaziergängern an der Strandpromenade, mit unserem Abendessen. Dabei müsste ich doch damit umgehen können. Ich weiß nicht erst seit heute, dass sie Menschen vor Ort kennt oder kannte. Gesteinigte, Hungernde, Organspenderinnen und -spender, selbst von der Ausweglosigkeit in den Tod getriebene Selbstmörder.

»Bitte verrate mir, wie sieht deine Vision eines friedlicheren, gerechteren, frauenfreundlichen Afghanistans aus?«, will ich wissen. »Möglich wäre so vieles, wenn eine wirklich demokratische Regierung mit Menschen aus Afghanistan eingesetzt werden würde«, so ihr Blick in die richtige Richtung. Um dieses Ziel zu erreichen, müssten die Menschen ihr Schicksal selbst in die Hand nehmen. »Wenn wir uns um Infrastrukturprojekte kümmern, dann wird neue Arbeit durch Ressourcen im Land geschaffen. Die inländische Produktion könnte durch den Bau neuer Fabriken gesteigert werden.« Das wären erste Schritte in eine lebenswertere Zukunft Afghanistans.

Zentral aber sei die Bildungsfrage, die ihr bereits seit vielen Jahren ein Herzensanliegen ist. »Mit Hilfe in- und ausländischer Freunde und vielen weiteren Anhängern unterstützte ich Bildungsprojekte vor Ort«, sagt sie über die Zeit, als sie sich noch in Afghanistan aufhielt. Diese Angebote brachten sie vor allen in die Dörfer hinein,

»damit die Mädchen und Frauen mit der Waffe des Wissens und des Bewusstseins ausgestattet sind«.

*

Bis heute sieht Malalai den erfolgversprechendsten Schlüssel für eine hellere Zukunft Afghanistans »in der Bildung des Volkes, insbesondere der Frauen und Mädchen«. Fortschrittliche Bildung führe zu einem Bewusstsein der Anerkennung der Rechte aller, der Gleichberechtigung von Männern und Frauen, so ihre Erkenntnis. »Noch aber ist die Hälfte der Bevölkerung wie ein schlafender Löwe«. Mädchen seien zurzeit vom Besuch weiterführender Schulen ausgeschlossen, Frauen sowieso.

»Wir leben im 21. Jahrhundert, dem Zeitalter der Technologie.« Jetzt sollten endlich Anstrengungen unternommen werden, um die Bildung an die Bedingungen der heutigen Zeit anzupassen, damit Frauen auf eigenen Füßen stehen können. »Wenn wir bewusst für unsere Interessen kämpfen, dann gewinnen wir Mut. Dann verzweifeln wir nicht. Dann geben wir selbst in diesen schwierigen Situationen nicht auf.«

In diesem Sinne setzt Malalai Joya auf Projekte, mit denen sie Interessierte im ganzen Land bilden und damit stark machen möchte. Hilfreich sei, die Menschen vor Ort mit unabhängigen und freiheitsliebenden Organisationen und Institutionen aus dem Ausland in Verbindung zu bringen.

In dieser Notsituation »brauchen wir alle Arten von geistiger und materieller Unterstützung – vor allem von Institutionen und Organisationen und von Persönlichkeiten, die sich für die Bildung aller Afghanen einsetzen«. Sie hoffe von ganzem Herzen auf die internationale Solidarität.

»Wie aber kann den Mädchen, den Frauen geholfen werden, damit ihnen möglichst bald die Tür zu einer freien schulischen und universitären Bildung geöffnet wird?«, frage ich. Das Effektivste, das sie im Ausland im Namen aller Afghaninnen machen könne, sei, ihre

Stimme laut zu erheben und niemals klein beizugeben. Dabei nutze sie die Möglichkeiten moderner Medien, vor allem von Social Media, wohlwissend um die Konsequenzen für ihre eigene Sicherheit. Mit einer Reihe interner Aktivisten und Mitglieder ihres Komitees stehe sie in permanentem Kontakt.

Eine wichtige Erfahrung sei: Wenn man sich unter das Volk begibt und zu seiner Stimme wird, dann schöpfen die Menschen Hoffnung und unterstützen ihrerseits mit aller Kraft die so wichtige Forderung nach einer Schulbildung für alle. »Lassen wir nicht länger zu, dass unser Leben dem Spiel der Mächtigen in unserem Land unterworfen wird.«

Sie versuche, die jungen Menschen, insbesondere Mädchen und Frauen, zu ermutigen, ihnen Perspektive und Motivation zu geben. Die jetzige schwierige Situation sei nur vorübergehend. »Es lohnt sich, für ein besseres Morgen in Afghanistan aktiv einzutreten.«

Was ihr Mut macht: »Ja, wir haben ein berühmtes Sprichwort: ›Wo es Unterdrückung gibt, gibt es auch Widerstand.‹« Der Widerstand halte bis heute an und gebe ihnen allen Hoffnung und Inspiration. »Selbst unter den Bedingungen, unter denen die terroristischen und frauenfeindlichen Taliban unserem Volk von ihren westlichen Herren erneut aufgezwungen wurden, haben unsere tapferen Frauen nicht geschwiegen.«

Mit einem Mal spricht wieder die kraftvolle Malalai Joya, deren Einfluss selbst Taliban fürchten. »Sie haben mutig protestiert, Gefängnis und Folter ertragen – aber sie haben nie aufgegeben.« Dies könne »ein deutliches Beispiel für Mut, Widerstand und Hoffnung unter solch dunklen und erdrückenden Bedingungen sein«. Die Tatsache, dass junge Mädchen die Hoffnung nicht aufgeben und trotz der Sicherheitsrisiken versuchen würden, »ihre Ausbildung in Untergrundkursen fortzusetzen, gibt uns Kraft und ist ein Beispiel für Widerstandsfähigkeit und Tapferkeit«.

Und da ist noch ein Potenzial, das sich ausschöpfen lässt: die Unterstützung seitens angesehener Persönlichkeiten in ihrer Heimat. »Ich wünsche mir, dass die Intellektuellen meines Landes ihre Stimme erheben und lautstark rufen: ›Schaut den Ereignissen und Tragödien nicht länger zu! Wehrt euch! Wir alle sollten die Stimme der unterdrückten Frauen, der Mädchen sein.‹«

Malalais Begründung, warum sich die Menschen in ihrem Land mit aller Kraft für eine unabhängige schulische und universitäre Bildung einsetzen sollen, überzeugt: »Bildung ist der Schlüssel zur Befreiung.«

Die Vision: Wenn wir die Samen säen

»Was ist dein aktuelles Projekt, um vom Ausland aus politisch Einfluss zu nehmen?«, frage ich sie. Wohlwissend, dass ihre Antwort bis zu einem gewissen Grad vage bleiben muss, da sie zumeist im Untergrund agiert.

»Ich übe zurzeit keine Vertretung oder Mitgliedschaft in einer politischen Organisation aus«, sagt Malalai. »Aber ich habe mit Freundinnen und Freunden ein Komitee gegründet, in dem junge Menschen, die sich aus freien Stücken dazu entschlossen haben, mit mir zusammenarbeiten, soweit das eben möglich ist.«

Das Komitee unterstütze ihren langjährigen Kampf und das dauerhafte Erheben ihrer aller Stimmen. Wie die mutige Teilnahme von Frauen an Demonstrationen. Oder den öffentlichen Protest von Mädchen, die sexualisierter Gewalt ausgesetzt sind. Ihr Wunsch: Menschen müssten »bei aller Gefährdung lautstark ihre Meinung kundtun können«. Jeder müsse »die Wahrheit sagen dürfen über das, was wirklich in Afghanistan passiert – und was sich ändern muss«.

Der Erfolg gibt ihr recht: »Solche Bemühungen haben einen großen Einfluss auf junge Menschen, die bereit sind, aktiv zu werden und ein gewisses Risiko auf sich zu nehmen.« Dabei freut sich die 45-Jährige über die vielen aufbauenden Rückmeldungen, die sie in dieser Zeit erreichen.

»Ich höre immer wieder, dass sie mich als Heldin bezeichnen. Und dass sie mich mutig und furchtlos nennen.« Im Gegenzug hat Malalai oft betont, dass sie ohne ihre Unterstützung nichts wäre in einer Gesellschaft, die nicht frei ist. Im Komitee kooperiere sie außerdem ideologisch unabhängig mit einer Reihe sachkundiger Leute. »Diese Art des politischen Kampfes führe ich innerhalb und außerhalb meines Heimatlandes.«

Was sie besonders freut: »Neben der mehrheitlichen Solidarität unseres unterdrückten Volkes weiß ich auch die intellektuelle Klasse hinter mir.« Intellektuelle hätten bei ihrem schwierigen und gefährlichen Kampf jederzeit zu ihr gestanden. Noch ist offen, was Malalai mit ihren zahlreichen Mitstreiterinnen erreichen kann. Keine Frage, nicht nur Heike und ich wünschen ihr für ihre Zukunft von Herzen viel Erfolg.

*

Als wir uns später am Abend auf den Rückweg machen, schweift mein Blick auf zwei etwas entfernt anliegende Luxusjachten. Prunkstücke, wie sie sich nur die Reichsten der Reichen leisten können.

In diesem Moment wird mir einmal mehr bewusst, wie weit die Schere zwischen Reich und Arm in unserer Welt auseinanderklafft. Auf der einen Seite die Millionäre und Milliardäre, die gerade in Zeiten der Kriege ihren Reichtum dank der Kurssteigerungen ihrer Aktien und die Wertsteigerung ihrer Immobilien massiv mehren.

Auf der anderen Seite fast eine Milliarde Menschen, die nicht wirklich wissen, wo sie auch morgen zwei Dollar zum Überleben ihrer Familie herbekommen sollen. Und ein Afghanistan, in dem die allermeisten Menschen Hunger leiden, in dem die Bedürftigsten ihre Organe verkaufen müssen, um überleben zu können.

Zum Glück reißt mich Malalai aus meinen Gedanken. »Weißt du, was ich glaube?« Ich blicke sie fragend an. »Alle, die menschlich denken, müssen sich bewegen, müssen für die Rechte der Unterdrückten kämpfen. Ich wünsche mir dauerhaft Frieden und echte Freiheit in meinem Land. Gleichberechtigung der Geschlechter, Wohlstand für alle.« Damit das gelinge, müsse man sich zusammenschließen.

Geradezu poetisch formuliert die eher klein gewachsene Frau mit dem riesengroßen Herzen: »Wenn wir die Samen säen, dann werden wir die Früchte in der Zukunft für künftige Generationen ernten. Und wenn wir heute noch zu wenige sind, wird die Mehrheit der Menschen in der Zukunft mit uns übereinstimmen.«

Wie gut, denke ich mir, dass weder die Machthaber in Kabul noch die Machtmenschen in Washington den Widerstand solch mutiger Frauen wie Malalai Joya brechen können. Ich schaue sie an und im Geiste zu ihr herauf: Wie selbstbewusst, wie tapfer, wie wortgewaltig sie doch ist – diese aufrechte Frauenrechtlerin aus Afghanistan.

***

Weitere Informationen:

- Kontakt: help-afghanistan@gmx.de
- Gesellschaft Kultur des Friedens, Tübingen, www.kulturdesfriedens.de

***

KAPITEL 18

Rotem Levin und Osama Eliwat. Kämpfer für Frieden zwischen Israelis und Palästinensern

Zwei ganz besondere Männer sitzen uns an diesem Mittwochmorgen Anfang 2024 im Besprechungsraum des Freiburger RüstungsInformationsBüros gegenüber. Dankenswerterweise unterstützt mich mein Freund und RIB-Büroleiter Stephan Möhrle bei den Tonaufnahmen des Interviews, er ist selbst sehr an der Thematik interessiert.

Einer der beiden Männer ist ein Jude aus Israel, der andere ein Muslim aus Palästina. Alle beide wissen um die Vertreibungen, die Bombardements, den Krieg auf der Straße, den gnadenlosen Häuserkampf, die unzähligen Opfer.

Rotem Levin hat drei Jahre bei den IDF, den Israel Defence Forces, gedient. Das »Einschwören« auf den künftigen Wehrdienst beginne bereits im ersten Grundschuljahr, und zwar am nationalen Gedenktag. Bei den dann stattfindenden Zeremonien gehe es um das Gedenken an die israelischen Juden, die seit 1948 getötet wurden, entweder als Soldaten oder als Zivilisten. »Dann kommen die Soldaten der Armee zu uns in die Schule. Prototypen von Helden«, erklärt Rotem. Als Kind sehe man sie »als Respektspersonen der Armee mit der beeindruckenden Waffe direkt vor sich«.

Der Israeli diente bis 2011 in einer Kampf-Eliteeinheit. Eines Nachts wurde sein Team in ein Dorf südlich von Bethlehem gebracht. »Ich warf dort eine Blendgranate ohne jeden Grund, nur um die örtliche palästinensische Gemeinde zu terrorisieren«, wie er eingesteht. »Wir waren nicht in unmittelbarer Gefahr. Die Straßen waren leer.« Lange konnte er den gewaltigen Knall nicht vergessen. »Die Dorfbewohner waren wahrscheinlich völlig eingeschüchtert von den Schallgranaten, die wir ebenso in ihre Höfe geworfen hatten, als wir mitten in der Nacht vorrückten.«

Osama Eliwat hat dagegen als 16-Jähriger auf Seiten der Palästinenser gekämpft. »Nicht wirklich als Soldat, vielmehr als aufgebrachter Jugendlicher«, sagt Osama. Damals hisste er eine palästinensische Flagge in der Nachbarschaft. Er wurde zur Strafe von israelischen Sicherheitskräften gefangen genommen und inhaftiert.

»Wenn man ins Gefängnis gesperrt wird, muss man sich spätestens dort für eine der Organisationen entscheiden.« Die israelischen Gefängnisse seien der Ort, »an dem wir gelernt haben, wo man sich politisch engagieren kann«. In der Folge ist er der PLO, der Palästinensischen Befreiungsorganisation, beigetreten.

Er habe sich das nicht ausgesucht, Teil des Widerstands zu sein. Empfindet vielmehr, er sei dazu indirekt dazu gezwungen worden. »Ich habe in einem Umfeld gelebt, in dem Soldaten, Waffen und Gewalt Teil meines Lebens gewesen sind.«

Zu der Zeit war er noch ein junger Mensch, »der den Soldaten auslöschen wollte, der ihn auslöschen wollte«. Und er fügt hinzu: »Indem er meinen Vater, meinen Lehrer, meine Freunde schlug und meine Schwester aufs Übelste malträtierte.«

Erlebnisse wie diese veranlassten ihn zu mehr als zum stillen Protest. Letztlich gehörte Osama zu denen, die unter Lebensgefahr Steine auf israelische Militärjeeps warfen. »Um meine Wut und Verzweiflung an ihnen auszulassen.«

*

Mit diesen Fakten konfrontiert, versuche ich mir die Kindheit der beiden vorzustellen. Wie es dazu kam, dass sie letztlich mit Steinen und Blendgranaten aufeinander losgingen? Wie würdest du deine ersten Lebensjahre beschreiben, Osama?

»Meine Kindheit war nicht einfach, voller Ängste und Traumata«, erinnert sich der Muslim aus Jericho. Es gab keine Sommerlager und keine Schwimmbäder. Stattdessen erlebte er die erste Intifada, den gewalttätigen politisch organisierten Protest von Palästinensern gegen das Militär Israels.

Osamas Familie stammte ursprünglich aus Jerusalem, wurde von dort vertrieben. »In Jericho bin ich mit israelischen Soldaten aufgewachsen, die jeden Tag auf unseren Straßen Tränengas eingesetzt haben«, so seine Erinnerung an das, was man Kindheit nennt.

»Ich musste mich den Soldaten gegenüber jederzeit höflich verhalten, ansonsten konnte ich erschossen werden.« Doch was ihn prägt, ist mehr als das Militär. »Es ist unsere kollektive Bestrafung. Das ist eine meiner bleibenden Ängste.« Nein, all das was er erlebt habe, sei »keine glückliche Kinderzeit« gewesen. Sein Vorwurf: »Meine Kindheit wurde mir gestohlen, auf eine äußerst gewalttätige Weise.«

»Ich befürchte, auch deine Schulzeit verlief nicht sorgenfrei, Osama?«, taste ich mich vorsichtig an seine Lebenswelt als Schüler heran. Ich merke, wie schwer es dem Palästinenser fällt, frei und unbeschwert zu sprechen. »Ich besuchte die Oberschule in Jericho. Auf Befehl war sie die meiste Zeit des Jahres geschlossen.«

Dennoch schaffte er den Sprung auf die Hochschule, ganz in der Nähe von Jerusalem. Allerdings gibt es »mittlerweile eine große Mauer zwischen der Stadt und der Universität«.

Ganz anders verlief Rotems Kindheit. »Ich wurde in einem kleinen Dorf geboren, was toll war.« Die meisten seiner Freunde kamen von dort. Als Dorfjunge trainierte er gerne Basketball, vergnügte sich auch mit anderen Spielen. Später besuchte er eine Regionalschule, wo sich Kinder aus mehreren Dörfern zusammenfanden. Allesamt jüdischen Glaubens, vor allem aschkenasische und mizrachische Juden. Der kleine Rotem war ein guter Schüler, mochte Physik und

Mathematik, auch Englisch. Später lernte er am Computer. Was er für seine Bildung benötigte, war vorhanden.

Daheim waren sie eine ganz normale Familie. Mutter, Vater, drei Buben. Rotems Zwillingsbruder und sein jüngerer Bruder. Sein Umfeld nahm massiv Einfluss. »Alle Lehrer, alle Familienangehörigen, alle Leute sagten uns immer das Gleiche: Die Armee ist heilig. Die Armee ist der wichtigste Teil unserer Gesellschaft.«

Als 17-Jähriger reiste er, wie so viele israelische Juden, nach Polen. Um dort die früheren Konzentrationslager, die vormaligen Todeslager der Nazis zu besichtigen. »Das waren sehr nationalistisch geprägte Reisen«, so seine Erinnerung. »Danach erwarten sie, dass du im nächsten Jahr zu den Streitkräften gehst. Wenn du dich weigerst, wird das neben einer mehrmonatigen Inhaftierung auch soziale Konsequenzen nach sich ziehen. Du wirst der Verräter sein!«

Was dann passierte, hatte auch viel mit Psychologie zu tun. »Sie sagen dir, das Szenario der NS-Zeit könne sich jederzeit wiederholen. Automatisch stellst du die Verbindung zwischen den Nazis und den Palästinensern her«, erklärt Rotem. »Also muss ich mein Volk verteidigen.« Das Ergebnis dieses Prozesses liegt auf der Hand: »Ich kenne niemanden, der sich geweigert hätte, in der Armee zu dienen.«

Rotem hatte Glück, er diente ab 2009 zu einer vergleichsweise ruhigen Zeit. Wurde nicht in Auseinandersetzungen im Gazastreifen verwickelt. Dennoch hinterließ der Militärdienst seine Spuren. In dieser Lebensphase hatte er das Gefühl, dass sein Denken ausgeschaltet war. »Es ging nur darum, Befehle so schnell und so genau wie möglich zu befolgen. Und bloß keine Fragen zu stellen.«

Nein, Palästinenser kannte er nicht wirklich. »Ich hörte von ihnen, aber sie waren unbedeutend für mich.« Der einzige Kontakt, den er hatte, bestand zu einer Frau, die Reinigungsarbeiten im Haus seiner Eltern ausübte. Und zu einem Mann, der das Auto seines Vaters reparierte. Erst mit der zweiten Intifada hörte er von Busexplosionen und anderen Anschlägen. »Wenn ich einen Bus nahm, dann hatte ich Angst.« Erlebnisse, mit denen er dank seines Medizinstudiums und seiner Ausbildung zum Arzt zumindest leben lernte.

*

Würde es nach ihrer Herkunft, ihrer Sozialisation, ihrer Zugehörigkeit zum Militär oder dem Widerstand gehen, dann müssten sich Rotem und Osama spinnefeind sein. Müssten dem anderen gegenüber aggressiv gestimmt sein, ihn bedrohen, ihm womöglich Gewaltsames antun. Das Gegenteil ist der Fall.

»Wir wurden beide in Unwissenheit über die andere Seite geboren.« Da habe jeweils völlige Ignoranz geherrscht. Osamas Erklärung für ihren so erfreulichen Gesinnungswandel: »Ich denke, dass wir beide uns auf eine ähnliche Reise begeben haben.« Eine Reise ins Reich des Kennenlernens, des Verstehens, der Empathie. Inzwischen hätten sie beide das Schicksal der anderen Seite auf vielfältige Weise erfahren. »Zuerst als Widerständler gegen die politischen Bestien in Uniform, inzwischen als Aktivist für den Frieden.«

Wie gut, dass sie beide diesen Schritt nach vorne gewagt haben. Dass sie die Sprache des anderen gelernt haben und Freunde geworden sind, sagt der Muslim Osama Eliwat über den Juden Rotem Levin.

Auch Rotem zeigt sich sehr zufrieden mit dem, was er bisher erreicht hat. »Ich habe es geschafft, aus der Blase herauszukommen, in der ich gefangen war.« Damit habe er »das kollektive Trauma überwinden« können. Und es gelang ihm, sich von den Indoktrinationen des israelischen Militärs zu lösen, die die Kinder bereits in der Schule in die vorgegebene Richtung lenke.

Mit dem Erwachsenwerden sei es ihm gelungen, auch Menschen der anderen Seite »näher kennenzulernen, Vertrauen aufzubauen, Freundschaften zu schließen«. Ein einfacher Weg sei das nicht gewesen. Wenn er mit seinen eigenen Leuten spreche, falle ihm immer mehr eines auf: »Wie einzigartig und besonders meine jetzige Reise ist.« Dafür sei er »sehr dankbar«, sagt der Israeli.

Ein zentrales Ergebnis seines erfolgreichen Weges ist sein besonderes Verhältnis zu Osama. »Ja, wir sind gemeinsame Friedensaktivisten. Wir sind Freunde. Wir sind Brüder«, sagt der Jude Rotem Levin über den Muslim Osama Eliwat.

Ihre Vortragstour hat die beiden in den vergangenen zwei Jahren durch mehrere Staaten Europas geführt. Durch Österreich, Schweden, Belgien, vielfach Deutschland – wo sie 2023 und 2024 zahlreiche Auftritte hatten. Überall erzählen sie von ihrem mutigen Weg der Völkerverständigung.

Ich frage mich: Wie kann das sein? Wie können aus verbitterten Feinden Freunde fürs Leben werden? Wie kann dieser abgrundtiefe Hass überwunden werden, der sich von Krieg zu Krieg immer tiefer in die Seelen der Menschen im Nahen Osten eingräbt? Und wie könnte der Weg zu einer Lösung der scheinbar nimmer enden wollenden Konflikte zwischen Israelis und Palästinensern aussehen?

Rotem und Osama suchen auf ihrer Reise gemeinsam nach Antworten. Die sie bei den »Combatants for Peace« gefunden haben.

Wofür sich die Kämpfer für den Frieden einsetzen

Rotems Wandlung vom gewaltbereiten Soldaten zum überzeugten Pazifisten passierte erst nach Beendigung seines dreijährigen Wehrdienstes. Bei einem Deutschlandaufenthalt traf er Bewohner aus dem Westjordanland. Sie brachten ihm das palästinensische Narrativ nahe, sprich ihre Sicht der geschichtsträchtigen Geschehnisse: von der Gründung des Staates Israel 1948, von der militärischen Besetzung des Landes der Palästinenser, von deren Vertreibung aus ihrer Heimat.

Der Jude Rotem begann Bücher zu lesen, sich weiterzubilden. Hatte er zuvor seinen militärischen Pflichtdienst absolviert, so weigerte er sich jetzt, als Reservesoldat aktiv zu werden. Mehrfach wurde er von Behörden dazu aufgefordert, lehnte jedoch standhaft ab.

Rotem ging erst in die Wüste, ehe er für mehrere Monate um die Welt reiste. Nach Europa, nach Indien, an andere Orte. Zurück in seiner Heimat, wandte er sich den »Combatants for Peace«, kurz CfP, zu.

»Was hat dich von den Kämpfern für den Frieden überzeugt?«, frage ich ihn. »Das ist eine Organisation, die von Israelis und Palästinensern aus dem Westjordanland gemeinsam geführt wird. Sie ist sehr einzigartig.« Die CfP wurden 2006 als Basisbewegung gegründet. Hier arbeiten Israelis und Palästinenser mit dem Ziel zusammen, die Besatzung zu beenden. Um damit Frieden, Gleichheit und Freiheit in ihr Heimatland zu bringen.

Von Anfang an sahen sie sich der gemeinsamen Gewaltlosigkeit verpflichtet. Ihre Methoden waren und sind die grenzüberschreitende Bildung, die kreativen Formen des Aktivismus, der zivile Widerstand. Ihr Ziel ist, Unterdrückungssysteme zu transformieren und von Grund auf eine freie und friedliche Zukunft zu gestalten. Ihre gemeinsame Vision lebt von der Hoffnung auf »eine Zukunft, in der alle Menschen in Frieden, Würde, Gerechtigkeit und Freiheit leben«. Dabei sind die CfP die einzige Bewegung im Land, die von vormaligen Kämpfern auf beiden Seiten eines tobenden Konflikts gegründet wurde.[99]

Osama Eliwat hat den Weg zu den Friedenskämpfern über die kleine, vormals von ihm gegründete Gruppe »Visit Palestine« gefunden. »Kompetenz wird der Beginn meiner Transformation sein.« Gerne will er Israelis und Palästinenser zusammenbringen. Der israelischen Seite möchte er mitteilen, »was das Leben unter der Besatzung für ihn und seine Mitmenschen bedeutet«. Konkret aufgezeigt an den Beispielen der einseitigen Verteilung des Wassers und des Landes. Für sie alle gelte gleichermaßen: »Gewalt ist nicht der richtige Weg, es gibt keine militärische Lösung für unseren Konflikt.«

Dabei bringen ihm die CfP, deren palästinensisches Vorstandsmitglied er ist, richtig viel. »Weil die Menschen bereit sind, füreinander einzustehen« – und nicht nur für sich selbst. »Die ›Combatants for Peace‹ sind unser Zufluchtsort, wenn wir uns enttäuscht oder gebrochen fühlen.« Und sie sind ein Ort, »an dem wir Palästinenser und Israelis unsere Verantwortung gleichermaßen teilen«. In diesem Sinne seien sie ein Beispiel für Gerechtigkeit und Gleichheit.

Bei ihren Zusammenkünften sprechen die CfP-Mitglieder »über ihr Sein, ihre Vorstellungen, statt über das Kämpfen«. Was so selbstverständlich klingt, ist schlichtweg revolutionär in einer Gegend der Welt, in der ansonsten festgefahrene Feindbilder gepflegt und gnadenlose militärische Konfrontationen gesucht werden. Hier sitzen Menschen jeden Alters, reden miteinander. »Gute Menschen, die einst Angst voreinander hatten.« Jetzt umarmen sie sich, teilen ihre Ängste, finden ihr Lachen wieder. Die CfP »geben mir immer wieder Hoffnung«, sagt Osama, »besonders wenn wir unsere gemeinsamen Grundstücke nutzen in den Baugemeinschaften des Jordantals«.

Das größte Vergnügen in dieser Zeit bereitet Osama, wenn »vor meinen Augen israelische und palästinensische Kinder voller Freude miteinander spielen«. Wenn er ihr Lächeln sehe und »das Glück der Kinder miterlebe. Dann feiern wir dieses kleine Schwingen, das für mich ein so großer Erfolg ist.«

Um Osamas Worte mitempfinden zu können, muss man sich bewusst machen, dass just in diesem Moment ein mit aller Härte ausgefochtener Krieg tobt. Beim mörderischen Angriff der Hamas vom 7. Oktober 2023 haben auf israelischer Seite 1139 Menschen ihr Leben verloren,[100] 5400 Menschen wurden verletzt, 240 Geißeln entführt. Daraufhin hat die israelische Armee die vollständige militärische Vernichtung der Terrororganisationen zum Ziel erhoben.

Sie bombardiert nicht nur militärische Strukturen des Feindes, sondern auch Wohn- und Krankenhäuser sowie Schulen und weitere zivile Einrichtungen. Tagtäglich sterben viele Menschen. Bis Juni 2024 sind mehr als 35 000 Palästinenserinnen und Palästinenser ermordet, mehr als 82 000 verletzt worden – die meisten von ihnen Frauen und Kinder.[101]

Die beiden Friedenskämpfer rufen möglichst oft in ihrer Heimat an, um zu erfahren, wie es ihren Familien geht. Osama spricht täglich mit seiner Tochter, seinem Sohn. »Wir teilen unsere Sorgen und Ängste und auch unsere Hoffnung miteinander.«

*

Natürlich will ich auch von Rotem Levin wissen, was ihn dazu bewegt hat, sich den CfP anzuschließen. »Weil das eine Organisation ist, die von Israelis und Palästinensern aus dem Westjordanland gemeinsam geführt wird. Sie ist absolut einzigartig.« Natürlich seien die Combatants nicht ausschließlich auf der Westbank tätig. Aber der Kern der palästinensischen Führung sei dort ansässig, erklärt mir Rotem.

Das Problem: »Wir sprechen nicht dieselbe Sprache.« Und in derart kriegerischen Zeiten sei es »eine große Herausforderung, einfach so weiterzumachen«. Dass das trotz der extrem widrigen Umstände klappt, empfindet er als »irgendwie erstaunlich und etwas ganz Besonderes. Ja, das gibt mir große Hoffnung.«

Begonnen hatte alles an Yom Hazikaron. An diesem Memorial Day gedenken Israelis üblicherweise Ende April oder Anfang Mai eines jeden Jahres ihrer gefallenen Soldaten und ihrer Opfer von Terrorismus. Als die Feiern immer größer und größer wurden, »beschlossen wir von den ›Combatants for Peace‹, eine weitere Gedenkzeremonie auszurichten«. Tags darauf feiern sie nunmehr gemeinsam eine Zeremonie, bei der auch der Palästinenserinnen und Palästinenser gedacht wird, die ihr Leben bei den kriegerischen Auseinandersetzungen verloren haben.

»Es ist mir eine Ehre, die gemeinsame Veranstaltung des Joint Memorial Days zu koordinieren«, sagt Osama zufrieden. Mit dieser zweiten Feier wollte er »eine Symmetrie herstellen zwischen den Besatzern und denjenigen, die unter der Besatzung leben«. Sprich zwischen den bewaffneten Soldaten Israels und den Kämpfern für Palästina sowie den betroffenen Zivilisten. Als Koordinator dieser neuen, erweiterten Veranstaltung »traf ich Mütter und Väter und auch ganze Familien beider Seiten«. Was wichtig für sie ist, »denn an diesem Tag geht es um alle Menschen, die ihre Liebsten in diesem Konflikt verloren haben«. Seitdem er sie zusammenbringt, »können sie ihren Schmerz und ihre Tränen teilen. Mit ihren Umarmungen können sie ihre Liebe und ihr Mitgefühl miteinander teilen. Das ist es, was ich erleben will.«

Osamas Resümee: »Bei diesem gemeinsamen Volkstrauertag vereinen wir uns im Schmerz. Und wir versuchen, auch den Schmerz der anderen Seite zu spüren.«

Friedensfreunde unter Beschuss

Wenn man den beiden zuhört, wie sie ganz offen ihren Gefühlen freien Lauf lassen, wie sie ihre Gedanken von Gerechtigkeit entwickeln, engagiert von aktuellen Friedensprojekten erzählen, kann man viel von ihrer Motivation und der Kraft, die sie antreibt, nachempfinden.

Mehr noch, es entsteht der Eindruck, als würde ihnen die Abkehr von kriegerischen Konventionen, die Verständigung von vormals verfeindeten Völkern vergleichsweise leichtfallen. Dabei ist der Widerstand gewaltig gegen ihre Empathie für die Opfer der anderen Seite und für ihren Einsatz einer Welt ohne Waffen.

»Wer sind eure größten Gegner?«, frage ich Osama. »Das sind die Extremisten auf beiden Seiten. Diese Leute denken, sie hätten immer recht und alle anderen unrecht.« Von solchen Menschen gehe eine ganz große Gefahr aus. »Sie sind es, die uns angreifen, ohne zu wissen, was wir wirklich tun. Nur weil wir die Idee haben, dass es auch mit friedlichen Mitteln geht.«

Die Fronten seien leider völlig verhärtet, empfindet der Palästinenser. »Die Extremisten stehen entweder auf der israelischen oder auf der palästinensischen Seite.« Dabei hätten sie vergessen, »dass wir alle Menschen sind, dass unser aller Leben heilig ist«.

»Ist das auch in der Westbank so, dort wo du wohnst? Wir im Westen haben zumeist nur das Geschehen im Gazastreifen im Blick«, ergänze ich.

»Ich hoffe, ihr erfahrt auch etwas über meine Heimat.« In den Medien würde tatsächlich immerzu über die Lage in der Gazaregion und die Rolle der Hamas berichtet. »Das ist geradezu indoktrinativ. Denn das Westjordanland ist seit 55 Jahren besetzt.« Die Zahl der jüdischen Siedler sei von vormals 100 000 auf nunmehr rund 514 000 Siedler eklatant angewachsen. »Bei uns sind die Menschen nicht davon überzeugt, dass die Hamas das eigentliche Problem ist. Im Westjordanland gibt es so gut wie keine Hamas.« Stattdessen würde die Zahl der israelischen Siedlungen auf palästinensischem Boden ständig gesteigert werden. »Wo ist die Lösung?«, fragt Osama in unsere Runde.

So oft habe er europäische Diplomaten ins Jordantal mitgenommen. Das sei wie eine Fahrt durch die Hügel Südenglands. »Dann zeige ich ihnen, wie die Israelis immer mehr unserer Häuser zerstören. Wie sie immer neue illegale Siedlungen in meiner Heimat errichten. Wie sie unter Bruch von israelischem Recht und internationalem Recht palästinensische Menschen töten.«

Osamas Enttäuschung über die Politik der Besatzer, aber auch über die Ignoranz des Westens, sitzt tief. »Denn eure Diplomaten reden danach nicht darüber, was wir ihnen gezeigt haben. Obwohl sie definitiv wissen, was in der Westbank vor sich geht.« Es gäbe so viele aufschlussreiche Berichte, so viele Videobeweise, »aber sie schweigen. Aus Gründen ihrer Interessen«.

Rotem pflichtet seinem Freund voll und ganz bei. In erster Linie geht es jetzt darum, Leben zu retten. »Eine Lösung, die die Vertreibung oder Tötung von Menschen beinhaltet, kann keine Lösung sein.« Deshalb setzt er darauf, dass »es eine Alternative zu der systemischen Gewalt geben muss, die der israelische Staat den Palästinensern seit 1948 zufügt und die auch den palästinensischen Widerstand seit Jahrzehnten motiviert«.

Osama erklärt, dass seine Mitmenschen Israelis gegenüber mehr als skeptisch seien. Sie trauen irgendwelchen Behauptungen eines sogenannten Friedensprozesses nicht im Mindesten. »Weil uns Palästinensern seit der Unterzeichnung von Friedensverträgen unser Land Stück für Stück weggenommen wird. Und weil unsere Rechte permanent beschnitten werden.« Einst hätten sie akzeptiert, dass sie auf gerade mal 20 Prozent ihres früheren Landes in Frieden leben könnten. Manche Israelis »geben noch immer keine Ruhe. Jetzt signalisieren sie ihr Interesse an den verbliebenen 20 Prozent«, beklagt der muslimische Friedenskämpfer.

Osama erinnert an John F. Kennedys Aussage aus dem Jahr 1963. Man könne nicht mit jemandem verhandeln, der sage: Mein Teil gehört mir und was euch gehört, das ist verhandelbar. »Genau das aber passiert hier und heute in meinem Umfeld.«

*

»Und wie schätzt du die Situation in deinem Umfeld ein?«, frage ich den jüdischen Friedenskämpfer Rotem. »Sie haben fast alle ein Problem damit, dass ich denke, unsere Armee bringt keine Lösung«, macht er keinen Hehl aus seiner vertrackten Situation. Er werde mit Vorwürfen konfrontiert. »Bestenfalls halten sie mich für einen Naivling, manche nennen mich einen Verräter.«

Einige Bekannte in seinem Umkreis würden ihn akzeptieren, keinesfalls unterstützen. Mit den Anschlägen des 7. Oktober habe sich die Situation für Freunde des Friedens dramatisch verschärft. »Das wird ein langer Prozess werden, verloren gegangenes Vertrauen wieder aufzubauen. Auf beiden Seiten, auf allen Ebenen.« Dabei sieht er die Lösung »allein in einem Weg des friedlichen Co-Widerstands gegen das unterdrückerische System«.

Gerade jetzt sei das Vorgehen der israelischen Armee schädlich, sagt der Jude. »Denn durch die Bombardierungen und die neuerliche Tötung ganzer Familien schaffen sie nur noch mehr gewalttätige Kämpfer.«

Offen stellt sich Rotem gegen die Politik seiner Regierung, auch gegen das Denken in seinem Umfeld. »Diese Angriffe auf Gaza bewirken nur, dass immer mehr Betroffene auf Rache aus sind.« Auch lässt Rotem keine Zweifel über seine massive Kritik an den terroristischen Anschlägen der Hamas und ihrem Massaker an der Zivilbevölkerung mit weit mehr als tausend Toten aufkommen. Unter den von ihnen getöteten Menschen seien auch Friedensaktivistinnen und Friedensaktivisten gewesen. Auf Nachfrage nennt Rotem Vivian Silver. Die Friedensaktivistin sei am 7. Oktober im israelischen Be'eri östlich der Grenze zum Gaza-Streifen getötet worden.

»Überall ist Aggressivität, booooom!«, reagiert Rotem mit einer entsprechenden Geste. Der Israeli verweist darauf, dass harte verbale Attacken zumeist von Leuten kämen, die ihn nicht einmal kennen würden. Ganz anders Menschen, mit denen er persönlich in Kontakt steht. Sie seien sich dessen bewusst, was er tue.

»Und wie ist die Stimmung in deiner Familie?«, frage ich ihn sehr privat. Rotem erzählt frei von der Seele. »Ich suche das Gespräch mit meinen Eltern und mit Familienangehörigen.« Aber das werde zumeist ganz schnell ganz intensiv. »Ja, dann eskaliert die Situation ziemlich heftig.« Sein Vater erzählte ihm nach dem 7. Oktober, dass er darüber nachdenkt, sich eine Waffe zu besorgen, um die Familie zu schützen, falls jemand sie in ihrem Haus angreifen sollte. »Er ist sehr stolz auf das Militär«, sagt Rotem. Vor Kurzem wurde sein Zwillingsbruder zum Militärdienst einberufen, um einige Kibbuzim in der Umgebung des Gazastreifens vor Angriffen der Hamas zu schützen. Meine Brüder akzeptieren es, Teil des Gewaltapparats zu sein. Wenigstens würden sie ihn in Ruhe lassen, auch wenn sie nicht mit ihm übereinstimmen.

»Anders meine Friedensfreunde, die werden ins Gefängnis gesteckt«, weiß er um das Schicksal von Kriegsdienstverweigerern in Israel. Der Grund: »Sie haben es abgelehnt, mit 18 Jahren den Wehrdienst anzutreten.« Auch viele palästinensische Friedensaktivisten würden unter der Lage im Land leiden, ergänzt Osama. »Viele von uns werden von der Armee eingesperrt.« Israelischen Soldaten sei es nicht gestattet, Israelis zu verhaften. Deshalb könnten die IDF-Kämpfer auch keine der radikalen Siedler im Westjordanland in Haft nehmen. »Dagegen können sie Menschen wie mich bis zu drei Jahre lang ohne Anklage inhaftieren. Das nennen sie ›Verwaltungshaft‹.«

Besonders brenzlig wurde es bei ihren letzten beiden Demonstrationen im Jahr 2023. Damals sei es ihnen darum gegangen, auf die unsägliche Gewalt in Gaza aufmerksam zu machen. Daraufhin hätten israelische Sicherheitskräfte hart gegen die Friedensdemonstranten agiert. »Wir wurden von Soldaten und Polizisten geschlagen, manche von uns wurden gefangen genommen.« Dabei hatten sie lediglich mit mahnenden Friedensschildern beiderseits der Straße gestanden. Die israelischen Aktivistinnen und Aktivisten wurden umgehend wieder freigelassen, die palästinensischen säßen noch immer in Haft. Sie müssten jetzt vor Gericht gegen ihre Inhaftierung vorgehen.

Auch ihre humanitäre Hilfe für Menschen in Not wurde bestraft, erzählt Osama. Vier der Friedensbewegten seien festgenommen worden, weil sie Wasserkanister in ein kleines Dorf südlich von Hebron gebracht hatten. »Das ist doch kein Verbrechen! Das ist Nothilfe für die dort lebenden Menschen!«, beschwert sich Osama.

Aber es kam noch schlimmer. Plötzlich sei ein Krankenwagen der israelischen Armee vorgefahren. Als sich die Türen öffneten, seien Bewaffnete aus dem Sanitätsfahrzeug gestürmt. »Sie griffen uns an, verhafteten vier von uns.« Plötzlich setzten die Sicherheitskräfte ihre Waffen ein. »Sie haben einen 70-jährigen Friedensaktivisten erschossen, sein Sohn wurde verletzt.«

Osama bleibt erstaunlich ruhig, als er die todbringende Situation schildert. »Sie haben so viel Gewalt gegen uns angewandt.« Seine Einschätzung veranlasst ihn zur nüchternen Feststellung: »Wenn man Aktivist ist und Friedensaktionen durchführt, ist man vor der Gewalt der israelischen Soldaten niemals sicher.«

Sicher kann sich insgesamt kein Palästinenser fühlen, ergänzt Osama. Vor allem, seitdem Israels Verteidigungsminister Yoav Gallant im Herbst 2023 verkündet hatte: »Wir kämpfen gegen menschliche Tiere und handeln entsprechend.« Mit diesen Worten kommentierte er die komplette Abriegelung des Gaza-Streifens und den Lieferstopp von Lebensmitteln, Strom und Treibstoff dorthin.

»Wenn ich Menschen als Tiere bezeichne, dient das doch nur dazu, einem ein gutes Gefühl zu geben, wenn man Verbrechen begeht«, so Osama Eliwat. Die Angreifer würden »nicht zweimal darüber nachdenken, bevor sie uns wie ein Tier töten«.

*

Rotem zeigt viel Empathie für die betroffenen Menschen. »Wenn wir die Situation wirklich verstehen wollen, müssen wir die Gründe herausfinden, warum sich die Menschen für diese Gewalt in der Sprache, in der Politik entscheiden.« Dabei helfe die Analyse, was seit einem Dreivierteljahrhundert in Gaza geschieht.

Wenn man dann die richtigen Fragen stelle, würde man feststellen, dass mehr als die Hälfte der Palästinenser in Gaza seit 1948 Flüchtlinge seien. Sie lebten früher dort, wo heute Israel ist. Ihre Dörfer und Städte wurden während des »Unabhängigkeitskrieges« ethnisch gesäubert. Und dass es seit 75 Jahren eine Belagerung gebe. Bis heute kontrolliere Israel jeden Aspekt ihres Lebens: Strom, Wasser, Lebensmittel. Und alles, was exportiert und importiert werde. »Letztlich stecken sie zwei Millionen in ein offenes Gefängnis. Greifen sie alle zwei, drei Jahre mit Bomben an, was den Tod von Tausenden von Menschen zur Folge hat«, bilanziert er.

So die kritische Meinung des israelischen Juden Rotem Levin gegenüber den Entwicklungen und der Regierungspolitik im Land nach dem Zweiten Weltkrieg, vor allem nach Auslaufen des britischen Völkerrechtsmandat für Palästina im Mai 1948.

Ein kurzer Blick zurück: Aufgrund zunehmender Konflikte zwischen arabischen und verstärkt zuwandernden jüdischen Bewohnern hatten die Vereinten Nationen bereits 1947 einen Teilungsplan vorgelegt, der eine Zwei-Staaten-Lösung vorsah, den die arabische Seite allerdings ablehnte. Mit dem Ende des britischen Mandats erklärte Israel seine Unabhängigkeit, tags darauf griffen arabische Nachbarstaaten den neu gegründeten Staat an, der den Krieg für sich entschied und dabei zusätzliches Land eroberte. Diesem Krieg sollten viele weitere folgen – bis heute. Auf der anderen Seite kämpfen Palästinensergruppen, darunter auch die Terrororganisation

Hamas für einen eigenen Staat auf den von Israel besetzten Gebieten. Keine Frage. Der Konflikt zwischen Israelis und Palästinensern ist multilateral, historisch massiv verflochten – und nicht zuletzt auch von geo- und weltpolitischen Interessen mit gesteuert.

Rotems Vision: »Wir sollten der Gewalt entgegentreten, sollten den Menschen mit unserem Vorbild Hoffnung spenden«, schlägt der israelische Friedensaktivist vor. Von der Knesset in Jerusalem fordert er: Sie müsse die Verantwortung übernehmen. Müsse die Menschenrechte und Gleichberechtigung gewährleisten. Müsse mehr Möglichkeiten, mehr Chancen für diejenigen eröffnen, die unter ihrem Unterdrückungssystem leben.

*

Dem können wir alle in der Runde von ganzem Herzen nur zustimmen. Dennoch lasse ich nicht locker. »Aber ist die Realität nicht eine ganz andere? Ich gehe davon aus, dass Israels Rüstungskonzerne zu den vehementen Gegnern einer zivilen Lösung des Konflikts gehören«, werfe ich in die Runde. Wohlwissend, dass die israelische Rüstungsindustrie die achtgrößte weltweit ist. Und wohlwissend, dass die Kriegseinsätze der IDF auf palästinensischem Territorium als Testfeld neuer Waffensysteme dienen. Im Erfolgsfall können sie weltweit an über 60 Empfängerländer abgesetzt werden.

Rotem nutzt meinen harten Blick auf die Realität für einen Blick in die Zukunft. »Könnten wir uns mit unserer Friedenspolitik durchsetzen, dann würden Abertausende von Beschäftigten unserer Rüstungswirtschaft ihre Arbeitsplätze verlieren. Weil ein erheblicher Teil unserer Industrie vom Krieg und den Exporten profitiert«, kritisiert der israelische Friedensaktivist. »Sie haben die Motivation, alles so zu belassen, wie es ist.« Mit Nachdruck fordert er: »Soll es Frieden geben, dann muss sich das gesamte politische und wirtschaftliche System in Israel ändern. Und die Menschen müssen sich ändern.«

»Wie beurteilst du Deutschlands Waffenlieferungen an Israel?« Diese, so mein Hinweis, sind im Jahr 2023 gegenüber dem Vorjahr verzehnfacht worden. »Wenn man Menschen Waffen schickt, die tief traumatisiert und alle davon überzeugt sind, dass sie gegen ihren historischen Feind kämpfen, werden sie diese Waffen auch einsetzen – und die Situation wird eskalieren«, analysiert Rotem die Folgen der deutschen Rüstungstransfers. »Deutschland ist mitschuldig an dieser menschlichen Tragödie. Diese Politik Deutschlands ist einfach nur schrecklich.«

Mehr als 75 Jahre nach der Staatsgründung müsse der israelische Staat, müsse die israelische Gesellschaft zu einer neuen Lebensweise finden. »Erst dann besteht die Chance auf dauerhaften Frieden.«

Wie der Traum vom Frieden Wirklichkeit werden kann

Rotem Levins in die Zukunft gerichteten Gedanken aufgreifend, frage ich meine Interviewpartner: »Was können Menschen, die die Gewalt in Israel und Palästina ablehnen, unternehmen, angesichts all der schlimmen Geschehnisse?«

Der Friedenskämpfer gehört zu den Menschen, die allen widrigen Umständen zum Trotz an eine friedlichere, eine gerechtere Welt glauben. »Bei uns gibt es viele Initiativen, die aktiv für eine bessere Gemeinschaft beiderseits der trennenden Linien eintreten.« Handeln könne man auf der persönlichen Ebene. Etwa indem man eine Kultur des Miteinanders schaffe. Und indem man aktiv Widerstand leiste.

Wichtig sei auch die Aufklärung über die Situation der Menschen auf beiden Seiten. Dies könnten gemischte Schulen leisten, in denen israelische und palästinensische Kinder gemeinsam unterrichtet werden. Innerhalb Israels gebe es einzelne solcher gemischten Schulen. Noch viel zu wenige, was nicht so bleiben müsse.

Osama unterstützt Rotems positive Ansätze von Herzen und ergänzt sie mit konkreten Handlungsansätzen seinerseits. »Ich lade die

Menschen in Israel und Palästina ein.« Sie sollten nicht darauf warten, »dass unsere Führer irgendwann einmal eine politische Vereinbarung unterzeichnen, damit wir dem Frieden näher kommen«.

Jetzt sei die Zeit für gemeinsame Treffen. »Ich lade beide Seiten ein, Verantwortung zu übernehmen, für alle Menschen. Sich aktiv für Verständigung einzusetzen, der Gewalt abzuschwören.«

Osama sieht sich mit seinem Freund, seinem Bruder Rotem einig: »Die Gewaltlosigkeit ist ein mächtiges Werkzeug, das die Macht der Liebe über die Macht der Gewalt stellt.« Dies sei »der einzig gangbare Weg«.

Dem pflichtet Rotem gerne bei. »Eines Tages wird es Frieden geben, daran hege ich keine Zweifel.« Jetzt aber gelte es erst einmal, »einen neuerlichen Waffenstillstand auszuhandeln«. Auch wenn dies »im Widerspruch zum Mainstream in meinem Land steht«. Angesichts des Mordens im Gazastreifen gelte es, »der Gewalt ein Ende zu setzen, bevor es zu einem Völkermord kommt«.

Die internationale Gemeinschaft müsste Israelis und Palästinenser mit Druck gleichermaßen zwingen, »sich an Völkerrecht, Friedensabkommen und Menschenrechtsentscheidungen zu halten«, ergänzt Osama. Ohne Ausnahmen, ohne Eigeninteressen. Das Schweigen und die Ignoranz der Staatengemeinschaft müsse ein Ende finden.

*

»Und wie sieht dein Traum aus?«, frage ich den Friedensfreund aus Jericho. »Mein Traum ist, anstatt ausschließlich jüdische Siedlungen im Westjordanland zu bauen, zum ersten Mal eine gemeinsame Stadt für Israelis und Palästinenser inmitten meines Heimatlandes zu errichten.« Dort könnten sie alle miteinander leben, könnten dasselbe Land teilen. »Israels Siedler und wir schicken unsere Kinder in die gleichen Schulen. Und in die gleichen Sommerlager, wo sie die Sprache des jeweils anderen lernen.« Eine gemeinsame Stadt, in der jede und jeder die Kultur des anderen achten soll. Wo sie alle als Freunde und Nachbarn aufwachsen würden. Um seinen Traum zu verwirklichen, hofft Osama auf eine breite Unterstützung im Land und weit darüber hinaus.

Wie gut das funktionieren könne, zeige die Tatsache, wie gut sie beide miteinander leben, wie gut sie bei den »Combatants für Peace« untereinander auskämen. Das sei wahrlich nicht selbstverständlich, erinnert Osama an die Vergangenheit, die sie hinter sich gelassen haben: »Wir waren einmal zwei Menschen, die bereit waren, sich gegenseitig zu töten. Nunmehr teilen wir denselben Ort, denselben Raum und dieselbe Reise miteinander.« Osama weiß: »Wir haben es geschafft. Ich möchte all die Leute ermutigen, das auch zu versuchen.«

Ich brauche meine Frage erst gar zu wiederholen, Rotem legt sofort los. »Die Mauer muss weg. So wie bei der Berliner Mauer werden wir Stück für Stück von ihr abtragen.« Niemand sei frei, bis alle frei seien. Niemand sei sicher, bis alle Menschen in Sicherheit leben würden. »Wir müssen die Liebe zulassen. Die Liebe, die uns den Weg zeigen wird«, empfindet der israelische Freiheitskämpfer.

»Ich möchte die Menschen ermutigen, indem ich selbst Brücken baue und meinen Mitmenschen zeige, dass es eine Alternative zum System der Segregation gibt.« Er möchte die trennende Blase überwinden, möchte konstruktive solidarische Beziehungen zu Palästinensern aufbauen.

Rotem glaubt fest daran, »dass wir tatsächlich auf demselben Land zusammenleben können«. Dass es eine Alternative gebe zur Gewalt, dass Gewalt nicht der Weg sei. »Mir geht es um Mitgefühl, Verständnis, Anerkennung«, so die Vision des Arztes aus Israel für eine friedlichere und solidarischere Welt. Wenn man ihm zuhört, versteht man, warum Rotem so gerne in seinem Wohnbus, seinem Zuhause, meditiert und mit seiner Flöte musiziert.

*

Rotem freut sich sehr, dass die letzten drei Monate ihrer Rundreise durch Europa »ein so großer Erfolg« waren. Seine Zwischenbilanz ist rundum positiv. Schon jetzt hätten sie so viele Leute getroffen, mehr als 5000 Teilnehmer, die meisten von ihnen Studentinnen und Studenten. »Die Menschen sind wirklich berührt und bewegt«, was besonders wichtig sei in dieser Zeit der Gewalt und der Eskalation. »Ja, wir brauchen mehr Menschen, die mutig genug sind, die ihre Meinung sagen.« Angesichts der Lage müssten Alternativen gefunden werden. »Denn wir beide wollen gemeinsam träumen, und wir wollen unsere Träume Wirklichkeit werden lassen.«

Genau das haben sie gestern getan, das tun sie heute wieder. Bereits am gestrigen Abend, als wir die bewegende Filmvorführung »Disturbing the Peace« von Rotem und Osama im Freiburger Kommunalen Kino besucht haben, fiel mir die enge Verbundenheit der beiden auf. Heute bei unserer Zusammenkunft im Friedensbüro wieder. Die zwei ehemals verfeindeten Kämpfer sitzen eng nebeneinander, nehmen bei meinen Fragen jederzeit Blickkontakt auf. Sie nicken sich zu, wer zuerst antworten soll, gerne der andere.

Und legen zwischendurch immer wieder bestärkend die Hand auf die Schulter des Freundes. Somit gibt der Israeli dem Palästinenser und der Palästinenser dem Israeli ein Gefühl von Vertrauen. Allein schon ihr Umgang miteinander macht mir Mut, dass die Menschen in Israel und Palästina wieder zusammenfinden können.

***

Weitere Informationen:

- Combatants für Peace, https://cfpeace.org

***

KAPITEL 19

Till und Felix Neumann. Wie Zweierpasch Brücken baut zwischen früheren »Erbfeinden«

»Bonjour, chers amis, je vois que vous allez bien?«, freue ich mich die beiden wiederzusehen. »Nous allons très bien – nous espérons que toi aussi!«, antworten sie nicht minder erfreut.

Die Begrüßung ist die guter Bekannter, die sich viel zu selten sehen. Im Geiste aber befreundet sind, enge Verbündete im Engagement für eine andere Welt. Unsere Treffen finden leider viel zu selten statt – ein gemeinsamer Auftritt in der Ortenau, ein Konzert im E-Werk, ein Umarmen am Rande einer Demo für eine bunte Stadt. Und unsere heutige Zusammenkunft an einem sonnigen Tag im Hinterhof einer Szenekneipe. Das Wiedersehen ist wie jedes Mal von Herzlichkeit geprägt. Und so nehmen sich Felix und Till Neumann, mein Freund Stephan Möhrle und ich gerne die Zeit, gemeinsam über ihr besonderes Engagement zu sprechen.

Wie immer sind wir schnell mitten im Gespräch. Einem Gedankenaustausch, der nicht wie so viele andere, mit dem Sinnieren über die Klimakatastrophe, Kriege und Pandemien beginnt. Felix erklärt viel lieber, wie er und sein Zwillingsbruder Till mit ihrer Hip-Hop-Band Zweierpasch etwas bewegen wollen, wie sie die Welt verändern möchten. »Indem wir positive Weltmusik machen – kritisch und kreativ.« Und so fände sich »in den Songs irgendwie immer auch ein positiver Ansatz«.

»Bot diese Idee der kritisch-kreativen Musik überhaupt den Anlass zur Gründung von Zweierpasch?«, interessiere ich mich für die Ursprünge der Band. »Ja, so kann man das sagen«, meint Felix. »Unsere Band existiert schon seit 12 Jahren. Mit den ersten Schritten als Musiker merkst du, was dir wichtig ist. Step by step wirst du immer stärker und offener und erkennst, wie der richtige Weg aussieht.«

Sie hätten die Band Ende 2012 gegründet mit dem Ziel einer internationalen Ausrichtung. »Für uns, die wir im Grenzgebiet von Straßburg und Kehl und Freiburg aufgewachsen sind und bis heute da wohnen, sind das logischerweise Deutsch und Französisch als unsere gemeinsamen Sprachen«, ergänzt Till. »Die Messages unseres World-Hip-Hop sind Mehrsprachigkeit, Internationalität und Weltoffenheit.«

Die beiden Zwillingsbrüder verstehen sich als Ansprechpartner, auch als die Köpfe von Zweierpasch. Mit Stefan, Max, Michael und Cristian seien sie sechs Musiker. Dazu kämen die Subs, die Ersatzleute, die wie bei einer Fußballmannschaft einspringen, wenn einer ausfällt. Außerdem das Label, die Öffentlichkeitsarbeit, der Support für das Team, also eine ganze Menge Arbeit.

»Wir haben bis heute einfach Bock auf dieses Projekt. Deshalb schreiben Till und ich Songs zu den Themen, die wir beide als wichtig empfinden«, freut sich Felix. »Was gibt es Spannenderes, als die innere Überzeugung auszuleben? Das zu machen, was *uns* Spaß macht? Und einen Impact zu schaffen durch etwas Eigenes, etwas Grenzüberschreitendes, etwas Verbindendes?«

Zweierpasch überwindet Grenzen

Till und Felix sind sich bewusst, wie wichtig ihre verbindende Arbeit gerade im Grenzgebiet zwischen Frankreich und Deutschland ist. Dort, wo die frühere Frontlinie verlief. Mal in der Rheinebene, wenn die französischen Streitkräfte einen der Kriege gewonnen hatten und weiter ostwärts vorrückten. Mal auf dem Kamm der Vogesen bei einem Sieg der Deutschen – so die historischen Grenzverschiebungen über die Jahrhunderte hinweg. »Ja, was wir hier machen, ist aktive Friedensarbeit. Denn Frieden muss immer wieder neu erarbeitet werden. Das ist wie die Liebe in der Partnerschaft«, weiß Till die Situation einzuschätzen. Zumal es nicht nur Freunde dieser deutsch-französischen Freundschaft gebe. Vor allem in der Generation derer, die den letzten Krieg oder die Nachkriegszeit noch miterlebt hätten.

»Lasst uns offen sein, lasst uns im Weltbürgertum leben. Wir wollen über Grenzen gehen und neue Erfahrungen sammeln.« Diese Worte erinnern mich sehr an den Rap-Song der beiden: »Grenzgänger/Frontalier«. »Da singt ihr von Grenzüberschreitungen, vom Brückenbauen. Ich kenne das Lied gut, habe es oft gehört. Weil ich es fantastisch finde als ein Mensch, dessen Familie seit ewigen Zeiten unter der deutsch-französischen Erbfeindschaft gelitten hat.«

»Ja klar«, freut sich Till, und singt aus dem Stand den Refrain: »Wir überschreiten Grenzen, grenzenlos über Grenzen / On dépasse les frontières, on fait tomber les barrières / Grenzgänger, on est des frontaliers / Le rap le langage, les mots les bagages.«[102]

Erst vor wenigen Wochen haben sie eine neue Version dazu veröffentlicht. »Gerade weil das so zeitlos aktuell ist, gibt es jetzt die Grenzgänger-Version 2024«, sagt Till zufrieden.

Till betont ebenso, dass sie mit Zweierpasch Brücken schlagen und Grenzen aufbrechen wollen. Sein Zwillingsbruder Felix und er leben in ihren Bezugswelten als Menschen diesseits und jenseits des Rheines. Beide haben sie im Laufe ihres Lebens mal in Straßburg und Freiburg gewohnt. Fühlen sich im Elsass und in Baden, in Frankreich und in Deutschland gleichermaßen zu Hause.

Für einen Außenstehenden mag das alles irgendwie nett und irgendwie normal klingen. Doch nur wer weiß, was in dieser Region, der direkten Grenzregion zweier ehemals abgrundtief verfeindeter Nationen vor allem während der beiden Weltkriege geschehen ist, weiß um die schrecklichen Gräueltaten dieser Bestie, namens Krieg. Und um die wunderbaren Glücksgefühle in einer blühenden Landschaft des friedlichen Beisammenseins, namens Heimat.

Von nicht enden wollenden Kriegen zur Versöhnungsarbeit

Jahrhundertelang haben sich links und rechts des Rheines Franzosen und Deutsche bekriegt. Haben ihre Kinder schon in der Schule gegeneinander aufgehetzt. Haben sich gegenseitig beschossen, bebombt und ermordet. Haben um Ländereien des anderen gekämpft, Frontverläufe nach West oder Ost verschoben, Territorien des Nachbarlandes besetzt. So geschehen im Deutsch-Französischen Krieg, in beiden Weltkriegen.

Wer die blutige Kriegshistorie dieser Nationen, die abgrundtiefe Aversion und den unsäglichen Hass nachempfinden will, dem sei eines empfohlen: Begehen Sie den Hartmannsweilerkopf, auf Französisch Hartmannswillerkopf. Ein Schicksalsberg deutsch-französischer Erbfeindschaft, gelegen in den südlichen Vogesen. Vier Jahre tobten hier die Schlachten im Ersten Weltkrieg, viermal wechselte die oberste Kuppe den Sieger. Mit dem Ende des Massenmordens 1918 hatten mehr als 30 000 Soldaten aus Frankreich und aus Deutschland hier ihr Leben gelassen – was seine umgangssprachliche Bezeichnung als »Menschenfresserberg« erklärt. Schätzungen besagen, dass die Zahl der Verwundeten und Verkrüppelten in etwa doppelt so hoch gewesen ist.

Felix und Till kennen den Menschenfresserberg bestens. Haben ihn mehrfach besucht und beschritten. Können genau nachvollziehen, was ich ihnen im Folgenden erzähle. Aus unserer anfänglichen Frage- und Antwort-Konstellation im Interview ist längst ein offenes Gespräch erwachsen. In dem ich den beiden um ein Vierteljahrhundert jüngeren Zwillingen einen Einblick in meine Familiengeschichte gebe.

»Wisst ihr, mein Vater Heinz konnte erst ein halbes Jahrhundert nach Ende des Zweiten Weltkrieges über die Kriegseinsätze meines Großvaters im Ersten und den seinen im Zweiten Weltkrieg sprechen. Wir, Vater und Sohn, standen damals auf dem Hartmannsweilerkopf, blickten auf zahllos nebeneinander aufgereihte betongraue Kreuze aus den Jahren 1914 bis 1918.« Die beiden Zwillinge hören mir schweigend zu. Wohl, weil sie spüren, wie mir die Erinnerung die Kehle zuschnürt. Bis heute zeugen die zahlreichen Unterstände und die Kraterlandschaft von den mörderischen Schlachten.

Ich schaue Felix und Till ernsthaft in die Augen. »Als wir auf Abertausende von Kreuzen getöteter französischer und deutscher Frontkämpfer hinabblickten, erzählte mir mein Vater zum ersten Mal in seinem Leben von seinen eigenen Kriegserfahrungen«, offenbare ich ihnen das für mich unvergessliche Geschehnis. »Nur durch Gottes Fügung, wie er sagte, überlebten mein Großvater im Ersten und mein Vater im Zweiten Weltkrieg als einer von wenigen Kameraden die Attacken der Armée de l'air. Natürlich hat er dort unten, in der Ebene, auch selbst geschossen.«

Die zahllosen grauen Grabkreuze am Hartmannsweilerkopf haben meinem Vater die Sinnlosigkeit eines jeden Krieges deutlich vor Augen geführt. »Hier hat er seinen Hass gegen die Franzosen überwunden.«

Die beiden nicken zustimmend. »Ganz bewusst kommen wir immer wieder mit Jugendlichen hierher.« An diesem Ort könne man sich in das Massenmorden der Kriege einfühlen. Und könne mit jungen Menschen über Wege zum Frieden nachdenken, dabei eigene Ideen entwickeln.

Die beiden Musiker haben oben auf dem Berg ein Musikvideo gedreht mit ihrem Song »Flagge auf Halbmast«. Der Text ist bedrückend. »Für die Gefallenen, alle, die in die Fallen gingen / drapeaux en berne – mettons tous les drapeaux en berne / pour tous ces guerriers fiers, ces âmes qui s'enflamment.«[103] Das sei ihre Form der Erinnerungsarbeit – mit Sprechgesang, mit Tanz, mit Hip-Hop. »Das

Video hat in der Öffentlichkeit für Furore gesorgt, weil es so etwas vorher noch nicht gegeben hat«, ergänzt Felix. Wichtig war und ist den beiden, »genau diesen Flecken verfluchter Erde ins Bewusstsein der Kids zu rücken. Denn wir wollen zeigen, was das für eine sinnlose Sache war.« Der jahrelange Stellungskrieg mit Abertausenden von Toten. »Und wofür das alles?«, so Tills rhetorische Frage. »Für nichts«, steht die Antwort sofort im Raum. Aus seiner Sicht »wird der unglaubliche Wahnsinn von Kriegen genau hier fassbar«.

Auch, dass Versöhnung möglich ist: Am 3. August 2014 trafen sich anlässlich des 100. Jahrestags der deutschen Kriegserklärung der französische Staatspräsident François Hollande und der deutsche Bundespräsident Joachim Gauck am Hartmannsweilerkopf. Gut drei Jahre danach konnten Frank-Walter Steinmeier und Emmanuel Macron, die Bundes- bzw. Staatspräsidenten beider Länder, hier ein deutsch-französisches Museum einweihen.

Die beiden Zwillinge können dieser Gedenkstätte viel abgewinnen: »Wenn man mit einer Schülergruppe hierherkommt, besucht man unweigerlich das neue Museum. Dort ist alles aufgezeigt, dort schaut man in die Fratze des Krieges.«

*

Felix und Till erzählen aus ihrer Familiengeschichte: »Unser Großvater mütterlicherseits war im Zweiten Weltkrieg bei der Schlacht in Stalingrad mit dabei. Er wurde dort schwer verletzt«, sagt Felix. »Immerhin: Im Krankenhaus hat er seine große Liebe, seine künftige Frau kennengelernt, die ihn gepflegt hat. Ausnahmsweise mal was Gutes.«

Der Großvater väterlicherseits war Wehrmachtsoffizier. Wo er überall im Einsatz gewesen sei, wissen sie nicht genau. Irgendwann hätten ihn feindliche Soldaten verhaftet. Daraufhin sei er als Kriegsgefangener für mehrere Jahre nach Kanada gebracht worden, ehe er wieder nach Hause kommen durfte.

»In den letzten zehn Jahren ist uns beiden bewusst geworden, wie sehr unsere Familie durch solche Kriegserfahrungen geprägt worden ist.« Und wie viel Leid sie erleben musste, aber auch über andere gebracht hätte. »Als Kriegsteilnehmer haben sie große gesundheitliche Einschränkungen durch ihre Verletzungen erlitten. Leider sind sie auch nicht so alt geworden.«

So sind auch die beiden in ihrer Familie mit der Kriegsproblematik verbunden, stelle ich fest. »Familiär gesehen sind unsere Großväter und auch unser Vater der persönliche Bezug zur Frage zur Kriegs- und damit auch zur Friedensthematik«, antwortet Felix. »Außerdem sind wir politisch drauf und historisch interessiert.«

Ihre dahingehende Sozialisierung sei im Elternhaus erfolgt. Ihre Mutter und ihr Vater hätten sich bei Demonstrationen für Frieden und gegen Atomkraft eingebracht. Somit seien sie ein wichtiger Impulsgeber für das Handeln ihrer beiden Söhne. Früher wie heute. Und so konnten die Zwillinge Informationen zusammentragen, die die Musik von Zweierpasch nachhaltig beeinflusst hat: im Sinne des Brückenbauens, der Überwindung des Trennenden, für die Versöhnung beider Nationen.

*

Zum Frieden müssten immer beide Seiten beitragen, weiß Felix. Auch wenn nach dem Geschehenen die Anteile selbstverständlich nicht gleich zu gewichten seien.

Ganz bewusst veröffentlichten Felix und Till bei ihrem »Grenzgänger/Frontalier«-Song Redeauszüge von Charles de Gaulle und Konrad Adenauer. Worte, die die beiden Politiker anlässlich der Unterzeichnung des Élysée-Vertrags 1963 verkündet hatten. Voraussetzung für den Versöhnungsprozess sei gewesen, dass sich die Deutschen ausdrücklich zu ihrer Schuld bekannt hätten.

Versöhnung setze die Erkenntnis voraus, wie bestialisch die Gewalt gewütet habe. Und was passieren müsse, dass ein weiterer Krieg zukünftig unmöglich gemacht werde. »Da muss man als Deutscher sagen: Danke Frankreich und danke ihr anderen Länder, mit denen wir uns damals in der kriegerischen Auseinandersetzung befunden haben, dass ihr die Versöhnung ermöglicht habt.« Damit hätten die notwendigen Verträge geschlossen und die neuen Bündnisse besiegelt werden können.

»Nicht hoch genug zu gewichten ist«, so Till, »dass auch seitens der Bürgerinnen und Bürger beiderseits des Rheines wichtige Schritte aufeinander zu gemacht worden sind.« Denn Freundschaft und Versöhnung würden sich nicht von oben verordnen lassen. Ein Friedensprozess müsse auf allen Ebenen stattfinden. »Das war und ist ein Prozess, der Zeit gebraucht hat. Und der heute weiterhin gepflegt werden muss. Nicht nur hierzulande, sondern überall auf der Welt, wo es klemmt, wo Gewalt droht.«

Genau da setzt Zweierpasch an, wie sie sagen: »Mit unseren Ideen, mit unseren Projekten, mit unserer Musik für Frankreich und für Deutschland, für viele weitere Länder in Europa, in Afrika und anderswo.«

Mit einer bunten Botschaft gegen Rechts

Mit ihren Konzerten, ihren Workshops und Recording Sessions gehen Till und Felix mit ihrer Band nur allzu gerne auf Reisen: 2012 nach Mauretanien, 2015 in die Ukraine, 2017 nach Kasachstan und 2019 nach Mali. »Hey, das waren immer ganz tolle Momente des Austauschs und der Verständigung«, so ihre Erinnerung. Dabei wollen sie vor allem Gedanken wechseln über Musik, was zuweilen auch mal kompliziert werden kann. »Denn wir beide sprechen weder Russisch noch Kasachisch oder Ukrainisch.«

Musik sei ein verbindendes Element. Denn viele Teilnehmerinnen und Teilnehmer wüssten »hinterher, wie sie ihre eigenen Aktivitäten gemeinsam mit anderen ausrichten möchten«. Sie zögen »auch Messages aus dem, was sie bei uns entdeckt haben. Messages, die ihnen gefallen und aus denen sie mehr machen möchten.«

Dazu müsse man »Musik als Empowerment für Menschen verstehen, die aus einem Konzert Impulse für das eigene künstlerische Engagement gezogen haben«, so ein sichtlich zufriedener Felix. Er erinnert sich an einen jungen Mann aus dem Nordosten Malis, aus Timbuktu. Bereits 2010 hätten die Menschen dort sehr unter der islamistischen Herrschaft gelitten. »Hinterher kam er zu uns und sagte: Zum ersten Mal habe er sein Gewehr gegen die Musik getauscht.« Auch wenn Islamisten mittlerweile die Macht in Mali an sich gerissen hätten, zeige das Beispiel: Musik könne zwischen Menschen so viel Gutes bewirken.

*

Immer wieder erhalten Zweierpasch Ehrungen und Preise. 2017 wählte man sie zu Freiburgs bester Band. Im Jahr darauf wurden sie zum Träger des Adenauer-de-Gaulle-Preises auserkoren. Ihr jüngster Coup: Im Frühjahr 2024 wurden sie vom französischen Premierminister zu »Chevaliers des Palmes académiques« geschlagen, und erhielten damit einen der höchsten Orden Frankreichs für Verdienste im Bildungswesen. Eine ganz besondere Auszeichnung – die sie natürlich riesig freut.

Das alles sind Ergebnisse ihres Schaffens auf den Bühnen in Europa, Asien und Afrika, wo sie vielfach Erfolge feiern, intensiv mit Menschen in Kontakt kommen, eben Brücken bauen. »Ja, das tut richtig gut, wenn wir sehen, wenn wir fühlen, dass einfach eine Verbindung zwischen uns als Band und dem Publikum da ist.« So geben Konzertauftritte in vollen Sälen, auch auf Open-Air-Festivals richtig Rückenwind. »Klar ist das ein Erfolg für uns, wenn am Horizont die Lichter von Bamako leuchten. Und wenn uns 10 000 Menschen frenetisch anfeuern, in einer unheimlich tollen Stimmung.« Und das wohlgemerkt morgens um 3:00 Uhr in einer Art Fußballstadion am Rande der Hauptstadt Malis.

Erlebnisse wie diese bleiben in Erinnerung. »Das war schon ein großer Erfolg, mit so vielen Leuten einen solch einmaligen Moment zu teilen«, erinnert sich Felix gerne an das Bamako-Festival im März 2019 zurück. Auch, weil es gefühlt »am anderen Ende der Welt« ausgerichtet worden ist, wo »wir weit weg von zu Hause unsere Kunst präsentieren durften«.

Auslandskontakte, Auslandsreisen, Auslandsaufenthalte sind immer wieder Thema der beiden Hip-Hopper. Mit Verve möchten sie ihre Konzertbesucher in Deutschland und Frankreich bestärken, selbst ins Nachbarland, aber auch in andere Länder, auf andere Kontinente zu reisen. Zugleich wollen sie die Lust an anderen Sprachen wecken. Dann könne man selbst künstlerisch aktiv werden, sogar eigene Songs schreiben, womöglich in einer anderen Sprache als der eigenen.

Das ist auch in Tills Sinne. »Aber ja, ein Aspekt ist schon auch, dass wir seit vielen Jahren eben auch unser Wissen weitergeben. Wir teilen es mit anderen in Workshops, in Bildungsforen.« Mittlerweile würden sie mehrere tausend junge Menschen jedes Jahr erreichen, gemeinsam mit ihnen Songs schreiben. »Und zwar in einer Zeit, in der das Interesse an Französisch auch in Deutschland rapide sinkt – und auch andersrum.« In der Folge bekämen sie viele Nachrichten von Lehrkräften, Bildungseinrichtungen oder Bildungsträgern, die sagen: »Hallo Leute, wie macht ihr das nur – wir verzweifeln.«

Aus der Sicht von Felix geht es in erster Linie gar nicht darum, für welche Fremdsprache sich die Jugend letztlich entscheidet. »Wenn du lieber Arabisch lernen willst als Französisch oder Deutsch, das ist doch super. Egal in welche Richtung du gehst: Komm raus aus deiner Komfortzone und beschreite deinen kreativen Weg. Aber bring dich ein, verändere etwas auf unserer Welt«, so der Hip-Hopper.

Jeder solle seine eigenen Potenziale nutzen. Sei es als Musiker und Künstler oder als Rüstungsgegner und Friedens- und Umweltaktivist. Und jeder solle sie nutzen angesichts der Tatsache, dass so vieles schieflaufe in dieser Welt. So auch in Mali, wo das Militär 2021 geputscht hat und Auftritte wie ihrer zwei Jahre zuvor in Bamako momentan eher unmöglich sind.

Die Botschaft der beiden Zwillinge ist klar: »Tu was. Warte nicht auf die Veränderung. *Du* kannst was anstoßen.« Am Anfang sei es ein einziger Mensch, von dem der Impuls ausgehen kann – am Ende können es eine Million sein.

Entscheidend sei: »Du musst daran glauben, dass du etwas bewegen kannst.« Dabei gelte es, »eine Botschaft richtig zu verpacken, um die Menschen zu erreichen«. Eine Botschaft, die die Politik eher nicht rüberbringe. Es müsse »auf eine andere Art, auf eine emotionalere Weise, rüberkommen«. Musik, ein Song sei da ein anderer Ansatz.

»Hier wäre ein Beispiel ganz hilfreich«, bitte ich die beiden, möglichst konkret zu werden. »Wir wollen eine ganz klare Message gegen Rechtsradikale aussenden – mit einer bunten Botschaft«, verweist Till auf einen ihrer vielgespielten Songs: »Farbenrausch – tiefschwarz is out / Braun zu monoton, tausch es aus / vert fluo, or, black blanc beurre / coucou, toujours plus de couleur«. So das gleichnamige Hip-Hop-Lied »Farbenrausch«, in dem das ultrarechte Braun durch Regenbogenfarben ersetzt werde.[104]

»Wofür es leider Grund genug gibt«, wirft Felix ein. »Die Entwicklungen sind aktuell sehr, sehr unschön. Beim Rechtsextremismus sehen wir das mit dem Rassemblement National, der früheren Front National, in Frankreich schon länger als in Deutschland.« Er habe »nicht geglaubt, dass das alles so schnell und so heftig kommt«. Für die Musiker bei Zweierpasch sei diese Entwicklung »ein ganz großer Ansporn, noch mehr zu machen. Noch mehr Kante zu zeigen und noch mehr rauszugehen«.

In diesem Sinne »versuchen Till und ich und unsere Musiker ein Korrektiv zu sein, mit der Kunst für eine andere Welt zu stehen«. Denn »wer zu unseren Konzerten kommt, der weiß, was ihn erwartet«. Gemeint sind Lieder, die Hoffnung spenden. Die sich für Menschen in Not stark machen. Die Hilfe für Migrantinnen und Migranten fordern.

»Aber Nazis? Nazis fliegen bei uns raus!«, bekennt Felix Farbe, und Till mit ihm.

*

Immigré – Immigrant abgeschoben

In seinem zweiten Beruf betätigt sich Felix Neumann seit knapp einem Jahrzehnt in der Migrationsarbeit. Dabei leistet er unter anderem Beratung für Geflüchtete, für Hilfesuchende. Auch für Menschen, die aus anderen Ländern in den Südwesten der Republik geflohen sind, jedoch keinen rechtlich anerkannten Asylgrund vorweisen können.

»Ich erlebe hautnah, wie Leute sich hier ausgegrenzt fühlen und Rassismus erleben«, so seine düstere Erfahrung. »Sei es auf Behörden. Oder strukturellen Rassismus, auch in der Nachbarschaft.« Das berufliche Spektrum sei mit dem Krieg in der Ukraine »noch bunter geworden« angesichts der Zuwanderer aus dem osteuropäischen Land.

Felix Lösungsvorschlag: »Alle müssen von ihrem Wohlstand ein bisschen abweichen, wenn sie eine faire und gerechte Welt weiterhin haben möchten.« Einfühlsam versetzt er sich in die Lage der Notleidenden. Sie würden in ihrem Herkunftsland vielfach »unter schwierigsten Einschränkungen leiden«, sei es als Frau oder als unterdrückte ethnische Gruppe oder als religiöse Minderheit. Oder sie würden in ihrer Heimat oft »ohne Wasser leben«, wie Klimaflüchtlinge. Diesen Menschen gehe es unsagbar schlecht, sie hätten in ihrer Heimat nicht mehr die Lebensgrundlage, die sie bräuchten. Würden deshalb die Flucht in Richtung Europa wagen, auch die lebensbedrohliche Flucht über das Mittelmeer.

»Wir hier leben dagegen in Wohlstand, sitzen mit einem Glas Wein am Tisch.« Würden, wie er selbst, im ICE von Paris nach Berlin fahren. »Wir sind unheimlich privilegiert. Wir müssen ein bisschen davon Abstand nehmen und bereit sein, etwas abzugeben.« Allein diese Gedanken würden bei normalen Leuten »für ziemlichen Unmut« sorgen – so seine Kritik. Stattdessen begegne er oft genug »Rassismus und Ausgrenzung« und treffe auf Bürgerinnen und Bürger, die sich nicht einschränken wollen. Seine Forderung:

»Wir müssen unseren Reichtum einschränken, damit andere Leute hier auch einen Platz finden.«

Eine Forderung, der man als empathischer Mensch gerne beipflichten möchte. Die aber in »diesen herausfordernden Zeiten« schwer zu vermitteln sei. Vielmehr bestehe »die große Gefahr, dass die Stimmung in Städten und Gemeinden kippt aufgrund der deutlichen Zuwanderung«.

In ihrem Rapsong »Immigré« haben Zweierpasch das Elend der Flüchtlinge auf dem Mittelmeer ebenso bedrückend wie textlich treffend auf den Punkt gebracht. In Strophe 1 herrscht noch Hoffnung auf eine glückliche Flucht aus einem Bürgerkriegsland über das Mittelmeer: »... ich kann es spüren, das Festland ist so nah / mein Fuß auf Sand in der Festung Europa«. Das Aufwachen in Strophe 2 ist unerbittlich. Der Geflüchtete sitzt »in ner mickrigen Zelle, verschlossen hinter Gittern«. Am Ende fleht er drum, dass er bleiben darf. Doch »sie bleiben eiskalt, schnappen sich meinen Bogen / Stempel drauf – zwei Wörter: Immigrant abgeschoben«. Veröffentlicht auf ihrer ersten CD anlässlich der Feiern der deutsch-französischen Freundschaft zu 50 Jahre Élysée-Vertrag.[105]

Die Welt könne »so viel friedlicher sein mit offenen Grenzen«. Und mit Leuten, die sich dann gegenseitig kennenlernen könnten. Und die dann merken würden, »dass der andere mit seiner anderen Kultur oder seiner anderen Religion ein genauso wertvoller und netter Mensch ist wie man selbst«, sagt Felix Neumann.

»Da wird dir in unserer Runde niemand widersprechen«, mische ich mich ein. »Was aber macht ihr angesichts der grassierenden Feindlichkeit gegen Migrantinnen und Migranten?«, bleibe ich am Thema dran. »Ich sehe meine Stärke, meinen größten Impact als Musiker beim Singen von Songs. Stärker als in einer Talkrunde.« Was, so Felix, nicht seine Sache sei. »Wir Musiker kreieren die Utopie einer anderen Welt in unseren Songs. Wir machen Mut und geben Hoffnung.«

Und wenn sie damit andere inspirieren könnten, »dann ist dies unsere stärkste Waffe«. Die Menschen könnten die Kunst auf sich wirken lassen und »somit einen anderen Horizont sehen, eine andere Welt, um inspiriert zu werden«. Indem wir »neue Perspektiven aufzeigen, geben wir neue Hoffnung«. Ja, sie hätten »oft erlebt, dass diese Musik genau so wirkt«.

Till verweist hierbei auf ihren Song »Friedenstauben/Colombes de la Paix«. Neue Perspektiven habe Nelson Mandela im friedlichen Widerstand gegen die Apartheid aufgezeigt. Neue Hoffnung gebe auch ihre Musik: »Ruh in Frieden großer Mann – wer hat so viel Charisma? / Ich seh dich lächeln und weiß Wandel ist machbar / HipHop schickt mich um die Welt – als Botschafter.«[106]

*

Leute, empört euch!

Der Gedanke, dass in dieser Zeit der Dystopien der Wandel machbar ist, dass sie selbst Botschafter einer kreativeren, einer musikalischeren Welt sein können, belebt die beiden. Ich kann ihre positive Energie genau spüren. »Was kann die Politik, was können die Bürger, was könnt ihr Musiker tun, um diesen Wandel zum Guten zu befördern?«, so meine Nachfrage.

»Ich wünsche mir von der Regierungspolitik viel mehr Rückgrat für große Schritte. Aber dabei werde ich enttäuscht«, so Tills Kritik an der Berliner Politik in der Zeit der Ampelkoalition. »Von der jetzigen Regierung bin ich schwer enttäuscht. Die bewegt sich mal ein paar Millimeter vor und ein paar Millimeter zurück.«

Er habe gerade einen Song in Arbeit über einen Mauersegler. »Das ist ein faszinierender Vogel, der lange Zeit in der Luft bleiben kann.« Von weit oben sehe er eine grenzenlose Welt. Deshalb erhofft sich Till: »Wir brauchen weniger von dieser beschränkten Froschperspektive und viel mehr von dieser wunderbaren Vogelperspektive.«

Till wird unruhig. »Wir wissen doch, dass es auf mehreren Ebenen kurz vor zwölf ist.« Trotzdem sehe er niemanden, der sage: »Okay, wir versuchen es mal mit einem Riesenschritt in die richtige Richtung.« Eigentlich müssten die Bürgerinnen und Bürger endlich wach werden. »Ich wünsche mir ein Aufwachen! Ein Aufschreien! Ein sich Bewusstwerden, in welch dramatischer Lage sich die Menschheit befindet!«, so sein Hallo-Wach-Ruf.

Rap sei genau die Musikrichtung, die die jungen Menschen anspreche. Sie zum Handeln bewegen könne. »Rap, das ist die Straße. Rap ist hart, ist ungezügelt. Hör dir mal unser neues Lied ›Wer Ich‹ an«, meint Till und zückt sein Smartphone. Ich höre das Lied zum ersten Mal. Wahrlich, der englisch-deutsch-französischsprachige Song ist hart. Ist die ungezügelte Antwort auf die voranschreitende Klimakatastrophe.

»After all these years of destruction by humans / One day nature will strike back / Wär ich das Meer würde ich euch Tsunamis schicken / Die eure Häuser wie winzige Halme umknicken / Wär ich der Wind würd ich über den Globus fegen / Mit meiner Wut alle Flughäfen lahmlegen / Wär ich ein Feuer würd ich auf allen Feldern wüten / Wo diese Typen tödliches Glyphosat sprühen / Wär ich ein Blitz würd ich in Autos einschlagen / Reihenfolge SUVs Jeeps Kleinwagen / Wär ich ne Fledermaus hätte ich was jeder braucht / Ein Killervirus in mir löscht bald jeden aus / Wär ich 'ne Welle würde ich jedes Kreuzschiff / Zum Kentern bringen denn deren Diesel ist teuflisch.«

So die Worte der ersten Strophe zur Rache der Natur, als Antwort auf die Destruktion durch die Menschheit. Nicht weniger konsequent die Natur des Wassers und das Verhalten der Tierwelt, desgleichen gesungen in Französisch. »Si j'étais un petit ruisseau je me transformerais / En deux secondes en raz-de-marée pour tout ravager – Wenn ich ein kleiner Bach wäre, würde ich mich verwandeln / In zwei Sekunden zur Flutwelle, um alles zu verwüsten.« Oder: »Si j'étais un ours polaire je franchirais le cap / Je vous mets des coups glaciaux avec mes grosses pattes.« Ins Deutsche übersetzt: »Wenn ich ein Eisbär wäre, würde ich die Grenze überschreiten / Ich würde dir Schläge versetzen eiskalt mit meinen großen Tatzen.« Der Vernichtungsfeldzug der Tiere wäre nicht minder radikal als das, was wir Menschen ihnen antun.

Nachdenklich stimmend der fragende Refrain, gesungen und am Piano begleitet von Laura Braun: »Stunden und Tage Tropfen / auf den heißen Stein / Während ich mich frage / wer werden wir mal gewesen sein / Die die den Wind rechtzeitig drehen / Oder sehenden Auges in die falsche Richtung gehen.«[107]

Der Song schreie den Widerstand herbei, wie Zwillingsbruder Felix bestärkt. »Ja, Leute, empört euch! Leistet Widerstand gegen all die Fehlsteuerungen im Demokratiebereich, im Umweltbereich, Flüchtlingsbereich!«

Bei ihrem Aufruf zur lautstarken Empörung besinnen sich Till und Felix Neumann auf den früheren Diplomaten und Lyriker, Aktivisten und Resistance-Kämpfer Stéphane Frédéric Hessel. Der gebürtige Berliner hatte das KZ Buchenwald überlebt, begann nach dem Zweiten Weltkrieg seinen diplomatischen Dienst im Außenministerium Frankreichs. Hessel arbeitete als Büroleiter des stellvertretenden UN-Generalsekretärs Henri Laugier, der mit dem Entwurf der Allgemeinen Erklärung der Menschenrechte befasst war. Später wurde er in einer Regierungsbehörde in eine Arbeitsgruppe zur Ausländerintegration berufen.

In seinem weltweit millionenfach verkauften Essay *Empört euch!* forderte Stéphane Hessel zum gewaltfreien Widerstand gegen die Diktatur des Finanzkapitalismus auf, gegen die Ungerechtigkeit, gegen die Unterdrückung von Minderheiten, auch gegen die Zerstörung unserer Umwelt. Hessels Motto: »Neues schaffen heißt Widerstand leisten. Widerstand leisten heißt Neues schaffen.«[108]

»Wir berufen uns bei unseren Aktivitäten von Zweierpasch oft auf Hessel. Er hat mit seiner Streitschrift *Empört euch!* genau das gesagt, was wir mit unserer Musik leben«, bekräftigt Felix die Forderung der beiden Zweierpasch-Zwillinge nach Widerstand für eine lebenswerte Welt.[109]

Die Zweierpasch-Zwillinge und die Vision einer besseren Welt

Zum Schluss stelle ich die obligatorische Frage, die mir eine ganz wichtige ist. »Wie sähe für euch beide denn eine zum Positiven veränderte Welt aus?« Felix Neumann legt sofort los. »Ich hoffe, dass wir unseren meist jungen Fans durch unsere Musik Mut machen, für eine friedlichere und eine tolerantere und damit eine bessere Welt zu kämpfen. Aktiv zu bleiben, aktiv zu werden.«

Das gelinge ihnen zum einen mit ihrem musikalischen Wirken. Zum anderen mit ihrem Engagement, das weit über die Konzertbühnen hinausreiche. »Wir beide leisten auch pädagogische Arbeit an Schulen und in Kulturzentren.« Dort kämen sie direkt mit der jungen Generation in Kontakt, könnten ihr viele Impulse mit auf den Weg geben.

Till pflichtet seinem Bruder bei. Spannend sei auch ihr Projekt »Ecole du Flow«, ein jährlicher deutsch-französischer Songcontest. Das sei seines Wissens »überhaupt das größte musikalische Kreativprojekt für Kids aus Deutschland und aus Frankreich«. Jahr für Jahr würden etwa 1500 Kinder und Jugendliche ab acht Jahren an dem Hip-Hop-Wettbewerb teilnehmen, wohlgemerkt organisiert von Zweierpasch. Dabei würden sie »deutsch-französische Texte und Lieder schreiben, im Unterricht gerne auch Musikvideos drehen«. Die anschließend bei einer Jury eingereicht werden.

Die besten Bands könnten dann ihre Beiträge auf einer Bühne präsentieren, wobei die Städte Jahr für Jahr wechseln. Das Leitthema beim Finale in Straßburg 2023 lautete: »Frontières – Grenzen«, womit das Überschreiten derselben gemeint sei. Und als Schmankerl gewinnen die Sieger ein gemeinsames Konzert mit Zweierpasch an ihrer Schule.

»Mit dem, was wir versuchen anzustoßen, ist Zweierpasch für mich die angemessene Antwort auf die Frage nach dem Erreichen einer besseren Welt«, so Till. Dem eines noch ganz wichtig ist:

»Pack das nicht alleine an, lasst uns alles im Kollektiv gestalten.« Wenn sie auf der Bühne stünden, dann seien sie auch nicht nur zu zweit. »In der Regel sind wir alles in allem zusammen zu zehnt«, sagt der Hip-Hopper. »In Wirklichkeit aber sind wir Hunderte oder Tausende. Denn wenn wir ein Konzert geben, dann verschmelzen wir im Idealfall mit unserem Publikum«, so der Sänger.

»Und was versprecht ihr euch von der Zukunft? Was muss passieren, damit eure Zukunft eine lebenswertere wird?«, blicke ich nach vorn. »Ich denke, da muss einiges geschehen. Denn wir müssen gerade in der heutigen Zeit so viele drängende Probleme anpacken«, sagt Till. Er glaube, dass jeder seinen Fokus immer wieder überdenken müsse. »Die Menschen müssen sich bewusst werden, in welcher Welt sie leben wollen. Sie müssen reflektieren, welche Ungerechtigkeiten auf der Erde bestehen. Und welche Privilegien wir haben, die wir im wohlhabenderen Teil der Welt leben.«

Ja, das stimme, meint Felix. »Jede und jeder von uns sollte etwas abgeben.« Somit könne die Welt für alle Menschen etwas fairer werden. »Erst dann kommen wir einer gerechteren Zukunft näher.« Dieser Wandel solle nicht von oben verordnet werden. »Wir Bürgerinnen und Bürger müssen bereit sein, mit anderen zu teilen.« Ja, das sei seine Hoffnung für die Zukunft der Menschen hierzulande und rund um den Globus.

»D'accord, ich stimme meinem Bruder zu«, meint Till. Aber damit die Menschen sich wirklich von sich aus einschränken würden, »müssen sie, müssen wir alle endlich aufwachen. Was wir brauchen, ist weniger Egoismus, weniger Kleinklein. Mehr gemeinsames Suchen und gemeinsames Arbeiten in Richtung von Lösungen.«

Genau das klappe auf der Weltbühne im Moment gar nicht gut. »Da werden alle zwei Jahre irgendwelche Klimagipfel abgehalten – und danach passiert so gut wie nichts.« Und dann gebe es noch diesen Angriffskrieg Russlands auf die Ukraine. »Alle wünschen sich eine Lösung am Verhandlungstisch. Aber seit zwei Jahren wird gebombt und geschossen.« Ihre Rolle sehen sie in diesem Zusammenhang ganz klar: »Wir machen eine kompromisslos in die Zukunft gerichtete Kunst. Wir zeigen neue Räume für Utopien auf, die anfangs noch unmöglich scheinen. Doch unmöglich ist im Kreativbereich gar nichts.«

»Genau!«, bestätigt Felix. »Gerade die junge Generation müsse über Werte, über Ziele und über die Wege zu den Zielen nachdenken.« Hilfreich dabei sei der kulturelle Austausch, seien Reisen in andere Kulturkreise. Und damit man sich verständigen könne, gelte es zuvor »die Sprache im jeweiligen Land zu lernen«. Halb Afrika spreche Französisch, in 32 Ländern weltweit sei Französisch Amtssprache. Und wie wäre es, so Felix, »wenn der ein oder andere vielleicht sogar in Frankreich studiert – das wäre doch total schön«.

Felix zeigt ein breites Grinsen. Man sieht ihm die Freude an seiner Profession, an ihrem grenzüberschreitenden Wirken an. »Hey ihr alle: Wir sind wild, wir sind weltoffen.« In diesem Moment klingt er richtig euphorisch. »Was für eine tolle Wirkung! Was für ein toller, toller, toller Impact dank der Musik!«

*

Wer um die Jahrhunderte währende kriegerische Auseinandersetzung zwischen Deutschen und Franzosen weiß, wer den Hass zwischen beiden Völkern miterlebt hat – so wie die Familien von Felix und Till und auch die meinige –, der weiß um den Wert der Völker verbindenden Freundschaft von heute. Und der grenzüberbrückenden Kraft der Musik. Der kann aber auch ermessen, dass es mindestens eine Generation braucht, manchmal länger, damit aus ehemaligen Gegnern Freunde fürs Leben werden. Zweierpasch ist die bestmögliche Inkarnation dieser deutsch-französischen Freundschaft. Zweierpasch wäre aber auch eine Antwort auf den Hass zwischen so vielen verfeindeten Gruppierungen in der Welt.

Eine Antwort in Tönen und Texten, die die alles entscheidende Botschaft in sich trägt: Frieden ist selbst zwischen schlimmsten Gegnern möglich und machbar. Selbst nach grausamsten Exzessen des

Mordens und Massenmordens. Die Zeit kann Wunden heilen. Ein Heilungsprozess, der durch die Medizin der Musik und der Kultur sehr beschleunigt werden kann.

*

3. Februar 2024. Wir treffen uns wieder, diesmal unter ganz anderen Vorzeichen. Anlass bieten die beängstigenden Rechercheergebnisse des Medienhauses CORRECTIV. Das aufgedeckt hat, dass sich AfD-Politiker, Neonazis, Mitglieder der CDU, ÖVP, des Vereins Werteunion, der Identitären Bewegung und finanzstarke Unternehmer in einem Hotel bei Potsdam getroffen haben. Ihr Ziel: die Vertreibung von Millionen Menschen aus Deutschland.

Seither hat sich bundesweit eine kaum für möglich gehaltene Protestwelle gegen Rechtsextremismus erhoben, so auch in Freiburg. Bei der größten Demonstration nach dem Zweiten Weltkrieg haben sich an diesem Samstag 35 000 Teilnehmerinnen und Teilnehmer auf dem Platz der Alten Synagoge versammelt. Menschen soweit das Auge reicht, überall farbenfrohe Fahnen mit Slogans für Toleranz, für Solidarität, für Zivilcourage. 500 Organisationen haben den Aufruf für ein weltoffenes Freiburg unterschrieben und zur Beteiligung aufgerufen. Das Motto »Wir sind die Brandmauer« wirkt. Rednerinnen und Redner beschwören die Einheit aller demokratisch gesinnten Kräfte. Alles bleibt friedlich und freundlich – typisch für Freiburg.

Am Ende geht dennoch die Post ab. Verantwortlich dafür: Zweierpasch! Die deutsch-französische Band wird ihrem Ruf als poetisch-politische Hip-Hopper vollauf gerecht. Felix und Till spielen wie entfesselt. Sie rappen die Menschenmasse, die am Ende sogar ausgelassen feiert. »Farbenrausch gegen Braun« heißt die Devise der beiden Frontmänner, die mit ihren Songs mächtig einheizen.

Nachdem sich die meisten Menschen längst auf dem Nachhauseweg befinden, geben die beiden ein letztes Interview. »Wir wollten richtig Flagge zeigen für Respekt, für Vielfalt«, sagt Till, »was für ein großartiger Tag.« Und: »Wir sind zusammengekommen für eine offene, bunte Gesellschaft«, ergänzt Felix.

»Ihr habt richtig geflasht«, kommentiert der Fernsehreporter spontan. »Die Masse ist richtig abgegangen! Was für ein Donnerschlag für die Brandmauer!«, würdigt der TV-Kommentator den Auftritt der Zweierpasch-Zwillinge in der Sendung.

***

Weitere Informationen:

- Zweierpasch, www.zweierpasch.com
- Ecole du Flow, Hip-Hop-Wettbewerb von Zweierpasch für Kinder und Jugendliche, siehe auf Deutsch www.zweierpasch.com/ecole-du-flow-de und auf Französisch www.zweierpasch.com/ecole-du-flow-fr
- Diskografie Zweierpasch, www.zweierpasch.com/diskografie
- Songtexte, www.zweierpasch.com/songtexte
- Entdecken Sie den Hartmannswillerkopf, www.memorial-hwk.eu/de/den-hartmannswillerkopf-entdecken

***

GASTBEITRAG

Für ein grenzenloses Wir in einer grenzenlosen Welt – Ein neues Netzwerk für eine bessere Welt

Von Dr. Inka Engel

Als Referentin für Transfer und Wissenschaftskommunikation an der Universität Koblenz legt sie besonderen Wert auf interdisziplinäre Zusammenarbeit und nachhaltige Netzwerkbildungen. Sie verantwortet außerdem Projekte im Bereich der Erinnerungskultur und engagiert sich intensiv für ein aktives Erinnern gegen das Vergessen.

Unsere gegenwärtige Welt ist durchzogen von einer Vielzahl von Grenzen und Zäunen. Diese sichtbaren und unsichtbaren Barrieren trennen nicht nur Länder und Völker, sondern auch Ideen und Träume. In einer solchen Welt kann es schnell den Anschein haben, als wären unsere Bestrebungen und Hoffnungen eingeschränkt und begrenzt. Aber die Ziele und Visionen, die wir in diesem Buch entwickeln, gehen bewusst über Grenzen hinaus. Sie wollen trennende Mauern einreißen und Brücken der Verständigung bauen. Wir suchen nach dem, was uns vereint, nicht nach dem, was uns trennt. Wir sind entschlossen, repressive und abschottende Grenzen mutig zu überschreiten. Ein Netzwerk zu schaffen, um unseren Visionen näher zu kommen und gemeinsam eine bessere Zukunft zu gestalten.

Physische und metaphysische Grenzen prägen unser tägliches Leben. Sie unterteilen die Welt in verschiedene Länder und Regionen. In unterschiedliche Ethnien oder Völker, Ideologien, Religionen oder Geschlechter. Einige dieser Grenzen, sowohl selbst bestimmte als auch von »außen« festgelegte, werden weniger als Einengung wahrgenommen, sondern fördern die eigene und gesellschaftliche Stabilität. Sie scheinen unserem Sein eine bestimmte Ordnung zu verleihen und unserem Denken eine klare Orientierung zu bieten.

Im Idealfall dienen Grenzen als ein natürlicher Schutz der persönlichen, psychologischen und emotionalen Integrität, können für den Erhalt originärer kultureller Vielfalt einstehen oder auch unsere Ökosysteme schützen. Diese wichtigen Grenzen sind jedoch nur wenige unter vielen in einem komplexen Geflecht, das häufig unnötige Barrieren in unserer Welt aufbaut und bewahrt.

Viele Grenzen manifestieren sich jedoch in Form von Vorurteilen, Diskriminierung, sozialer und geschlechtlicher Ungerechtigkeit. Auch in wirtschaftlicher Ungleichheit, Armut, ungleichen Bildungschancen oder politischen Spannungen. Sie fördern vielfach Nationalismus und Faschismus, blinde Herrschaft und bewaffnete Konflikte. Oft sind sie historisch in den Köpfen jedes Einzelnen unhinterfragt manifestiert und bedingen einander in wechselseitiger Abhängigkeit. Für viele Menschen oder Gruppen scheinen sie daher als unüberwindbar. Diese Grenzen werden als Begrenzungen aufrechterhalten und missbraucht.

Sie zeichnen sich durch eine inhärente Exklusivität aus: Sie schließen bewusst etwas oder jemanden aus, beschränken den Zugang zu zum Teil lebenswichtigen Ressourcen und tragen zu Konflikten bei. Der negative Einfluss dieser Grenzen betont die Dringlichkeit einer intensiven Auseinandersetzung mit deren notwendiger Überwindung.

Da der Einzelne mit der Komplexität einer solchen Aufgabe schnell überfordert ist, kann die Bildung von Netzwerken vielfältige Perspektiven zusammenführen und gemeinsame Synergieeffekte ermöglichen, die durch Gemeinsamkeit und Koordination effektive Lösungswege aufzeigen. Um fremdbestimmte Grenzen zu überwinden, ist es oftmals wichtig, unsere selbst auferlegten Grenzen, gerade die in unseren eigenen Köpfen, zu bezwingen.

Die deutsch-französische Freundschaft ist hier ein inspirierendes Beispiel. Einst Erbfeinde, haben Deutschland und Frankreich gezeigt, dass Versöhnung und Zusammenarbeit möglich sind. Durch die Überwindung historischer Feindschaften und das Streben nach gemeinsamen Zielen sind die beiden Nationen heute enge Freunde und Partner in Europa. Diese Entwicklung zeigt, dass auch die tiefsten Gräben überwunden werden können, wenn der Wille zur Versöhnung und zum gemeinsamen Fortschritt vorhanden ist. Doch dazu braucht es Mut. Es braucht Mut, um über sich selbst hinauswachsen zu wollen, um an etwas Besseres zu glauben und dafür einzustehen.

Eine grenzenlose Welt – noch erscheint sie unwirklich

Die Vorstellung einer grenzenlosen Welt zeichnet ein Bild von einer Gesellschaft, in der negative Begrenzungen keine Existenzberechtigung haben. Ethnische, kulturelle oder nationale Unterschiede spielen keine Rolle mehr. Menschen leben in wechselseitiger Harmonie mit anderen Lebewesen, der Natur und in einem friedlich inklusiven Austausch. In diesem Rahmen und in einer umfänglich verwirklichten Solidarität finden die Beteiligten den wahren Kern gegenseitiger Anerkennung, die die Einzigartigkeit des anderen wahrt, ohne dass Ideologien das Verständnis füreinander erschweren.

In einer grenzenlosen Welt sind die Zäune, die unseren Austausch und unser Verständnis füreinander hindern, ob physisch oder metaphorisch, überwindbar für alle – oder gar nicht erst existent. Nationale Grenzen verlieren ihre Bedeutung und wir erkennen, dass wir Bürgerinnen und Bürger einer einzigen Welt sind – und bewusst und unbewusst alle miteinander vernetzt. Dieser Zustand, in dem sich ein grenzenlos vernetztes Wir für eine demokratische, inklusive, plurale und solidarische Welt einsetzt, klingt zurzeit noch unwirklich.

*

Doch solche Visionen verweisen auf schlimmste Missstände der Gegenwart und wollen zu deren Überwindung beitragen. Sie sagen damit etwas aus über die Zeit, in der sie als Skizze, weniger als Blaupause, einer möglichen – besseren – Welt entstanden sind. Diese Vision ist dabei nicht als Naivität abzutun, sondern essenziell auf dem Weg zu realen Veränderungen. Als anzustrebende Gedanken- und Handlungsmaxime sind Visionen oder Utopien dazu da, sich ihnen Schritt für Schritt zu nähern und doch unerreichbar zu bleiben. Sie sind eine mögliche Wirklichkeit, von der wir nicht nur träumen dürfen, sondern für die wir eintreten müssen, weil sie als Idealvorstellung Menschen mit- und untereinander verbindet. In ihrer wahrscheinlichen Unerreichbarkeit regen Utopien uns zu einem ständigen Weiter-denken, -fühlen und -gehen an, um das Unmögliche doch irgendwann möglich zu machen: die Idee eines gemeinsamen lebendigen Zuhauses, das immer wieder neu entdeckt werden darf. Einer friedlichen, liebevollen und herrschaftsfreien Welt!

Es ist eine gemeinsame Sehnsucht, die uns verbindet und uns solidarisch miteinander und füreinander handeln lässt. Visionen haben eine verändernde Kraft und die Bedeutung des Träumens ist für eine lebendige Gesellschaft dringend notwendig. Auch in einer Zeit, in der wir vor großen Herausforderungen stehen, sind Visionen nicht nur Träume, sondern Ideen eines werthaltigen Lebens für jeden und jede von uns, das es zu verteidigen gilt: gleiche Verteilung von Ressourcen, ein Ende von Armut, die Auflösung aller Gewaltverhältnisse – systemisch, aber auch in der Freiheit jedes Einzelnen. Es ist inspirierendes Ziel eines kollektiven, aber auch individuellen, vernetzten Handelns.

Facetten einer neuen Zukunft

Die in diesem Buch vorgestellten Mut machenden Menschen vereinen nicht nur die Idee einer solchen Vision, sondern verkörpern auch das aktive Engagement, um diese ein Stück weit Wirklichkeit werden zu lassen. Die von Jürgen Grässlin porträtierten Akteure sind bis dato nur wenig oder gar nicht miteinander bekannt. Ihre Präsenz erstreckt sich über Länder und Kontinente, ihr persönlicher Einsatz manifestiert sich in vielfältigen Genres mit unterschiedlichen inhaltlichen Schwerpunkten und verschiedenen Zielen ihrer Leidenschaft. Einige fokussieren ihre Bemühungen auf den Schutz und den Erhalt einer intakten Natur. Sie leben im Einklang mit ihr und den ihnen anvertrauten Lebewesen, setzten sich für natürliches Saatgut oder regenerative Energien ein. Indem sie mit einem offensiv reflexiven sowie teils investigativen Journalismus Lösungen suchen und selbst aktiv werden, kämpfen sie für Klimaschutz und Klimagerechtigkeit.

Manche riskieren ihr eigenes Leben, um direkt oder indirekt das Leben anderer zu retten: Sie sprechen sich offen gegen Korruption und illegalen Waffenhandel aus, retten Leben an Land und auf See und überwinden damit Grenzen. Oder sie agieren als Menschenrechts- bzw. Friedensaktivisten und sehen sich mit dieser Haltung im eigenen Land massiven Bedrohungen ausgesetzt, nicht nur in Kriegszeiten.

Andere treten konsequent gegen Rassismus und Faschismus als Nährboden von Hass und Kriegen ein, suchen kreative und künstlerische Ausdrucksformen, um gegen das Vergessen anzugehen und sich so aktiv für eine Welt des Friedens einzusetzen.

Wieder andere stellen ihre Kraft in den Dienst benachteiligter Gruppen. Sie arbeiten mit Kindern, Frauen und Geflüchteten, Arbeits- und Wohnungslosen zusammen und unterstützen Kranke und Schwache. Ihre Geschichten sind lebendige Visionen, die konkrete Impulse setzen und Mut machen. Sie zeigen, dass Menschen in der Lage sind, aktiv zu handeln, um zur Verwirklichung einer Vision beizutragen, und demonstrieren, wie Völkerverständigung und Versöhnung erfolgreich gelingen können. Sie inspirieren, am Aufbau einer echten Gemeinschaft mitzuwirken, und stehen nicht nur für gemeinsame Werte, sondern als aktive Gestalter und Wegweiser für das Engagement für eine bessere Welt.

Manchmal begegnen wir diesen Menschen zufällig, manchmal gezielt auf Veranstaltungen, Lesungen, Konzerten oder Demonstrationen. Oft treffen wir sie auch medial, sei es in Zeitschriften, im Fernsehen, in sozialen Medien – und besonders in diesem Buch. Mit der Vielfalt ihrer Erfahrungen dienen sie als narrativer Referenzrahmen. Dadurch können wir verschiedene Facetten weltverändernden Denkens und Handelns beleuchten. Sie zeigen, dass Themen ineinander übergehen, sich gegenseitig beeinflussen und in ihrer Zielvorstellung vernetzt sind.

Ein vernetztes Wir

Obwohl sich die Menschen in diesem Buch zumeist nicht persönlich kennen, haben ihre individuellen Bemühungen eine transformative Kraft, die im Kleinen wie im Großen zu positiven Veränderungen führen kann. Auch wenn nicht unbedingt unmittelbar sichtbar, sind die Handlungen und Bemühungen nicht nur individuell bedeutsam, sondern erhalten in einer kollektiven vernetzten Ausrichtung einen übergeordneten Sinn.

So entfaltet sich in diesen Erzählungen die Idee eines grenzenlosen Wir in einer grenzenlosen Welt zu einem faszinierenden Geflecht mehrdimensionaler Annäherung. Unabhängig von den thematischen Schwerpunkten ist es die gemeinsame Idee, die die Menschen antreibt und verbindet. Diese Menschen zeigen, wie ihre Bemühungen ineinandergreifen und ein Netzwerk bilden können. Noch allerdings ist dieses Netzwerk nicht sichtbar genug. Oder positiv formuliert: Stellen wir uns vor, welche Synergieeffekte aus einer offensichtlicheren Vernetzung erwachsen könnten.

*

Netzwerke sind als Gebilde aus verschiedenen Knoten und Verbindungen zu verstehen, deren Hierarchiefreiheit gewährleistet sein sollte. Die Geschichten und Biografien, die Jürgen Grässlin auf der Basis von Interviews für dieses Buch verfasst hat, stehen exemplarisch für den Charakter von Verbindungen an sich. Sie fügen ein loses Gebilde zu einer sich wechselseitig stützenden Struktur zusammen und dienen als Basis einer sozialen Bewegung für Gerechtigkeit und als Quelle der Inspiration.

Viele der drängendsten globalen Probleme wie Umweltverschmutzung, soziale Ungerechtigkeit, Armut und Klimawandel, sind äußerst komplex und können nicht von einer einzelnen fachlichen Disziplin allein gelöst werden. Es bedarf unterschiedlicher Herangehensweisen, inter- und transdisziplinärer Ansätze und verschiedener Arten des Denkens und Handelns. Diese ermöglichen, unterschiedliche Blickwinkel, Fachkenntnisse und Lösungsansätze zu kombinieren. In einer zunehmend globalisierten Welt, in der individuelle Handlungen weitreichende Auswirkungen haben können, gewinnen die Idee der gemeinschaftlichen Zusammenarbeit und Resilienz in hierarchiefreien Netzwerken größte Bedeutung.

Von kurzen Verbindungen zu ganzheitlichen Lösungen

Unsere Interaktionen und Beziehungen zu anderen Menschen formen unsere Identität und beeinflussen unser Verhalten. Durch den Austausch von Erfahrungen, Wissen und Emotionen fördern wir unser Verständnis und unsere Empathie für andere. Die Idee des vernetzten, grenzenlosen »Wir« schließt nicht nur lokale Initiativen ein, sondern umfasst auch die Fähigkeit, eine positive Wirkung von Mut machenden Menschen auf überregionale und globale Ebenen auszustrahlen.

Selbst scheinbar isolierte Anstrengungen auf individueller und lokal gemeinschaftlicher Ebene besitzen eine bündelnde Kraft, die weit über ihre unmittelbare Umgebung hinausreicht. Holistisch, also auf die Gesamtheit betrachtend, sind wir alle darin mehr als nur die Summe unserer Teile – wir sind ein großes Ganzes. Ein miteinander verbundenes, sich wechselseitig beeinflussendes Netzwerk: Unsere Handlungen haben Auswirkungen auf andere, im Positiven wie im Negativen.

Ursächliche Netzwerke bzw. Systeme beschreiben die Auswirkungen jeder Handlung auf andere Menschen. Zum Beispiel beeinflusst unser eigenes Konsumverhalten die Lebensweise und das Wohlbefinden anderer. Entscheide ich mich für Fleisch oder für eine vegetarische oder vegane Ernährung? Entscheide ich mich für regionale Produkte oder für Früchte aus fernen Ländern außerhalb der Saison? Entscheide ich mich für regionales, naturbelassenes Saatgut oder für gentechnisch verändertes? All dies beeinflusst in einer Art Kettenreaktion andere Menschen.

Auch unser ökologisches Handeln schlägt Wellen. Unsere Handlungen haben direkte Auswirkungen auf die Umwelt und die natürlichen Ressourcen, die von anderen Menschen und zukünftigen Generationen genutzt werden. Entscheidungen für und Bemühungen um regenerative Energiequellen, wie Solarenergie und Wasserkraft, beeinflussen nicht nur unsere unmittelbare Umgebung, sondern auch das größere ökologische Gleichgewicht, das von globaler Bedeutung ist. Übermäßiger Ressourcenverbrauch beeinträchtigt die Luft- und Wasserqualität und verschlechtert die Lebensbedingungen anderer, weit entfernt lebender Menschen, Tiere und Pflanzen. Besonders die zunehmend globale Vernetzung zeigt uns durch interkontinentalen Handel, Kommunikation und Technologie, dass wir stärker miteinander vernetzt sind als je zuvor.

Die Small-World-Theorie erklärt, dass die meisten Menschen über kurze Bekanntschaftsketten miteinander verbunden sind, was zu einem weltweiten Netzwerk kurzer Verbindungen führt. Sie unterstreicht die bemerkenswerte, bereits vorhandene, jedoch oft unbewusste Verschränkung zu einem grenzenlosen Wir. Ein Beispiel hierfür ist das Experiment »Sechs Grade der Trennung« von Stanley Milgram. Dabei stellte er fest, dass im Durchschnitt nur sechs Verbindungen nötig waren, um eine Nachricht von Omaha, Nebraska, zu einem Börsenmakler in Boston, Massachusetts, zu übermitteln. Soziale Netzwerke wie Facebook oder LinkedIn kürzen den Weg noch einmal eklatant ab: Sie bringen Menschen trotz großer geografischer Distanzen und kultureller Unterschiede in direkte Verbindung miteinander. Zumindest virtuell.

In zivilgesellschaftlichen Netzwerken ist jedoch nicht nur eine solch natürliche Vernetzung wichtig, sondern auch ein bewusstes Zusammenkommen und gemeinsame Klarheit über bestehende Verbindungen. Diese gezielte Vernetzung spielt eine entscheidende Rolle als sichtbar gewordene Verantwortung für eine verbesserte Welt, besonders in einem globalisierten Umfeld.

Eine soziale, auch bewusst themenübergreifende Netzwerkbildung ist wesentlich, um zu ganzheitlichen Lösungen beizutragen. Netzwerke stärken Gemeinschaften, indem sie den Austausch und kollektive Handlungen ermöglichen. Sie fördern das Empowerment – die Stärkung und Befähigung – auf individueller und gemeinschaftlicher Ebene sowie die Zusammenarbeit und den Austausch von Ressourcen, Ideen und Informationen. Es ist unser gemeinsames Engagement und unsere Sehnsucht, die uns verbinden und antreiben. Sie bringen uns einander näher und geben uns die Möglichkeit, uns unserer selbst zu vergewissern.

Neue Netzwerke entstehen

Im Sinne der sogenannten Homophilie neigen Individuen dazu, Verbindungen mit anderen Menschen einzugehen, die ähnliche Merkmale, Interessen und Eigenschaften teilen. Gemeinsame Werte und

Ziele sind daher entscheidend für eine erfolgreiche Netzwerkbildung. Das Teilen gemeinsamer Visionen kann als Grundlage für Vertrauen und gegenseitige Unterstützung angesehen werden, was für die Entwicklung eines kollektiven Handelns von grundlegender Bedeutung ist.

Unabhängig von Schwerpunktsetzungen im eigenen Engagement entsteht eine tiefgreifende und doch übergeordnete Verbindung – eine gemeinsame Wirklichkeit des Herzens und der Emotionen. Diese Überzeugung wirkt wie ein Kitt, der die Menschen auch in Zeiten, in denen sich die Rahmenbedingungen zunächst verschlechtern, nicht den Mut verlieren lässt. Er hilft den eigenen Einsatz und die Motivation aufrechtzuerhalten und gemeinsame Anstrengungen zu unternehmen.

Jüngste Ereignisse zeigen, wie wirksam solche Vernetzungen sind, und wie wichtig es ist, dass sie öffentlich sichtbar werden. So hält der gemeinsame Gedanke für eine Welt, in der Faschismus und Rechtsextremismus keinen Platz haben, zusammen. Als ab Ende Januar 2024 mehrere Organisationen, Bündnisse, Vereine und Einzelpersonen dazu aufrufen, gehen Hunderttausende Menschen für die Demokratie auf die Straße. Die Kundgebungen, Demonstrationen und öffentlichen Diskussionen werden begleitet von der Bildung neuer Netzwerke gegen »rechts«.

Klima- und Umweltbündnisse schließen sich mit Kunstvereinen zusammen, Vereine gegen das Vergessen mit Theatern, Wohlfahrtsverbänden, Forschungseinrichtungen, Unternehmen, Integrationsvereinen, Gewerkschaften, Kirchen und Religionsgemeinschaften. Landkreise, Städte und Gemeinden sowie staatliche Institutionen und viele weitere unterschiedliche Verbände, Parteien, Organisationen und Personen bilden gemeinsam neue Netzwerke. Es werden Verbindungen geschaffen zwischen Generationen, zwischen verschiedenen Genres, zwischen der Vergangenheit, Gegenwart und für die Zukunft.

Besonders die Stärkung unserer Demokratie muss auf mehr- und freiheitlicher Entscheidungsfindung, auf partizipativen Ansätzen und Vielfalt basieren. Um Utopien zu denken, müssen wir das Reale immer wieder kritisch analysieren und diskutieren, auf Probleme öffentlich aufmerksam machen und zugleich für eine sinnvolle Alternative eintreten.

In einer Welt voller Krisen und Herausforderungen sind diese neu entstehenden Netzwerke leuchtende Beispiele dafür, wie gemeinsame Visionen, kollektive Kompetenzen und Ideen Menschen über Grenzen hinweg verbinden. Der Zusammenschluss so unterschiedlicher Interessensgruppen ermöglicht die breite Akzeptanz und Legitimität eines Netzwerkes. Dies wiederum führt dazu, dass es effizient und nachhaltig agieren kann. Die meisten neu entstandenen Netzwerke setzen sich aktuell für den Erhalt der Demokratie, einer intakten Umwelt und Menschenrechte ein. Sie verfolgen jedoch zugleich das Ziel, sich als langfristige Bündnisse und Bewegungen so zu etablieren, dass sie sich gemeinsam auch für weitere Herausforderungen auf dem Weg in eine hoffnungsvollere Zeit starkmachen können.

Für eine gemeinsame Vision und mutiges Handeln

Wenn wir die aktuellen politischen und gesellschaftlichen Ereignisse in der Welt betrachten, scheint es verständlich, von einer dystopischen Zeit zu sprechen: einer Zeit, in der uns die Klimakatastrophe, Kriege und Bürgerkriege, Flucht, Diskriminierung, Rassismus, Hass und Antisemitismus zu entmutigen drohen. Eine Zeit, in der wir versucht sind, eher neue Grenzen zu ziehen, anstatt bestehende zu überwinden. Eine Zeit, in der die Herrschenden und Regierenden aus dem Vergangenen nichts gelernt zu haben scheinen.

Aber wir haben gelernt. Wir stehen auf, wir gehen raus auf die Straßen und Plätze. Wir machen uns und anderen Mut, wir gestalten Demokratie und wir setzen uns für eine grenzenlose Welt ein, in der Zukunft einen Platz hat. Gerade jetzt braucht es hierzu Visionen. Es braucht Menschen, die mutig mit dem Herzen denken und handeln, die sich als Licht in der Nacht verstehen und diesen Funken hinaus in die Dunkelheit, in die Welt tragen.

Aus Liebe zur Welt, aus »Amor Mundi«, wie Hannah Arendt es nennt, müssen wir uns besonders in Zeiten der Entfremdung, in Zeiten scheinbarer Dystopien, aktiv einbringen und engagieren. Die Taten der Mutmachmenschen in diesem Buch sind nicht nur inspirierend, sondern auch ein Aufruf zum Handeln. Sie geben uns nachhaltige Impulse, den aktuellen Herausforderungen aktiv entgegenzutreten, positive Veränderungen voranzutreiben und die Liebe zur Welt und zu uns selbst nicht zu verlieren. Wahre Freiheit kann nur durch aktive Teilhabe und eine leidenschaftliche Verbundenheit mit allem und allen erreicht werden. Die Bildung von Netzwerken ist dabei eine Notwendigkeit, gemeinsam Veränderungen anzustoßen und die Welt aktiv mitzugestalten.

Dabei ist es wichtig, die Balance zwischen individueller Freiheit, sozialer Verantwortung und persönlichen Grenzen zu wahren, um eine gerechte und integrative Gesellschaft zu schaffen. Während enge Beziehungen und gemeinsame Werte die Grundlage für eine starke Gemeinschaft und Netzwerke sind, ist es ebenso wichtig, persönliche Grenzen zu respektieren und zu schützen.

Die Zukunft einer lebenswerteren Welt liegt nicht allein in den Händen von Einzelnen, sondern in einer mutigen sozialen Bewegung und Vernetzung. Ähnlich wie ein Schwarm von kleinen Fischen, der gemeinsam große Raubfische vertreiben kann, müssen auch wir uns zusammenschließen und ein Netzwerk bilden. Aus vielen Einzelkämpferinnen und Einzelkämpfern formen wir ein Gebilde des Mutes und eine kollektive Intelligenz, die sich für eine friedliche Veränderung einsetzt.

Friedlicher Widerstand kann so in einen mutigen, gemeinsamen zivilen Ungehorsam gegen Ungerechtigkeit münden, der Zukunftsalternativen schafft und die gedachte Freiheit in eine reale überführt. Wir können moralisch motivieren, Haltung zeigen und Teil einer

Vision werden, die es wert ist, unsere oft hedonistische Nische der Begrenzung gegen ein selbstbestimmtes Sein einzutauschen, das wir uns bisher nicht zu sein gewagt haben. Frieden, Freiheit und Zusammenhalt und Völkerverständigung dürfen nicht nur Wünsche sein, sondern müssen Teil unseres Zusammenlebens werden, einer neuen selbstverständlichen und allumfassenden Solidarität.

Mit etwas Mut können wir in einer gemeinsamen Bewegung, in einem gemeinsamen Netzwerk ein Gefühl dieser Solidarität und der grenzenlosen Empathie für die Gesellschaft als Ganzes finden. Dies trägt zum Überleben unserer zwischenmenschlichen Beziehungen bei, fängt uns als Netz(werk) auch in schwierigen Zeiten auf und trägt zu unserem persönlichen Wohlbefinden und einem sinnerfüllten Leben bei.

***

MUTMACH-IMPULSE

»Bessere Welt Info« – ein zukunftsweisender Datenpool

»Bessere Welt Info« ist eine zentrale Informationsquelle zu entscheidenden Themen unserer Gegenwart mit Visionen für eine sich im besten Sinne entwickelnde Zukunft. Die Inhalte sind vergleichbar mit einem Google-Verzeichnis mit Links für engagierte Bürgerinnen und Bürger zu Nichtregierungsorganisationen, Kampagnen, Organisationen, um sich selbst einzubringen. Oder um sich inhaltlich zu einer breiten Palette relevanter gesellschaftlicher, wirtschaftlicher, politischer Fragestellungen zu informieren. Die Funktionsweise entspricht einer Art Wikipedia für eine bessere Welt.

Wer vertieft in die Themen dieses Mutmachbuches einsteigen möchte, wird hier fündig, z. B. zu »Bildung«, »Frauen«, »Globalisierung«, »Konfliktregionen«, »Nachhaltigkeit«, »Umweltschutz«, »Eine Welt«, »Frieden«, »Jugend«, »Kultur«, »Menschenrechte«, »Nahrung«, »Politik«, »Soziales«, »Energie«, »Gesundheit«, »Klimakrise«, »Militär«, »Natur«, »Religionen«, »Tiere« und »Wirtschaft«.

Der Link »Vorbilder« verweist auf zahlreiche Mut machende Menschen. Im benutzerfreundlichen Internetverzeichnis finden sich 600 000 ausgewählte Info-Beiträge in deutscher und englischer Sprache.

Link und Kontakt

- Siehe www.besserewelt.info und www.betterworld.info
- Kontakt: Dr. Norbert Stute, Arzt und Internetaktivist, Gründer von Bessere Welt Info, norbert@besserewelt.info

»Vision bessere Welt« des RIB

»VibeWe – Vision bessere Welt« ist eine neu ins Leben gerufene Initiative des RüstungsInformationsBüros (RIB e. V.) in Freiburg im Breisgau. Mit ihr möchten wir den Rahmen schaffen für eine sich ins Positive entwickelnde Welt: erfüllt von positiven Nachrichten, hoffnungsvollen Projekten, informativen Abenden, bereichernden Informations- und Kulturveranstaltungen. Hin zu einer gemeinsamen Zeit, die sich über Zusammenhalt und Solidarität auszeichnet. Uns geht es um ein Miteinander statt ein Gegeneinander.

Unsere Inhalte sind reichhaltig: Sie reichen vom Ausbau inklusiver Modelle im RüstungsInformationsBüro über das Engagement gegen Rassismus und Hass, für Toleranz und Akzeptanz, bis hin zum Schaffen von Austauschmöglichkeiten multikultureller Kommunikation – und vielen weiteren Mut machenden Themen.

Link und Kontakt

- Siehe www.vibewe.de
- Kontakte: Jürgen Grässlin, jg@rib-ev.de, und Chriss Sotow, sotow@rib-ev.de.

***

NACHWORT

Vom Mutmachbuch zur Mitmachgemeinschaft!

Was hat dieses Buch mit all seinen positiv denkenden und handelnden Protagonistinnen und Protagonisten mit mir gemacht? In welcher Form hat es während der Zeit des Gedankenaustausches, des Recherchierens und Schreibens Einfluss auf meinen seelischen Zustand genommen?, frage ich mich als Autor. Die Antwort ist phänomenal.

Je länger ich an diesem Mutmachbuch gearbeitet habe, je mehr ich mich von den tagtäglichen Schreckensbildern im Fernsehen abgewandt habe, je mehr Mut machende Menschen ich treffen und biografieren konnte, je häufiger und intensiver ich mich mit ihnen über ihre Ideen und Erfolge austauschen durfte, desto zuversichtlicher habe ich mich gefühlt. Desto mehr habe ich eine stetig steigende innere Kraft zur positiven Gestaltung in mir verspürt.

Denn mir ist immer bewusster geworden, dass dieses Buch mehr ist als eine Aneinanderreihung von Aktivitäten aufrichtiger Menschen mit frommen Wünschen und hehren Zielen. Dieses Werk will weitaus mehr: Es will Impulse geben, will Prozesse anstoßen, will vernetzen.

Der Gastbeitrag von Dr. Inka Engel der Universität Koblenz vermittelt uns eindrücklich, dass bereits fokussierte Anstöße weniger Menschen eine beachtliche Entwicklung herbeiführen können. Laut Analyse der Holocaustforscherin erscheint der »Zustand, in dem sich ein vernetztes Wir« für eine demokratische, inklusive, plurale und auch solidarische Welt einsetzt, derzeit eher noch visionär. Doch gehe es darum, »die Idee einer grenzenlosen, besseren Welt als gemeinsames Zentrum der Verbindung zu finden«.

Wie die Umsetzung der Theorie in die Praxis funktionieren kann, belegt ihr Beispiel der Anti-Rassismus-Demonstrationen, die nach den investigativen Recherchen der Journalistenplattform CORRECTIV zu bundesweiten Großdemonstrationen gegen Rechtsextremismus, für eine weltoffene, tolerante und bunte Gesellschaft geführt haben. Wohlgemerkt in einer nie zuvor erlebten Breite. In einer Analyse bilanziert das »Institut für Bewegungs- und Protestforschung« in Berlin für Anfang 2024 »die größte Protestwelle in der Geschichte der Bundesrepublik«. Allein von Januar bis März hätten mehr als 3,6 Millionen Menschen auf der Straße gegen die extreme Rechte demonstriert.[110]

*

Mit diesem Buch kann eine erste positive Zwischenbilanz gezogen werden: Die interviewten Aktivistinnen und Aktivisten geben wichtige Impulse, wo sinnvolles Handeln ansetzen kann. Dabei sollte jede und jeder von uns ihren bzw. seinen Weg wählen, um sich engagiert für eine andere Welt einzusetzen. Unsere Mutmachmenschen sind Vorbilder, die oftmals Grandioses leisten und damit zur Nachahmung anregen. Hilfreich ist dabei auch das Bewusstsein, dass wir – die wir den Wandel wollen – Milliarden Menschen sind. Milliarden? Ja. Milliarden!

Beispiel Klimaschutz: Das »Peoples' Climate Vote«, eine äußerst breit angelegte Umfrage der Vereinten Nationen, hat im Sommer 2024 die Meinung von 75 000 Menschen in 77 Ländern erfasst. Diese größte jemals durchgeführte Erhebung zur Meinung der Öffentlichkeit erfolgte seitens des Entwicklungsprogramms der Vereinten Nationen, UNDP, in Zusammenarbeit mit dem Meinungsforschungsinstitut GeoPoll und der Universität Oxford. Demnach wünschen sich drei Viertel der Menschen in aller Welt von ihren Regierungen größere Anstrengungen beim Klimaschutz.

Eine Zielrichtung, die längst kein schmales Randthema mehr ist, lediglich diskutiert in Zirkeln grüner Eliten im wohlhabenderen Westen. Laut UN ist in den 20 Staaten, die das Gros der klimaschädlichen Treibhausgase verantworten, die Zustimmung zu verstärkten Klimaschutzbemühungen sehr hoch. In Deutschland wünschen sich dies 67 Prozent der Menschen. In China sind es 73 Prozent, in Indien sogar 77 Prozent. In Afghanistan sorgen sich 78 Prozent – und damit mehr als drei Viertel – der Bevölkerung »um die Auswirkungen der Erderhitzung«. Laut UNDP-Direktorin Cassie Flynn seien die Ergebnisse der Umfrage ein »unstrittiger Beweis dafür, dass die Menschen überall mutige Klimaschutzmaßnahmen unterstützen«.[111]

Warum geht dennoch so vieles nur schleppend voran?

Problem Nummer 1: Viele Regierungen weigern sich, mehr zum Klimaschutz beizutragen. Dabei müssten sie umfassende Fördermaßnahmen in die Wege leiten, um die Kosten für die Bürgerinnen und Bürger im Rahmen zu halten. Wenn diese unzureichend sind oder gar fehlen, dann hilft nur eines: Wählen gehen und Klimaschutzblockierer abwählen.

Problem Nummer 2: Bei konkreten Maßnahmen wächst der Unmut in der Bevölkerung. Hier schlägt die Stunde von Sebastian Sladek und Franz Alt mit all ihren Mitstreiterinnen und Mitstreitern. Wenn es ihnen gelingt, die ökologischen und auch die monetären Vorzüge der regenerativen Energiequellen in die Breite der Gesellschaft zu tragen, dann entstehen Netzwerke, von denen wir heute nur träumen können. Dann werden Visionen zur Realität. Und dann kann der Klimawandel tatsächlich gebremst, wenn nicht sogar gestoppt werden.

*

Mit seiner visionären Ballade »Imagine« hat uns John Lennon im September 1971 eine Hymne für die Ewigkeit geschenkt: »Imagine there's no countries / It isn't hard to do / Nothing to kill or die for / And no religion too. / Imagine all the people / Living life in peace. / You may say I'm a dreamer / But I'm not the only one / I hope someday you'll join us / And the world will be as one.«

In wenigen Strophen weist der vormalige Beatles-Komponist den Weg in eine solidarische und lebenswerte Zukunft. Stellen wir uns tatsächlich vor, es gäbe keine Landesgrenzen mehr. Es gäbe nichts, wofür jemand töten oder sterben müsste, auch keine Religionen – in meinem Verständnis zumindest keine radikalen und ausgrenzenden. Ja, stellen wir uns vor, wie alle Völker in Frieden miteinander leben. Wie eine Welt ohne Besitztümer aussähe, in der alle Menschen Schwestern und Brüder und damit gleich wären.

Erfahrungsgemäß wird man als Verfasser oder Verkünder einer solchen Vision diskreditiert, als Tagträumer oder Fantast beschimpft. Was den Sänger und Liedermacher aus Liverpool schon damals nicht von seinem Traum abbringen konnte: »Ich bin nicht der Einzige.« Weitergehend seine Hoffnung, »dass du eines Tages dazugehören wirst und die Welt eins sein wird«.

Klingt das Lied Lennons nicht allzu visionär? Haben wir überhaupt eine realistische Chance, unsere hochgesteckten Ziele in der Welt skrupelloser Scheindemokraten und Diktatoren, machtbesessener Militärs, profitorientierter Wirtschaftsbosse und gewinngieriger Banker zu erreichen? Die Antwort liegt in einer wunderbaren Weisheit, die letztlich dem chinesischen Gelehrten Konfuzius zugeschrieben wird: »Der Weg ist das Ziel«. Gemeint ist, dass wir natürlich nicht wissen können, wann und ob wir unsere Ideen und Modelle zu Lebzeiten verwirklichen können. Womöglich müssen die Generationen unserer Kinder und Kindeskinder diesen Weg weiter beschreiten und unser Werk vollenden. Aber jeder Schritt in die richtige Richtung ist ein Erfolg.

Dabei ist Wissen die Grundlage allen Handelns. Wer die Themen dieses Buches mit fundierten Hintergrundinformationen »auffüttern« und sich noch weitere Mut machende Aktionsfelder erschließen will, dem sei die Website www.besserewelt.info empfohlen, die in diesem Buch kurz vorgestellt ist. Geschaffen und verwaltet von Norbert Stute in Salzburg mit seinem Team, können Sie sich hier einen optimalen Überblick über eine beeindruckende thematische Vielfalt verschaffen. Und Ihren persönlichen Zugang finden zu einem noch breiteren Spektrum an Handlungsansätzen und einer Vision, wie wir sie auch bei unserem Verein RIB e. V. in Freiburg umsetzen wollen.

Was mir bei alledem Mut macht, ist die Gewissheit, dass unsere 24 Aktivistinnen und Aktivisten lediglich eine kleine – aber vorbildliche – Auswahl von viel, viel mehr wegweisenden Menschen und ihren Visionen darstellen. Allein meine persönliche Personenliste derer, denen ich noch eine Stimme geben will, wird von Woche zu Woche länger. Im Übrigen gute Aussichten für eine, wie auch immer geartete, Fortführung dieses Mutmach-Projektes.

Ich freue mich jedenfalls gemeinsam mit den Porträtierten in diesem Buch auf den direkten Gedanken- und Ideenaustausch mit Ihnen als Leserin und Leser. Nichts wäre schöner, als dass wir uns bei Buchlesungen, bei Podien, bei Zukunftsforen, im Rahmen von »Schule ohne Rassismus – Schule mit Courage« oder bei Demonstrationen und Kundgebungen treffen würden. Denn der Klimaschutz ist ein zentrales, aber nicht das einzige Thema, bei dem wir schnellstmöglich gemeinsam handeln müssen. Bei dem wir unsere Stimme lautstark erheben und angesichts von Fehlsteuerungen laut aufschreien müssen. Womöglich mag Ihnen auch der folgende »Wegweiser zu einer besseren Welt« einen Impuls zum persönlichen Handeln geben.

Meine Hoffnung: Lassen Sie sich also vom ein oder anderen Projekt in diesem Buch begeistern. Lassen Sie sich gerne von einem der Mut machenden Menschen in diesem Werk anstecken. Engagieren Sie sich bei der ein oder anderen zukunftsweisenden Aktion oder Kampagne. Ich würde mich freuen, wenn es gelänge, Ihre unbändige Lust zu wecken: aufs Mitmachen, Mitgehen und Mitgestalten.

Auf dass dieses Mutmachbuch den Weg möglichst vieler von uns in eine neue Mitmachgemeinschaft befördern möge.

Herzlichst
Ihr Jürgen Grässlin

***

Wegweiser zu einer besseren Welt

1. Nehmen Sie die Menschen in Ihrem Umfeld bewusst wahr, die sich aktiv gegen Egoismus und Apathie, Pessimismus und Zerstörung wehren und sich zugleich mutig für eine andere Welt stark machen.
2. Lassen Sie sich von diesen Mut machenden Menschen anstecken und wirken Sie selbst ansteckend in dem Vorsatz, positive Veränderungen herbeizuführen.
3. Schauen Sie nach vorne und lassen Sie sich nicht von Rückschlägen beirren – niemand ist immer erfolgreich.
4. Machen Sie mit bei Organisationen und Kampagnen, die unsere Welt zu einer lebenswerteren umgestalten wollen.
5. Schließen Sie sich kleinen oder großen Netzwerken an, die gemeinsam aktiv werden und handeln.
6. Setzen Sie sich für diejenigen ein, die in Not geraten sind, die unterdrückt und entrechtet werden und die entschlossene Hilfe benötigen.
7. Leisten Sie aktiv gewaltfreien Widerstand gegen Umweltzerstörung, Krieg, Ungerechtigkeit und Fremdenfeindlichkeit – für Frieden, Gerechtigkeit, Solidarität und Toleranz.
8. Seien Sie voller Optimismus, denn Lebenslust und Lebensfreude werden Verzweiflung und Hass überwinden.
9. Entziehen Sie sich der Unkultur der Gewalt und leben Sie stattdessen die Kultur des Friedens und der Mitmenschlichkeit.
10. Definieren Sie *Ihre* Ziele hin zu einer besseren Welt. Glauben Sie an sich und erkennen Sie dabei auch die Notwendigkeit, auf Ihre eigenen Grenzen zu achten.
11. Jeder Schritt in die richtige Richtung bringt Sie Ihren Wünschen und Visionen näher. Dabei ist der Weg das Ziel.

Danksagung

Herzlich danken möchte ich dem Team des Heyne-Verlags, das dieses Buch mit sehr viel Engagement ermöglicht hat: allen voran Sophie Boysen, Caroline Kaum, Stephanie Berlehner, Carolin Lachenmaier, Sabine Niemeier und Klaus Fricke.

Mein ausdrücklicher und ganz besonderer Dank gilt meiner Ehefrau Eva für ihre unglaubliche Unterstützung in so vieler Hinsicht. Unserem Sohn Philipp für den technischen Support bei Tag und Nacht. Meiner Familie mit meiner Mutter, den Kindern und Enkelkindern für ihre Rücksichtnahme und ihr Verständnis vor allem in der intensiven Schreibzeit – und für das wunderbare Beisammensein.

Stephan Möhrle für die Begleitung mehrerer Interviews mit Ton- und Filmaufnahmen. Till Neumann für die arbeitserleichternde Transkription der Interviews. Dr. Inka Engel für ihre inspirierenden Gedanken beim Gegenlesen vieler Texte. Ralf Willinger für die aktive Vermittlung zweier besonderer Interviewpartner.

Mit hilfreichen Tipps zu Mut machenden Menschen und Ideen haben u. a. mitgewirkt: Uwe Baumann, Detlef Gaida, Bernward Geier, Heike Haensel, Haubi Haubner, Andrea Kraneburg und Roland Didra, Helmut Lohrer und Ruth Rohde u. v. a. m.

Von Martin Steurer, Thomas Ungricht und Bernd Wimmer stammen viele Informationen zu den Themen zahlreicher Interviews.

Ihnen und euch allen sei von Herzen gedankt.

***

Quellenverzeichnis

1 Bregman, Rutger: *Im Grunde gut. Eine neue Geschichte der Menschheit*, Hamburg 7. Auflage 2022, S. 19 f.

2 António Guterres: »Wir kämpfen den Kampf unseres Lebens«, *tagesschau.de*, 07.11.2022 und o. A.: Guterres warnt vor »Klimahölle«, www.sonnenseite.com/de, 07.06.2024

3 o. A: »Weltuntergangsuhr«, Forscher: Menschheit steht kurz vor Selbstauslöschung, *Frankfurter Allgemeine,* 21.01.2019, www.faz.net

4 Prantl, Heribert: *Den Frieden gewinnen. Die Gewalt verlernen*, München 2024, S. 9 f. und S. 25

5 Siehe hierzu die Kapitel 6, 7 und 9 in: Grässlin, Jürgen: *Einschüchtern zwecklos. Unermüdlich gegen Krieg und Gewalt – was ein Einzelner bewegen kann*, München 2023

6 Kuban, Thomas: *Blut muss fließen. Undercover unter Nazis*, Frankfurt a. M. 2012. S. 6 ff.

7 o. A.: Augen auf – Zivilcourage zeigen, www.augenauf.net

8 o. A.: Sächsischer AfD-Landesverband als gesichert rechtsextremistische Bewegung eingestuft, Medieninformation des Landesamts für Verfassungsschutz Sachsen, 08.12.2023

9 o. A.: Der wahre Chef der AfD, *Der Spiegel*, 41/2022, S. 35

10 »Landrat tritt wegen Bedrohungen zurück«, www.zdf.de, 24.07.2024

11 Sächsische Integrationspreise 2022, siehe https://sab.landtag.sachsen.de/de/saechsischer-integrationspreis-2022-25048.cshtml

12 o. A.: »Attacke auf Wahlkampfhelfer. Nach Angriff auf SPD-Politiker: 17-Jähriger stellt sich«, *MDR online,* 05.05.2024, www.mdr.de/nachrichten/sachsen/dresden/dresden-radebeul/ecke-angriff-spd-jugendlicher-polizei-100.html

13 siehe www.filmfaktum.de, Preise und Auszeichnungen

14 Utopisches vom Himmelreich? Inklusion im irdischen Arbeitsleben, Film von Peter Ohlendorf, www.filmfaktum.de/2018/08/01/utopisches-vom-himmelreich/

15 Käßmann, Margot: Stoppt das Töten in der Ukraine – Mein Engagement für den Frieden, Gastbeitrag in: Hermann Theisen und Helmut Donat (Hrsg.): *Bedrohter Diskurs. Deutsche Stimmen zum Ukrainekrieg*, Bremen 2024, S. 180

16 o. A.: Ruanda: Schmerz mit Versöhnung begegnen, Evangelische Kirche in Deutschland, 17.07.2019, https: //www.ekd.de/versoehnung-ruanda-25-jahre-nach-genozid-47755.htlm

17 Käßmann, Margot: Es ist an der Zeit, Kundgebungsrede in Hameln am 10.02.2024, https://margotkaessmann.de/rede-demo-gegen-rechts-hameln/

18 AfD in Sachsen »gesichert rechtsextremistisch«, www.tagesschau.de, 8.12.2023

19 Käßmann, Margot: *Nur Mut! Die Kraft der Besonnenheit in Zeiten der Krise*, München 2020

20 »Condemning Russian aggression against Ukraine, the UN General Assembly called for an immediate peaceful resolution of the conflict between Russia and Ukraine and emphasized that parties to the conflict must respect human rights and international humanitarian law. We share this position.«, zitiert aus Peace Agenda for the Ukraine and the World, September 2022, abrufbar auf: https://ipb.org/peace-agenda-for-ukraine-and-the-world/

21 Sørensen, Majken Jul: *Pacifism Today: A Dialogue about Alternatives to War in Ukraine*, Irene Publishing 2024

22 Daza, F.: *Ukrainian Nonviolent Civil Resistance in the face of war: Analysis of trends, impacts and challenges of nonviolent action in Ukraine between February and June 2022*, Barcelona, 2022, www.icip.cat/en/nonviolence-in-ukraine/

23 Chenoweth, Erica, Stephan, Maria: *Why Civil Resistance Works. The strategic Logic of Nonviolent Conflict*, New York 2011, S. 7

24 International Peace Bureau (IPB), Peace Agenda for Ukraine and the World, https://ipb.org/peace-agenda-for-ukraine-and-the-world/

25 Grünewald, Guido: Die Wolken des Krieges, *Graswurzelrevolution*, Nr. 490, Sommer 2024, www.graswurzel.net/gwr/category/ausgaben/490-sommer-2024/

26 »Fast 30 Organisationen fordern ein Ende der Strafverfolgung von Yurii Sheliazhenko. ›Pazifismus ist kein Verbrechen‹«, gemeinsame Erklärung vom 07.06.2024, siehe https://de.connection-ev.org/article-4155

27 Lina Johnsen, Bundesregierung bricht gerade Klimaschutzziele, Tagesschau-Interview zur Aktion der Klimaaktivisten am Hamburger Flughafen, 13.07.2023, www.tagesschau.de/multimedia/video/video-1220752.html

28 Video zur Verfassungsbeschwerde von Germanwatch, o. D., www.germanwatch.org/de/verfassungsbeschwerde

29 o. A., Frankfurter Tor dicht! Letzte Generation trägt Klimakrise ins Herz Berlins, 23.06.2022, https://letztegeneration.org/blog/2022/06/frankfurter-tor-dicht-letzte-generation-traegt-klimakrise-ins-herz-berlins/

30 Eichler, Lina, Jeschke, Henning, Alt, Jörg, Krumpen, Angelika: DIE LETZTE GENERATION – DAS SIND WIR ALLE. Wenn die Welt in Flammen steht, hilft es nicht, den Feueralarm auszustellen, München 2023. In Bezug auf das Twitter-Posting Barack Obamas, 23.09.2014

31 Letzte Generation U20 setzt Hilferuf auf Kanzleramt in Berlin, Video zur Aktion der Klimaaktivisten, https://letztegeneration.org/

32 Deutsche lehnen Straßenblockaden mehrheitlich ab, www.tagesschau.de, 26.06.2023

33 Umweltbewusstseinsstudie: Mehrheit der Deutschen hält Anpassung an bereits deutlich spürbare Klimakrise für notwendig, Gemeinsame Pressemitteilung des Bundesumweltministeriums und des Bundesumweltamtes vom 03.08.2023, www.umweltbundesamt.de/presse/pressemitteilungen/umweltbewusstseinsstudie-mehrheit-der-deutschen

34 Ende der Klebe-Blockaden: Strategiewechsel bei der Letzten Generation, www.wdr.de, 11.03.2024

35 Ungehorsame Versammlungen sind für alle da!, https://letztegeneration.org/ungehorsam/

36 o. A.: Endlich geht es wieder um die Sache, *ZEIT ONLINE*, 30.01.2024

37 siehe https://de.wikipedia.org/wiki/Fridays_for_Future

38 Rede von Ludwig Essig anlässlich der Verleihung des Löwenherz Friedenspreises an Fridays for Future am 21. Juni 2020 in der Alten Seminarturnhalle Nagold

39 Videostreaming der Verleihung des Löwenherz Preises 2020, verfügbar auf Youtube: www.youtube.com/watch?v=o5wRK4AG8xM&t=6482s. Konstantin Weckers Laudatio beginnend bei Min. 148, Ludwig Essigs Rede bei Min. 200

40 Goethe, Johann Wolfgang von: *Naturwissenschaftliche Schriften 1*, Hamburger Ausgabe, Band 13, München 1982, S. 17

41 siehe www.gerechter-welthandel.org/
42 »AfD fordert Aufkündigung aller Klimavereinbarungen«, Deutscher Bundestag vom 21.09.2023, siehe www.bundestag.de
43 o. A.: Junge Menschen wählen anders, *tageschau online*, 10.06.2024, www.tagesschau.de
44 Alt, Franz: *Frieden ist möglich. Die Politik der Bergpredigt*, München 1983
45 Alt, Franz (Hrsg.) und Michail Gorbatschow (Autor): *Ein Appell von Michail Gorbatschow an die Welt: Kommt endlich zur Vernunft – Nie wieder Krieg!*, Wals bei Salzburg 2017
46 Dalai Lama mit Franz Alt: *Der Klima-Appell des Dalai Lama an die Welt. Schützt unsere Umwelt*, Salzburg – München 2020
47 Alt, Franz: *Die ALTernative. Plädoyer für eine sonnige Zukunft*, Leipzig 2019, S. 22
48 www.umweltbundesamt.de/sites/default/files/medien/461/publikationen/climate_change_07_2013_icha_co2emissionen_des_dt_strommixes_webfassung_barrierefrei.pdf, S. 11
49 Fraunhofer Institut, Der Strommix in Deutschland im Jahr 2023, www.unendlich-viel-energie.de/mediathek/grafiken/der-strommix-in-deutschland-im-jahr-2023
50 Dalai Lama mit Franz Alt: *Der Klima-Appell des Dalai Lama an die Welt*, Salzburg – München 2020, S. 63 ff.
51 Klimaentscheide in die Breite bringen, Bildung und Kampagnen, Sonnencentreport der EWS Schönau, www.sonnencent-report.de/projekt-foerderung/klimaentscheide-in-die-breite-bringen/
52 Klimagerechtigkeit Jetzt, Woche 9: Stadt und Land, EWS-Newsletter vom 12.03.2024, www.ews-schoenau.de/blog/artikel/klimagerechtigkeit-jetzt-woche-9-stadt-und-land/
53 Klimagerechtigkeit Jetzt, Woche 10: »Klimarassismus«, EWS-Newsletter vom 18.03.2024, www.ews-schoenau.de/blog/artikel/klimagerechtigkeit-jetzt-woche-10-klimarassismus/
54 Plutonium – was ist das?, Greenpeace zur Atomkraft, Passus »Militärische Nutzung«, siehe www.greenpeace.de/klimaschutz/energiewende/atomausstieg/plutonium
55 100 gute Gründe gegen Atomkraft, Website der Anti-Atom-Kampagne, www.100-gute-gruende.de/, #84 »Bombenstoff auf dem Campus«
56 Shiva, Vandana und Shiva, Kartikey: *Eine Erde für alle! Einssein versus das 1 %*, Saarbrücken 2021, Klappentext

57 Shiva, Vandana: *The Violence of the Green Revolution: Third World Agriculture, Ecology, and Politics*, United Press of Kentucky 2016

58 Siggelkov, Pascal: Öko-Ikone mit fragwürdigen Ansichten, *FAKTENFINDER* der *ARD*, www.tagesschau.de/faktenfinder/vandana-shiva-gentechnik-101.html

59 o. A.: Vandana Shiva und die »Faktenfinder«: Kann Gentechnik den Welthunger beenden?, *TELEPOLIS* vom 12.02.2023

60 o. A.: Indisches Gericht: Gentech-Saatgut kann nicht patentiert werden, *Informationsdienst Gentechnik*, 23.05.2018, www.keine-gentechnik.de/nachricht/33210/

61 Bayer-Tochter Monsanto gewinnt Patentstreit in Indien, *beck aktuell*, 09.01.2019, https://rsw.beck.de

62 Krebsgefahr vom Acker oder Segen für die Landwirtschaft, *Deutschlandfunk*, 29.02.2024

63 o. A.: India against Gandhi – a legacy rewritten, *Financial Times*, 27.01.2023, www.ft.com/content/a0b17ed9-092d-4e83-90fe-2a6cea952518

64 UN-Konferenz für Umwelt und Entwicklung (Rio-Konferenz 1992), Bundesministerium für wirtschaftliche Zusammenarbeit und Entwicklung, ohne Datumsangabe, www.bmz.de/de/service/lexikon/un-konferenz-fuer-umwelt-und-entwicklung-rio-konferenz-1992-22238

65 Shiva, Vandana, *Agrarökologie und echte regenerative Landwirtschaft. Nachhaltige Lösungen für Hunger, Armut und Klimaveränderungen*, Saarbrücken 2023, S. 7 ff.

66 Shiva, Vandana: *Eine andere Welt ist möglich. Aufforderung zum zivilen Ungehorsam*, München 2019, Klappentext

67 Alles kann anders sein. Mit Hand, Herz und Verstand für die Zukunft, Tätigkeitbericht des Vereins Hof Narr, Stand September 2022, S. 4

68 Ebd., S. 82 f.

69 Grässlin, Jürgen: *Versteck dich, wenn sie schießen. Die wahre Geschichte von Samiira, Hayrettin und einem deutschen Gewehr*, München 2003, S. 255

70 aus: Botschaft »Urbi et Orbi« von Papst Franziskus, 25.12.2023

71 o. A.: Mehr als die Stadt der Millionäre, *Rheinische Post online*, 01.08.2013

72 siehe https://arab.org/directory/acsauvel

73 Krämer, Theresa: *Die Sensomotorik von Frau K. soll durch das therapeutische Klettern und das damit verbundene bewusste Erleben, Wahrneh-*

men und Steuern der Motorik in Gemeinschaft mit der Sensorik gefördert werden, Facharbeit, 2018
74 Lebenshilfe Österreich: Gehalt statt Taschengeld. Faktencheck zur rechtlichen Lage, o. D.
75 »Die legendäre Friedensrede von Charlie Chaplin«, *ROLLING STONE*, 30.12.2021, www.rollingstone.de/grosse-dikator-charlie-chaplin-rede-video-2045255/
76 Trabert, Gerhard: *Poesie der Armut oder Auf der Suche nach dem Sinn des Lebenschaos*, publiziert in der Reihe *unbehaust*, Dortmund 1997, S. 3
77 Trabert, Gerhard: *Als der Mond die Nacht erhellte*, Mainz 2009, S. 11 ff.
78 o. A.: Gerhard Trabert kandidiert für das Amt des Bundespräsidenten, *Forschung und Lehre*, 13.01.2022, www.forschung-und-lehre.de/politik/gerhard-trabert-kandidiert-fuer-amt-des-bundespraesidenten-4342
79 Leben auf der Straße. Ursachen von Obdachlosigkeit, *Deutschlandfunk*, 24.01.2024, www.deutschlandfunk.de/ursachen-obdachlosigkeit-wohnungslosigkeit-100.html
80 Kolek, Martin (Hrsg.): *Mohamed und Maryam. NEULAND*, Delbrück 2017, S. 13 f.
81 ebd.: *NEULAND*, S. 17
82 Kolek, Martin: *KEINLAND – MEEHR*, Eigenverlag 2024, S. 69
83 McLaughlin, Kevin und Opwonya, Innocent: *Innocent. A Spirit of Resilience*, Bloomington 2016
84 o. A.: Aung San Suu Kyi befindet sich laut eigener Partei in Lebensgefahr, *ZEIT ONLINE*, 14.09.2023
85 Friedensnobelpreisträgerin San Suu Kyi in Hausarrest verlegt, *DEUTSCHE WELLE*, 17.04.2024
86 Equality Myanmar, About US, https://equalitymyanmar.org/?page_id=3252
87 Kindersoldaten und Waffenhandel: Fallbeispiel Myanmar, GLOBAL NET – STOP THE ARMS TRADE, CASE 07, https://gn-stat.org/?p=3345
88 The Billion Dollar Death Trade: The International Arms Networks that Enable Human Rights Violations in Myanmar, Human Rights Council Fifty-third session, 19.06.-14.07.2023
89 Ranking der Länder anhand der Demokratiequalität, Gesamtwertindex 2023, Universität Würzburg, www.demokratiematrix.de/ranking

90 Schreiben von Christa Lörcher an Peter Struck und die SPD-Bundestagsfraktion vom 14.11.2001 und Schreiben an den Autor

91 siehe Website IPPNW: www.ippnw.de/der-verein/geschichte-der-ippnw/ippnw-chronologie/artikel/de/2002.html

92 o. A.: Was macht eigentlich … Christa Lörcher, *STERN.de,* 19.09.2002

93 U.S. Costs to Date for the War in Afghanistan, Watson Institute der Brown University, USA, https://watson.brown.edu/

94 Willy Brandt will »Mehr Demokratie wagen«, *SWR Kultur*, 28.10.1969

95 siehe Website: »Mehr Diplomatie wagen. Sozialdemokratinnen und Sozialdemokraten für Diplomatie und Deeskalation«, https://mehr-diplomatie-wagen.de/

96 Milner, Kate: *My name is not Refugee*, Edinburgh 2017

97 Joya, Malalai: *Raising My Voice*, London 2009; in deutscher Ausgabe *Ich erhebe meine Stimme. Eine Frau kämpft gegen den Krieg in Afghanistan*, München, Zürich 2009

98 siehe www.opawc.org/

99 About us, Website Combatants for Peace, https://cfpeace.org/

100 Israel social security data reveals true picture of Oct 7 deaths, www.france24.com

101 Anzahl der Todesopfer und Verletzen durch den Terrorangriff der Hamas gegen Israel und die Gegenschläge seit dem 07. Oktober 2023, siehe https://de.statista.com/statistik/daten/studie/1417316/umfrage/opferzahlen-im-terrorkrieg-der-hamas-gegen-israel/

102 Zweierpasch: »Grenzgänger / Frontalier« aus dem Album »Alle guten Dinge sind 2«, http://zweierpasch.blogspot.com/2012/01/grenzganger-frontalier-songtextparoles.html

103 Zweierpasch: »Flagge auf Halbmast«, aus dem Album »Double Vie«, Video siehe https://ms-my.facebook.com/Zweierpasch/videos/brandnew-video-from-the-zweierpasch-album-doublevie-in-store/1576833475722414/, Text siehe www.zweierpasch.com/_files/ugd/eb1f52_6981a12217284d80b0b-45874f3eef7ad.pdf?index=true

104 Zweierpasch: »Farbenrausch/Folie des Couleurs«, Video siehe https://www.youtube.com/watch?v=RE3VxWFH1AI

105 Zweierpasch: »Immigré (ft. Ziza, Cledor)«, aus dem Album »Alle guten Dinge sind 2«

106 Zweierpasch: »Friedenstauben/Colombes de la Paix«, auf der XL-Single »Mon Chemin/Friedenstauben«

107 Zweierpasch: »Wer Ich (feat. Laura Braun – Piano Version)«, Video siehe www.youtube.com/watch?v=4FPjyD9HV20

108 Gatlif, Tony und Hessel, Stéphane: »EMPÖRT EUCH!«, Film nach dem gleichnamigen Buch von Stéphane Hessel, 2010 Indigène Editions, *ARTE France* in Zusammenarbeit mit *ARTE Deutschland*

109 Hessel, Stéphane: *Empört Euch! (Streitschrift)*, Berlin 2011

110 o. A.: Größte Protestwelle in der BRD, *tageszeitung/taz*, 15.05.2024

111 o. A.: Mehr als drei Viertel der Menschen weltweit wollen mehr politisches Handeln gegen den Klimawandel, *Deutschlandfunk*, 22.06.2024 und o. A.: Ein Zeichen der Hoffnung, *Badische Zeitung*, 21.06.2024

Heribert Prantl

Den Frieden gewinnen

Wer den Frieden will, muss den Frieden vorbereiten

Alle reden vom Krieg, vom Frieden reden zu wenige: Die weißen Tauben sind müde. Heribert Prantl begründet, warum wir eine neue Friedensbewegung, eine neue Entspannungspolitik und keinen dritten Weltkrieg brauchen – es wäre der letzte. Und er denkt darüber nach, wie die Zähmung der Gewalt, wie Entfeindung gelingen kann, wie wir Frieden lernen.

Ein leidenschaftliches Plädoyer für eine Kultur des Friedens – in dem Bewusstsein, dass der Weg zum Frieden kein Sommerspaziergang ist, sondern ein Höllenritt sein kann.

978-3-453-21870-3

Leseprobe unter **www.heyne.de**

HEYNE